TRANSFERT DE COMPÉTENCES ET DÉVELOPPEMENT LOCAL

DÉFIS ET PERSPECTIVES

Sous la direction de :

Mahamane Tidjani Alou, Oumarou Narey, Mamane Djibo, Zakaria Yahaya Namassa et Amadou Imerane Maiga

TRANSFERT DE COMPÉTENCES ET DÉVELOPPEMENT LOCAL

DÉFIS ET PERSPECTIVES

L'Harmattan Sénégal

La publication des actes du colloque international sur « Transfert de compétences et développement local, Défis et perspectives » a été l' œuvre de l'Université Abdou Moumouni de Niamey au Niger *en collaboration avec le Centre d'excellence de gouvernance locale en Afrique (CEGLA) à travers les concours techniques et financiers de l'Office Allemand d 'échanges universitaires (DAAD) et l'Office fédéral des affaires étrangères d'Allemagne.*

DAAD Deutscher Akademischer Austauschdienst German Academic Exchange Service

African Excellence FACHZENTREN AFRIKA

Federal Foreign Office

10 VDN, Sicap Amitié 3, Lotissement Cité Police, DAKAR

senharmattan@gmail.com
commandes@senharmattan.com

ISBN : 978-2-336-54702-2
EAN : 9782336547022

SOMMAIRE

ORGANISATION

COMITÉ SCIENTIFIQUE

Professeur Mahamane TIDJANI ALOU

Président du Comité scientifique – Mail : tidjanialou@yahoo.fr

Professeur Boubacar BEIDARI

Doyen FSEG/UAM – Mail : boubacarbaidari@gmail.com

Professeur Oumarou NAREY

Enseignant-Chercheur UAM – Mail : o_narey@yahoo.com

Professeur Moussa ZAKI

Enseignant-chercheur Université Gaston Berger de Saint-Louis – Mail : musazaaki@yahoo.fr

Professeur Bachir WADE

Enseignant-chercheur UCAD – Mail : bachir.wade@cesag.edu.sn

Professeur Ewald EISENBERG

Université de Kehl – Mail : eisenberg@hs-kehl.de

Professeur Mamadou LAMINE DEMBELE

Enseignant-Chercheur Université de Bamako – Mail : mohadem360@yahoo.fr

SECRÉTARIAT

Docteur Ali BAKO

LASDEL – Mail : alibako@yahoo.fr

Docteur Zakaria YAHAYA NAMASSA

CEGLA NIGER – Mail : z.namassa@gmail.com

MAIL : colloquecegla2022@gmail.com

ALLOCUTIONS

CÉRÉMONIE D'OUVERTURE

Allocution de l'Ambassadeur de la République fédérale d'Allemagne – NICOLAS HERMAN

Excellence Monsieur le ministre de l'Intérieur et de la Décentralisation

Monsieur le Recteur de l'Université de Niamey

Monsieur le Recteur de l'Université de Kehl

Messieurs les Représentants

- Du ministère en charge de la Décentralisation
- Du ministère de la Fonction publique et de la Réforme administrative
- Du ministère de l'Emploi, du Travail et de la Protection sociale
- Du ministère de l'Aménagement du territoire
- Du ministère de l'Enseignement supérieur, de la Recherche et de l'Innovation

Monsieur le Directeur général de l'École Nationale d'Administration (ENA)

Monsieur le Directeur du Centre de Formation en gestion des collectivités territoriales (CFGCT)

Monsieur le Représentant de l'Agence nationale de financement et d'investissement dans les collectivités territoriales (ANFICT)

Messieurs les Présidents des conseils régionaux

Mesdames et messieurs les Maires des 30 communes urbaines et rurales invitées

Chers partenaires techniques et financiers

Chers invités internationaux et sous-régionaux

Chers participantes et participants en vos grades et qualités respectives

C'est un grand plaisir pour moi de prendre la parole aujourd'hui à l'occasion du lancement de ce colloque international ayant pour thème « transfert de compétences et développement local : défis et perspectives », qui vous réunira durant 3 jours. Cette initiative lancée par le Centre d'excellence pour la gouvernance locale en Afrique de l'Ouest (CEGLA NIGER) et ses partenaires n'aurait pas vu le jour sans le soutien du gouvernement nigérien, des élus locaux, ainsi que des partenaires techniques et financiers œuvrant dans le domaine de la décentralisation. Le chemin pour arriver jusqu'ici a été long et parfois semé de défis. Mais grâce au travail tenace et continu de toutes les parties prenantes, nous avons pu atteindre cette étape qui traduit l'intérêt de tous pour le thème, objet de la présente cérémonie.

En effet, vous le savez, la question du transfert des compétences et du développement local comme une des composantes majeures de la décentralisation mérite d'être posée et clarifiée dans les pays en voie de développement. Il n'est pas possible d'envisager une décentralisation et un développement local sans un transfert de compétences accompagné de moyens financiers, humains et matériels. Le transfert de compétences de l'État vers les collectivités territoriales suppose donc l'attribution de ressources concomitantes. Beaucoup de réformes, à l'échelle locale, ont échoué par manque ou par déficit de cadres appropriés ainsi que des moyens humains et financiers suffisants.

Excellence Monsieur le Ministre,

Honorables invités,

L'appui à la décentralisation et à la bonne gouvernance en général et le renforcement de capacités des collectivités territoriales en matière de la maîtrise d'ouvrage communale en particulier constituent un des pôles prioritaires de la Coopération allemande. C'est ainsi que dans le cadre de la coopération au développement entre le Gouvernement de la République du Niger et le Gouvernement de la République fédérale d'Allemagne, l'Agence de Coopération internationale GIZ et la Banque de Développement KfW appuient depuis l'adoption de la politique de réforme sur la décentralisation en 2012 le gouvernement nigérien sur les questions de décentralisation et de développement local à travers des programmes de renforcement des capacités des acteurs de la décentralisation et des programmes d'investissement au profit des collectivités territoriales. C'est dans ce contexte que l'ENA à travers son centre de formation en gestion des collectivités territoriales (CFGCT) bénéficie d'un appui conséquent pour des mesures de formation au profit des agents locaux.

En dehors de l'appui bilatéral nigéro-allemand, l'agence allemande de coopération universitaire, le DAAD, soutient depuis 2017 trois universités sous-régionales notamment l'Université Abdou Moumouni de Niamey dans ses efforts de modernisation de la formation des cadres municipaux à travers l'introduction d'un master en décentralisation et gouvernance locale pour lequel nous avons depuis octobre dernier les premiers lauréats nouvellement prêts à travailler dans les collectivités pour servir les populations locales.

Nous nous réjouissons donc de la tenue de ce colloque qui offre un cadre de réflexion et d'échanges entre chercheurs, acteurs de terrain et élus locaux, sur le thème de la décentralisation et du développement local.

Excellence Monsieur le Ministre,

Honorables invités,

Au regard de la composition des panels et de la liste des communications retenues dans le programme, je relève que les expériences sous-régionales (Burkina Faso, Bénin, Mali, Burkina Faso, Sénégal, Togo, Cameroun, Guinée) et internationales (Allemagne, France) de décentralisation et de développement local seront présentées et capitalisées. Un état des lieux sur le transfert des compétences au Niger sera également présenté et discuté lors des tables rondes. Les actes de colloques seront publiés sous forme d'ouvrage et je souhaite pleinement que leur contenu puisse servir dans le cadre des réformes en cours au Niger.

C'est le lieu ici de transmettre mes hommages à l'ensemble des partenaires ayant contribué à la préparation pédagogique de ce colloque ainsi qu'à son financement. Je remercie particulièrement la Coopération suisse, actuellement chef de file des PTF décentralisation, l'Union européenne et la Cellule d'appui à l'Ordonnateur national (CAON), le Labo-citoyenneté, la GIZ ProDEC, l'agence allemande de coopération universitaire (DAAD), l'Université de Niamey et l'Université de Tahoua pour leurs contributions.

Mes remerciements vont également à l'endroit du gouvernement nigérien pour son leadership déterminé et son engagement continu dans la mise en œuvre de la décentralisation.

Quant aux organisateurs, communicateurs et panélistes, je souhaite bon succès et d'excellents d'échanges tout au long de ces 3 jours.

Je vous remercie de votre aimable attention.

Allocution du Recteur de l'Université de KEHL JOACHIM BECK

Excellence Monsieur le ministre de l'Intérieur et de la Décentralisation

Excellence Monsieur l'Ambassadeur de la République fédérale d'Allemagne

Monsieur le Recteur de l'Université de Niamey

Monsieur le Haut-Commissaire à la modernisation de l'État

Messieurs les Représentants :

- Du ministère en charge de la décentralisation
- Du ministère de la Fonction publique et de la Réforme administrative
- Du ministère de l'Emploi, du Travail et de la Protection sociale
- Du ministère de l'Aménagement du territoire
- Du ministère de l'Enseignement supérieur, de la Recherche et de l'Innovation,

Monsieur le Directeur général de l'École Nationale d'Administration (ENA)

Monsieur le Directeur du Centre de Formation en gestion des collectivités territoriales (CFGCT)

Monsieur le représentant de l'Agence nationale de financement et d'investissement dans les collectivités territoriales (ANFICT)

Messieurs les Présidents des conseils régionaux de Tahoua, Tillabéry, et Diffa

Mesdames et messieurs les Maires des communes urbaines et rurales invitées

Chers partenaires techniques et financiers,

Chers invités internationaux

Chers participantes et participants en vos grades et qualités respectives

« Willkommen », c'est-à-dire soyez les bienvenus, chers participants à ce quatrième colloque scientifique international du Centre d’Excellence pour la Gouvernance locale en Afrique (CEGLA) à Niamey au Niger.

J’aurais vraiment souhaité être présent à ce colloque, mais eu égard d’obligations majeures ici en Allemagne, ce vœu n’a pas pu être concrétisé, mais notre université demeure toutefois représentée à travers mon cher collègue, le Professeur Ewald Eisenberg et le personnel de l’Université qui participent au colloque.

Comme vous le savez tous, après notre précédent colloque du CEGLA « La gestion de la crise sanitaire du COVID par les collectivités territoriales » au CESAG à Dakar en 2021, c’est l’Université Abdou Moumouni de Niamey, qui accueille pour la deuxième fois (après une première fois en 2019) l’édition 2022 de notre grande manifestation scientifique annuelle. Aujourd’hui, le CEGLA vous convie à réfléchir durant trois jours sur la thématique : « TRANSFERTS DES COMPÉTENCES ET DÉVELOPPEMENT LOCAL EN AFRIQUE DE L’OUEST : BILAN ET PERSPECTIVES ». Il s’agit d’un sujet crucial pour le développement local et la mise en œuvre de la décentralisation. Le sujet affecte chacun de nous à des degrés variables et s’inscrit pleinement dans les axes des recherches que mène le projet CEGLA.

Le CEGLA, le « Centre d’Excellence de la Gouvernance locale en Afrique », est l’un des projets majeurs financé par l’Agence de coopération académique allemande, le DAAD. L’idée est de soutenir les universités africaines pour moderniser des parcours Master et de booster la recherche en Afrique en finançant un programme doctoral et des axes de recherche dans les pays d’intervention. Le projet a été renforcé en 2020 par un autre programme de coopération appelé DIGIFACE qui s’occupe de la digitalisation des enseignements et de la recherche.

Le CEGLA consacre les enseignements de master et la recherche à la gouvernance locale dans un sens large. La coordination générale est assurée par l’Université des sciences administratives appliquées de Kehl en Allemagne, et il est transfrontalier en réunissant l’Université Abdou Moumouni de Niamey, l’Université de Sciences juridiques et politiques de Bamako et le CESAG de Dakar. Il entretient des partenariats et liens fructueux avec les Centres de formation des collectivités territoriales au Niger, au Mali et au Sénégal et même au-delà avec l’ENA du Burkina.

Je voudrais remercier tous les partenaires pour le travail effectué durant la première phase du projet de 2017-2021. Nos efforts communs et l’œuvre de qualité que nous avons eu à bâtir ensemble ainsi que notre leitmotiv d'insister sur l'excellence et la performance a convaincu le DAAD d'accorder son appui technique et financier au projet pour une seconde phase 2022-2026. J'ai l'honneur d'inaugurer cette deuxième phase solennellement aujourd'hui.

Lors de cette seconde phase, trois défis majeurs seront les nôtres.

J'évoquerais au premier plan, la poursuite et l'amélioration de notre programme de master « Décentralisation et Gouvernance locale (DGL) » qui est opérationnel à Bamako, à Dakar et à Niamey avec des promotions qui sont déjà arrivées sur le marché de l'emploi au Mali et au Niger puis bientôt au Sénégal. Nous renforcerons actuellement aussi nos efforts sur la digitalisation de nos formations afin d'atteindre un plus grand public et d'offrir une formation de qualité et inscrite avec notre ère.

Outre la formation, il est envisagé la dynamisation de notre programme de recherche, notamment la poursuite de nos colloques annuels, la publication des actes de nos colloques et d'autres travaux scientifiques afin de valoriser les chercheurs et offrir des ressources scientifiques de qualité pour les recherches sur les thématiques de la décentralisation et de la gouvernance locale. Comme vous le savez, une recherche de qualité passe par une ressource humaine de qualité et bien formée. C'est sur ce fondement que nous lancerons également en ligne, un programme de séminaire interuniversitaire pour l'accompagnement des chercheurs dans le domaine des méthodologies de recherche.

In fine, la pérennisation du CEGLA est une importante préoccupation pour nous tous, Université de Kehl et universités partenaires africaines. Je reste convaincu qu'avec les efforts des universités et la mobilisation des responsables, nous parviendrons à passer du projet CEGLA à l'institution CEGLA.

C'est sur cette note d'espoir et de gratitudes aux partenaires qui ont œuvré pour la préparation et l'organisation du colloque, mais également au gouvernement nigérien que j'aimerais terminer mon intervention.

Aux organisateurs, communicateurs et panélistes, je souhaite de fructueux et excellents d'échanges tout au long du colloque.

Je vous remercie de votre aimable attention

Allocution du Recteur de l'Université Abdou Moumouni SAIDOU MAMADOU

Chers collègues

Mesdames et messieurs les participants

Il m'est agréable de m'adresser à vous à l'occasion de cette rencontre internationale au cours de laquelle d'éminents spécialistes et hommes d'expérience, venus de plusieurs pays, vont réfléchir sur cette thématique de « Transfert des compétences et développement local : bilan et perspectives en Afrique au sud du Sahara ».

Je voudrais souhaiter, au nom de l'ensemble de la communauté universitaire, la cordiale bienvenue à nos illustres hôtes, enseignants-chercheurs, chercheurs, formateurs, administrateurs des collectivités territoriales, doctorants qui ont effectué le déplacement de Niamey.

Je remercie infiniment toutes les personnalités qui ont bien voulu rehausser par leur présence l'éclat de cette cérémonie.

Je saisis aussi l'occasion pour exprimer mes sincères remerciements au DAAD, Agence allemande de coopération universitaire, pour son appui constant à l'Université Abdou Moumouni de Niamey. Grâce à cette coopération universitaire, notre institution a mis en place, en collaboration avec les Universités allemandes, des programmes de formation de master et de doctorat dans trois (3) centres d'Excellence : le Centre d'Excellence ouest-africain de transformation durable du milieu rural rattaché à la faculté des Sciences et techniques (WAC-SRT, le Centre d'Excellence de la Gouvernance locale en Afrique de l'Ouest [CEGLA]) à la Faculté des Sciences juridiques et politiques et le PRO-RUWA à la faculté d'agronomie.

Je tiens, enfin, à saluer la présence du Pr Ewald Eisenberg, coordonnateur général du CEGLA et initiateur de ce programme de coopération interuniversitaire, à cette rencontre scientifique.

Je félicite le Centre d'Excellence pour la Gouvernance locale en Afrique de l'Ouest qui a eu l'heureuse initiative d'organiser ce colloque international dont l'objectif est de faire une radioscopie générale de transfert de compétences et de moyens à des instances locales dans les pays de la sous-région. Cette rencontre scientifique sera également l'occasion d'échanges sur les différentes expériences des pays en matière de transfert de compétences et les différentes stratégies développées par les collectivités territoriales de nos pays pour réussir leur développement au niveau local.

Le programme de formation en Décentralisation et gouvernance locale est, en effet, initié pour accompagner le Gouvernement dans la mise en œuvre de sa politique nationale de la décentralisation et sa stratégie nationale de renforcement de capacités des acteurs de la décentralisation dans le dessein d'asseoir un développement équilibré. Notre Université entend apporter, à côté d'autres institutions d'enseignement supérieur, sa contribution dynamique à la réussite des actions de développement qui sont initiées par les pouvoirs publics nigériens. La vision de notre Université est donc celle d'une Université intégrée au service du développement de notre pays et de la consolidation de l'État de droit. Elle distribue à la fois une formation générale et professionnelle ; cette formation a pour but non de distribuer des connaissances supérieures, mais des méthodes pour acquérir et mettre en œuvre ces connaissances.

Notre contribution, en tant qu'institution de formation, c'est d'entreprendre une réflexion critique sur les aspects de notre environnement en vue de les améliorer et mieux les adapter aux exigences du moment.

Le CEGLA, illustration d'une coopération dynamique et fructueuse entre l'Université des Sciences administratives appliquées de Kehl (Allemagne), l'Université des Sciences juridiques et politiques de Bamako, l'Université Abdou Moumouni de Niamey et le Centre africain d'études supérieures en gestion (CESAG), est un cadre de réflexion sur la décentralisation et la gouvernance locale. Les recherches et les réflexions entreprises sur divers sujets (fonction publique territoriale, migration, paix et sécurité, résilience des collectivités territoriales face à la pandémie de Covid-19, transfert de compétences et développement local) contribueront à mieux gérer le processus de décentralisation. À cet égard, l'initiative du CEGLA mérite nos encouragements.

Mesdames et messieurs, chers participants,

Il n'est pas sans intérêt de rappeler qu'un processus progressif de réforme du secteur public avait cheminé depuis plusieurs décennies au Niger. L'idée dominante de cette politique est la réforme de l'organisation administrative. La décentralisation territoriale est au cœur de cette politique. Elle est, en effet, un principe d'organisation qui enrichit la vie démocratique et amorce le développement équilibré du pays. Dans cette perspective, les collectivités territoriales qui bénéficient d'une clause de compétence générale ou de compétences attributives vont en profiter pour prendre des initiatives, créer des services publics et affirmer leur présence économique au niveau local. La décentralisation désigne l'échelon local comme le lieu d'une participation élargie des populations, d'une mobilisation d'acteurs multiples et d'un renforcement des actions collectives susceptibles de favoriser la performance de l'économie locale. Elle s'inscrit dans cette dynamique de distribution des responsabilités, des compétences et de moyens d'action entre l'État et les collectivités territoriales. La décentralisation nous semble être la technique appropriée pour asseoir une économie locale performante.

Mais, pour être décentralisée, une collectivité doit disposer d'une autonomie organique qui n'a de sens que si cette collectivité dispose de domaines de compétences propres. Ainsi, une décentralisation mieux réussie implique nécessairement un transfert de compétences, lequel doit s'accompagner d'un transfert de moyens et de ressources. Le transfert de compétences est donc une des caractéristiques de la décentralisation.

Dans la plupart des pays francophones, les lois sur la décentralisation confèrent, à la fois, à tous les niveaux de collectivités territoriales, une compétence générale à administrer leur population et de compétences spécialisées attribuées, domaine par domaine, par les pouvoirs centraux. On peut, du reste, malheureusement, souligner l'ambiguïté de nos systèmes de décentralisation où les transferts de compétences « portent encore les stigmates de la défaveur des institutions locales ». En effet, les États décident de transférer, au nom du principe de prudence, par étapes.

La réflexion et les débats sur le thème du colloque conduiront certainement à établir le lien entre transfert de compétences et développement local, les deux opérations devant être inséparables.

Mesdames et messieurs, chers participants,

Je voudrais, avant de terminer mon propos, adresser les sincères remerciements de la communauté universitaire au gouvernement allemand, au DAAD et aux autorités universitaires de Kehl pour leur appui financier à l'organisation de ce colloque. J'exprime également toute ma reconnaissance aux partenaires techniques et financiers pour leur précieuse contribution à l'organisation de cette manifestation scientifique à savoir la Cellule de suivi et de coordination de la coopération Union européenne-Niger, la Coopération Suisse, la GIZ

ProDEC, l'Université Djibo Hamani de Tahoua, l'Autorité de régulation du secteur de l'énergie (ARSE). Je saisis l'occasion pour saluer cette coopération académique interuniversitaire.

Je remercie, enfin, sincèrement, les spécialistes qui ont préparé les communications de haut niveau.

En souhaitant plein succès à vos travaux, je déclare ouvert le colloque international consacré aux TRANSFERTS DES COMPÉTENCES ET DÉVELOPPEMENT LOCAL : BILAN ET PERSPECTIVES EN AFRIQUE AU SUD DU SAHARA.

Je vous remercie.

PARTIE A

DÉCENTRALISATION ET TRANSFERT DES COMPÉTENCES

L'approche préalable des actes des collectivités territoriales décentralisées dans les États d'Afrique noire francophone

Batia Ekassi Sandrine

Résumé

Le transfert des compétences aux collectivités territoriales décentralisées participe à la matérialisation d'une autonomie et d'une liberté administrative des autorités locales. Cette autonomie ou encore cette liberté locale ne s'exerce pas de façon absolue, car les contrôles de la tutelle ne cessent de prospérer et les actions des collectivités paraissent, de ce fait, conditionnées par des approbations de cette dernière. Une analyse sur l'approbation préalable des actes des autorités devient donc opportune, dans un contexte de développement local. L'ambition a été d'apprécier cette approbation aux moyens d'une méthode exclusivement juridique. L'hypothèse retenue a ainsi consisté à démontrer que l'appro-bation préalable est indispensable. De ce fait, bien qu'elle soit justifiée, l'approbation préalable sur les actes des autorités décentralisées laisse transparaitre des aspects préjudiciables à l'exercice de l'autonomie et de la liberté administrative locale. Dans l'optique d'une préservation de ces dernières prérogatives locales, il importe de rationaliser l'approbation préalable pour une promotion efficace de l'intérêt supérieur du développement local.

Abstract

The transfer of competences to the decentralized territorial collectivities contributes to the materialization of autonomy and administrative freedom of the local authorities. This autonomy or even this local freedom is not exercised in an absolute way because the controls of the guardianship do not cease to prosper and the actions of the communities therefore seem to be conditioned by the approvals of the latter. An analysis of the prior approval of the acts of the authorities therefore becomes appropriate, in a context of local development. The ambition was to assess this approval by means of an exclusively legal method. The hypothesis adopted thus consisted of demonstrating that prior approval is essential. Therefore, although it is justified, the prior approval of the acts of the decentralized authorities reveals aspects that are detrimental to the exercise of local autonomy and administrative freedom. With a view to preserving these last local prerogatives, it is important to rationalize the prior approval for an effective promotion of the higher interest of local development.

La décentralisation se pose comme une norme universelle étroitement associée à la promotion de la démocratie. Plus qu'une technique administrative, elle constitue une forme de révolution démocratique et un levier désormais essentiel de la réforme de l'État. Le Doyen Maurice Hauriou disait à ce titre que « *Les raisons de la décentralisation ne sont pas d'ordre administratif, mais bien d'ordre constitutionnel. Car s'il ne s'agissait que du point de vue administratif, la centralisation assurerait d'après lui, au pays une administration plus habile, plus impartiale, plus intègre, plus économe que la décentralisation* »[1]. De plus en plus célébrée, la décentralisation[2] va dès 1990 davantage s'inscrire au panthéon de la démocratie[3] de plusieurs pays d'Afrique noire francophone. Ces pays reconnaissent, tous, dans leur Constitution[4], l'existence des collectivités territoriales décentralisées comme entités juridiques autonomes faisant partie intégrante de leurs territoires. Impliquant une libre administration des affaires locales, le principe de l'autonomie constitutionnellement reconnue aux entités décentralisées ne suppose cependant pas que ces dernières soient indépendantes[5]. Si la décentralisation se mesure à la liberté dont disposent ces collectivités territoriales décentralisées du fait de l'autonomie qui leur est accordée, elle s'opère davantage par un « encadrement vigilant de l'État »[6]. Cet encadrement déployé sous

---

[1] HAURIOU (M), *Précis de droit administratif et de droit public,* Sirey, 1919 (préface à la 9e éd. intitulée : « La centralisation française »).

[2] À la suite de Léon Duguit, d'autres juristes ont systématisé la conception de la décentralisation et ont opposé la décentralisation territoriale à la décentralisation technique. La première correspond à l'autonomie de collectivités infra-étatiques définies dans l'espace tandis que la seconde consisterait à conférer une certaine liberté d'action à « un service public déterminé en le dotant de la personnalité juridique », c'est-à-dire en le transformant en *établissement public.* La décentralisation mentionnée ici est celle territoriale même si l'autre type de décentralisation a également été consacré.

[3] CABANIS (A) et MARTIN (M. L.), « Décentralisation et pouvoirs locaux dans les constitutions d'Afrique francophone », Politeia, n° 6, 2004, p. 77 ; On peut aussi se référer à : AÏVO (F-J), « Les tendances émergentes du nouvel ordre constitutionnel en Afrique », Revue du Conseil constitutionnel d'Algérie, n° 4, 2014, p. 292.

[4] Certaines lois fondamentales révisées de ces pays comme le Cameroun, la proclame en général par une disposition liminaire qui indique le caractère « unitaire et décentralisé » de la République ou par un titre exclusivement réservé aux collectivités territoriales décentralisées, qui énonce les principes juridiques communs à toute décentralisation territoriale, notamment la personnalité morale de droit public, la libre administration par des conseils élus et dans les conditions fixées par la loi.

[5] ABANE ENGOLO (P-E)., *Traité de droit administratif du Cameroun*, Paris, L'Harmattan, 2019, p. 187.

[6] *Ibid.*

diverses formes induit par exemple une approbation préalable de l'État sur certains actes des autorités des collectivités territoriales décentralisées.

L'approbation préalable découle de la nécessité d'un droit de regard de l'État sur certains actes des autorités décentralisées. En effet, lorsque le pouvoir central transfère une partie de ses compétences aux entités territoriales dans le cadre d'un processus de décentralisation, il se réserve en général le droit de contrôler[7] l'usage qui est fait de ces pouvoirs concédés. Ce droit de contrôle se matérialise par le pouvoir de tutelle[8]. Par tutelle, il faut donc entendre l'ensemble des contrôles auxquels sont soumises les collectivités décentralisées[9] jouissant de la libre administration et d'une autonomie de gestion. Le contrôle de tutelle s'exerce aussi bien sur la personne[10] des organes décentralisés que sur leurs actes.

Lorsqu'elle s'exerce sur les actes des organes décentralisés, la tutelle est, en principe, un contrôle de légalité, mais peut aussi être, exceptionnellement, un contrôle d'opportunité[11]. Ce contrôle peut être exercé *a priori* et/ou *a posteriori*. Lorsqu'il est exercé *a posteriori*, il prend la forme d'un contrôle d'annulation, lequel permet à l'autorité de tutelle de faire disparaître rétroactivement, par un autre acte, la décision de l'autorité décentralisée. Par contre, lorsqu'il est a priori, il s'opère par un contrôle d'approbation.

---

[7] Ce droit de contrôle se fait sous l'autorité du Président de la République, par le ministre chargé des Collectivités territoriales, ainsi que par le Gouverneur pour ce qui est de la Région et par le Préfet pour ce qui est de la Commune au Cameroun.

[8] « *Les contrôles sont partout, dans tous les domaines, la tutelle est, en principe, limitée à un champ, elle est circonscrite, la tutelle par excellence, dans l'histoire administrative et politique, étant celle qui a été et est exercée par l'État sur les collectivités territoriales. La tutelle est une forme, à côté d'autres, des contrôles qui peuvent être exercés* » PONTIER (J-M), « Les contrôles et la tutelle », *AJDA*, 2022, p. 1311.

[9] CORNU (G), *Vocabulaire juridique,* Paris, P.U.F, Association Henri Capitant (dir.), Coll. Quadrige, 11e éd, 2017, p. 2204.

[10] Le contrôle sur les personnes peut se traduire par la nomination, la substitution, en cas de défaillance ou de refus de l'autorité décentralisée de se conformer au droit en vigueur (l'autorité de tutelle peut se substituer à l'autorité sous tutelle et agir en ses lieu et place) ; enfin, par la sanction lorsque l'autorité sous tutelle a commis une faute grave ou une défaillance inadmissible. Cette sanction peut se traduire par la suspension, la destitution (pour ce qui est de l'organe exécutif) ou par la dissolution (pour ce qui est de l'organe délibérant).

[11] GUIMDO (B-R), *Cours de droit administratif général*, FSJP/UYII, Année académique 2022/2023. Même si la plupart des textes juridiques encadrant la décentralisation militent pour l'exclusion du contrôle de l'opportunité des actes par le représentant de l'État.

La notion d'approbation apparait littéralement comme un agrément qu'on donne à quelque chose. En droit, l'approbation peut être synonyme d'agrément ou acquiescement, dans cette optique, elle est un consentement donné par une autorité supérieure conférant plein effet à l'acte émané d'une autorité soumise à son contrôle[12]. En droit de la décentralisation des États d'Afrique noire francophone, l'approbation induit que certaines décisions prises par les autorités administratives décentralisées ne revêtent un caractère exécutoire qu'à la suite d'un acte d'approbation de l'autorité de tutelle administrative. Il existe deux modalités de contrôle d'approbation : l'approbation explicite, lorsque l'autorité a approuvé par un acte textuel qui existe, et l'approbation tacite, lorsque l'autorité de tutelle n'a pas agi dans les délais prescrits par la loi. L'approbation apparait ainsi comme une modalité d'exercice d'un contrôle administratif a priori d'une catégorie d'actes des collectivités territoriales décentralisées sur la base des prescriptions textuelles. Le caractère préalable qui lui est annexé impose ainsi que cette dernière soit toujours donnée avant exécution. Dans ce sens, l'approbation conditionne l'exécution des actes des autorités décentralisées, d'où son intervention *a priori*.

Toutefois, ce ne sont pas tous les actes des autorités décentralisées dont l'exécution est conditionnée par une approbation préalable. Cette limitation des actes soumis à l'approbation préalable de la tutelle étatique est quasiment la même dans tous les États d'Afrique noire francophone. Ainsi, conformément aux différentes lois relatives à la décentralisation de ces États[13], demeurent soumis à l'approbation préalable du représentant de l'État et transmis au responsable local du ministère chargé des Collectivités territoriales, les actes pris dans les domaines suivants : les budgets, les comptes et les autorisations

[12] CORNU (G), *Vocabulaire juridique, op. cit.*, p. 198.

[13] Article 76 de la loi N° 2019/024 du 24 décembre 2019 portant Code général des Collectivités territoriales décentralisées au Cameroun ; Article 316 de l'ORDONNANCE N° 2010-54 du 17 septembre 2010 portant Code général des Collectivités territoriales de la République du Niger, Article 43 (2) de la Loi togolaise n° 2019-006 du 26 juin 2019 ; Article 150 de la Loi n° 055-2004/AN du 21 décembre 2004 portant Code général des Collectivités territoriales au Burkina Faso ; Article 245 de la Loi n° 2013-10 du 28 décembre 2013 portant Code général des Collectivités locales au Sénégal ; Article 2 de la loi N° 8-2003 du 6 février 2003 portant loi organique relative à l'exercice de la tutelle sur les collectivités locales au Congo ; Article 29 de la Loi n° 98-007 portant régime financier des communes en République du Bénin, Article 20 de la Loi n° 2012-1128 du 13 décembre 2012 portant organisation des collectivités territoriales en Côte d'Ivoire.

spéciales de dépenses ; les emprunts et garanties d'emprunts ; urbanisme, les conventions de coopération internationale, les affaires domaniales ; les délégations de services publics au-delà du mandat en cours de l'organe délibérant de la collectivité territoriale, les conventions relatives à l'exécution et au contrôle des marchés publics, sous réserve des seuils de compétence prévus par la réglementation en vigueur ; le recrutement du personnel, suivant les modalités fixées par voie réglementaire. Les plans communaux et régionaux de développement et les plans régionaux d'aménagement du territoire dont l'élaboration tient compte des plans de développement et d'aménagement nationaux. La délibération y relative est soumise à l'approbation du représentant de l'État dans tous les États d'Afrique noire francophone.

L'option de l'étude à partir des États d'Afrique noire francophone n'est pas dans ce sens anodine. Au-delà du fait qu'elle soit guidée à la fois par une communauté linguistique et par une convergence des modèles ou des options juridiques des États en question,[14] elle se justifie par le contexte et les raisons de mise en œuvre de la technique de décentralisation. Cette dernière apparait ainsi comme une avenue par laquelle passeront l'élargissement, l'approfondissement et la consolidation du processus démocratique naissant, mais également comme une voie accélérant le développement[15] des collectivités locales en particulier et des États en général. De plus, l'introduction de la décentralisation dès les années 1990[16] fait de celle-ci une donnée récente[17] qui a permis de rompre avec les politiques centralisatrices et la forme centralisée courantes[18] des États d'Afrique noire francophone[19]. En outre, l'usage

---

[14] BIKORO (J-M), « la délégation spéciale dans le droit de la décentralisation des États d'Afrique noire francophone », *Revue de l'Association française des Docteurs en Droit*, Horizons du droit - Bulletin n° 24, 2021, p. 69.

[15] HALIDOU Saïdou, « Une décentralisation inachevée au Niger », *Télescope*, vol. 11, n° 3, juin 2004, p. 7.

[16] CABANIS (A) et MARTIN (M. L), « Décentralisation et pouvoirs locaux dans les constitutions d'Afrique francophone », *Politeia*, n° 6, 2004, p. 77 ; AÏVO (F-J), « Les tendances émergentes du nouvel ordre constitutionnel en Afrique », *Revue du Conseil constitutionnel d'Algérie*, n° 4, 2014, p. 292.

[17] NACH MBACK (Ch.), « L'institution communale au Cameroun : Difficile mutation d'un double legs colonial », *Solon, Revue Africaine de Parlementarisme et de Démocratie*, Vol. 2, n° 1, 2003, pp. 128-154 ;

[18] NLEP (R-G), *L'administration publique camerounaise. Contribution à l'étude des systèmes africains d'administration publique*, Paris, LGDJ, 1986, p. 109.

[19] MONEMBOU(C.), « Le pouvoir réglementaire des collectivités locales dans les États d'Afrique noire francophone (les cas du Cameroun, du Gabon et du Sénégal) », *Revue Cames/SJP*, n° 002, 2015, p. 81. Lire également : KEUDJEU DE KEUDJEU

commun de la langue française issue de l'influence coloniale française[20] ou belge ou [21] encore de la tutelle ou du mandat français[22] facilite l'analyse du dispositif normatif régissant la décentralisation dans ces différents États. La convergence des politiques juridiques desdits États, en matière de décentralisation en général et d'approbation préalable sur les actes des CTD en particulier, traduit inéluctablement une grande proximité dans le contenu des textes et pratiques juridiques. Le caractère « unitaire et décentralisé » de la plupart des États d'Afrique noire francophone témoigne, par exemple, de· cette proximité. Les principes juridiques communs à toute décentralisation territoriale s'y retrouvent, notamment la personnalité morale de droit public, la libre administration par des conseils élus et surtout l'admission du principe de l'autonomie des collectivités territoriales. Cette autonomie suppose d'ailleurs que les autorités décentralisées puissent librement s'administrer en prenant des décisions qui ne devraient pas, en principe, être soumises à une approbation préalable. Sauf que l'admission d'une autonomie totale accordée aux collectivités territoriales où ces dernières disposeraient d'un pouvoir discrétionnaire pour l'exercice de leurs compétences, en l'absence de tout pouvoir de tutelle[23] de l'État sur leurs actes, pourrait être risquée à plusieurs égards. La_réalisation d'un contrôle préalable sur certains actes des collectivités territoriales est donc une réalité qui ne s'est jamais démentie [24]et qui semble se perpétuer au-delà des réformes récemment opérées en matière de décentralisation en général et de tutelle en particulier. Ainsi, un arrêt majeur sur l'analyse de l'approbation préalable des actes des CTD[25] a tout son mérite surtout dans un contexte de réformes de la décentralisation marqué par la promotion de l'autonomie, voire de la liberté des entités locales. Dès lors, quelle appréciation peut-on faire de l'approbation préalable des actes des autorités territoriales

(J.R), *Recherches sur l'autonomie des collectivités territoriales décentralisées au Cameroun*, Thèse de doctorat PhD, Université de Douala, 2012, p. 33.

[20] Sans être exhaustif, cas du Bénin, Burkina Faso, Centrafrique, Congo, Gabon, Guinée, Mali, Niger, Sénégal, Tchad.

[21] RDC et du Burundi.

[22] Cameroun et du Togo.

[23] EISENMANN (C), *centralisation et décentralisation,* Paris, LGDJ, 1948, p. 86.

[24] BARELLA (X), « le contrôle de légalité des actes des collectivités territoriales : entre nécessité et controverses », in REGOURD (S),_CARLES (J), GUIGNARD (D), *la décentralisation 30 ans après*,_Presses de l'Université de Toulouse 1 Capitole, LGDJ, LEXTENSO, 2013, pp. 109-118.

[25] Collectivités territoriales décentralisées.

décentralisées dans les États d'Afrique noire francophone ? La pertinence du questionnement ainsi suscité est à la fois théorique et pratique. Ainsi, au plan théorique, la question permettra non seulement de revisiter la nature des rapports entre les questions d'autonomie et de tutelle, mais également de relever la pertinence de l'approbation face au défi de la liberté locale que promeut la décentralisation. Au plan pratique, la problématique de l'approbation permettra d'opérer une réévaluation d'une tutelle réputée pesante dans les États d'Afrique noire francophone et de rompre avec les idées préconçues visant à nier une autonomie de décision des collectivités locales. À travers une méthode essentiellement juridique qui admettrait le recours aux droits étrangers, il sera question de justifier l'hypothèse selon laquelle l'approbation préalable sur les actes des CTD est indispensable à la promotion d'un développement local. De ce fait, la conservation de cette dernière est indéniablement justifiée (I) quoique redoutée (II).

I) Une approche préalable conservée et justifiée

L'admission d'un pouvoir d'approbation préalable sur les actes des CTD pourrait, d'après certains auteurs, aller à contre-courant au principe de la décentralisation[26]. Parce qu'elle intervient a priori, c'est-à-dire bien avant l'entrée en vigueur de l'acte pris par une autorité décentralisée, l'approbation semble se poser comme une entrave à l'exercice de l'autonomie et à la liberté locale. Pourtant, l'approbation préalable pourrait juste s'apparenter à un dialogue entre centralisateurs et décentralisateurs[27]. Découlant de la tutelle sur les actes des autorités décentralisées, l'approbation est résumée dans quasiment tous les textes juridiques relatifs à la décentralisation dans les États d'Afrique noire francophone, comme un simple contrôle de légalité. L'approbation préalable sur les actes des autorités décentralisées pourrait se justifier à plusieurs égards. Si l'une des justifications de ce contrôle tient à la préservation du caractère unitaire de l'État décentralisé[28] (A) en Afrique noire francophone, d'autres justifications tiennent compte de la singularité des matières soumises à l'approbation préalable (B).

---

[26] DUPUIS (G), GUÉDON (M-J), et CHRÉTIEN (P), *Droit administratif*, Paris, Sirey, 10e édition, 2007, p. 240.

[27] *Ibid.* p. 242.

[28] NGONO TSIMI (L), *L'autonomie administrative et financière des collectivités territoriales décentralisées : l'exemple du Cameroun,* Thèse pour le Doctorat en Droit public, Université Paris-Est Créteil, Val-de-Marne, 2010, p. 257.

A) La préservation du caractère unitaire des États décentralisés

Dans les États unitaires décentralisés d'inspiration française, la décentralisation n'a jamais été synonyme de liberté totale pour les collectivités territoriales qui restent soumises à un contrôle exercé par des autorités étatiques[29]. En effet, l'approbation préalable instituée sur les actes des autorités décentralisées ne fait que conforter la conception unitaire de la plupart des États d'Afrique noire francophone. Ce contrôle est nécessaire, à la fois, dans l'intérêt de l'État lui-même qui doit sauvegarder son unité politique et veiller au respect de la loi, mais aussi dans l'intérêt de la personne décentralisée, qui serait la première victime de la mauvaise gestion de ses représentants, et dans l'intérêt des administrés, qui peuvent avoir besoin d'une protection contre l'autorité décentralisée[30].

Dans le cadre de l'État unitaire, les collectivités territoriales sont des personnes morales qui restent subordonnées à l'État. Cette subordination est toutefois particulière, car elle n'implique pas un lien hiérarchique entre les autorités étatiques et celles locales. L'État n'intervient en aucune manière dans la constitution des organes de la collectivité territoriale, ceux-ci sont indépendants de lui ; l'État n'a pas le pouvoir hiérarchique sur les responsables des collectivités territoriales ; il ne peut pas leur donner d'ordre.

La subordination dont il s'agit ici a trait à la consolidation du principe de l'indivisibilité de la République. D'ailleurs, le système de décentralisation administrative dans les États d'Afrique noire francophone conforte la forme unitaire de ces différents États.

1) L'indivisibilité de la République

Le principe d'indivisibilité signifie que la République est conçue au sein d'un État unitaire dans lequel la souveraineté nationale est indivisible, contrairement à l'État fédéral où la souveraineté est fragmentée entre différents États fédérés[31]. S'opposant à toute transformation des statuts des collectivités territoriales vers un système fédéral, le principe de l'indivisibilité implique le respect du caractère unitaire de l'État. Cet État unitaire étant même dans un contexte de décentralisation, le seul détenteur de la souveraineté, ne dispose qu'un seul centre d'impulsion politique et gouvernemental. En Afrique noire

---

[29] *Ibid.* p. 258.

[30] WALINE (J), *Droit administratif*, Paris, 27e édition, Dalloz, 2018, p. 123.

[31] BIKORO (J-M), « la délégation spéciale dans le droit de la décentralisation des États d'Afrique noire francophone », *op. cit.*, p. 51.

francophone, plusieurs constitutions consacrent le caractère unitaire de l'État en employant souvent le mot unité et celui d'indivisibilité. Il en est ainsi de la constitution camerounaise du 18 janvier 1996 qui dispose que : « *La République du Cameroun est un État unitaire décentralisé. Elle est une et indivisible...* »[32]. Ou encore de celle du Niger dont les termes énoncent que « *La République du Niger est une et indivisible, démocratique et sociale* »[33]. La constitution du Congo Brazzaville dispose également que « la République du Congo est un État de droit, souverain, unitaire et indivisible… »[34]. Celle du Bénin n'est pas en reste. Elle dispose que « *La République du Bénin est une et indivisible, laïque et démocratique* ».

Quoiqu'il en soit, l'organisation administrative de l'État unitaire repose sur un certain équilibre entre *centralisation* et *décentralisation*[35]. L'approbation préalable des actes des autorités locales est un instrument de préservation du caractère indivisible de l'État. Malgré le processus de décentralisation enclenché, le législateur reste à travers cette approbation, soucieux de préserver l'unité et même l'indivisibilité de l'État. La frontière entre l'État indivisible et l'État divisible se détermine ainsi par référence à l'inexistence ou à l'existence d'un pouvoir normatif autonome[36]. La collectivité secondaire que sont les CTD ne peut, à ce titre, disposer d'un pouvoir normatif initial, non susceptible d'être contrôlé par la collectivité supérieure qu'est l'État. Sinon l'on sortirait du cadre de l'État indivisible. Le caractère indivisible de l'État unitaire mis ainsi en exergue est inéluctablement lié à la problématique du pouvoir normatif autonome au sein des collectivités territoriales de l'État unitaire. L'autorisation préalable donnée par l'administration au nom du pouvoir central sur les actes des collectivités locales est une traduction de la protection de l'indivisibilité de l'État[37] même si elle apparait comme une limitation à la libre administration reconnue aux entités locales. En ce sens, elle permet un meilleur contrôle de l'activité locale tout en

---

[32] Art. 1 al.2 de la constitution camerounaise de 1996.

[33] Article 4 de la Constitution de la République du Niger 18 juillet 1999 révisée en septembre 2004.

[34] Art. 1er de cette constitution.

[35] WALINE (J), *Droit administratif*, *op. cit.*, p. 74.

[36] FAVOREU (L), « la notion constitutionnelle de collectivité territoriale », in *Les collectivités locales*, Mélanges en l'honneur de Jacques Moreau, Economica, 2003, p. 159.

[37] HOND (J.T), « de l'autonomie financière des collectivités territoriales décentralisées : L'exemple du Cameroun », *in La gouvernance de la décentralisation*, Séminaire de haut niveau sur les stratégies et politiques innovantes de décentralisation dans les pays africains, C.A.F.R.A.D, Tanger 27 Ŕ 29 janvier 2014, 13 p.

sauvegardant l'intérêt général. Nonobstant l'autonomie et la liberté locale reconnue aux entités territoriales décentralisées, l'État a le devoir de s'assurer de la similitude des objectifs visés par les CTD d'avec les tiens. L'indivisibilité suppose donc que les collectivités locales ne peuvent poursuivre un autre objectif que celui de la satisfaction de l'intérêt général. Pour s'en assurer, l'État va nécessairement utiliser l'approbation préalable. Il s'agit concrètement de se rassurer sur la mise en cohérence des politiques étatiques et locales[38]. Cette préservation du caractère indivisible de l'État au moyen de l'approbation préalable sur les actes des autorités locales justifie le type de décentralisation choisi par les États d'Afrique noire francophone.

2) L'application du système de décentralisation administrative dans les États d'Afrique noire francophone

La décentralisation englobe une variété de concepts qui amène à concevoir plusieurs types de décentralisation : politique, administrative et financière.[39] Si la décentralisation politique vise à conférer aux citoyens ou à leurs élus plus de pouvoir de décision[40], elle est davantage une décentralisation régionale poussée qui se rapproche, sans s'y confondre, du régionalisme politique[41]. La décentralisation administrative quant à elle confère une simple autonomie administrative et financière aux collectivités territoriales décentralisées et une tutelle bien ordonnancée nécessaire à la préservation du lien unitaire de l'État[42]. Napoléon III affirmait à ce propos dans les motifs du décret sur la décentralisation administrative de 1852 qu'on peut gouverner de loin, mais on n'administre bien que de près[43]. La décentralisation administrative est présentée comme le prototype même de la décentralisation territoriale qui fait intégrer en son sein l'idée de

---

[38] AKONO OLINGA (A), l'apport de la performance au contrôle des finances locales au Cameroun, thèse de doctorat PhD, FSJP, Université de Yaoundé II,_Année académique 2019-2020, p. 234.

[39] DEMANTE (M-J) et TYMINSKY (I), *Décentralisation et gouvernance locale en Afrique, des processus, des expériences*, Paris, Institut de recherches et d'applications des méthodes de développement (IRAM), février 2008, p. 4.

[40] Elle se base sur l'hypothèse que des décisions prises avec une plus grande participation des administrés sont mieux fondées et répondent mieux aux intérêts des divers groupes de la société que celles prises uniquement par les autorités du pouvoir central.

[41] GUIMDO (B.R), « les bases constitutionnelles de la décentralisation au Cameroun. Contribution à l'émergence d'un droit constitutionnel des collectivités territoriales décentralisées », *Revue générale de droit*, Québec, 1996, p. 268.

[42] *Ibid.*

[43] SAUTEL (G), « Vocabulaire et exercice du pouvoir administratif : aux origines du terme *déconcentration* », *Mélanges offerts à* BURDEAU G., LGDJ, 1977.

collectivités autonomes. L'autonomie dont il s'agit ne peut être conçue dans sa plénitude. C'est ce système de décentralisation administrative qui prévaut dans quasiment tous les pays d'Afrique noire francophone.

La décentralisation y est appréhendée comme le transfert de certaines compétences aux collectivités locales dont l'exécutif est élu, et qui, sur un territoire juridiquement reconnu, disposent de l'autonomie de décision, financière et de gestion. La particularité de ce type de décentralisation réside dans le fait que les collectivités locales agissent généralement sous le contrôle plus ou moins rapproché d'une autorité de tutelle qui a, par exemple, mandat de donner son approbation sur certains de leurs actes. Si d'aucuns estiment que la décentralisation administrative est une forme de déconcentration pratiquée sans être qualifiée[44], c'est certainement parce que cette dernière s'inscrit dans la préservation du caractère unitaire de l'État. Dans la plupart des États d'Afrique noire francophone, le processus de décentralisation est accompagné du processus de déconcentration. L'autonomie administrative n'étant synonyme ni de fédéralisme ni d'indépendance. La concomitance d'une autonomie et d'une liberté locale reconnues aux collectivités locales et de l'approbation préalable d'une autorité centrale sur leurs actes matérialise au mieux l'idée de cette décentralisation administrative. Cette coexistence entre ces deux processus contribue ainsi à limiter les velléités indépendantistes des entités locales et à consolider le caractère unitaire de l'État. Le choix de ce type de décentralisation administrative par les États d'Afrique noire francophone n'est pas anodin, car les principes de ce système de décentralisation sont profondément ancrés dans l'histoire coloniale des pays concernés. La conservation de la technique d'administration directe héritée pour la plupart de la France continue d'irriguer les États d'Afrique noire francophone. L'approbation préalable sur les actes des collectivités locales se justifie donc par le système de décentralisation choisi par ces différents États. Système qui non seulement admet une gestion autonome par des organes locaux élus, mais reste marqué par une tutelle de l'État exercée préalablement sur leurs actes. Elle n'aurait pas eu le même écho dans la décentralisation politique qui, elle, se rapproche véritable du système fédératif. Dans la décentralisation administrative, le caractère unitaire est davantage protégé et encadré. L'approbation préalable sur certains actes des autorités locales en est un outil de matérialisation de cette protection. Cette approbation est indispensable et se justifie davantage au regard de la singularité des actes soumis à cet exercice.

[44] *Ibid.*

B) Le caractère circonscrit et la singularité des actes soumis à approbation préalable

Avant les récentes réformes en matière de décentralisation, l'entrée en vigueur de tous les actes locaux était conditionnée par l'approbation du représentant de l'État[45] dans certains pays d'Afrique noire francophone. Au Cameroun par exemple, le décret du 25 mars 1977 relatif aux pouvoirs de tutelle soumettait à l'approbation préalable sans réserve tous les actes, arrêtés, délibérations des divers organes locaux au pouvoir d'approbation. Ainsi, seule l'approbation conférait le caractère exécutoire à un acte local[46]. Aujourd'hui par contre, les actes pris par les organes locaux sont exécutoires soit de plein droit[47] soit quinze (15) jours[48] après leur transmission au représentant de l'État et après leur publication ou leur notification aux intéressés. Les décisions réglementaires et individuelles prises par les exécutifs locaux dans le cadre de leurs pouvoirs de police, les actes de gestion quotidienne sont, par exemple, exécutoires de plein droit dès leur publication ou leur notification. Toutefois, l'approbation reste tout de même une condition d'exécution de certains actes des organes locaux. En effet, l'exécution de certaines décisions[49] prises par les autorités locales reste subordonnée à leur approbation préalable[50]. L'approbation préalable est donc circonscrite à certains actes des autorités locales (1). Le maintien de ce préalable se justifie certainement par la singularité des matières soumises à l'approbation (2).

---

[45] C'est le cas du Cameroun, Art. 9, 10 et 11, Décret. N° 77/91 du 25 mars 1977 déterminant les pouvoirs de tutelle sur les communes.

[46] Art. 11, Décret. N° 77/91 du 25 mars 1977 déterminant les pouvoirs de tutelle sur les communes.

[47] Cas du Niger, Article 312 de l'ordonnance N° 2010-54 du 17 septembre 2010 portant Code général des Collectivités territoriales de la République du Niger : « La transmission s'effectue dans le délai de huit (8) jours à compter de la fin de la session ou de la signature de la décision » ; cas du Sénégal, article 244 de la Loi n° 2013-10 du 28 décembre 2013 portant Code général des Collectivités locales : « Les décisions réglementaires et individuelles prises par le président du conseil départemental ou le maire dans l'exercice de leurs pouvoirs de police, les actes de gestion quotidienne pris au nom des collectivités locales autres que ceux mentionnés à l'article 243 ci-dessus sont exécutoires de plein droit dès qu'il est procédé à leur publication ou à leur notification aux intéressés, après transmission au représentant de l'État. » ; cas du Gabon, Art.239 de la Loi organique n° 15/96 du 6 juin 1996 relative à la décentralisation.

[48] Au Cameroun, Article 74 al 4 de la loi portant Code général de la Décentralisation.

[49] FALL (I.), « le contrôle de légalité des actes des collectivités locales au Sénégal », *in Afrilex*, Bordeaux, n° 5, 2004, pp. 64-110.

[50] CHAPUS (R), *Droit administratif général*, Paris, Tome 1, 13 éd., Montchrestien, août 1999, p. 390.

1) Le caractère circonscrit des actes soumis à l'approbation préalable

Longtemps décrié comme une entrave[51] à l'autonomie et à la liberté locales, le régime rigoureux de l'approbation préalable qui prévalait sur tous les actes des organes locaux dans certains États d'Afrique noire francophone a profondément subi une reconfiguration considérable allant dans le sens de leur réduction[52]. Toute chose qui conforte la volonté des États d'Afrique noire francophone de concéder aux entités locales une certaine autonomie et une liberté locales. L'approbation préalable se justifie donc par son champ assez limité. Ces actes sont quasiment les mêmes dans tous les États d'Afrique noire francophone[53]. De façon concrète, demeurent soumis à l'approbation préalable du représentant de l'État les actes pris dans les domaines suivants : les budgets, les comptes et les autorisations spéciales de dépenses ; les emprunts et garanties d'emprunts ; les conventions de coopération internationale ; les affaires domaniales ; les garanties et prises de participation ; les conventions relatives à l'exécution ou au contrôle des marchés publics, sous réserve des seuils de compétence prévus par la réglementation en vigueur ; les délégations de services publics au-delà du mandat en cours du conseil municipal ; les acquisitions, les aliénations ou les échanges de biens immobiliers ; les emprunts dans les limites prévues par les textes en vigueur ; l'acceptation de dons et legs grevés de charges ou entraînant des charges pour la région ; les recrutements de certains personnels, suivant des modalités fixées par voie réglementaire ; et les plans régionaux et communaux de développement et les plans régionaux d'aménagement du territoire qui doivent être élaborés en tenant compte des plans de développement et

---

[51] L'incidence contrastée de l'approbation préalable sur l'autonomie et la liberté locale.

[52] FALL (I.), « le contrôle de légalité des actes des collectivités locales au Sénégal », *op.cit.*, pp. 64-110.

[53] Ils sont prévus dans : Art. 76 al. 1, loi n° 2019/024 du 24 décembre 2019 portant Code général des Collectivités territoriales décentralisées au Cameroun ; Art. 150 de la Loi n° 055-2004/AN du 21 décembre 2004 portant Code général des Collectivités territoriales au Burkina Faso ; Article 316 de l'**ORDONNANCE N° 2010-54** du 17 septembre 2010 portant Code général des Collectivités territoriales de la République du Niger : « Par dérogation au caractère exécutoire des actes prévus à l'article 312 du présent code, restent soumises à l'approbation préalable du représentant de l'État les délibérations portant sur les outils d'aménagement du territoire et d'urbanisme ;- les opérations domaniales et foncières et toute intervention impliquant la cession de biens ou de ressources de la collectivité ;- les conventions, dons, legs et subventions assortis de conditions ».

d'aménagement nationaux. Il convient tout de même de noter que les matières sus-énumérées font l'objet juste d'une approbation préalable. Celle-ci supposant davantage un contrôle de régularité qui implique, par ricochet, l'exclusion du contrôle de l'opportunité sur ces actes par le représentant de l'État[54]. L'opportunité qui traduit la liberté dans le choix et l'orientation des décisions par les autorités locales a été soustraite du contrôle de tutelle. Il n'est pas, ainsi, contradictoire de penser que cette manœuvre procède d'une entreprise qui a pour finalité, la garantie et la consolidation de l'autonomie des collectivités territoriales décentralisées. Ces actes demeurent sous le joug de l'approbation préalable certainement à cause de leur singularité.

2) La singularité des actes soumis à l'approbation préalable de la tutelle

Les actes soumis à l'approbation préalable de la tutelle ont été limitativement énumérés dans tous les textes juridiques encadrant la décentralisation certainement à cause de leur importance et de leur singularité. En effet, les législateurs des États d'Afrique noire francophone ont à travers cette délimitation voulu rappeler l'importance de la tutelle dans un contexte de décentralisation. La libre administration dans un État unitaire signifiant que la décentralisation est une forme d'autonomie et non d'indépendance[55], et l'autonomie n'excluant pas la tutelle, il devient logique que certains actes des collectivités territoriales soient préalablement approuvés. Parce qu'ils sont d'une certaine importance autant dans la vie de la collectivité locale que dans la vie de l'État. Ces actes ont quasiment tous un lien avec la préservation non seulement de l'unité, mais également de la souveraineté de l'État. En droit de la décentralisation des États d'Afrique noire francophone, les actes soumis à l'approbation préalable de la tutelle sont en général de nature financière, ou impliquant une mise en exergue de la souveraineté de l'État. Cette exigence d'approbation préalable sur les actes financiers est expressément affirmée dans la loi portant Code général de la Décentralisation du Burkina Faso. L'article 57 de cette loi dispose en effet que : « *L'approbation et l'autorisation préalable ne concernent que les actes et les délibérations à caractère financier ou ayant une*

[54] AKONO OLINGA (A.), *L'apport de la performance au contrôle des finances locales au Cameroun*, Thèse de doctorat/Ph. D en droit public, Université de Yaoundé II, 2020, p. 60.

[55] LAUBADERE (V. A), VENEZIA (J. C.), GAUDEMET (Y), *Traité de droit administratif*, Paris, tome 1, 15e édition, LGDJ, p. 95.

incidence financière ». Les collectivités territoriales africaines sont fortement dépendantes des finances nationales et en particulier des transferts financiers de l'État. Elles sont en outre traditionnellement soumises, dans le domaine financier, aux contrôles de l'État[56]. Dans tous les pays d'Afrique noire francophone, les questions financières sont toutes subordonnées à l'approbation préalable de la tutelle. Au Cameroun, par exemple, c'est l'approbation qui rend le budget exécutoire[57]. Les emprunts extérieurs autorisés par l'organe délibérant local sont soumis à l'approbation préalable de l'autorité de tutelle et garantis par l'État[58].

Cette garantie par l'État est essentielle, car les questions d'emprunts extérieurs engagent sa responsabilité internationale. Il devient donc logique que tout engagement pris par une collectivité locale lui soit préalablement soumis. Il en est de même en ce qui concerne les différentes conventions que les collectivités locales peuvent être emmenées à signer. Seul garant de la souveraineté extérieure, l'État a l'obligation d'avoir un droit de regard sur les actes des CTD pouvant entacher cette dernière. En somme, le maintien de l'approbation préalable sur certains actes des collectivités locales se justifie clairement par la singularité de ceux-ci. De façon générale, l'énumération, opérée par la plupart des lois sur la décentralisation en Afrique noire francophone, laisse entrevoir que ces actes relèvent de certains domaines jugés fondamentaux et faisant partie des intérêts supérieurs de l'État. La coexistence du régime de l'exécution de plein droit aux côtés de la conservation d'une approbation préalable sur les actes les plus importants est donc normale. Cette dernière contribue ainsi à garantir une plus grande autonomie aux collectivités locales tout en préservant le caractère unitaire et indivisible de l'État décentralisé.

II) Une approche redoutée

Les pays d'Afrique francophone ont adopté une décentralisation demeurant largement sous le contrôle de l'État central. Pourtant, cette dernière induit un transfert de compétences à des collectivités locales élues que ces dernières sont censées exercer librement ou de façon autonome.

---

[56] OLIVA (Éric), « La décentralisation et les finances publiques », Titre VII [en ligne], n° 9, *La décentralisation*, octobre 2022.

[57] Art. 46 et 47 de la loi camerounaise du 10 juillet 2009 portant régime financier des collectivités territoriales décentralisées.

[58] Art. 22al3 de la loi camerounaise du 10 juillet 2009 portant régime financier des collectivités territoriales décentralisées.

Bien que nécessaire, la réaffirmation d'une approbation préalable sur certains de leurs actes ne peut qu'être redoutée par ces collectivités locales. En effet, si les récentes réformes admises dans le droit de la décentralisation des États d'Afrique noire francophone ont quasiment fait état d'une considérable réduction des pouvoirs de tutelle en général, et du contrôle préalable en particulier, elles n'ont pas pour autant favorisé une quiétude des collectivités locales. Pour ces collectivités, nonobstant son caractère indispensable, l'approbation reste un véritable handicap à la liberté et à l'autonomie locales (A) qui leur sont constitutionnellement reconnues. Dans l'optique d'une plus grande promotion du développement local, une rationalisation de l'approbation (B) devient nécessaire pour une meilleure conjugaison de cette dernière avec l'autonomie et la liberté reconnues aux entités locales.

A) L'approbation préalable, une entorse perpétuelle à la liberté et à l'autonomie locale

L'approbation préalable sur les actes des collectivités locales constitue une perpétuelle entorse de l'autonomie et de la libre administration qui leur sont attribuées. Le Professeur Jean-Marie PONTIER affirme d'ailleurs à ce propos que : « Le contrôle *a priori* est supposé moins protecteur de l'autonomie de la personne que celui *a posteriori* »[59]. Dans les États d'Afrique noire francophone, le droit de la décentralisation qui y est formulé au moyen des instruments législatifs, laisse transparaitre un encadrement de l'approbation peu propice à l'exercice de la libre administration et à l'autonomie des collectivités locales. Si certaines prérogatives liées aux pouvoirs d'approbation des autorités de tutelle sont de nature à favoriser des velléités de centralisation (1), la procédure d'approbation en elle-même semble très contrastée au point de générer des risques pour le développement local (2).

1) La conservation des velléités centralisatrices au moyen de l'approbation

L'un des objectifs de la réforme quasi généralisée de la décentralisation dans les États d'Afrique noire francophone consistait à réduire le caractère pesant de la tutelle. Si de réelles avancées ont été opérées, beaucoup reste encore à faire. Ainsi, quelques velléités centralisatrices, notamment au moyen de l'approbation préalable de la tutelle, sont encore perceptibles dans les nouvelles lois ou codes de la décentralisation. L'encadrement du

---

[59] PONTIER (J-M), « les contrôles et la tutelle », *AJDA*, 2022 p. 1311.

pouvoir d'approbation des autorités de tutelle sur certains actes des collectivités locales fait ainsi état de plusieurs situations pouvant être considérées comme entraves à l'autonomie et à la libre administration locales. Pour certains actes, l'approbation est préalable et une condition sine qua none d'entrée en vigueur des actes en question. Par ce pouvoir d'approbation, l'autorité de tutelle dispose d'un « *véritable droit de véto* »[60] pouvant bloquer ou retarder le processus de développement local. En matière budgétaire locale au Cameroun, c'est l'approbation qui rend le budget exécutoire. La loi camerounaise sur le régime financier des collectivités locales en donne la preuve claire lorsqu'elle dispose que : « *Le budget de la collectivité territoriale est approuvé par arrêté de l'autorité de tutelle compétente dans un délai de quinze (15) jours suivant la date formellement justifiée de son dépôt.* ***Cette approbation lui confère le caractère exécutoire*** »[61]. L'autorité de tutelle est celle qui détient ainsi le dernier mot en matière de validation ou pas du budget local. À travers ce pouvoir d'approbation qui lui est donné, l'autorité de tutelle a également la capacité de modifier[62] ou même de refuser d'approuver le budget.

Au-delà du cadre budgétaire, l'autorité de tutelle dispose d'un pouvoir d'annulation[63] préalable de certains actes. Au Cameroun, le représentant de l'État peut annuler les actes des collectivités territoriales manifestement illégaux, notamment en cas d'emprise ou de voie de fait, à charge pour la collectivité territoriale concernée d'en saisir la juridiction administrative compétente[64].

---

[60] BOCKEL (A.), *Droit administratif,* Cité par NLEP (R. G*.), L'administration publique camerounaise : Contribution à l'étude des systèmes africains d'administration publique*, *op.cit.*, p. 103.

[61] Art. 46 de la Loi n° 2009/011 portant régime financier des collectivités territoriales décentralisées au Cameroun.

[62] Art. 47 de la loi précitée.

[63] Au Niger : « Est annulable la délibération à laquelle a pris part un conseiller intéressé soit à titre personnel, soit comme mandataire, ou comme conjoint, ascendant ou descendant direct, à l'affaire qui a fait l'objet de la délibération. L'annulation est prononcée dans un délai de deux (2) mois à partir de la réception de la délibération, par arrêté motivé de l'autorité de tutelle, soit d'office, soit à la demande de toute personne intéressée, sous réserve que ladite demande ait été adressée à l'autorité de tutelle compétente dans les trente (30) jours suivant la clôture de la session concernée. Il est délivré récépissé de la demande » Art. 319 de l'Ordonnance N° 2010-54 du 17 septembre 2010 portant Code général des Collectivités territoriales de la République du Niger.

[64] Art. 78 al 1 de la Loi n° 2019/024 du 24 décembre 2019 portant Code général des Collectivités territoriales décentralisées.

Réduite en principe en un simple contrôle préalable de légalité sur les actes des autorités locales, l'approbation préalable subsiste de manière fondamentale pour les actes les plus importants de la collectivité. Elle confère ainsi à l'autorité de tutelle un pouvoir de contrôle de la légalité des actes des collectivités locales. L'autorité de tutelle érigée ainsi en juge de la légalité se trouve investie d'une fonction qu'il peut soit exercer lui-même soit saisir les juges[65] compétents. Dans le cas où il exerce lui-même, il porte à la connaissance de l'exécutif communal ou régional, par tout moyen laissant trace écrite, des illégalités relevées à l'encontre de l'acte ou des actes qui lui sont communiqués[66]. En matière budgétaire, il peut mettre l'exécutif local en demeure de modifier le budget dans (4) quatre cas à savoir : l'absence d'équilibre du budget, l'insuffisance des crédits pour financer les dépenses obligatoires, le caractère irrégulier des dépenses et enfin le non-respect des ratios (les pourcentages) des différentes catégories de dépenses.

En outre, bien que toute appréciation allant dans ce sens soit désormais proscrite[67] par la plupart des instruments juridiques de mise en œuvre de la décentralisation, l'autorité de tutelle continue de disposer implicitement ou explicitement d'un pouvoir de contrôle d'opportunité des actes qui sont soumis préalablement à son approbation. Au Niger, tout comme au Cameroun[68], les pouvoirs de contrôle des autorités de tutelle ne doivent en aucun cas porter sur une appréciation d'opportunité à l'exception de ceux soumis à l'approbation préalable[69]. Certains auteurs[70] pensent d'ailleurs

---

[65] À la Cour suprême Art.246 Loi n° 2013-10 du 28 décembre 2013 portant Code général des Collectivités locales au Sénégal.

[66] Cas du Cameroun, Art. 77 de la loi sus-citée.

[67] En République démocratique du Congo, le contrôle de tutelle ne peut porter en aucun cas sur l'opportunité de l'acte, ce qui reviendrait à violer le principe cardinal et constitutionnel de la libre administration des entités territoriales décentralisées (article 3 de la Constitution du 18 février 2006). Au Sénégal, les collectivités locales sont seules responsables, dans le respect des lois et règlements, de l'opportunité de leurs décisions. Cf. Art.3 de la Loi sénégalaise n° 2013-10 du 28 décembre 2013 portant Code général des Collectivités locales ; Art. 309 de l'ORDONNANCE N° 2010-54 du 17 septembre 2010 portant Code général des Collectivités territoriales de la République du Niger.

[68] Article 73 al 3 de la Loi n° 2019/024 du 24 décembre 2019 portant Code général des Collectivités territoriales décentralisées.

[69] Actes prévus à l'article 316 de l'Ordonnance N° 2010-54 du 17 septembre 2010 portant Code général des Collectivités territoriales de la République du Niger.

[70] KEUDJEU DE KEUDJEU (J.R), *Recherches sur l'autonomie des collectivités territoriales décentralisées au Cameroun*, *op. cit.*, p. 528 ; YAMEOGO (H), Repenser l'État africain : ses dimensions et prérogatives, Paris, L'Harmattan, 1993, p. 124.

que le simple maintien de l'approbation préalable de la tutelle sur certains actes d'envergure de la collectivité montre clairement que l'État se réserve le droit d'exercer un contrôle d'opportunité sur l'action des collectivités locales[71]. Par l'entremise du caractère préventif de l'approbation préalable, le contrôle d'opportunité se met ainsi en mouvement, en faisant de l'État le juge de l'appréciation de ce qui est bon ou mauvais pour les collectivités locales, ou en s'arrogeant le pouvoir de décider au préalable en leur lieu et place[72]. Toute chose qui ne peut qu'amenuiser l'autonomie et la libre administration reconnues aux collectivités locales. Face à tout cet éventail de pouvoirs conservés par l'autorité de tutelle dans le cadre de l'exercice de pouvoir d'approbation, il ne serait pas risqué de penser que l'expression de la liberté locale soit tout de même conditionnée et l'autonomie locale questionnée surtout au regard des modalités de mise en œuvre de l'approbation.

2) La procédure contrastée de l'approbation

La procédure visant à la mise en œuvre de l'approbation pourrait être de nature à conditionner la libre administration et l'autonomie d'une part, et d'autre part de retarder le temps de la réalisation des projets locaux. En effet, si l'approbation a été revue à la baisse[73] et n'a plus un caractère absolu comme ce fut le cas avant précisément au Cameroun[74], elle reste tout de même une condition pour certains actes dits fondamentaux. De nos jours, si elle n'a pas été notifiée à la collectivité locale, l'approbation ne peut être tacite qu'au terme de trente (30) jours,

---

71 MVAEBEME (E-S), *Les rapports entre l'État et les communes au Cameroun depuis les lois du 22 juillet 2004*, Mémoire de DEA de droit public, FSJP/UYII -, Année académique 2007-2008, p. 17.

72 KEUDJEU DE KEUDJEU (J.R), *Recherches sur l'autonomie des collectivités territoriales décentralisées au Cameroun, op. cit.*, p. 528.

73 KEUDJEU DE KEUDJEU (J.R), *Recherches sur l'autonomie des collectivités territoriales décentralisées au Cameroun, op. cit*, p. 517.

74 Sous l'empire de la loi communale de 1974, même en cas d'annulation du refus d'approbation par le juge, il fallait encore que l'autorité de tutelle prenne de manière matérielle et expresse un acte d'approbation pour que l'acte entre en vigueur. En fait, seule l'approbation de l'autorité de tutelle conférait à l'acte concerné, un caractère exécutoire. Cf._Art. 11, Décret. N° 77/91 du 25 mars 1977 déterminant les pouvoirs de tutelle sur les communes, les syndicats de communes, établissements communaux, modifiés par le décret n° 90/1464 du 9 novembre 1990.

comme c'est le cas en Côte d'Ivoire[75], au Sénégal[76], au Cameroun[77]. Au Burkina Faso[78], le délai d'approbation ou d'autorisation préalable des délibérations relatives aux matières visées à l'article 57 est de quarante-cinq jours maximum à compter de la date de dépôt auprès de l'autorité compétente. Passé ce délai, l'approbation ou l'autorisation préalable est réputée acquise. À la lecture de ces différents temps d'approbation, il apparait logiquement que l'approbation préalable pourrait être un réel handicap à l'exécution des projets locaux, car il y a comme une admission pour l'autorité de tutelle de garder le silence ou encore de refuser de donner l'approbation. Dans ce dernier cas, les législateurs des États d'Afrique noire francophone ont prévu que l'autorité locale puisse saisir le juge. Sauf que l'annulation du refus d'approbation par le juge qui équivaut *ipso facto* à l'approbation préalable ne pourra arriver que dans un mois. Ce qui n'est pas pour le moins favorable autant à la manifestation de l'autonomie des collectivités locales ou encore au temps que ces dernières disposent avant de mettre en exécution leurs décisions. Pour obtenir une approbation préalable sur certains actes fondamentaux, les collectivités locales doivent non seulement attendre un certain temps, mais recourir encore au juge en cas de refus d'approbation de l'autorité de tutelle. Dans certains cas même, il leur est demandé de saisir l'autorité de tutelle par le biais d'un recours gracieux préalable[79]. La complexification ainsi affichée d'une étape dite préalable ne peut être que de nature à amenuiser la réalisation des projets locaux. Bien plus, le recours juridictionnel a priori admis

---

[75] Article 141 de Loi n° 2012-1128 du 13 décembre 2012 portant organisation des collectivités territoriales : « Les actes des collectivités territoriales ne sont soumis à approbation ou à autorisation préalable que dans les cas formellement prévus par la loi. L'approbation ou l'autorisation est donnée expressément. Elle est toutefois réputée acquise trente jours à partir de la date de l'accusé de réception de l'acte délivré par l'autorité de tutelle ».

[76] Art. 245 de la Loi n° 2013-10 du 28 décembre 2013 portant Code général des Collectivités locales « L'approbation du représentant de l'État est réputée tacite si elle n'a pas été notifiée à la collectivité locale dans le délai d'un mois à compter de la date de l'accusé de réception par le représentant de l'État ».

[77] Art. 76 al.3 de la loi portant Code général de la Décentralisation.

[78] Art. 58 de la Loi n° 055-2004/AN du 21 décembre 2004 portant Code général des Collectivités territoriales.

[79] Cas du Burkina Faso, Art .59 de la même loi « Lorsque l'autorité de tutelle refuse l'approbation ou l'autorisation, le conseil de la collectivité peut se pourvoir en justice, à la condition d'avoir saisi l'autorité de tutelle au préalable d'un recours gracieux. Dans ce cas de saisine, l'autorité de tutelle dispose d'un délai de trente jours au maximum pour réagir ».

par cette procédure d'approbation ne pourrait être de nature qu'à prolonger cette dernière. Ainsi, quoique la décision de refus d'approbation puisse faire l'objet d'un recours devant le juge administratif pour excès de pouvoir, le champ des actes soumis à une tutelle *a priori* reste large. Le processus et les formalités d'entrée en vigueur de ces actes se trouvent encore lourds, car, quand bien même l'acte échapperait à l'approbation préalable de l'autorité de tutelle, il peut toujours être déféré par celle-ci au juge administratif pour annulation chaque fois que les intérêts de l'État sont menacés[80]. L'exercice de la libre administration et l'autonomie locales se trouvent ainsi heurté avant même toute exécution du fait de ses conditions, mais aussi du fait de ces prolongements temporels.

Il importe donc de rationaliser cette approbation indispensable pour une conciliation de cette dernière avec la préservation de l'autonomie et la liberté d'action locale.

B) La nécessité d'une rationalisation de l'approbation préalable

La promotion de l'intérêt local se veut au centre de toute décision prise au niveau local tant par les autorités locales que par celles qui représentent l'État. L'indispensable approbation préalable des actes des autorités locales par celles de la tutelle devrait donc apparaitre plus comme un moyen de préservation de cet intérêt local qu'un simple outil de surveillance dont dispose l'État. Nonobstant la volonté affichée des législations des États d'Afrique noire francophone de réduire au maximum le poids de la tutelle en matière locale, des velléités centralisatrices et procédurales continuent d'être relevées çà et là. L'encadrement de l'approbation n'y échappe pas au regard des précédents développements. Pour une meilleure conciliation du caractère indispensable de cette dernière d'avec la préservation à la fois de l'autonomie et des intérêts locaux, il importe de rationaliser une fois de plus l'approbation préalable. Cette dernière passe nécessairement par une rationalisation de la procédure d'approbation (1) que par la promotion d'un véritable dialogue entre les autorités locales et les représentants de l'État (2).

1) D'un point de vue procédural

D'un point de vue procédural, pour qu'une approbation soit définitivement donnée, il faut au minimum un (1) mois lorsque la

---

[80] KEUDJEU DE KEUDJEU (J.R), *Recherches sur l'autonomie des collectivités territoriales décentralisées au Cameroun*, *op. cit.*, p. 518.

procédure s'opère normalement[81] ou deux (2) mois lorsque l'approbation est octroyée à l'issue d'un contentieux[82]. Cela parait tout de même lourd pour une étape dite préalable. Même si la plupart des instruments juridiques induisent que ce délai d'un mois peut être réduit par le représentant de l'État à la demande de l'exécutif local[83], la loi ne prévoit pas une obligation de l'autorité de tutelle à répondre favorablement cette demande. Dans cette optique, l'exécutif local dispose peut-être d'un moyen d'écourter le délai de réponse, mais rien ne suppose concrètement que l'autorité de tutelle soit tenue de lui répondre de façon urgente. Une approbation favorable à la préservation de l'autonomie consisterait donc à réduire encore cette temporalité en imposant une célérité à l'autorité de tutelle dans la réponse qu'il est tenu de donner. Une proposition allant dans le sens d'une semaine à deux pourrait être envisagée à condition que l'autorité de tutelle puisse préalablement être associée passivement à l'élaboration des projets devant aboutir aux actes qui seront plus tard soumis à son approbation. Bien plus, il serait également utile de proscrire à ce dernier un silence lorsqu'il est saisi pour donner une approbation. Pour un allègement des pouvoirs de contrôle d'opportunité dont continue de bénéficier l'autorité de tutelle, il serait opportun que celle-ci motive ces décisions en cas de refus d'approbation. Laquelle motivation devant s'étendre sur les plans opérationnels et financiers. Ce qui permettra aux autorités locales de mieux corriger les potentielles irrégularités et d'alléger par là même le contrôle *a priori.*

L'allègement du contrôle *a priori* étant une mesure indispensable, à toute politique de décentralisation orientée vers la recherche d'une gouvernance locale qui intègre effectivement la logique participative, et surtout de responsabilisation[84], elle passe nécessairement par un renvoi du contrôle juridictionnel a priori à un contrôle a posteriori. En effet, son admission, bien que nécessaire, alourdit quelque peu la procédure préalable de l'approbation. « *La superposition des contrôles* a priori *et* a posteriori *est effectivement perçue comme un facteur de coût et de complexité excessive, entraînant un risque de paralysie de l'action publique. Pour autant, cette superposition n'est pas en soi condamnable,*

---

[81] Approbation tacite en cas de silence de l'autorité de tutelle.

[82] Approbation acquise devant le juge.

[83] Art. 245 de la loi précitée au Sénégal, Art. 76 al 4 de la loi portant code des CTD au Cameroun,

[84] AKONO OLINGA (A)., *L'apport de la performance au contrôle des finances locales au Cameroun, Op.cit.*, p. 227.

elle est même nécessaire »[85] ; car « *les limites du contrôle* a priori *rendent indispensable le contrôle* a posteriori[86] ». Pour une simplification de la mise en œuvre de l'approbation, il serait plus utile de positionner le contrôle juridictionnel *a posteriori*. Il s'agira désormais non moins de la consolidation de l'autonomie des CTD, que du renforcement de la responsabilité des gestionnaires locaux[87]. Au-delà de cette rationalisation procédurale de l'approbation se pose la nécessité d'un plus grand dialogue entre les autorités de tutelle et celles locales dans l'optique de promouvoir le développement local.

2) La promotion du dialogue entre les autorités locales et les représentants de l'État

La procédure d'approbation préalable sur certains actes des CTD gagnerait à promouvoir le dialogue entre les autorités locales et les représentants de l'État. Un tel dialogue pourrait conjuguer à la fois la surveillance impérative de l'État sur les autorités et la préservation de l'autonomie d'une liberté d'administration constitutionnellement consacrée de ces dernières.

La promotion de ce dialogue passe nécessairement une simple réduction du travail de l'autorité de tutelle en un simple avis préalable qu'il sera tenu de donner sur les actes des autorités locales. Dans un esprit de concertation d'avec ces autorités locales l'approbation préalable pourrait mieux jaillir sans obligatoirement recourir au juge. L'avis sera ainsi un instrument qui conservera l'approbation en ce sens qu'il impliquera un indispensable droit de surveillance par la tutelle. Il sera davantage un instrument aux mains des autorités locales qui n'auront certainement plus l'appréhension de ne pas pouvoir agir librement ou décider de façon autonome.

Les pouvoirs de centralisations qui apparaissent quelque peu et ayant une réelle incidence sur l'exercice de la libre administration locale ou encore de l'autonomie locale pourront davantage être noyés dans la coordination et la concorde qui gouvernera désormais les relations de la tutelle avec les autorités locales. Cette promotion du dialogue entre deux organes dont la surveillance des actes de l'un demeure indispensable et le

---

[85] PRAT (M)., CHAIGNAU-PEYROUX (S.), « La modernisation des méthodes de contrôle », *R.F.F.P*, n° 87, septembre 2004, pp. 219 -230.

[86] *Ibid.*

[87] AKONO OLINGA (A)., *L'apport de la performance au contrôle des finances locales au Cameroun*, *Op.cit.*, p. 227.

respect des pouvoirs autonomes de l'autre, pourrait de ce fait, s'apparenter à une sorte de gouvernance négociée. Définie comme un mécanisme qui permet aux acteurs d'arriver à des décisions mutuellement satisfaisantes et contraignantes et de résoudre des conflits par la négociation et la coopération[88], la gouvernance négociée se pose véritablement comme solution miracle à la conservation de l'impérative approbation préalable, à celle de l'autonomie et la libre administration locale. Dans cette optique, le développement local ne peut qu'être priorisé.

Conclusion

Le diagnostic d'une approbation préalable sur les actes des collectivités locales par le représentant de l'État fait état du caractère indispensable de cette dernière, nonobstant leur incidence sur l'exercice de l'autonomie et la libre administration constitutionnellement reconnues à ces entités locales élues. De ce point de vue, il a été question d'observer que l'approbation préalable constitue un élément probant de légitimer un contrôle des actes des collectivités locales élues disposant d'une liberté administrative et d'une autonomie dans l'exercice de ses fonctions. Cette dernière a ainsi trouvé sa raison d'être dans l'obligation d'une préservation du caractère unitaire et indivisible de l'État et dans le caractère limité et singulier des actes des autorités locales soumis à l'approbation. Toutefois, il a été donné de constater que malgré son caractère indispensable justifié, cette approbation même après avoir été suffisamment reformée dans les instruments juridiques encadrant le droit de la décentralisation dans les États d'Afrique noire francophone continue d'être redoutée par les autorités locales. Ces dernières y voient à travers sa mise en œuvre une reconduction des velléités centralisatrices et une procédure peu encline à une limitation affichée de l'autonomie et de la libre administration des autorités locales. Pour une meilleure prise en compte du caractère indispensable de l'approbation préalable, il a été suggéré de rationaliser cette dernière du point de vue de sa procédure, tout en promouvant un dialogue voire une gouvernance négociée entre les représentants de l'État et les autorités locales. L'objectif étant de prioriser le développement local.

[88] LE GALES (P)., « Gouvernance », *in* BOUSSAGUET (L). (dir.), *Dictionnaire des politiques publiques*, Paris, Presses de Sciences Po « Références », 4e éd., 2014, pp. 299-308.

Les enjeux de la décentralisation en Côte d'Ivoire : quelle stratégie de gestion des problèmes environnementaux par les autorités municipales de la ville de Bouna ?

Sip Sie Jean Pierre

Résumé

Depuis la fin des années 1980, l'État ivoirien a amorcé une politique d'aménagement du territoire dont l'outil opérationnel est la décentralisation. Elle consiste à la délégation ou transfert de compétences aux collectivités territoriales. Cette politique se fonde sur le principe de la communalisation, la création des districts et des conseils généraux. Ainsi, en 1985, la ville de Bouna est érigée en commune de plein exercice par la loi n° 85-1085 relative à l'organisation municipale sur le territoire de la République de Côte d'Ivoire avec un conseil municipal élu. De façon générale, divers enjeux sous-tendent la décentralisation en Côte d'Ivoire. Dans le cas spécifique de la commune de Bouna, plusieurs défis sont à relever face à une enveloppe budgétaire allouée très insuffisante. Ces challenges touchent plusieurs domaines dont la gestion de la dégradation de l'environnement bounaéen. Au regard de ce qui précède, il apparait impérieux de s'interroger sur les enjeux de la décentralisation en Côte d'Ivoire et la stratégie de gestion de l'environnement dans la commune de Bouna.

L'objectif de cette communication est de se pencher sur le cas de la gestion des problèmes environnementaux dans la commune de Bouna, un enjeu de la politique de décentralisation. Pour l'atteinte de cet objectif, une démarche méthodologique autour du triptyque recherche documentaire, données audiovisuelles et entretien a été adoptée. Les résultats obtenus concernent les mécanismes de gestion de l'environnement communal de Bouna après avoir relevé les problèmes environnementaux afférents.

Mots clés : Bouna, décentralisation, enjeux, problèmes, stratégie, environnementaux

Introduction

En Côte d'Ivoire, la politique de décentralisation repose sur trois principes majeurs, à savoir la communalisation du territoire, la création de la région décentralisée et le district autonome. Hormis les grandes villes qui ont obtenu un statut spécifique dès la période coloniale, les années 1980 marquent le démarrage effectif de l'opération de communalisation du pays qui va entraîner la création d'une centaine de communes et la mise à leur disposition par l'État, de moyens financiers, humains, techniques et matériels notamment lors du vote de la loi du 29 juillet 1985 portant transfert de compétences de l'État aux communes. Ainsi, le développement local se substitue désormais au modèle de développement directif. Selon M. Soumahoro (2012 p. 51), le territoire ivoirien est devenu ainsi le champ d'opérationnalisation des objectifs globaux de l'État et des aspirations de la population locale. C'est à la faveur de cette politique de décentralisation que la ville de Bouna est érigée en commune en 1985, par la loi n° 85-1085 relative à l'organisation municipale sur le territoire national. La politique de décentralisation mise en place constitue en soi un système de gestion dans lequel des pouvoirs propres sont conférés à une entité distincte de l'administration centrale (DGDDL (Direction Générale de la Décentralisation et du Développement Local, 2013). Selon la loi n° 2003-208 du 7 juillet 2003 portant transfert et répartition des compétences de l'État aux collectivités territoriales ; plusieurs compétences incombent aux communes dont une est axée sur la santé, l'hygiène publique et la qualité de vie des populations. Cette prérogative dévolue à la commune nous invite à statuer sur la gestion des problèmes environnementaux dans la ville de Bouna, en tant qu'un pan des enjeux de la décentralisation en Côte d'Ivoire. Cet enjeu résulte d'une commune en pleine dynamique spatiale, démographique et économique, engendrant des problèmes environnementaux. C'est dans cette optique que (B. Kambiré et *al.* 2018, p. 90) soutiennent que l'augmentation rapide de la population et le développement des activités économiques de la ville de Doropo ont entraîné l'insalubrité de la ville. La triple dynamique spatiale, démographique et le développement économique de la ville de Bondoukou ont perturbé la gestion de l'environnement de cette ville (T. Gogbé, 2011, pp. 60-72). La résolution de ces problèmes se veut être un challenge comme le souligne (B. Kambiré et S. Kamagaté, 2018, p. 53) : « le défi de la gestion de l'environnement et de la préservation du cadre de vie est une préoccupation dans les cités des opérations immobilières dans la commune de Cocody (Abidjan – Côte d'Ivoire) ». L'objectif visé par cet article est d'analyser les modes de gestion des problèmes environnementaux dans la commune de Bouna, en tant qu'enjeu de la politique de décentralisation, selon un plan d'action conçu, tenant de la situation factuelle.

I) Matériels et méthodes

A) Cadre géographique de l'étude

Bouna est, chef-lieu de la région du Bounkani, située au nord-est de la Côte d'Ivoire entre 8° 30′ et 9° 40 latitude nord et 3° et 4° 30′ longitude ouest (figure 1). Elle est située à 603 km d'Abidjan. La ville est ensuite érigée en commune de plein exercice en 1985 par la loi n° 85-1085. Le décret n° 2011-263 du 28 septembre 2011 crée la région du Bounkani dont la ville de Bouna devient le chef-lieu de région.

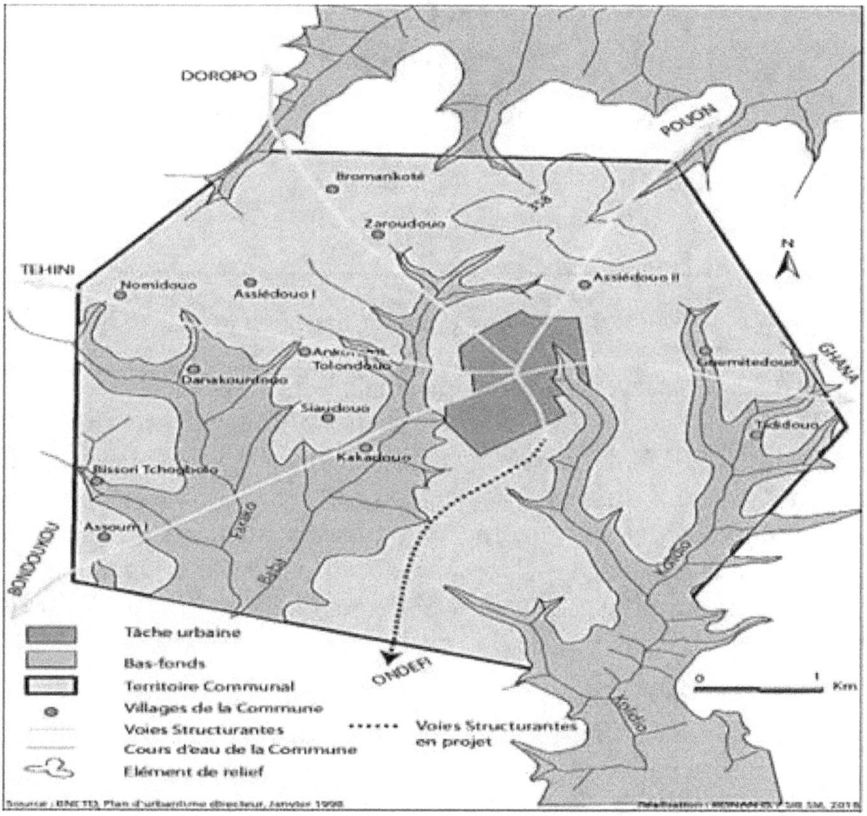

Figure 1 : La ville de Bouna avec son rayon communal

La ville comprend 18 quartiers qui sont : Administratif, Aviation, Bobosso, Camarasso, Centre-ville, Dassikeledougou, Kardioulasso, Gborontchara, Industriel, Limamisso, Niamatalaye, Nigbisso, Ouattarasso, Résidentiel, SOGEFIHA, Zongo, TP, Bromakote. La ville a connu une dynamique spatiale (figure 2), avec la création de nouveaux quartiers.

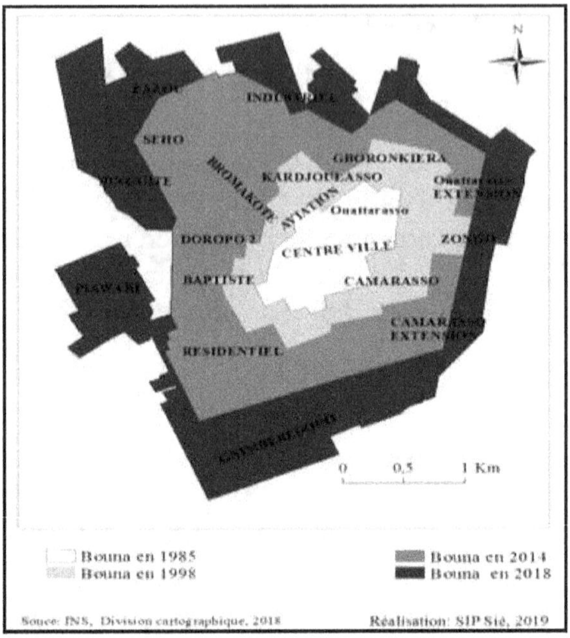

Figure 2 : Dynamique spatiale de la ville de Bouna de 1985 à 2018

Le total de surface lotie selon le plan de lotissement de 2018 d'élève à 2151,151 ha contre 253, 5 hectares en 1979 et 645 hectares 1996. À partir de 2017, de nouveaux quartiers ont été créés. Il s'agit de Piawari, Zazou, Binguité, Gimberedouo et Seho. À cela s'ajoute l'extension de certains quartiers comme Ouattarasso, Camarasso, Zongo, Dassikeledougou, Gborontchera et Industriel. Cette extension spatiale résulte d'une dynamique démographique illustrée par le tableau 1.

Tableau 1 Évolution de la population bounaénne de 1965 à 2014 (Source : DCGTX, INS, RGHP 1988, 1998 et 2014)

Années	1965	1975	1988	1998	2014
Population	3500	7250	13 266	16 094	18 755

On constate, à travers ce tableau, une évolution continue de la population de la ville qui est passée de 3500 habitants en 1965 à 18 755 habitants en 2014. Cette population est estimée à 26 195 habitants la même année PUD (2016 p. 35).

B) Méthode de collecte et d'analyse des données

1) Méthode de collecte des données

L'approche méthodologique utilisée pour l'étude repose sur la recherche documentaire, l'observation directe et l'enquête par questionnaire.

L'analyse documentaire a permis de consulter des ouvrages (généraux, spécifiques et articles), des documents cartographiques et statistiques. Les ouvrages textuels ont été consultés dans plusieurs bibliothèques. Il s'agit de la bibliothèque de l'Institut de Géographie Tropicale (IGT), de la bibliothèque universitaire centrale (BUC), de la bibliothèque de l'IRD (Institut de Recherche pour le Développement). Des recherches ont également été effectuées sur Internet, au BNETD (Bureau National d'Étude Technique et de Développement). À Bouna, des recherches sont faites dans les services techniques de la Mairie et à la Direction régionale de l'urbanisme. L'analyse cartographique s'est appuyée sur des cartes thématiques telles les cartes de lotissement, d'équipement et d'infrastructure de la ville de Bouna confectionnées par le BNETD en 1998 à l'échelle 1/10000^{è}, la carte de la ville de Bouna réalisée par le CNTIG (Comité National de Télédétection et d'Information Géographique) à l'échelle 1/25000^{è} et celle de l'INS (Institut National de Statistique) réalisée en 2014 à l'échelle 1/10000^{è}. Les photographies aériennes réalisées en 1991 par KUKUSAI KOGYO à l'échelle 1/7500è ont pu être consultées au BNETD. Une analyse de ces dernières et les données spatiales de 1998 ; 2005 et 2014 (INS-RGPH) ont permis d'apprécier la croissance spatiale de la ville de Bouna. Les données statistiques sur la démographie ont été collectées. Il s'agit des données du recensement de 1965 ; de 1975 ; de 1988 de 1998 et de 2014. Elles sont fournies par l'INS (Institut National de Statistique) et celles de 1904 à 1954, par les archives du (recensement général 22-G-12 de Dakar en 1904). Elles ont permis de suivre l'évolution de la population et d'établir un rapport avec les problèmes environnementaux de la ville et leur gestion.

L'observation a permis de recueillir des données primaires à l'aide d'une grille d'observation. Ainsi, sont relevés les modes de gestion de l'environnement et l'état de salubrité de la commune. Une visite fréquente sur l'espace d'étude à Bouna a donné l'occasion de s'imprégner des réalités du terrain et de vérifier certaines informations fournies par la documentation.

L'enquête auprès des chefs de ménage a consisté à recueillir des informations relatives à leurs cadres et conditions de vie. Le questionnaire porte sur l'identité de la personne à enquêter, le mode de gestion des déchets, les problèmes environnementaux vécus par les ménages ainsi que leurs attentes, actions et recommandations pour l'amélioration du cadre de vie. Ainsi, 213 chefs de ménage ont été enquêtés en se fondant sur des critères tels que la situation géographique, le sexe, la durée d'installation et la nationalité (tableau 2). Cette enquête de terrain s'est déroulée du début du mois d'août 2022 à fin septembre 2022.

Tableau 2 : Répartition des chefs de ménage enquêtés (Source : Enquête de terrain, août-septembre 2022)

Quartiers	**Sexe**		**Total**	**Nationalité**		**Total**	**Durée d'install.**		**Total**
	Masc.	Fém.		Ivoirien	Étranger		+20 ans	-10 ans	
Quartiers centraux (centre-ville)									
Centre-ville	15	2	17	15	2	17	7	10	17
Aviation	33	2	35	25	8	35	8	27	35
Administratif	8	0	8	7	1	8	5	3	8
Ouattarasso	31	3	34	30	5	34	11	23	34
Quartiers périphériques (Zone en extension)									
Gborontchara	42	5	47	40	7	47	39	8	47
Niamatalaye	12	1	13	13	0	13	4	9	13
Dassikeledougou	41	7	48	40	8	48	20	28	48
Résidentiel	11	0	11	9	2	11	10	1	11
Total	**193**	**21**	**213**	**180**	**33**	**213**	**104**	**99**	**213**

2) Méthode d'analyse des données

Les données collectées ont subi une analyse statistique qui a permis d'obtenir des valeurs brutes, de faire des pourcentages et de réaliser des tableaux statistiques. Les différentes cartes sont réalisées à l'aide des logiciels Arc Gis 10.2.1. Un traitement manuel des informations d'ordre qualitatif et quantitatif s'est préalablement avéré nécessaire. La réalisation des diagrammes et graphiques s'est faite avec Microsoft Excel version 2007.

II) Résultats

La dynamique urbaine de Bouna engendre de nombreux problèmes environnementaux. Cette situation a nécessité la conception d'un plan d'action en vue de résorber ces difficultés.

A) Quelques problèmes environnementaux récurrents à Bouna

1) La stagnation des eaux pluviales dans les rues et la mauvaise gestion des eaux usées

Après les pluies, l'on constate la stagnation des eaux dans certaines rues et ruelles de la ville. (Photo 1). Cette présence des eaux est source de dégradation de la voirie. Cet état de délabrement des artères de la ville résulte de la faible couverture en caniveaux permettant l'écoulement des eaux de pluie, la longueur du réseau étant estimée à environ 7,8 km.

Photo 1 : Stagnation d'eau au quartier Dassikeledougou

(Cliché : SIP, 2018)

En outre, des eaux usées de ménages, de toilettes et des eaux-vannes (WC) jonchent des rues de la ville de Bouna. Les ménages de la ville utilisent plusieurs modes pour d'évacuation de ces eaux (tableau 3).

Tableau 3 : Modes d'évacuation des eaux usées par les ménages à Bouna (Source : SIP, 2018)

Lieu d'évacuation	Nombre des chefs de ménage enquêtés	Proportion (%)
Caniveaux	15	7,04
Fosses septiques	40	18,77
Dans la nature	56	26,29
Rues	45	21,12
Broussaille	27	12,67
Rigole	30	14,08
Total	213	100

L'analyse de ce tableau révèle que les eaux usées sont évacuées dans les caniveaux à ciel ouvert, dans la nature, la rue, les rigoles et l'intérieur de la cour. Le déversement des eaux usées dans la nature est la plus répandue dans la ville avec 26,29 % des chefs de ménage enquêtés contre 18,77 %, disposant de fosses septiques. La conséquence est que ces eaux pullulent dans des rues à travers des quartiers (la planche 2).

Photo 2 : Eaux usées dans la ville de Bouna (Cliché : SIP, 2018)
La photo A montre de l'eau usée à l'arrière d'une cour au quartier Aviation et la photo B, l'eau usée le long d'une voie au quartier TP.

La présence de ces eaux constitue un risque sanitaire pour les populations, car vecteurs de diffusion d'agents pathogènes.

2) La prolifération des dépôts sauvages

La ville est parsemée de dépôts sauvages d'ordures. Cette situation est due au fait que la ville ne dispose pas d'une décharge publique aménagée. Les populations n'hésitent pas à déverser leurs ordures dans les espaces non mis en valeur, des constructions inachevées et même la devanture des habitations (photo 2).

Photo 3 : Dépôt d'immondices près d'une habitation au quartier Aviation (Cliché : SIP, 2018)

L'enquête menée auprès des ménages révèle que 71,36 % de ces derniers ne disposent pas de poubelles dans leurs cours. Seulement, 28,63 % possèdent un récipient destiné à recevoir des détritus. Le mode d'évacuation des ordures ménagères varie selon les quartiers (figure 3).

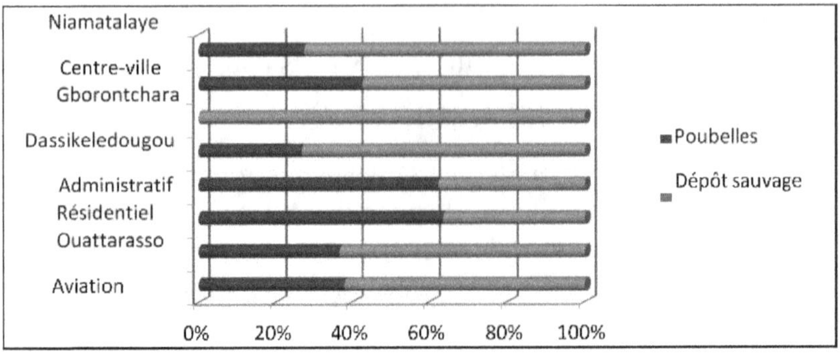

Figure 3 : Mode d'évacuation des ordures ménagères par quartier (Source : Enquête de terrain, 2018)

Selon la figure, 40 % de ménages utilisent des poubelles pour la conservation des ordures. Le quartier Gborontchara, par exemple, est caractérisé par une absence de coffres à ordures. Seuls les ménages des quartiers résidentiel et administratif en disposent avec respectivement 62,5 % et 61,1 %. La quantité d'ordures ménagères produite et ramassée dans la ville de 2013 à 2017 est consignée dans le tableau 4.

Tableau 4 : Quantité d'ordures produites et ramassées de 2013 à 2017 (Source : Mairie de Bouna, 2018)

Année	2013	2014	2015	2016	2017
Quantité totale d'ordures produite en tonnes	6000	6700	7050	7400	8900
Quantité d'ordures ramassées en tonnes	5900	6200	6500	6800	7600
Quantité d'ordures non ramassées en tonnes	100	500	550	600	1300

Il ressort qu'une quantité importante d'ordures est collectée chaque année. Mais la quantité non ramassée augmente aussi au fil des années. La figure 5 présente les dépôts sauvages d'ordures et la stagnation des eaux usées et pluviales dans la ville.

Figure 4 : Carte des principaux problèmes environnementaux de la ville de Bouna

Le constat est que les dépôts sauvages d'ordures se concentrent plus au centre-ville du fait des fortes densités de population dans ces quartiers avec 177 à 404 hab. /ha de la population totale de la ville en 2018. Dans certains quartiers comme Résidentiel, on trouve très peu de tas d'immondices. La situation est pareille pour les eaux stagnantes.

B) Les stratégies de gestion de l'environnement dans la commune de Bouna

La mise en place de stratégies de planification et de gestion des problèmes environnementaux est d'un apport considérable dans la résolution des problèmes environnementaux à Bouna.

1) Une collaboration participative des acteurs socio-économiques de la commune

À partir d'un plan de gestion environnemental, proposé par un Observatoire mis en place par l'État de Côte d'Ivoire. La ville de Bouna, en qualité de point focal, se doit de réunir les partenaires dans les comités de gestion de chaque groupe de quartiers constitué à cet effet, en fonction de l'activité dominante. Le tableau 5 présente ces groupes de quartiers.

Tableau 5 : Groupes de quartiers dans la gestion environnementale (Source : Notre étude, 2018)

Localisation	Nord	Centre	Sud	Ouest	Est
Quartier de référence	Gborontchera	Aviation	Camarasso	Dassikeledougou	Zongo

La ville est scindée en zone nord, sud, est, ouest et centre regroupant plusieurs quartiers. Il est ensuite défini différentes responsabilités confiées à des acteurs socio-économiques désignés. Le plan de gestion devient une référence et un engagement contractuel entre parties avec des obligations de résultat à l'égard de l'Observatoire dont il dépend.

2) L'information et la sensibilisation de proximité

Dans les pays en voie de développement, l'analphabétisme et l'ignorance des populations constituent les principaux maux qui entravent la gestion de l'environnement. En ce sens, la population doit être éduquée et sensibilisée sur les problèmes environnementaux.

L'une des actions prioritaires est donc d'informer et de sensibiliser la population sur la gestion de l'environnement. Un programme de sensibilisation est donc élaboré, car les interventions épisodiques des spécialistes ne touchent qu'une infime portion des populations. Concrètement, il s'agit de la production et de la diffusion des boites à images, de diapositives et l'organisation des conférences. En outre, un temps d'antenne est attribué aux langues vernaculaires pour servir de canal afin d'atteindre la population.

3) Utilisation des SIG pour une politique de développement durable

Un SIG sert essentiellement à prendre en charge la gestion des données géographiques, c'est-à-dire à organiser l'information géographique, à en faire l'analyse et à la communiquer. Dans le cas pratique de la ville de Bouna, il s'agit, de prime abord, de recenser et collecter des données sur les problèmes environnementaux qui minent la ville (ordures, eaux usées…) en identifiant des points précis au service d'un GPS. Ces données et informations constituent une base à partir de laquelle des tableaux, des graphiques, et des cartes peuvent être réalisés afin de mieux visualiser les phénomènes concernés. Elles sont ensuite transmises aux organes de décision en temps réel afin de susciter leur réaction et circonscrire le problème. La figure 4 propose un plan d'action en vue de solutionner les problèmes environnementaux de la ville de Bouna.

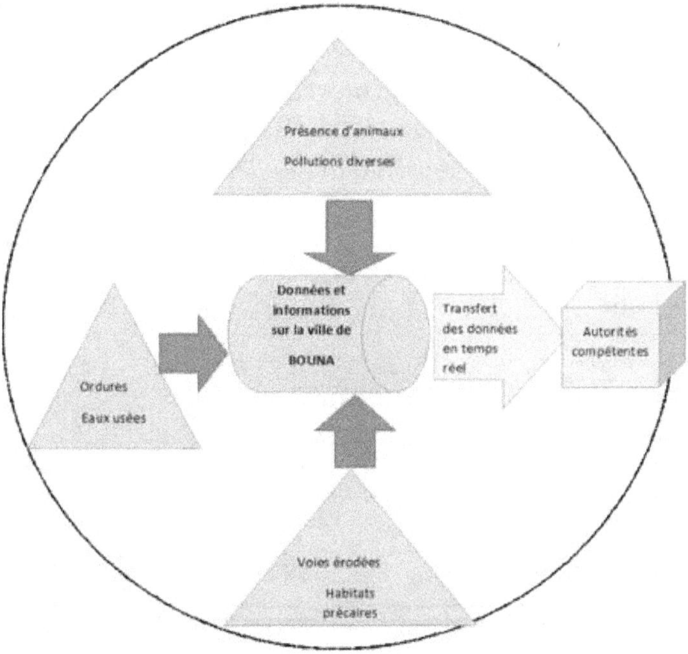

Figure 5 : Schéma d'un plan d'action en vue de résoudre les problèmes environnementaux dans la ville de Bouna (Source : Réalisation SIP, 2018)

Ce schéma traduit des actions pouvant être menées dans la ville de Bouna afin de pallier et prévenir les problèmes environnementaux. La collecte des données relatives aux problèmes en milieu urbain s'avère primordiale. Elle permet de mieux les appréhender pour un traitement optimal. Elle doit s'opérer en temps réel pour plus d'efficacité. En effet, la transmission et l'acquisition des données par les décideurs leur permettent de définir des actions concrètes. C'est en cela que le SIG est un important outil de gestion de l'espace urbain.

4) De la gestion participative des déchets par la population

Elle consiste à la mise en place d'un comité de gestion rapprochée et intégrée. Il s'agit de créer dans chaque quartier un groupe de gestion de la salubrité impliquant tous les ménages et composé d'un représentant de chaque famille. Des rencontres mensuelles ont lieu pour faire l'état des lieux et définir les actions de terrains pilotées par une équipe constituée de deux à quatre jeunes volontaires selon la population du quartier. Une cotisation forfaitaire mensuelle de 500 francs CFA par ménage est levée volontairement afin de couvrir les charges. Le tableau 5 donne un aperçu de l'éventuelle somme d'argent à collecter par quartier chaque mois.

Tableau 6 : Répartition des ménages de Bouna par quartier et estimation des montants (Source : INS RGHP, 2014 et estimation des montants)

Quartiers	Ménages de 2014	Montant en FCFA
Administratif	75	37 000
Aviation	353	176 000
Bobosso	204	102 000
Camarasso	355	177 500
Centre-ville	170	85 000
Dassikeledougou	483	241 500
Kardioulasso	240	120 000
Gborontchara	474	237 000
Industriel	371	185 500
Limamisso	194	97 000
Niamatalaye	129	64 000
Nigbisso	70	35 000
Ouattarasso	340	170 000
Résidentiel	110	55 000
SOGEPHIA	159	79 500
Zongo	173	86 500
TP	183	91 500
Bromankoté	361	180 500
Total	**4444**	**2 222 000**

Cette organisation par quartier permettra d'engranger une somme totale de deux millions deux cent vingt-deux mille (2 222 000) francs CFA, montant assez important pour mener des actions sur le terrain, entre autres, la collecte et le ramassage des ordures, le curage des caniveaux, le désherbage des artères de la ville. Cette contribution, en dépit de son caractère facultatif, semble impérative au regard de l'importance qu'elle revêt. Elle sera d'un appui déterminant pour les autorités municipales.

III) Discussion

La thématique des problèmes environnementaux et les mécanismes de gestion ont été abordés par plusieurs auteurs. Ainsi, la commune de Bouna connaît une dynamique remarquable ces dernières années engendrant de nombreux problèmes environnementaux (problèmes de gestion des déchets liquides et solides). Dans le même ordre d'idées, « le triple dynamique (démographique, spatiale et économique) a eu un impact sur la gestion de l'environnement de la ville de Boundoukou » (T. Gogbé, 2011, p. 1). C'est également le cas de la commune de Songon (Abidjan). En effet, le développement de cette commune engendre l'insalubrité (B. Kambiré et S. K. Ouattara., 2017, p. 152). On retient que l'assainissement et l'insalubrité constituent les véritables problèmes environnementaux des villes ivoiriennes et de toutes celles de l'Afrique (N. Yémadji et *al.* 2017, p. 4). En vue d'un développement harmonieux et durable des villes africaines, les acteurs locaux se doivent de relever ces défis. L'insuffisance de la gestion des déchets solides relevée dans les cités est confirmée par K. Attahi (2001, pp. 17-51). En effet, cet auteur a fait remarquer que la ville d'Abidjan ne dispose que d'une seule décharge publique d'où une faiblesse de la gestion des ordures. C'est également le point de vue de Y. Sané (2002, p. 1) qui dénonce la faiblesse de la gestion des déchets dans les pays du Tiers-Monde. Seulement 53,65 % des déchets sont collectés et mis en décharge par le concessionnaire à Abidjan. Selon B. KAMBIRE et S. KAMAGATE (2018, pp. 153-158), dans les cités des opérations immobilières de la commune de Cocody, il y a des problèmes d'assainissement, de gestion des déchets solides et de pollution. Des résultats similaires sont obtenus à Doropo, une ville située dans la même région que Bouna. En effet, selon B. Kambiré et *al*, (2018, p. 90), l'augmentation rapide de la population et le développement des activités économiques de Doropo ont entraîné l'insalubrité de la ville qui est alors malsaine et les populations cohabitent avec les déchets liquides et solides. Dans le même sens, K. Atta *et al,* 2013, p. 42) affirment que les quartiers précaires de l'agglomération abidjanaise offrent un visage peu reluisant avec une absence des réseaux d'assainissement. Toutes ces difficultés telles qu'évoquées reflètent celle de la commune de Bouna. Les problèmes environnementaux principalement l'insalubrité demeure un grand défi pour la plupart des villes des pays en voie de développement. Face à ce challenge, K. Traoré (2012, pp. 80-97) affirme que « la sensibilisation sur les problèmes environnementaux permet à la population cible de prendre conscience des interrelations entre population, environnement et développement socio-économique. Elle contribue à conduire les individus à mieux connaître et gérer efficacement les problèmes environnementaux ». Cette politique-cadre avec celle adoptée à Bouna. Par ailleurs, une « gestion durable de l'environnement urbain ne se concevrait pas sans la "bonne gouvernance" » (World Ressources Institute, 1997). Selon D. Élisabeth (2002, pp. 119-134), faute de gestion collective à Mopti (Mali), la réalité pratique de l'« assainissement » des quartiers est donc le travail familial, celui des bonnes et celui de tâcherons du secteur informel. Le législateur bruxellois oblige toute entreprise dangereuse pour l'environnement à disposer d'un permis d'environnement. La procédure à suivre est similaire à celle urbanistique et comporte l'organisation d'une enquête publique avec la collaboration de la population (J. P. Hannequart et R. De Laet, 2000, p. 9).

Conclusion

La présente étude a permis d'apprécier et analyser les moyens et méthodes de gestion des problèmes environnementaux dans la commune de Bouna, ville située au nord-est de la Côte d'Ivoire. En effet, face aux nombreuses difficultés d'ordre environnemental qui minent la ville de Bouna, diverses stratégies de gestion sont adoptées en vue d'en remédier. Il ressort que la sensibilisation au préalable, de la population s'avère primordiale, car les populations sont les tenants et aboutissants de toute action en faveur de la préservation de l'environnement et un cadre de vie sain. Une implication et une organisation interne de cette population se veut être un moyen efficace de gestion. Par ailleurs, des plans d'action à l'image des SIG sont mis en place en accord avec les autorités municipales pour un développement durable. La contribution des acteurs socio-économiques opérant dans la ville est de mise.

Bibliographie

1. ATTAHI Koffi., 2001. La gestion des déchets urbains (Abidjan), In *Onibokoun* (éds), *La gestion des déchets urbains. Des solutions pour l'Afrique*, Paris, Karthala, pp. 17-51.

2. DGDDL. 2008. Guide pratique de l'élu. Institutions locales, ministère de l'Intérieur, République de Côte d'Ivoire, p. 63.
3. Élisabeth Dorier-Apprill, 2002. Gestion de l'environnement urbain et municipalisation en Afrique de l'Ouest : le cas de Mopti (Mali), Dans Autrepart (n° 21), pp. 119-134.
4. GOGBE Téré., 2011. Analyse de l'évolution de la ville de Bondoukou entre 1964 et 2008 : étude des impacts sur l'environnement urbain, In *Revue de Géographie Tropicale et d'Environnement*, n° 1, EDUCI, pp. 60-72.
5. HANNEQUART Jean-Pierre et Rik De Laet, 2000. La collaboration du citoyen à la réussite de la politique environnementale sur le terrain. Bruxelles-Capitale, Belgique in *naturopa*/n° 94 p. 9.
6. KAMBIRE Bebe., OUATTARA Sotia Karidiatou, 2017. La gestion des ordures ménagères à Songon-Agban dans la périphérie d'Abidjan, In *Périphérie abidjanaise en mouvement*, S/D de KOFFI-DIDIA Adjoba Marthe et YAPI DIAHOU Alphonse, édition IRESMA, Cameroun, pp. 139-153.
7. KAMBIRE Bebe., KAMAGATE Sanaliou. Aspects de la crise urbaine dans les cités des opérations immobilières de la commune de Cocody (Abidjan – Côte d'Ivoire), In : *Revue de Géographie de l'Université de Ouagadougou (RGO)*, n° 007, Vol. 2. pp. 2424-7375.
8. Ministère de la Construction et de l'Urbanisme, 2016. PUD, 35 p.
9. Ministère de l'Environnement, 1996, *Le code de l'environnement en Côte d'Ivoire*, 27 p.
10. SOUMAHORO Moustapha, 2015 construction, reconstruction terri-toriale et décentralisation en Côte d'Ivoire (2002-2009) « *Espaces et sociétés* » n° 160-161, pp. 51-66.
11. SOUMAHORO, Moustapha. 2012. « D'un territoire relativement homogène à un territoire émietté. Une politique territoriale de développement piégée ? Le cas de la Côte d'Ivoire », dans C.Y. Koffie-Bikpo et O. Dembélé (sous la dir. de), Les perspectives de la géographie en Afrique subsaharienne, tome 2. Actes de colloque international 2009, Institut de Géographie Tropicale, Abidjan, Côte d'Ivoire, 15-17 septembre 2009, Éditions universitaires européennes (EUE), pp. 123-139
12. TRAORE Kassoum., 2012, « Programme national de gestion de l'environnement urbain pour la période 1996-2010 en Côte d'Ivoire : regard des populations des quartiers précaires de la ville d'Abidjan », In *European Scientific Journal October édition,* vol. 8, No.24 ISSN : 1857 - 7881 (Print) - ISSN 1857 - 7431, pp. 80-97.
13. YEMADJI N'Diékhor, CHENAL Jerôme, HASLER Stephane et KEMAJOU Armel., 2017. Villes *africaines : environnement et enjeux de développement durable*, EPFL, Lausanne, 73 p.

La constitutionnalisation de la décentralisation en Tunisie : Enjeux politiques et institutionnels.

Lotfi Tarchouna.

Professeur de droit public à l'université de Sousse.
Faculté de droit et des sciences politiques de Sousse.

Résumé

La constitutionnalisation de la décentralisation est loin d'être un pur exercice de légistique constitutionnelle. Elle se situe au carrefour d'une multitude d'enjeux politiques, institutionnels, idéologiques et sociaux. Elle met en jeu des stratégies d'acteurs et d'alliances politiques. Ses conséquences ultimes portent sur les structurations et restructurations du système politique, des classes dirigeantes et des groupes sociaux.

Cet article se penche sur les enjeux politiques et institutionnels qui ont accompagné les différentes vagues de constitutionnalisation de la décentralisation et de leur influence sur les démarches, procédés et intensité de la constitutionnalisation en Tunisie.

La question de la constitutionnalisation est très importante[1]. Elle permet de conférer à une institution, un droit ou une liberté, un statut constitutionnel et, par conséquent, de les protéger contre les empiétements du législateur et des différents pouvoirs publics.

La constitutionnalisation se fait de plusieurs manières, soit directement par le pouvoir constituant, soit de façon indirecte par les juges et les interprètes authentiques de la constitution[2].

---

[1] Elle se définit comme « le processus par lequel un texte législatif est élevé au rang de loi constitutionnelle. Cela peut se faire par modification de la Constitution ou par l'interprétation jurisprudentielle. La constitutionnalisation confère une valeur constitutionnelle à un texte ou à un principe. En droit, la constitutionnalisation est le fait d'estimer un texte fidèle à la constitution ou de l'intégrer dans la constitution. Voir sur la question. Dieter Grimm « La constitution au tournant des XXe et XXIe siècles. L'acquis du constitutionnalisme et ses perspectives dans un monde changé ». In Revue Franco-Allemande des sciences humaines et sociales. No 30-2019.https://journals.openedition.org/trivium/6956
https://doi.org/10.4000/trivium.6956

[2] Un premier mouvement de « constitutionnalisation-juridicisation » se traduit par la soumission de la politique au droit. Le deuxième mouvement, celui de la

Les avantages de la constitutionnalisation sont nombreux, ils permettent, entre autres, d'assurer :

- la modernisation du droit ;
- renforcer la crédibilité et la sécurité juridique pour le justiciable ;
- structurer le système juridique autour de principes communs ;
- réaliser l'unification de l'ordre juridique autour de la Constitution.[3]

La constitutionnalisation et son intensité dépendent de plusieurs variables historiques, politiques, juridiques et culturelles. Elle est tributaire de la conjoncture politique, des rapports de force à l'intérieur des assemblées constituantes, des rapports entre les différents pouvoirs publics, du dynamisme des interprètes de la constitution,[4] du degré de démocratie dans un pays, du statut des droits de l'homme et des objectifs et valeurs fondamentaux que l'on veut ancrer dans le système constitutionnel.[5]

La constitutionnalisation dépend, dans le même ordre d'idées, de la nature de l'objet « constitutionnalisable », certains domaines (branches de droit) sont plus enclins à la constitutionnalisation que d'autres. [6]

La question de la décentralisation semble ne pas faire partie, en Tunisie, des domaines constitutionnalisables « sans précautions ». Elle n'a pas historiquement bénéficié des largesses du pouvoir constituant. Une attitude de méfiance a toujours accompagné la démarche de

---

« constitutionnalisation-élévation », consiste en l'élévation du niveau hiérarchique de nombreuses normes juridiques, désormais hissées au niveau constitutionnel. Le troisième mouvement, « la constitutionnalisation-transformation », revêt un aspect matériel : c'est le phénomène de la constitutionnalisation du droit et des différentes branches du droit. Voir. Ariane Vidal Naquet.» Quels équilibres entre droit constitutionnel institutionnel, normatif et substantiel ? ». In QUELLES DOCTRINES CONSTITUTIONNELLES AUJOURD'HUI POUR QUEL(S) DROIT(S) CONSTITUTIONNEL(S) DEMAIN, Sep 2016, Toulouse, France. halshs-02112638.https://shs.hal.science/halshs-02112638

[3] En ce sens. Ariane Vidal-Naquet : « La constitutionnalisation des branches du droit et « l'impérialisme du droit public » in L'identité de droit public. Xavier Bioyp. Dur pp 89-103https://books.openedition.org/putc/362

[4]

[5] Selon Ariane Vidal-Naquet : « Ce phénomène de constitutionnalisation s'appuie en réalité sur deux mouvements convergents : la « juridicisation » de la Constitution d'une part, qui entraîne la pleine normativité des dispositions constitutionnelles voire leur applicabilité directe et ; la « culture » des droits fondamentaux d'autre part, qui met en évidence son intérêt pour le justiciable. Ibidem. https://books.openedition.org/putc/379

[6] Il en est ainsi notamment du droit pénal et de la procédure pénale ou encore le droit fiscal. Ibidem.

constitutionnalisation de la décentralisation. La décentralisation est, depuis la révolution de 2011, soumise à de grands tiraillements quant aux procédés et à l'intensité de son inscription constitutionnelle.

En effet, la constitutionnalisation de la décentralisation s'est, toujours intégrée en Tunisie, dans des enjeux politiques et institutionnels se rapportant à la construction de l'État, de la nation et de la démocratie.[7]

La dimension stratégique de la constitutionnalisation apparait, surtout, dans les périodes de grands changements politiques annonciateurs de « textes constitutionnels fondateurs ». Il en a été ainsi en Tunisie du mouvement constituant issu de la décolonisation qui a donné naissance à la constitution du 1er juin 1959, du mouvement constituant issu de la « révolution de 2011 » qui a donné naissance à la constitution de 2014 et du processus constituant entamé officiellement depuis le 25 juillet 2021 appelée mouvement de « redressement des voies de la révolution » qui s'est soldé par la constitution du 25 juillet 2022[8].

Les trois constitutions ont accordé à la décentralisation un statut variable. La démarche de constitutionnalisation variait en fonction des conjonctures historiques, des enjeux et stratégies politiques et institutionnelles propres à chaque contexte constituant.

En effet, la constitution de 1959, de teneur présidentialiste et centralisatrice, s'est préoccupée essentiellement de la construction et de la consolidation étatique. Celle de 2014 s'est caractérisée par une orientation décentralisatrice plus affirmée et a fait de la décentralisation l'un des piliers de l'édifice politicojuridique de la transition politique. La constitution de 2022 intervient, quant à elle, dans un contexte d'incertitudes politique, économique, sociale et s'est préoccupé, essentiellement, du redressement du système politique.

Nous essaierons dans le cadre de cette communication de montrer les enjeux politiques et institutionnels qui ont influencé la constitutionnalisation de la décentralisation dans les diverses expériences constitutionnelles en Tunisie.

Nous montrerons que la constitutionnalisation n'est pas une pure opération technique mais, qu'elle est déterminée dans son intensité, ses

---

[7] En ce sens. Lotfi Tarchouna. Décentralisation et Déconcentration en Tunisie. Thèse de doctorat d'État. Université de Tunis el Manar. 2004.

[8] Sur le processus constituant de 2022 voir : Lotfi. « La constitution tunisienne de 2022 à l'épreuve de la performance ». in Diversité, Dialogue et Droit social. 2ème partie. Pp 173-244. Latrach Edition. Tunis 2023.

procédés et ses objectifs par des enjeux et stratégies de teneurs politiques et institutionnels.

Nous menons notre analyse en adoptant un plan simple en deux parties nous permettant de suivre les enjeux de constitutionnalisation de la décentralisation dans leur temporalité et contexte politique.

La première partie s'intéresse à la constitutionnalisation de la décentralisation dans la constitution de 1959 ;

Et la deuxième partie à la constitutionnalisation de la décentralisation dans les sillages de la révolution.

I. La constitutionnalisation de la décentralisation dans la constitution de 1959.

Les dirigeants de la première génération de l'indépendance des pays maghrébins se considéraient comme des bâtisseurs d'État. Ils avaient une conception très particulière de la démocratie, de l'État, de la nation et de la constitution. [9]

La constitution symbolisait pour ces gouvernants l'accession de l'État à l'indépendance et à la souveraineté. Les gouvernants se devaient, dans cette optique, de consolider la souveraineté, renforcer « l'unité nationale » [10] compromise par une composition tribale de la société et préserver l'unité de l'État, qui reste vulnérable, et dont la construction n'est pas totalement achevée à cause de la persistance des solidarités primaires (tribales, claniques, régionales et familiales).[11]

La construction de l'État, de la nation et de la démocratie sont, selon les gouvernants de l'époque, tributaires d'une implication maximale de l'État et d'une mobilisation sans failles des différents acteurs publics et privés du développement dans le pays. Il est impératif, dans ces conditions, de bannir toute forme d'organisation ou de démarche susceptibles de compromettre l'œuvre de construction étatique et nationale.

---

[9] Michel Camau. « CARACTÈRE ET RÔLE DU CONSTITUTIONNALISME DANS LES ÉTATS MAGHRÉBINS ». Annuaire de l'Afrique du nord, vol. 16-1977, Paris Editions du CNRS, 1978. Pp379-410 file:///H:/la%20constitutionnalisation%20Miamey/Caractere_et_role_du_constitutionalisme.pdf

[10] La nation au sens où l'entend le droit constitutionnel ne constituait pas selon le discours politique dominant une réalité dans ces pays, il s'agissait de la consolider voire même de la construire.

[11]

Les gouvernants ont forgé une conception particulière du constitutionnalisme.[12] La constitution aurait pour fonction prioritaire, non pas de garantir les libertés, mais de légitimer les gouvernants et de leur conférer les pouvoirs nécessaires à la « construction » de l'État, la nation, la démocratie et le développement, etc.

Les objectifs, les enjeux et les priorités étant établis, la constitutionnalisation de la décentralisation devait s'insérer dans la constitution de 1959 dans les balises de l'unité nationale, la stabilité et le consensus en tant que mode de gouvernement.

La décentralisation, occupant une place résiduelle parmi les choix institutionnels des constituants en 1959 (A), elle a fait l'objet d'une démarche réductrice de constitutionnalisation (B).

A. La place résiduelle de la décentralisation dans les choix institutionnels des constituants de 1959.

La décentralisation ne représentait pas dans la première constitution de la Tunisie indépendante une priorité. Elle n'entrait pas dans les choix de politique institutionnelle des constituants de l'époque. Elle était, au contraire, redoutée et jugée dangereuse pour l'unité de l'État, la stabilité politique, le développement économique et la concorde nationale. La préférence était, très clairement, accordée à la centralisation en tant que mode de gouvernance politique et administrative.

La constitution de 1959 faisait des impératifs de l'unité nationale, la stabilité politique des priorités d'ordre constitutionnel. Toutes les dispositions de la constitution se ramenaient de la sorte aux questions d'organisation du pouvoir étatique (centralisation administrative), de la nature du régime politique (présidentiel car censé assurer une plus grande stabilité politique), de la place de la religion et des partis politiques.

Le préambule de la constitution est significatif à cet égard ; il dispose que les représentants du peuple tunisien, réunis en Assemblée nationale constituante proclament la volonté du peuple de :

- « ***consolider l'unité nationale*** » et de demeurer fidèle aux valeurs humaines qui constituent le patrimoine commun des peuples (...) ;
- D'instaurer une démocratie fondée sur la souveraineté du peuple et caractérisée par « ***un régime politique stable*** » basé sur la séparation des pouvoirs (….).

---

[12] THIERRY LE ROY : « Le constitutionnalisme : quelle réalité dans les pays du Maghreb ? in Revue française de Droit constitutionnel, 79, 2009. Pp543-556.

La mention des impératifs de la « ***consolidation de l'unité nationale*** » et du « ***régime politique stable*** » justifie, aux yeux des constituants de l'indépendance, l'option pour un régime politique « fort » de teneur présidentialiste ou l'exécutif concentre la réalité du pouvoir[13].

La consolidation de l'unité nationale a fourni une justification pour procéder à une « rationalisation » excessive du régime des libertés publiques et leur soumission, au niveau de l'exercice, au régime juridique restrictif de l'autorisation préalable[14].

Les partis politiques étaient, soit interdits, soit très étroitement encadrés[15]. Ils étaient redoutés et considérés comme source de discorde et de menace pour la consolidation de l'unité nationale. Le risque d'éveiller les allégeances tribales et les solidarités primaires était souligné. L'article 8 de la constitution synthétise à, sa façon, les dangers sous-jacents aux partis politiques et en encadre très minutieusement le régime juridique. Il dispose que « Les partis politiques s'engagent à bannir toute forme de violence, de fanatisme, de racisme et de discrimination.

Un parti politique ne peut s'appuyer fondamentalement dans ses principes, objectifs, activité ou programmes, sur une religion, une langue, une race, un sexe ou une région ».

Les exigences de la stabilité politique et de l'unité nationale interpellent dans les conceptions politiques et institutionnelles des dirigeants de l'époque, le régime présidentiel[16] (centralisation politique) la centralisation comme mode privilégié d'organisation de

---

[13] VICTOR SILVERA : « Le Régime Constitutionnel de la Tunisie. La constitution du 1er juin 1959. Revue française de science politique, n°2, 1960. pp. 366-394 ;
Le Professeur Silvera observe que « la Constitution tunisienne du 1er juin 1959 opte délibérément pour le régime présidentiel et tourne le dos au régime parlementaire ; elle contredit, à ce titre, les revendications développées par les Destouriens à l'encontre des autorités coloniales sur la nécessité d'instaurer un régime de nature parlementaire, ou le gouvernement sera responsable devant un Parlement national.

[14] Dali Jazi « Les rapports entre l'État et le citoyen dans la Tunisie indépendante, le problème des libertés publiques », Thèse de doctorat d'État. Université de Tunis, 1982.

[15] Sur le rôle des partis politiques en Tunisie. Wafa Tamzin. « Le rôle des partis politiques en Tunisie : entre quête du pouvoir et pacification sociale ». In Cahiers de la recherche sur les droits fondamentaux. Mis en ligne le 16 novembre 2019 : https://doi.org/10.4000/crdf.311.

[16] La revendication du régime parlementaire faite à l'encontre de la colonisation est remplacée dans la constitution de 1959 par l'instauration d'un régime présidentiel. Pour le président Bourguiba, le régime présidentiel est générateur de stabilité. In Silvera op. cit.

l'administration. La déconcentration domine la décentralisation et se substitue très largement à elle dans la gestion et la prise en charge des affaires locales[17].

La décentralisation, à cause de son référentiel politique libéral, de ses liens à la démocratie locale et la diversité des intérêts et des centres de décision qu'elle génère, est redoutée comme une menace à l'unité de l'État, la cohésion nationale et la stabilité politique.[18]

Elle serait, dans la même optique, onéreuse et susceptible de compromettre l'effort de développement économique du pays.

La constitutionnalisation de la décentralisation devrait être, par conséquent, minimale et ne pas compromettre les enjeux et choix politiques et institutionnels des dirigeants de la première génération de l'indépendance. Elle s'est faite en 1959 à travers une démarche réductrice.

B. Une démarche de constitutionnalisation réductrice.

Cet aspect réducteur apparait au double niveau de la densité (1) et des procédés de constitutionnalisation de la décentralisation (2).

1. Une densité constitutionnelle minimale.

N'étant pas en 1959 un choix du pouvoir constituant, la décentralisation devait se suffire d'une expression constitutionnelle minimale.

En effet, l'on doit remarquer que le texte de la constitution de 1959 n'évoque pas le concept de décentralisation mais, se limite au concept de collectivités locales.

Le chapitre VIII de la constitution de 1959 est intitulé « collectivités locales », il contient un seul article sur la question. Cet article 71 dispose que : « Les conseils municipaux, les conseils régionaux et les structures auxquelles la loi confère la qualité de collectivité locale gèrent les affaires locales, dans les conditions prévues par la loi »[19].

---

[17] Tarchouna Lotfi. Décentralisation et déconcentration en Tunisie. Thèse de doctorat d'État. Université de Tunis el Manar 2005.

[18] La revendication du régime parlementaire faite à l'encontre de la colonisation est remplacée dans la constitution de 1959 par l'instauration d'un régime présidentiel. Pour le président Bourguiba, le régime présidentiel est générateur de stabilité. In Silvera op. cit.

[19] [Modifié par la loi constitutionnelle n° 81-47 du 9 juin 1981 et par la loi constitutionnelle n° 2002-51 du 1er juin 2002.]

Sans entrer dans les détails, cet article se limite à faire le constat que les conseils des collectivités locales gèrent les affaires locales. Il s'agit d'un énoncé sommaire et de teneur normative minimale. Il ne trace pas une orientation constitutionnelle particulière pour la décentralisation. Le seul enseignement juridique susceptible de se dégager du chapitre VIII de la constitution est qu'il existe deux catégories de collectivités locales, celles créées directement par la constitution (c'est-à-dire les conseils municipaux et les conseils régionaux) et celles qui peuvent être crées par la loi et, ayant, de ce fait, un statut législatif. Au-delà, aucune contrainte normative particulière ne pèse sur les pouvoirs publics, en matière d'institutionnalisation de la décentralisation en l'occurrence le législateur.[20]

Au-delà de la faible intensité constitutionnelle de la décentralisation, les procédés de constitutionnalisation mis en œuvre en 1959 sont très largement mystificateurs.

2. Les procédés « mystificateurs » de constitutionnalisation de la décentralisation.

La constitutionnalisation est susceptible de se faire directement par le constituant à travers des énoncés explicites intégrés directement dans le texte de la constitution, ou de façon indirecte, par les juges ou les interprètes de la constitution[21].

S'agissant du procédé indirect, il est important de souligner que le contexte de fermeture du système politique qui prévalait, imposait un unanimisme et une docilité extrêmes des élus locaux aux sollicitations du pouvoir central. Aucune contestation de l'autorité centrale n'était envisageable et, aucun recours n'est intenté par les élus locaux à l'encontre des actes de tutelle. Le juge ne pouvait pas, par conséquent, participer à la constitutionnalisation de la décentralisation.

Par ailleurs, l'administration, y compris décentralisée, assimilée par le tunisien à l'État, ne pouvait pas faire l'objet de contestation devant les juridictions. La nature du contentieux sur les collectivités locales était quasi-exclusivement centrée sur les questions d'expropriation et de mesures de police administrative, ne permettait pas au juge d'asseoir une jurisprudence de nature à s'intégrer dans une logique de constitutionnalisation indirecte de la décentralisation.

[20] En ce sens infra p……….

[21] Supra p

Il est à noter, dans le même ordre d'idées, que le contrôle de constitutionnalité des lois instauré depuis 1988 par la création d'un conseil constitutionnel dont les pouvoirs étaient consultatifs, et malgré les évolutions qu'il a connues, n'a pas eu l'occasion de participer à la constitutionnalisation de la décentralisation en Tunisie[22].

A l'observation le procédé de renvoi au législateur utilisé par le constituant de 1959 ne peut pas être considéré comme un procédé direct de constitutionnalisation de la décentralisation. Le contexte de fermeture du système politique n'était pas, non plus, de nature à impulser une constitutionnalisation indirecte de la décentralisation par les voies de l'interprétation juridictionnelle.

En effet, l'article 71 de la constitution ne contenait aucun principe juridique se rapportant à la décentralisation. Il était muet sur l'autonomie des collectivités locales, la libre administration, les critères de partage de compétence, les élections des responsables locaux, les transferts financiers et j'en passe.

Il a, par contre, opté pour un procédé mystificateur qui consiste à renvoyer au législateur la mission de déterminer le régime juridique de la décentralisation. Il a conféré plein pouvoir au législateur pour l'élaboration du statut juridique des collectivités locales et, à travers lui, de la décentralisation.

À titre d'illustration, l'article 71 était ainsi rédigé : « Les conseils municipaux, les conseils régionaux et les structures auxquelles la loi confère la qualité de collectivité locale gèrent les affaires locales, ***dans les conditions prévues par la loi*** ».

Ce renvoi à la loi aboutit en réalité à faire sortir les collectivités locales et la décentralisation, de la constitution. Il s'agit, en pratique, d'une déconstitutionnalisation, voire même, d'un « déclassement normatif » de la décentralisation.

[22] À l'exception d'un avis du 9 janvier 1997à propos d'amendements introduits par les députés au projet de Code de la fiscalité locale sur la communication de toutes sortes de documents (contrats, registre et autres) aux communes pour l'évaluation de la taxe locative. Le Conseil constitutionnel déclaré l'incompatibilité de ces dispositions au principe constitutionnel de séparation des pouvoirs.
Sur le Conseil constitutionnel, voir. Rafâa Ben Achour. « Le Conseil constitutionnel tunisien ». in, Regards croisés sur les constitutions tunisienne et française à l'occasion de leur quarantenaire. Colloque de Tunis, 2-4 décembre 1999. Sous la direction de Rafâa Ben Achour et Jean Gicquel p. 163-172

Le législateur, du fait de cette habilitation qui lui est accordée par la constitution, et au nom de la construction étatique et de la consolidation de l'unité nationale, s'est donné libre cours pour instaurer une décentralisation dominée par le pouvoir central. Il a impulsé une décentralisation dépendante sur le plan financier, soumise fonctionnellement à une tutelle poignante, politiquement « fidélisé » au parti dominant, et très largement engrenée à l'État par les procédés du dédoublement fonctionnel des exécutifs locaux et du cumul des mandats.

La constitutionnalisation de la décentralisation opérée par la constitution de 1959 a été, de ce fait, façonnée par les enjeux et stratégies de la construction étatique et de la consolidation de l'unité nationale véhiculés par les dirigeants politiques de la première génération de l'indépendance et pérennisés durant tout le règne de la constitution de 1959. Elle n'était pas étrangère aux calculs et conceptions politiques et idéologiques de ces derniers.

La constitutionnalisation de la décentralisation va être, dans les sillages de la révolution, soumise à des enjeux spécifiques de recompositions et reconfigurations institutionnelles et sociales

II. La constitutionnalisation de la décentralisation dans les sillages de la révolution.

Deux étapes ont marqué la constitutionnalisation de la décentralisation en Tunisie, la révolution des jasmins des 17 décembre 2010 et 14 janvier 2011 et le processus du 25 juillet qualifié de « redressement de la révolution ». Les deux constitutions de 2014 et celle de 2022 sont étroitement reliées à cet évènement politique majeur.

La constitutionnalisation de la décentralisation s'intégrait dans les deux périodes dans des enjeux et stratégies politiques et institutionnelles très affirmés.

En effet, le procédé de constitutionnalisation directe n'est jamais neutre. Il cherche toujours à atteindre certains objectifs de nature politique et idéologique, à ancrer de nouvelles institutions et valeurs. Il se réalise par des alliances entre acteurs politiques et groupes sociaux. Il répercute ce qu'une partie de la doctrine qualifie d'« écriture stratégique des constitutions »[23].

---

[23] Sur cet aspect. Lauréline Fontaine : « La stratégisation originelle de l'écriture (et de la réécriture) constitutionnelle ». In Emeric Nicolas et Jacqueline Guittard, Les narrations de la norme, éd. Mare et Martin, 2020.https://www.

La constitutionnalisation de la décentralisation en 2014 s'intègre directement dans cette démarche stratégique d'écriture des constitutions. Les acteurs de la constitutionnalisation étaient animés par un enjeu fondamental de restructuration et d'ouverture du système politique afin de conquérir des positions permanentes dans la structure du système politique et constitutionnel naissant. Le but est d'assurer l'intégration des nouveaux acteurs politiques de la révolution ainsi, que les anciens opposants, dans le système politique en gestation (A).

La constitutionnalisation de la décentralisation réalisée en 2022 cherche, quant à elle, à assurer la promotion politique de nouvelles couches sociales et devient, de ce fait, l'un des pivots de la recomposition politique et institutionnelle du « mouvement du redressement politique » du 25 juillet (B).

A. L'ouverture du système politique et l'intégration des nouveaux acteurs et anciens opposants.

Le système politique tunisien issu de la constitution de 1959 se classait dans la catégorie des « régimes autoritaires »[24] qui se caractérisent par un verrouillage du système politique[25]. Les libertés publiques énoncées dans la constitution ne sont pas respectées, les partis sont très strictement surveillés et vassalisés au parti dominant du pouvoir[26], une centralisation excessive et des méthodes de gouvernement basées sur la mobilisation

---

ledroitdelafontaine.fr/la-strategisation-originelle-de-lecriture-et-de-la-reecriture-constitutionnelle/#:~:text=L'%C3%A9criture%20d'une%20constitution%20est%20.

[24] Michel Camau. Tunisie : vingt ans après ; De quoi Ben Ali est-il le nom ? in l'Année du Maghreb 2008 Pp. 507-527

[25] Les collectivités locales, spécialement le conseil régional, ont joué un rôle fondamental dans le verrouillage du système politique tunisien. Ce conseil concentrait dans sa composition tout le personnel politique et administratif central, régional et local. Il se compose selon l'article 6 de la loi organique n° 89-11 du 4 février 1989, relative aux Conseils régionaux « Le conseil régional se compose :
Du gouverneur : président.
Des députés élus dans la ou les circonscriptions du gouvernorat : membres.
Des présidents des communes du gouvernorat : membres.
Des présidents des conseils ruraux prévus par l'article 49 de la présente loi : membres
Les chefs des services régionaux, relevant des administrations civiles de l'État, assistent aux réunions du conseil.
Assistent également aux réunions du conseil des personnes dont le nombre ne doit pas excéder dix et ayant une expérience dans les domaines économique, social, culturel et éducationnel. Elles sont désignées par le gouverneur compte tenu de l'ordre du jour de la session.

[26] Supra p

parviennent à assurer l'unanimité imposée par le pouvoir en place[27]. La situation tunisienne s'inscrivait très largement dans ce schéma.

La constitutionnalisation de la décentralisation s'inscrivait en 2014 dans un mouvement de transformation générale du système constitutionnel et politique dans le pays. Il s'agissait dans le discours officiel du constituant de 2014 de fournir les cadres, constitutionnel et politique, adéquats à la réussite de la transition démocratique en tant qu'objectif ultime de la révolution.

La transformation démocratique passe, prioritairement, par l'ouverture du système politique à tous les acteurs et sensibilités politiques du moment. Les partis exclus avant 2011, en l'occurrence le parti Nahda de tendance islamique, majoritaire en vertu des élections de l'Assemblée nationale constituante du 23 octobre 2011[28] et les nouveaux arrivants[29] sur la scène politique, avaient pour ambition, de s'assurer une « position structurelle » dans le nouveau système politique tunisien. La décentralisation offrait une « opportunité » pour élargir l'espace de la participation politique et permettre à ce nouveau personnel et partis politiques d'investir les centres de décision politique et administrative et d'exercer une influence permanente dans la gestion de la chose publique à tous les niveaux, central, régional et local.

Le statut de la décentralisation dans la constitution de 2014 est valorisé, elle gagne en intensité et en normativité. La constitution abandonne le procédé du renvoi au législateur au profit de la constitutionnalisation directe.

Un chapitre 7, intitulé « pouvoir local », est consacré à la décentralisation. L'on passe d'un seul article réservé aux collectivités

[27] En ce sens. Michel Camau, Fadhila Amrani, Rafâa Ben Achour. Contrôle politique et régulations électorales en Tunisie. Edi sud, 1981. 550 pages.

[28] La tenue, le 23 octobre 2011, des premières élections législatives libres de l'histoire de la Tunisie contemporaine, consacrent la victoire du Mouvement Nahdha qui récolte 89 sièges des 217 de l'Assemblée nationale constituante (ANC), le Congrès pour la République (CPR), arrive en deuxième position, avec 29 sièges, et Ettakatol obtient 20 sièges. Or, le mode de scrutin « proportionnel au plus fort reste », ne permettait pas à une seule formation politique d'avoir la majorité des sièges pour former un gouvernement (109 sièges) ce qui ouvrait la voie à un cycle incessant de coalitions et de crises politiques.

[29] Sur les élections de l'ANC de 2011. Voir. TUNISIE. RAPPORT FINAL. MISSION D'OBSERVATION ÉLECTORALE DE L'UNION EUROPÉENNE. https://www.eods.eu/library/rapport-final-moe-ue-tunisie-2011_fr.pdf

locales en 1959 à 13 articles sur le « pouvoir local » dans la nouvelle constitution.[30]

La décentralisation se renforce par un grand nombre de principes susceptibles d'astreindre le législateur, à suivre une « doctrine » préétablie du statut juridique et politique des institutions du pouvoir local.

Il s'agit à titre d'illustration des principes de :

- La généralisation de la diffusion des collectivités locales à l'ensemble du territoire ;
- La libre administration des collectivités locales ;
- La généralisation du procédé électoral à l'ensemble des collectivités locales ;
- La subsidiarité en tant que critère de répartition des compétences partagées et transférées ;
- La tutelle à postériori ;
- La concomitance des transferts des compétences et des moyens financiers correspondants ;
- La solidarité financière horizontale et verticale ;
- La démocratie participative et la gouvernance ouverte, etc.

Les principes, intégrés dans la constitution, confèrent une protection substantielle à la décentralisation contre les éventuelles limitations de l'autonomie des collectivités locales du fait du législateur. Ce dernier est soumis au respect des principes directeurs imposés par la constitution.

Le code des collectivités locales de 2018[31] répercute, fidèlement à son niveau législatif, en les explicitant, les principes directeurs de la décentralisation posés par la constitution. Les contrôles juridictionnels,

---

[30] La constitution de 2014 s'est caractérisée par une orientation décentralisatrice très affirmée. Dix pour cent des dispositions de la constitution (13 articles sur 148) sont consacrées à cette question. Elle est appréhendée en termes de « pouvoir local ». Le constituant de 2014 a fait de la décentralisation l'un des piliers de l'édifice politico juridique de la « deuxième République ». La décentralisation ayant pour vocation, dans cette nouvelle donne constitutionnelle d'assurer, irréversiblement, le passage de l'autoritarisme à la démocratie. Notre étude. Les bases constitutionnelles de la décentralisation. In Mélanges en l'honneur du doyen Hafedh BEN SALAH. TUNIS. CENTRE DE PUBLICATION UNIVERSITAIRE : LABORATOIRE DES SCIENCES CONSTITUTIONNELLES. ADMINISTRATIVES ET FINANCIÈRES, 2018. 493 p

[31] Loi organique n° 2018-29 du 9 mai 2018, relative au Code des collectivités locales.

administratifs et constitutionnels veillent de leur côté au respect des principes de la décentralisation énoncés dans la constitution.

Les principes constitutionnels de la décentralisation sont de nature à garantir des rapports plus équilibrés entre le pouvoir central et les collectivités locales. Il est désormais, astreint à transiger avec les acteurs institutionnels du pouvoir local.[32]

Sur le plan politique, la constitutionnalisation de la décentralisation aboutit, en réalité dans les faits, au renforcement des nouveaux acteurs de la scène politique locale. En effet, la protection dont bénéficient les collectivités locales en vertu de la constitution, renforce, en pratique, les acteurs politiques locaux. Elle leur garantit le cadre juridique et politique adéquat à l'exercice de leurs fonctions et les protège contre les éventuelles pressions et intimidations politiques du pouvoir central.

La pérennité des collectivités locales, inhérente au statut constitutionnel de la décentralisation, constitue dans la stratégie constitutionnelle de 2014, une garantie de pérennité de la démocratie locale et, par conséquent, de l'élargissement de l'espace de la participation et de l'ouverture du système politique dans le pays. Elle garantit, de ce fait, une intégration « structurelle » des nouveaux acteurs politiques issus de la révolution.

La constitution de 2014 ne recueille pas l'adhésion unanime des élites politiques dans le pays[33]. Elle est jugée irréaliste et source d'instabilité politique et sociale. Les choix institutionnels opérés en faveur d'un régime politique atypique, associé à un mode de scrutin proportionnaliste au plus fort reste, ont provoqué une ouverture inconsidérée du système politique et ont empêché l'émergence de majorités politiques stables, capables de gouverner. La formule constitutionnelle devient impraticable[34] et le conflit politique s'intensifie dans le pays.

---

[32] Même s'il garde en dernière instance la maitrise de la décision sur le local en vertu du principe de souveraineté et de l'unité de l'État. Les collectivités locales sont autonomes à la seule condition du respect de la loi de l'État. La soumission au principe de légalité permet à l'État d'obtenir l'anéantissement de la décision locale illégale.

[33] En ce sens. Rafaa Ben Achour. « la constitution tunisienne du 27 janvier 2014 ». In Revue française de droit constitutionnel. 2014/4. No 100. Pp 783/801.

[34] En ce sens. Horchani : Faut-il réviser la Constitution de 2014 ? in Leaders. https://www.leaders.com.tn/article/30548-farhat-horchani-faut-il-reviser-la-constitution-de-2014

Le chapitre 7 de la constitution de 2014 sur le pouvoir local n'a pas permis d'apaiser la vie politique locale. Les élections municipales[35] reproduisent à leur niveau territorial l'instabilité et les conflits politiques qui se nouent à l'échelle nationale. Le discours traditionnel sur les dangers de la décentralisation pour l'unité de l'État et la cohésion nationale refait surface et la situation aboutit au rejet de la constitution de 2014 et à la recomposition du système politique et de la décentralisation. La constitutionnalisation de la décentralisation s'intègre, encore une fois de plus, dans des enjeux et stratégies de teneurs politiques et institutionnelles. Elle va occuper une place prépondérante dans la réalisation des enjeux du mouvement de redressement impulsé depuis du 25 juillet 2021.

B. La constitutionnalisation de la décentralisation : un pivot de la politique de « redressement » du 25 juillet.

Le mouvement de redressement politique et institutionnel s'est soldé en Tunisie par un ensemble de mesures allant de la suspension du parlement, à l'abrogation de la constitution de 2014.[36] Le décret 2021-117 sur les mesures exceptionnelles en constitue la pièce maitresse. Il fournit le référentiel juridique et politique de ce qui est appelé dans le discours politique officiel « la nouvelle République »[37]. Le processus aboutit à la promulgation de la constitution du 25 juillet 2022 qui servira de base à la recomposition du système politique.

---

[35] Voir sur cet aspect. LOUIS-SIMON BOILEAU, MAHDI ELLEUCH : « TUNISIE : UNE ÉLECTION SANS VAINQUEUR. ANALYSE DES ÉLECTIONS MUNICIPALES DU 6 MAI 2018 ». In Penser pour agir. Fondation Jean Jaures. 24/05/2018. https://www.jean-jaures.org/publication/tunisie-une-election-sans-vainqueur-analyse-des-elections-municipales-du-6-mai-2018/

[36] Sur ce processus, voir notre article. La constitution tunisienne du 25 juillet 2022 à l'épreuve de la performance. In Diversité, Dialogue et Droit social. Mélanges à la mémoire du Doyen Mongi Tarchouna. 2éme partie. Pp173-244.

[37] Le préambule de la constitution de 2022 évoque ce concept en ces termes :
« Profondément animés par la responsabilité historique, nous étions, alors, dans l'obligation de redresser le cours de la révolution, voire même le cours de l'histoire, mission accomplie le 25 juillet 2021, date de la commémoration de la proclamation de la République ».
Nous, le peuple tunisien,
Approuvons cette nouvelle Constitution pour une nouvelle République, avec en toile de fond notre histoire pleine de gloires, de sacrifices, d'affres et d'héroïsme.
. Nous, le peuple tunisien, qui, le 17 décembre 2010, avons brandi le slogan historique, Le peuple veut, approuvons cette Constitution comme base de la nouvelle République tunisienne. »

La décentralisation occupe dans cette constitution une position ambigüe. Elle perd de sa tonalité constitutionnelle (a) mais, joue, paradoxalement, un rôle fondamental dans le dispositif de recomposition politique et institutionnelle de la nouvelle République. Elle participe à la reconfiguration institutionnelle du système politique (b) et à la recomposition des assises sociologiques du pouvoir (c).

a. La perte de tonalité constitutionnelle de la décentralisation.

La constitution de 2022 suit une démarche de constitutionnalisation de la décentralisation comparable à celle de 1959. Elle réserve un chapitre 7, et un seul article, aux collectivités locales, et renvoie à la loi la détermination des conditions de gestion des affaires locales[38].

La comparaison avec la constitution de 2014 montre que la décentralisation perd de sa tonalité constitutionnelle. Le chapitre 7 de la constitution de 2022 n'évoque pas les notions de décentralisation ni de pouvoir local. L'habilitation faite à la loi de déterminer les conditions de gestion des affaires locales est susceptible de s'analyser comme en 1959 en termes de « déclassement d'échelle normative » ou de déconstitutionnalisation.[39]

La perte de tonalité constitutionnelle de la décentralisation dans le texte de 2022 est réelle, mais, elle ne doit pas être surestimée. Plusieurs dispositions de la constitution se rapportent, directement ou indirectement à la décentralisation.

Il s'agit, sans être exhaustif, des articles, 4 sur l'unité de l'État[40], 16 sur les richesses nationales[41], 56 sur le bicaméralisme, et des articles 81, 84, 85 sur les compétences du Conseil national des régions et des districts et 127 sur la saisine de la cour constitutionnelle[42].

---

[38] Art. 133 – Les conseils municipaux et régionaux, les conseils des districts et les organismes que la loi leur confère le statut de collectivité locale, veillent aux intérêts locaux et régionaux dans les conditions fixées par la loi.

[39] Supra p…

[40] Art. 4 – La Tunisie est un État unitaire. Il n'est pas permis d'édicter toute législation portant atteinte à son unité.

[41] Art. 16 – Les richesses de la patrie appartiennent au peuple tunisien. L'État doit œuvrer à la répartition de leurs revenus sur la base de la justice et de l'équité entre les citoyens dans toutes les régions de la République.
Les conventions et les contrats d'investissement relatifs aux richesses nationales sont soumis à l'Assemblée des représentants du peuple ***et au Conseil national des régions et des districts pour approbation***.

[42] Art-127 – La Cour constitutionnelle est exclusivement compétente en matière de contrôle de constitutionnalité :

Il est important dans cette perspective, de souligner que le code des collectivités locales, élaboré sur la base du chapitre 7 de la constitution de 2014 sur le pouvoir local, est toujours en vigueur. Il continue à véhiculer Les principes du chapitre 7 de la constitution de 2014 sur le pouvoir local. Ces principes, intégralement hébergés dans le code des collectivités, continuent à renforcer la décentralisation. Ils perdent, certes, d'échelle normative, mais aucunement, tant qu'ils sont en vigueur, de leur effet protecteur de la décentralisation.

Si la tonalité constitutionnelle de la décentralisation diminue, les dispositions indirectes se rapportant à cette notion, confèrent, paradoxalement, aux collectivités locales un rôle fondamental dans la reconfiguration du système politique de la nouvelle République.

b. La reconfiguration du système politique.

Les faibles performances du parlement et, le discrédit populaire dont il a fait l'objet durant toutes les années de son fonctionnement,[43] ont dissuadé le constituant de 2022 à consacrer la formule bicamérale. Le parlement est désormais composé selon l'article 56 de la constitution, de la chambre des députés et du Conseil national des régions et des districts.[44] La première chambre assure la représentation du peuple et la deuxième représente, quant à elle, les régions et les districts.[45]

La deuxième chambre, composée des représentants des collectivités locales[46] permet aux élus locaux de faire leur entrée au parlement. Ils

1.des lois, sur demande du Président de la République, de trente membres de l'Assemblée des représentants du peuple ou de la moitié des membres du Conseil national des régions et des districts. La Cour est saisie dans un délai de sept jours à compter de la date de l'adoption du projet de loi ou de la date de l'adoption du projet de loi amendé après renvoi par le Président de la République,

[43] En ce sens. Abdessalam Jaldi et Yasmine Akrimide. « Tunisie : la révolution de 2011 à la chute de la IIème République ». Brussels international center. 2024. https://www.bic-rhr.com/sites/default/files/inline-files/PP_11-22_Jaldi%20%20Akrimi.pdf

[44] Art. 56 – « Le peuple, détenteur de la souveraineté, délègue la fonction législative à une première chambre représentative dénommée l'Assemblée des représentants du peuple, et à une seconde chambre représentative dénommée le Conseil des régions et des districts. ».

[45] La formulation de l'article 56 de la constitution est équivoque. Elle se limite à énoncer le caractère représentatif des deux chambres et leur dénomination.

[46] ***Art. 81*** – « Le Conseil national des régions et des districts est constitué de députés élus des régions et des districts.

Les membres de chaque conseil régional élisent parmi eux trois membres pour représenter leurs régions au sein du Conseil national des régions et des districts.

participent désormais, de la structure institutionnelle de l'État, et concourent à l'exercice de la fonction législative en tant que fonction régalienne de l'État.

Au-delà du changement introduit dans la structure institutionnelle de l'État, et de l'investissement par les élus locaux des centres du pouvoir, le bicaméralisme est, de nature, à conférer aux unités décentralisées, une très grande capacité d'influence en matière d'élaboration politiques publiques économiques et financière de l'État.

En effet, le Conseil national des régions et des districts est doté de compétences stratégiques. Il participe à l'adoption de la loi de finances et des plans de développement et, en assure le contrôle et suivi de leur exécution.

L'article 84 de la constitution dispose en ce sens que, « les projets relatifs au budget de l'État et aux plans de développement régionaux, de district et nationaux sont obligatoirement soumis à la seconde chambre du parlement pour assurer l'équilibre entre les régions et les districts. ».

Le conseil des régions et des districts assure, par ailleurs, en vertu de l'Article 85 de la constitution, le contrôle et le suivi « des diverses questions liées à la mise en œuvre du budget et des plans de développement ».

Il apparait, clairement, de ce qui précède, que la deuxième chambre se voit confier par la constitution la mission de veiller à l'équilibre en matière de développement. Elle est dotée des outils juridiques nécessaires à la réalisation de cette exigence. Le Conseil national des régions et des districts peut, en cas de non-respect de cette exigence, refuser d'approuver la loi de finances ou les plans de développement.

Au-delà du refus d'approbation, il dispose du pouvoir de saisir la cour constitutionnelle[47] et peut interpeler tout membre du gouvernement par la procédure des questions écrites ou orales en plénière ou en commissions.[48]

Les membres élus des conseils régionaux de chaque district élisent parmi eux un député pour représenter le district au sein du Conseil national des régions et des districts ».

[47] Article 127 de la constitution.

[48] Art 114. Les membres du Gouvernement ont accès à l'Assemblée des représentants du peuple et au Conseil national des régions et des districts, dans le cadre de la séance plénière ou des commissions.

La constitutionnalisation de la décentralisation ne s'intègre pas uniquement dans une stratégie politique de reconfiguration institutionnelle du système politique, mais s'étend aussi, à la reconfiguration de l'assise sociale du pouvoir.

c. La reconfiguration de l'assise sociale du pouvoir.

La Tunisie s'est toujours caractérisée en matière de développement par un déséquilibre entre les régions du littoral et les régions de l'intérieur et entre les zones urbaines et rurales. Ce déséquilibre a, très largement, façonné la classe politique tunisienne et les assises sociales de stabilité du pouvoir.

Les élites dirigeantes proviennent traditionnellement en Tunisie des régions urbaines de la capitale et du littoral. Le personnel dirigeant se recrute parmi les hauts fonctionnaires, les professions libérales, les grands propriétaires fonciers et grands commerçants[49].

Le monde rural était peu représenté dans les structures du pouvoir tant, au niveau national que régional et local.

Il est important de remarquer que la décentralisation est restée, pendant longtemps en Tunisie, un phénomène essentiellement urbain. La collectivité communale était, jusqu'à la promulgation du code des collectivités locales et les élections municipales de 2018, très inégalement implantée sur le territoire tunisien. Les zones frontalières et rurales étaient peu communalisées[50] et leurs affaires étaient gérées par les instances de

---

Tout membre de l'Assemblée des représentants du peuple ou du Conseil national des régions et des districts, peut adresser aux membres du Gouvernement des questions écrites ou orales.

L'Assemblée des représentants du peuple et le Conseil national des régions et des districts peuvent inviter le Gouvernement ou un membre de celui-ci pour débattre de la politique menée, des résultats obtenus ou de ceux en cours de réalisation.

[49] Le phénomène est ancien et n'a pas depuis beaucoup changé. En ce sens. Jean Emecey, Jean-Claude Santucci et Hubert Michel : « Les élites politiques du Maghreb » In introduction à l'Afrique du nord. Contemporaine. P p. 83-129. Centre de recherches et d'études sur les sociétés méditerranéennes, éditeur. Introduction à l'Afrique du Nord contemporaine. Institut de recherches et d'études sur les mondes arabes et musulmans, CNRS Éditions, 1975, https://doi.org/10.4000/books.iremam.100.

[50] Sami Yassine Turki, Alia Gana. « Les territoires ruraux en Tunisie à l'épreuve de la communalisation : entre complexité de la réforme et enjeux politiques ». In. Les territoires du changement, changement dans les territoires. Maghreb - Machrek 2015/4 (N° 226) pp 53-71.

Jusqu'à la constitution de 2014 ou le principe de généralisation de l'implantation de toutes les catégories de collectivités locales a été inscrit dans la constitution.

la déconcentration (chef de secteur) et le conseil régional à l'échelle du gouvernorat. [51].

L'investigation historique nous apprend que les classes dirigeantes suivent, partout, le changement des régimes politiques et des rapports sociaux dominants. [52] Chaque régime est, nécessairement, porteur de changements qui affectent les assises de la société, ses élites politiques et classes dirigeantes[53].

La nouvelle République, issue de la constitution de 2022, ne fait pas exception et s'inscrit dans cette logique. La nouvelle architecture constitutionnelle et administrative locale ambitionne, parmi ses objectifs, de réaliser un renouvellement des élites gouvernantes et de constituer une assise sociologique au nouveau régime politique.

Les présupposés de la construction de la démocratie à la base, défendue par le président de la République s'inscrivent dans cette logique de recomposition de la classe politique et des assises sociales de la nouvelle République. [54] L'ambition est de renverser la pyramide du pouvoir de

---

[51] On a créé en 1994 des conseils ruraux de développement ne bénéficiant pas de la personnalité morale et cantonnés dans une mission consultative sans influences significatives sur les politiques publiques concernant ces zones territoriales. Loi n°94-87 du 26 juillet 1994, portant création des Conseils locaux de développement.
La loi du 4 février 1989 sur le conseil régional a prévu la création de conseils ruraux consultatifs pour les zones rurales non érigées en communes.
L'art 49 dispose - « Il est créé dans les zones non érigées en communes des conseils ruraux consultatifs qui sont chargés de -donner leur avis sur toutes les questions qui leur sont soumises et qui intéressent leurs zones dans les domaines économique, social, culturel et éducatif ;
-communiquer les préoccupations et les besoins des habitants dans leurs zones ainsi que les propositions de solutions à ces préoccupations et besoins ;
-participer à la réalisation des programmes concernant la propreté et l'hygiène dans leurs zones. ».

[52] Khalifa Chater. « LES ÉLITES DU POUVOIR ET DE L'ARGENT LE CAS DE LA TUNISIE AUX XIXE - XXE SIECLES » in In: Cahiers de la Méditerranée, n°46-47, 1, 1993. Bourgeoisies et notables en Méditerranée (XVIIIe-XXe siècles) [Actes du colloque de mai 192 à Grasse] pp. 155-172 ; https://www.persee.fr/doc/camed_0395-9317_1993_num_46_1_1102.

[53] Sur les assises sociales du régime politique issu de la révolution et de la constitution de 2014, voir : Béatrice Hibou : « Tunisie. Économie politique et morale d'un mouvement social ». In Politique africaine 2011/1 (N° 121), pages 5 à 22

[54] Thierry Brésillon. « Kais Saied : un projet de démocratie radicale pour la Tunisie ». Middle East Eye. Mardi 17 septembre 2019. https://www.middleeasteye.net/fr/decryptages/kais-saied-un-projet-de-democratie-radicale-pour-la-tunisie

façon à ce que tout parte des structures de base du pouvoir et atterrisse dans les instances supérieures du pouvoir d'État.

Le conseil local, fraichement érigé en collectivité locale[55] a pour vocation d'assurer la représentation politico-administrative de zones et populations rurales et de garantir, leur accès au conseil régional, et au conseil de district et, à travers eux, à la deuxième chambre du parlement.

Selon le nouveau désigne institutionnel, le territoire est divisé en circonscriptions électorales au niveau du secteur[56]. Chaque secteur élit, au scrutin uninominal majoritaire à deux tours, [57]un représentant au conseil local[58]. Les conseils locaux se font représenter au conseil régional[59] par un conseiller (01) désigné au tirage au sort pour une période de trois mois. Les conseillers régionaux élisent parmi eux un conseiller pour le district et 3 membres pour le Conseil national des régions et des districts[60].

La connexion, ainsi établie entre les structures locales, régionales et nationales, permet le passage des élus locaux, du secteur (Imada) aux conseils locaux, et à travers eux, au conseil régional et au conseil de district. Ces représentants atterrissent en fin de parcours à l'intérieur du Conseil national des régions et des districts en tant que deuxième chambre du parlement.

Il est important de rappeler que le secteur est la plus petite circonscription administrative de l'État. Il relève de la déconcentration et, assure traditionnellement, la gestion administrative des secteurs (Imada), érigés, principalement (et non exclusivement), dans les zones rurales non couvertes par les structures municipales.

Le passage du conseil local au Conseil national des régions et des districts assure, de ce fait, l'ascension politique des représentants des zones rurales et participe à la recomposition de l'assise sociologique et des bases de soutien du nouveau régime politique.

---

[55] Article 1 du décret-loi 2023-175 du 08 mars 2023 relatif à l'élection du conseil local et l'organisation du conseil régional et du conseil du district.

[56] Art 28 décret-loi. Les élections se sont déroulées dans 2155 circonscriptions électorales en vue de mettre en place 279 conseils locaux.

[57] Art 27 du décret-loi précité.

[58] Le nombre des conseillers locaux ne peut pas être inférieur à 5, un siège supplémentaire est attribué par tirage au sort pour désigner un représentant des handicapés au conseil local. Art 27 du décret-loi.

[59] 24 conseils régionaux et 5 conseils de district.

[60] La nouvelle chambre est composée de 3 représentants de chaque Conseil régional et 1 représentant de chaque Conseil des districts.

Le Conseil national des régions et des districts exerce, comme déjà signalé,[61] des compétences stratégiques. En effet, ses compétences en matière d'approbation des lois de finance et de plans de développement économique et social,[62] lui permettent d'exercer une très grande influence sur les politiques de développement économiques et les équilibres financiers de l'État. Il est chargé, de façon beaucoup plus significative, de veiller à l'équilibre entre les régions.[63]

Il est attendu de ce nouveau montage institutionnel du système local, que la décentralisation, induise des transformations politiques et socio-économiques radicales dans les bases sociologiques du pouvoir.

En effet, au-delà des mutations institutionnelles induites dans la structure politique de l'État, la nouvelle République cherche à assurer la promotion politique de nouvelles couches sociales, à leur ouvrir les centres de la décision politique, administrative et économique, et d'en faire sa base de soutien politique.

Le nouveau dispositif constitutionnel de la souveraineté populaire[64], du mandat impératif,[65] des sociétés communautaires,[66] ainsi que les

---

[61] Supra…

[62] Art. 84 constitution de 2022 – Les projets relatifs au budget de l'État et aux plans de développement régionaux, des districts et nationaux sont obligatoirement soumis au Conseil national des régions et des districts pour assurer l'équilibre entre les régions et les districts.
La loi de finances et les plans de développement ne sont approuvés qu'à la majorité des membres présents dans chacune des deux chambres, à condition que cette majorité ne soit inférieure au tiers des membres de chaque chambre.

[63] La mission de veiller à l'équilibre est expressément citée par les dispositions de l'article 84 précité en italique et en gras à la note 43.

[64] Préambule et article 3 et 56 de la constitution de 2022.

[65] Art 61 Le mandat de député est révocable dans les conditions fixées par la loi électorale.

[66] Les sociétés communautaires sont des personnes morales créées par un groupe d'habitants d'une même région. Leur objectif est de promouvoir la justice sociale et d'assurer une répartition équitable des richesses en exerçant collectivement une activité économique dans leur zone géographique. Ces entreprises visent à favoriser l'équité et la coopération au sein de la communauté. Par exemple, en Tunisie, depuis la publication du décret relatif aux sociétés communautaires en mars 2022, 70 de ces entreprises ont vu le jour, avec des spécialisations variées, notamment dans l'agriculture et le transport. Bien que le concept soit prometteur, sa mise en œuvre et son impact réel restent sujets à débat et à évaluation. Voir. Sofiene Ghoubantini. « Enquête sur les sociétés communautaires : entre mythe et réalité ! ». Business News. 03/09/2023. https://www.businessnews.com.tn/enquete-sur-les-societes-communautaires--entre-mythe-et-realite,519,131649,3

compétences stratégiques accordées au Conseil national des régions et des districts[67] devraient, induire une dynamique susceptible de réaliser ces nouveaux équilibres sociopolitiques.

Il apparait, en définitive, que la constitutionnalisation de la décentralisation est loin d'être un pur exercice de légistique constitutionnelle. Elle se situe au carrefour d'une multitude d'enjeux politiques, institutionnels, idéologiques et sociaux. Elle met en jeu des stratégies d'acteurs et d'alliances politiques. Ses conséquences ultimes portent sur les structurations et restructurations du système politique, des classes dirigeantes et des positions et rapports des groupes sociaux. Surchargée d'enjeux politiques, idéologiques et symboliques, la constitutionnalisation de la décentralisation doit être approchée avec sagesse et lucidité. La politisation excessive du processus expose le système politique et social aux dangers de la surpolitisation.

---

[67] Supra p…

Défis de la décentralisation au Togo : entre déficit de ressources et enchevêtrement de compétences (1987-2021)

Agbeko Koffi Agbessi

Résumé

Pour une gouvernance efficace et efficiente, le Togo a opté pour la décentralisation à laquelle l'élection locale de 2019, intervenue après 27 années de reports successifs, a semblé donner un élan, brisé par l'effet conjugué du déficit de ressources et de l'enchevêtrement des compétences d'abord de l'État et des collectivités territoriales, ensuite du District autonome du Grand Lomé et les collectivités territoriales du Grand Lomé et enfin les collectivités territoriales elles-mêmes.

Mots-clés : Défis-décentralisation au Togo - déficit de ressources - enchevêtrement de compétences - 1987-2021

Abstract

For effective and efficient governance, Togo has opted for decentralization, to which the local election of 2019, which took place after 27 years of successive postponements, seemed to give impetus, broken by the combined effect of the lack of resources and the entanglement of competences first of the State and the local authorities, then of the Autonomous District of Grand Lomé and the local authorities of Grand Lomé and finally the local authorities themselves.

Keywords: Challenges-decentralization in Togo-deficit of resources-tangle of skills-1987-2021

Introduction

Le Togo, à l'instar de nombre d'États africains, après son indépendance, a opté pour la décentralisation, qui est un processus d'aménagement de l'État unitaire, permet un maillage du territoire avec un étalement géographique des lieux de pouvoir. Aussi, faut-il rappeler que la décentralisation renvoie au transfert de compétences de l'État aux collectivités territoriales (régions et communes) (Agbeko 2021 : 58). C'est dans cette logique que le Togo a organisé sa première élection locale en 1987. Cependant, le contexte politique fait de crise socio-politique dans les années 1990 et la crise postélectorale de 2005 ajoutés aux calculs politiques ont contribué à 27 années de reports successifs d'organisation d'élections locales. Cette donne a porté atteinte à la décentralisation au Togo.

L'élection locale intervenue en 2019 a semblé donner un élan à cette politique de décentralisation ; mais cet élan est vite brisé par l'effet conjugué du déficit de ressources et de l'enchevêtrement des compétences d'abord de l'État et des collectivités territoriales, ensuite du District autonome du Grand Lomé et les collectivités territoriales du Grand Lomé et enfin des collectivités territoriales elles-mêmes. Quels ont été les défis de la décentralisation au Togo de 1987 à 2021 ? Cette communication, basée sur une démarche empirique et élaborée à partir des sources orales et écrites, a pour objectif général d'analyser les défis de la décentralisation au Togo de 1987 à 2021. Spécifiquement, elle met en lumière le déficit de ressources et l'enchevêtrement des compétences auxquels ont fait face les collectivités territoriales au Togo de 1987 à 2021.

I) Cadre juridique de la décentralisation au Togo

Les collectivités territoriales sont encadrées par un cadre juridique et institutionnel et jouissent d'un espace discrétionnaire pour adapter la politique aux circonstances locales et traiter des priorités locales (Hilhorst 2008 : 13)[1].

Au Togo, deux textes fondamentaux encadrent les collectivités territoriales : il s'agit de la Constitution de la IV République et la loi n° 2019-006 du 26 juin 2019 portant modification de la loi n° 2007-011 du 13 mars 2007 relative à la décentralisation et aux libertés locales modifiée par la loi n° 2018-003 du 31 janvier 2018.

À cet effet, la Constitution de la IV République précise que le Togo est organisé en collectivités territoriales composées des communes et les régions. Ces collectivités territoriales interviennent avec l'État dans le cadre de l'administration du territoire national et se caractérisent par leur libre administration. Elles ont pour mission la conception, la programmation et l'exécution des actions de développement d'intérêt local de leur ressort territorial, en particulier dans les domaines économique, social et culturel. Ces collectivités territoriales définissent leur politique de développement local et les priorités de financement des projets qui relèvent de leurs domaines de compétence.

---

[1] Disponible sur https://www.kit.nl/wp-content/uploads/2018/08/1535_Le-role-des-instances-locales-NRM.pdf, consulté le 12 septembre 2021 entre 18 heures 30 et 19 heures.

Les articles 56, 57 et 58 de la loi n° 2019-006 du 26 juin 2019 portant modification de la loi n° 2007-011 du 13 mars 2007 relative à la décentralisation et aux libertés locales modifiée par la loi n° 2018-003 du 31 janvier 2018 précisent que la commune est la collectivité territoriale de base ; elle est dotée à la fois d'une personnalité morale et d'une autonomie financière. Cependant, seuls les habitants d'un espace territorial continu peuvent faire partir d'une même commune qui peut être composée d'un ou de plusieurs cantons ou d'un découpage de canton.

La commune est dotée de deux organes à savoir : le conseil municipal et le bureau exécutif du conseil municipal qui est composé du maire (chef de l'exécutif de la commune) et de ses adjoints. Pour une gestion efficace et efficiente des collectivités territoriales, l'État leur a transféré des compétences, des ressources (financière et humaine) et des biens meubles et immeubles.

En dehors de ces collectivités territoriales, on a le District autonome du Grand Lomé. En effet, la loi n° 2019-006 du 26 juin 2019 portant modification de la loi n° 2007-011 du 13 mars 2007 relative à la décentralisation et aux libertés locales modifiée par la loi n° 2018-003 du 31 janvier 2018 relève que le District autonome est une entité territoriale particulière. Il est régi par des règles de la décentralisation et de la déconcentration et regroupe un ensemble de communes en tant que collectivités territoriales et de préfectures en tant que subdivisions administratives.

L'article 324-1 de cette loi souligne que le conseil de District autonome est composé de moitié de conseillers municipaux désignés par les communes relevant du ressort territorial du district dans la limite de leurs mandats de conseillers municipaux et de moitié de personnalités nommées par le Président de la République. Il ajoute que le mandat du conseil du District autonome est de six ans renouvelable deux fois. Il est dirigé par un gouverneur nommé par le Président de la République.

Le District autonome du Grand Lomé regroupe les préfectures d'Agoè-Nyivé et du Golfe et leurs communes (13). Son conseil est composé de cinquante-trois membres répartis ainsi qu'il suit :

- Le Gouverneur ;
- Vingt-six élus locaux dont deux par commune ;
- Vingt-six personnalités nommées par le Président de la République.

L'article 324-4 de la loi relative à la décentralisation et aux libertés locales présente la composition du bureau exécutif du District autonome du Grand Lomé. Ce bureau exécutif est composé comme suit :

- Le Gouverneur : nommé par le Président de la République,
- Trois vice-gouverneurs : nommés parmi les conseillers en conseil des ministres sur proposition du ministre chargé de l'Administration territoriale après consultation du Gouverneur,
- D'un secrétaire et d'un adjoint au secrétaire qui sont nommés par arrêté du gouverneur parmi les conseillers.

L'article 62 de la loi n° 2019-006 du 26 juin 2019 portant modification de la loi n° 2007-011 du 13 mars 2007 relative à la décentralisation et aux libertés locales modifiée par la loi n° 2018-003 du 31 janvier 2018 souligne que l'État transfère aux collectivités territoriales, dans leur ressort territorial respectif, des compétences dans les domaines suivants :

- Développement local et aménagement du territoire ;
- Urbanisme et habitat ;
- Infrastructures, équipements, transports et voies de communication ;
- Énergie et hydraulique ;
- Assainissement, gestion des ressources naturelles et protection de l'environnement ;
- Commerce et artisanat ;
- Éducation et formation professionnelle ;
- Santé, population, action sociale et protection civile ;
- Sports, loisirs, tourisme et action culturelle.

Au regard de ces compétences ci-dessus mentionnées, il ressort que la question foncière est au centre des prérogatives des collectivités territoriales. Les questions de développement local, d'aménagement du territoire, d'urbanisme, d'habitat, d'infrastructures, de voies de communication, etc., sont forcément liées au foncier. C'est d'ailleurs pour cette raison que les mairies disposent d'une direction des services techniques qui coiffe la division de l'urbanisme et de l'aménagement du territoire, qui comprend deux sections : la section cadastre et topographie et la section voirie municipale.

Ceci étant, les collectivités territoriales veillent à la création, à la délimitation et à l'intégrité des réserves administratives. En effet, au

Togo, la terre appartient aux collectivités[2]. Cependant, pour procéder au lotissement, elles doivent avoir l'agrément du ministère de l'Urbanisme et de l'Habitat afin que ce lotissement soit approuvé. Un lotissement approuvé respecte certaines règles en particulier la création de réserve administrative pour la mise en place des infrastructures socio-éducatives et la création des voies.

Aussi faut-il le souligner, au sein de chaque mairie, existe une commission domaniale qui, entre autres, intervient dans le règlement des conflits fonciers qui opposent les individus aux collectivités territoriales. Ces conflits peuvent être liés à la délimitation des réserves administratives, à une désapprobation d'un lotissement, etc. Dans ce sens, cette commission a pour rôle d'œuvrer pour une entente entre la mairie et la collectivité en question.

Cependant, pour que les collectivités territoriales puissent jouer pleinement leurs rôles, il faut qu'elles disposent de ressources humaine, technique et financière avec bien attendu des compétences clairement définies ; ce qui ne semble pas être le cas des collectivités territoriales togolaises qui font non seulement face à un déficit de ressources, mais aussi à un enchevêtrement de leurs compétences.

II) Défis des collectivités territoriales togolaises

Les collectivités territoriales togolaises font face à deux défis majeurs tels que le déficit de ressources et l'enchevêtrement de leurs compétences.

A) Déficit de ressources

De façon générale, la décentralisation semble être une politique publique par laquelle l'État transfère des postes d'autorité, des compétences et des capacités à des organes plus ou moins autonomes (Victoria Lemieux, 1997, cité par El Hadj Touré 2009 : 27). Et pour ce faire, le transfert de ressources s'impose. Le déficit de ressources des collectivités togolaises est de divers ordres : financier, humain, technique, etc.

Le titre 6 de la loi portant sur la décentralisation au Togo porte sur le transfert des ressources. À cet effet, les articles 303 et 304 de ladite loi relèvent que les compétences transférées aux collectivités territoriales requièrent de l'État des mesures d'accompagnement concomitantes en matière de ressources humaines, financières et matérielles. Les charges correspondant à la mise en œuvre des compétences partagées attribuées

---

[2] Communauté d'individus ayant un ancêtre commun.

aux collectivités territoriales doivent faire l'objet d'une évaluation préalable au transfert des dites compétences.

Pour ce qui est des ressources humaines, l'État doit mettre à la disposition des collectivités territoriales du personnel qualifié. À ce propos, les articles 305 et 306 apportent un éclairage. Ces articles relèvent que pour jouer pleinement leur rôle, les collectivités territoriales peuvent recourir aux services déconcentrés de l'État, dans le cadre d'une convention signée avec le représentant de l'État. Par ailleurs, l'État peut mettre à la disposition des collectivités territoriales les ressources humaines rétribuées sur le budget de l'État. Cependant, les collectivités territoriales ont la possibilité de recruter et de gérer leur personnel. Au regard de ce qui précède, les personnels des collectivités territoriales ont des statuts différents et par conséquent régis par divers textes. Ceux recrutés par les collectivités territoriales elles-mêmes sont régis par le statut des collectivités territoriales et ceux relevant de l'État central sont régis par le statut de la fonction publique. C'est ce que souligne l'article 308 de la loi relative à la décentralisation et aux libertés locales en ces termes : *« Les personnels en service dans la collectivité territoriale sont régis, soit par le statut des agents des collectivités territoriales ou celui de la fonction publique de l'État, soit par des textes législatifs ou réglementaires spécifiques »*[3].

En dehors du personnel, l'État met aussi à la disposition des collectivités territoriales des ressources financières. Ces ressources financières attribuées aux collectivités territoriales sont au moins équivalentes aux charges supportées par l'État à la date du transfert des compétences. Toutefois, les charges nouvelles qui incombent aux collectivités territoriales, du fait des modifications par l'État des règles relatives à l'exercice des compétences transférées, sont compensées par des ressources faisant l'objet d'un montant équivalent.

La ressource financière mise à la disposition des collectivités territoriales par l'État est une dotation annuelle fixée par la loi de finances. Les ressources relatives à cette dotation sont mises à la disposition des collectivités territoriales dans le cadre du Fonds d'appui aux collectivités territoriales. L'article 312 de la loi sur décentralisation

[3] Confer « Loi n° 2019-006 du 26 juin 2019 portant modification de la loi n° 2007-011 du 13 mars 2007 relative à la décentralisation et aux libertés locales modifiée par la loi n° 2018-003 du 31 janvier 2018 », disponible sur https://knowledge-uclga.org/togo-lois-des-collectivites-territoriales-decentralisees.html, consulté le 2 octobre 2022 entre 06 heures et 07 heures.

précise que : *« La répartition du fonds de dotation est fixée chaque année par arrêté conjoint du ministre chargé des Collectivités territoriales et du ministre chargé des Finances, sur proposition de répartition du Fonds d'appui aux collectivités territoriales »*[4].

En dehors des ressources humaines et financières, l'État met à la disposition des collectivités territoriales des ressources matérielles qui constituent leur patrimoine.

En effet, le patrimoine d'une collectivité territoriale est l'ensemble des biens relevant des domaines public et privé, propriétés de la collectivité territoriale sur lesquelles elle exerce des droits et des obligations. Il faut préciser qu'un inventaire exhaustif des biens meubles et immeubles transférés, ou cédés aux collectivités territoriales, est dressé et fait l'objet d'un décret pris en conseil des ministres sur rapport de présentation des ministres chargés des collectivités territoriales et des finances.

Le transfert des biens de l'État aux collectivités territoriales est décidé par décret en Conseil des ministres, soit à la requête de ces collectivités territoriales, soit sur l'initiative de l'État lui-même. Les articles 315 et 317 de la loi relative à la décentralisation et aux libertés locales précisent que le transfert de compétences entraîne de plein droit la mise à la disposition de la collectivité territoriale bénéficiaire des biens meubles et immeubles utilisés à la date de ce transfert pour l'exercice de ces compétences.

Les biens transférés deviennent la propriété de la collectivité territoriale concernée qui en assure l'administration ou la gestion conformément à la loi. La collectivité territoriale est responsable de l'entretien de l'ensemble de ses biens, de ses installations et de ses équipements. Toutefois, il faut préciser que les collectivités territoriales peuvent aliéner leur patrimoine. Cependant, la loi sur la décentralisation précise que toute aliénation des biens du domaine privé des collectivités territoriales s'effectue selon les formes prescrites par la loi. Les articles 319, 320 et 321 de cette loi relative à la décentralisation et aux libertés locales précisent que les baux des biens des collectivités territoriales sont réglés par les conseils qui décident de la forme de passation des marchés conformément à la loi. La gestion des biens fonciers est soumise aux prescriptions légales. La collectivité territoriale bénéficiaire des biens transférés est substituée à l'État dans

[4] *Idem.*

ses droits et obligations découlant des contrats et marchés de l'État passés à la date de prise d'effet du décret portant modalité de transfert et d'exercice de la compétence transférée. Cependant, pour des raisons d'intérêt général, l'État se réserve le droit de reprendre tout ou une partie des biens transférés aux collectivités territoriales à charge d'en rembourser les impenses conformément aux lois et règlements.

Grosso modo, l'État a bel et bien transféré des ressources (personnelles, mobilières, immobiles et financières) aux collectivités territoriales issues des élections locales de 2019. Cependant, ces ressources demeurent limitées au regard des compétences transférées.

Sous l'angle financier, en 2019, en quelques mois d'exercice, les nouvelles communes ont réussi à mobiliser 21,4 milliards FCFA. Ces ressources financières proviennent essentiellement des impôts, taxes, droits et redevances institués par ou pour les collectivités territoriales. Il s'agit notamment d'une partie ou toute de la patente, des droits d'enregistrement et de timbres, de la taxe d'habitation, de la taxe foncière, de la taxe professionnelle unique (TPU), de la taxe sur les produits de jeux de hasard, des redevances d'exploitation des carrières et mines, de la taxe sur les pompes distributrices de carburant (stations-service), de la taxe sur l'encombrement des voies publiques, de la taxe sur la publicité, etc. Les collectivités territoriales ont financé presque entièrement leur premier budget sur les ressources qu'elles ont elles-mêmes mobilisées auprès de leurs administrés dans la plupart des cas par l'intermédiaire de l'Office togolais des recettes (OTR)[5].

D'après *Togo First*[6], après 2019, les ressources financières propres des collectivités ont connu une baisse suite à la pandémie du Covid-19. En 2020, elles s'élèvent à 16,4 milliards FCFA. Les collectivités territoriales étant créées sur une base politique, leur viabilité semble avoir été passée sous silence. Certaines collectivités territoriales ont une grande capacité financière, en particulier celles des grandes agglomérations alors que celles rurales manquent presque de tout. Leurs recettes sont limitées aux taxes collectées sur les marchés et aux timbres. Or, en 2019, toutes ces collectivités territoriales avaient financé sur fonds propre leur budget. Ce qui était une douloureuse expérience pour nombre de collectivités territoriales dont la plupart viennent d'être

---

[5] https://www.togofirst.com/fr/gouvernance-economique/1407-10325-decentralisation-togo-trois-ans-apres-comment-les-communes-se-financent, consulté le 2 novembre 2022 entre 11 heures et 12 heures.

[6] *Idem*.

créées. Les dépenses étaient orientées vers l'achat de biens et services, leur personnel et, dans une moindre mesure, les investissements. Le financement des collectivités territoriales par le gouvernement n'est intervenu qu'en 2020 à travers le Fonds d'appui aux collectivités territoriales (FACT). Le tableau suivant présente l'évolution de ce fonds de 2020 à 2021.

Tableau 7 : Évolution du Fonds d'appui aux collectivités territoriales (FACT) de 2020 à 2021 (Source : AGBEKO Koffi, d'après les données de Togo First[7])

Année	**Fonds d'appui aux collectivités territoriales (FACT) (en milliard)**
2020	2, 634
2021	6, 25

De ce tableau se dégagent les informations suivantes : entre 2020 et 2021, le Fonds d'appui aux collectivités territoriales (FACT) a connu une évolution de 3,6152 milliards FCFA. Ce qui signifie que le Gouvernement a triplé son appui financier aux collectivités territoriales en 2021.

Le Fonds d'appui aux collectivités territoriales (FACT) de 2020 était réparti comme suit : 634 millions FCFA au titre de dépenses de fonctionnement et 2 milliards FCFA pour les crédits d'investissements.

Une précision mérite d'être faite. Le Fonds d'appui aux collectivités territoriales (FACT) est un fonds alloué aux 117 communes du Togo. Le dispatching de ce fonds tient compte d'un certain nombre de critères que sont : la population, la superficie et l'indice de pauvreté. Par ailleurs, l'Agence nationale d'appui au développement à la base (ANADEB)[8] venant en appui aux collectivités territoriales dans le

[7] https://www.togofirst.com/fr/gouvernance-economique/1407-10325-decentralisation-togo-trois-ans-apres-comment-les-communes-se-financent, consulté le 2 novembre 2022 entre 11 heures et 12 heures.

[8] L'Agence nationale d'appui au développement à la base a été créée par décret n° 2011-017/PR du 19 janvier 2011 pour veiller à l'intégration de la dimension développement à la base dans l'ensemble des politiques, plans, programmes et projets de développement ayant cours au Togo. À ce titre, elle joue un rôle de veille et d'impulsion à travers des actions dont le déploiement est de nature à préparer le terrain pour une décentralisation réussie telle que recherchée par les plus hautes autorités du pays et qui prennent en considération les différents aspects de l'aménagement du

financement de plusieurs projets a bénéficié en 2021 de 2,5 milliards du Fonds d'appui aux collectivités territoriales (FACT).

Au regard de ce qui précède, on retient que le Fonds d'appui aux collectivités territoriales (FACT), instauré par le Gouvernement en 2019 pour le développement des collectivités territoriales, reste la première source de financement de leurs projets dans la mesure où la contribution des partenaires techniques et financiers s'élève à 460 millions FCFA de 2019 à 2021[9].

Le Fonds d'appui aux collectivités territoriales (FACT), ajouté au fonds que les collectivités elles-mêmes ont mobilisées auprès de leurs administrés dans la plupart des cas par l'intermédiaire de l'Office togolais des recettes (OTR) et la contribution des partenaires techniques et financiers constituent la ressource financière des collectivités territoriales. Or, ces dernières, au regard de leurs prérogatives, elles ont besoin d'assez de ressources financières. Précisions que les dépenses des collectivités territoriales intègrent les charges personnelles, les achats de biens et services, le financement des infrastructures (voirie, le traçage des rues, leur curage, les infrastructures sociales, etc.). Le tableau suivant fait l'état des lieux de l'évolution des dépenses des collectivités territoriales de 2019 à 2021.

territoire, ce dans le souci de contribuer à la réduction des déséquilibres inter et intrarégionaux.

9 L'Allemagne occupe la première place avec son Programme d'appui à la décentralisation et à la gouvernance locale (ProDeGoL).

Tableau 8 : Évolution des dépenses de 2019 à 2021 en milliers (Source : Direction générale du trésor et de la comptabilité publique (GTCP)/Direction des opérations financières et du portefeuille de l'État (DOFIPE)[10])

Postes	2019	2020	2021
Total dépenses fonctionnement	16 695 673	14 056 289	18 874 268
Charges personnelles	3 756 987	4 803 302	6 521 932
Achats de biens et services	12 348 601	7 074 868	10 868 557
Transfert aux autres budgets	0	95	57 137
Autres dépenses de fonctionnement	590 085	2 178 024	1 426 642
Total dépenses investissement	4 781 115	2 989 998	5 026 090
Dépenses investissement	4 781 115	2 983 287	4 997 289
Autres dépenses investissement	0	6 711	28 801
Total dépenses	**21 476 788**	**17 046 287**	**23 900 358**

Ce tableau nous permet de retenir ce qui suit : les dépenses des collectivités territoriales ont connu une hausse en 2021. En 2020, les dépenses de fonctionnement ont connu une baisse de 2 639 384 000 FCFA par rapport à 2019. En 2021, elles ont augmenté de 4 817 979 000 FCFA par rapport à 2020. Les charges personnelles ont pratiquement doublé de 2019 à 2021. Les autres dépenses de fonctionnement aussi ont connu une nette augmentation.

Cette augmentation des dépenses des collectivités territoriales, doublée de difficultés de collecte de ressources surtout dans les collectivités non viables, amène nombre de communes à diversifier leurs sources de revenus. Dans cette logique, ces collectivités vont à l'encontre de leur prérogative de veille de non-occupation des voies publiques, en procédant à la location des bordures des voies à des privés pour l'installation d'activités économiques. Parfois, ce sont ces collectivités elles-mêmes qui construisent des boutiques aux bords des routes et les louent à des privés comme l'indiquent les images suivantes.

[10] https://www.togofirst.com/fr/gouvernance-economique/1407-10325-decentralisation-togo-trois-ans-apres-comment-les-communes-se-financent, consulté le 2 novembre 2022 entre 11 heures et 12 heures.

Photo 4 : (Source : AGBEKO Koffi Agbessi)

Photo 5 : (Source : AGBEKO Koffi Agbessi)

Photo 6 : (Source : AGBEKO Koffi Agbessi)

Dans les zones urbaines et leurs périphéries, les collectivités territoriales font des efforts pour que les gens aient leurs permis de construire (qui couvrent toutes constructions, clôture de maison, construction d'une pièce, édifice, etc.) avant le démarrage d'un chantier. L'essentiel pour ces collectivités territoriales est le paiement des frais de délivrance du permis de construire, car nombre d'entre elles ne disposent pas de moyens adéquats pour vérifier le respect des normes de construction. Le manque de permis de construire entraîne la suspension des travaux comme le montre l'image suivante.

Photo 7 : (Source : AGBEKO Koffi Agbessi)

Ces difficultés financières ont un impact sérieux sur la mise en application des prérogatives de ces collectivités territoriales qui ont du mal à embaucher du personnel qualifié. Or, ces collectivités territoriales devraient intervenir dans les domaines suivants :

- Environnement et gestion des ressources naturelles ;
- Santé, population et action sociale
- Jeunesse, sports et loisirs
- Culture
- Éducation
- Planification
- Aménagement du territoire
- Urbanisme et habitat.

Ces domaines ci-dessus nécessitent du personnel qualifié. Or, le manque de moyens financier les en empêche. Dans le domaine de l'urbanisme et de l'habitat, beaucoup de collectivités territoriales en trois années d'exercice n'ont pas tracé de pistes ou du moins arrangé celles qui existent déjà. Dans ces domaines précités, aucune collectivité territoriale ne peut présenter un bilan concret excepté leur éternel refrain sur leur rôle dans la gestion du Covid-19.

À ce propos, un Conseiller municipal[11] affirme : *« Le manque de ressource financière et surtout la mauvaise gestion du peu de ressource disponible ont été la source de la non-mise en œuvre des prérogatives des communes. Dans certaines communes, les maires gèrent en toute opacité les fonds de leur commune ; cette donne constitue une source de discorde entre eux et les Conseillers municipaux »*.

Un maire[12] pour sa part souligne : *« La plupart des collectivités territoriales ont été créées sur une base politique sans aucune considération de leur viabilité. Elles manquent presque de tout. Il n'y a pas de local, de marché, de centre de santé, etc. Du coup, leur principale source de financement est le Fonds d'appui aux collectivités territoriales »*.

Ce déficit de ressource qui constitue le tendon d'Achille des collectivités territoriales est exacerbé par l'enchevêtrement des compétences de ces collectivités territoriales à plusieurs niveaux.

B) Enchevêtrement de compétences

Pour une gestion efficace, l'État a opté pour la décentralisation avec un transfert de compétences aux collectivités territoriales. Cependant, dans le cadre des transferts de compétences à opérer de l'État vers les collectivités locales, il y a, ou il y aurait, un verrou à ne pas pousser, une porte à ne pas ouvrir, un seuil à ne pas franchir, celui consistant à transférer à des collectivités territoriales des compétences considérées comme régaliennes, c'est-à-dire des compétences que l'État ne doit pas transférer aux collectivités territoriales. (Jean-Marie Pontier 2003 cité par Benjamin Meunier 2012 : 8).

Un des défis majeurs qui entrave le bon fonctionnement des collectivités territoriales issues l'élection locale de 2019 est l'enchevêtrement des compétences à plusieurs niveaux : d'abord, entre les collectivités territoriales elles-mêmes, ensuite entre elles et l'État et enfin entre celles du grand Lomé et le District autonome de Lomé. Les prises de bec régulières entre le maire de la commune du Golfe 4, Jean-Pierre Fabre,[13] et le ministre de l'Intérieur, de la Décentralisation et des

[11] 55 ans, entretien du 2 novembre 2022 à Lomé.

[12] 61 ans, entretien du 16 octobre 2022 à Tsévié.

[13] Né le 2 juin 1952, Jean-Pierre Fabre est un homme politique togolais. Économiste de formation, il est Président de la formation politique Alliance nationale pour le changement (ANC). Militant de première heure de la Ligue togolaise des droits de l'Homme, il fait partie des anciens opposants au régime du Général Gnassingbé Eyadema.

Collectivités locales, Payadowa Boukpessi, sont la parfaite illustration de cette donne.

En effet, Jean-Pierre Fabre reproche constamment le blocage du budget de la commune du Golfe 4, dont il est maire, l'annulation de l'adressage de certaines rues de sa commune et le transfert de l'Établissement public autonome pour l'exploitation des marchés (EPAM) au District autonome du Grand Lomé (DAGL) par un arrêté, en lieu et place d'un décret en Conseil des ministres.

Le District autonome du Grand Lomé, créé en janvier 2018, est une collectivité dotée d'attributions par le Conseil des ministres du jeudi 10 octobre 2019. Un projet de loi adopté au cours de ce conseil précise que le District autonome du Grand Lomé est une collectivité territoriale particulière, qui est dotée de la personnalité morale et de l'autonomie financière créée en vue d'exécuter des actions propres à la capitale dont certains volets d'aménagement, d'entretien et de fonctionnalité vont au-delà des compétences des communes. C'est l'autorité locale représentant toute la ville de Lomé[14].

Le District autonome du Grand Lomé comme les autres collectivités territoriales est placé sous la tutelle du ministre chargé de l'Administration territoriale et des Collectivités territoriales.

Les compétences du District autonome du Grand Lomé couvrent entre autres :

- L'assainissement de la capitale et de l'ensemble du Grand Lomé,
- La protection de l'environnement,
- La planification de l'aménagement du territoire du district autonome,
- La promotion et la réalisation des actions de développement économique, social et culturel.

Il fut Secrétaire général de l'Union des forces de changement (UFC) depuis la création 1992, année de création de cette formation politique. Il fut candidat pour les élections présidentielles de 2010, 2015 et 2020. À la suite de divergences de vues avec son mentor Gilchrist Olympio, qui décida de se rallier au pouvoir après l'élection présidentielle de 2010, il crée l'Alliance nationale pour le changement (ANC) dont il est l'actuel président. Depuis le 11 septembre 2019, il est élu maire de la Commune du Golfe 4 à l'issue des élections locales de 2019.

[14] Confer *Le Magnan Libéré*, Hebdomadaire togolais satirique et d'analyse, n° 530 du mercredi 16 octobre 2019.

L'État peut confier au District autonome du Grand Lomé la gestion des infrastructures d'importance nationale ou intercommunale à caractère commercial, sportif, sanitaire, culturel, etc., telles que les marchés, les hôtels, les centres d'enfouissement technique, construits par l'État ou intéressant plusieurs communes.

Les communes relevant du district du Grand Lomé peuvent également confier au district toute autre activité qu'elles souhaitent lui confier dans le cadre d'une convention.

Il faut indiquer aussi que l'État peut confier au district du Grand Lomé d'autres missions qu'il juge nécessaires pour rendre la capitale plus fonctionnelle, plus attrayante, plus propre et plus sûre.

Les organes prévus pour la gestion du district autonome du Grand Lomé sont :

- Le Gouverneur,
- Le Conseil du district,
- Le Bureau du district.

Le District autonome du Grand Lomé est dirigé par un gouverneur nommé par le Chef de l'État et dispose de deux autres organes de gestion. Le Conseil du District est composé pour moitié de Conseillers élus par les communes du Grand Lomé et pour moitié des personnalités nommées par le Président de la République, conformément à la loi sur la décentralisation et les libertés locales.

Le siège du district du Grand Lomé est fixé à Lomé au siège de l'ancienne mairie de Lomé. Toutefois, il peut être déplacé ailleurs sur le territoire du district, après délibération du conseil et approbation du ministre de tutelle.

La réalisation des missions du District autonome du Grand Lomé se fait grâce à ses ressources comportant deux (2) composantes essentielles :

- Les ressources propres perçues sur certaines taxes en partage avec les autres collectivités territoriales,
- Les ressources provenant de la subvention de l'État et des appuis extérieurs.

À y regarder de plus près, on s'aperçoit que le District autonome du Grand Lomé et les collectivités territoriales ont les mêmes prérogatives.

Les compétences attribuées au District autonome du Grand Lomé sont en quelque sorte un dédoublement des compétences des collectivités territoriales. À titre d'exemple, les collectivités territoriales ont la prérogative d'assainir, de protéger l'environnement, de planifier l'aménagement, de promouvoir et réaliser des actions de développement économique, social et culturel de leur zone de compétences. Or, le District autonome du Grand Lomé a aussi toutes ces prérogatives. Cet enchevêtrement de compétences crée un flou dans la mise en œuvre de leurs compétences. La gestion du Grand marché de Lomé, qui est dans la zone de compétence du maire du Golf 4, Jean-Pierre Fabre, est attribuée au District autonome du Grand Lomé. Si c'est le Gouverneur du District autonome du Grand Lomé qui traite des questions liées de l'assainissement de la capitale et de l'ensemble du Grand Lomé, à la promotion et à la réalisation des actions économiques, sociales et culturelles ; en passant par la protection de l'environnement ; la planification de l'aménagement du territoire du district autonome, que font alors les maires du Grand Lomé ? Ces derniers sont purement dépouillés de l'essentiel de leurs prérogatives au profit du Gouverneur du District autonome du Grand Lomé, qui selon la loi de la décentralisation doit être nommé par le Chef de l'État. Les maires élus de la capitale sont pratiquement ses subordonnés.

Par ailleurs, il arrive que des Maires en occurrence celui de la commune du Golf 4 se plaignent de l'enchevêtrement de ses compétences avec celles du ministre de l'Intérieur, de la Décentralisation et des Collectivités locales. Ces questions sont beaucoup plus liées au l'adressage des voies de sa commune. Le maire estime qu'il lui revient d'adresser les voies de sa commune, ce qui n'est pas de l'avis du ministre qui estime que cela relève de ses prérogatives.

Conclusion

En définitive, l'élection locale de 2019 au Togo, intervenue après 27 années de reports successifs, a donné un nouvel élan à la gestion décentralisée. Ce nouvel élan connaît des difficultés à cause de deux problèmes majeurs que sont le déficit de ressources et l'enchevêtrement des compétences.

Le développement local est une préoccupation de l'État togolais, qui pour ce faire a opté pour une décentralisation intégrale caractérisée par une dévolution de pouvoirs et de compétences et d'une autonomie financière aux collectivités territoriales. Après analyse, on se rend compte que les collectivités territoriales ne disposent pas d'une autonomie financière et de prérogatives clairement définies. L'État central reste alors le seul maître du jeu. Cette situation relevant en partie des calculs politiques et de la conception de l'État entame le développement local.

Sources orales

Nom et Prénoms	Âge	Profession	Date et lieu de l'entretien
Anonyme 1	55 ans	Conseiller municipal	2 novembre 2022 à Lomé
Anonyme 2	61 ans	Maire	16 octobre 2022 à Tsévié

Références bibliographiques

1. AGBEKO Koffi Agbéssi, 2011, « Défis sécuritaires au Sahel (1990-2014) », in *Revue malienne des sciences juridiques, politiques et économiques de Bamako (REMASJUPE), n° 10-2021*, Actes du Colloque "Paix, sécurité et développement local en Afrique de l'Ouest", Presses de l'Université Toulouse 1 Capitole, pp. 47-66.
2. LEMIEUX Victoria, 1997, *La décentralisation*, Québec : Éditions de 1TQRC, 1997, 129 p.
3. MEUNIER Benjamin, 2006, *Les règles relatives aux transferts de compétences entre collectivités publiques*, Thèse de doctorat en droit, Université d'Auvergne, Clermont-Ferrand I, 299 p.
4. PONTIER Jean-Marie, 2003, « La notion de compétences régaliennes dans la problématique de la répartition des compétences entre les collectivités publiques », in *RDP*, pp. 193-237.
5. TOURE El hadj, 2009, *Décentralisation et gouvernance locale : Les effets sociopolitiques de la gestion foncière décentralisée dans la communauté rurale de Ross Béthio (Delta du fleuve Sénégal)*, Thèse de doctorat en sociologie, Université de Laval, 369 p.

Webographie

1. https://www.kit.nl/wp-content/uploads/2018/08/1535_Le-role-des-instances-locales-NRM.pdf, consulté le 12 septembre 2021 entre 18 heures 30 et 19 heures.
2. https://www.togofirst.com/fr/gouvernance-economique/1407-10325-decentralisation-togo-trois-ans-apres-comment-les-communes-se-financent, consulté le 2 novembre 2022 entre 11 heures et 12 heures.
3. Loi n° 2019-006 du 26 juin 2019 portant modification de la loi n° 2007-011 du 13 mars 2007 relative à la décentralisation et aux libertés locales modifiée par la loi n° 2018-003 du 31 janvier 2018 »,

disponible sur https://knowledge-uclga.org/togo-lois-des-collectivites-territoriales-decentralisees.html, consulté le 2 octobre 2022 entre 06 heures et 07 heures.

Journaux

Le Magnan Libéré, Hebdomadaire togolais satirique et d'analyse, N° 530 du mercredi 16 octobre 2019

LA TERRITORIALISATION AU SÉNÉGAL : AVANCÉE OU RECUL ?

Le transfert de compétences et redéfinition de relations institutionnelles

Oumarou Hamani

Résumé de la communication

Les analyses sur la décentralisation et sur le développement local ont donné lieu à une riche publication scientifique[1] organisée autour des configurations du pouvoir local, de la mobilisation des ressources locales[2], de la gouvernance communale, des élections locales[3], etc.

La question du transfert des compétences est très peu abordée par la littérature au Niger, en raison du caractère relativement récent de la mise en œuvre du processus de transfert des compétences aux collectivités[4]. On note également une profusion de publications sur le développement local considéré à la fois comme objectif et produit de la décentralisation et qui induit des processus négociés[5].

Le transfert des compétences est inséparable de la reconfiguration des relations institutionnelles entre plusieurs acteurs institutionnels. Une analyse de la redéfinition de ces relations entre l'État central et les structures décentralisées est une clé de lecture pertinente de compréhension des dynamiques des processus de décentralisation que connaissent nos pays.

---

[1] Voir Olivier de Sardan, J-P. et Tidjani Alou, M., 2009, *Les pouvoirs locaux au Niger. À la veille de la décentralisation,* Olivier de Sardan, J.-P., « Quelques réflexions autour de la décentralisation comme objet de recherche » in *Bulletin de l'APAD, n° 16,* portant sur le thème Décentralisation, pouvoirs sociaux et réseaux sociaux, 1998.

[2] Hamani O. et Nana Issaley, A., 2008.

[3] Voir *Élections au village. Une ethnographie de la culture électorale au Niger* (éd. Olivier de Sardan, J.-P., 2015).

[4] Directive n° 104/2014/CAB/PM du 11 août 2014 portant modalités de transfert de compétences et de ressources de l'État aux collectivités territoriales. La directive est renforcée par le décret n° 2016-075 du 26 janvier 2016 portant transfert des compétences et des ressources de l'État aux communes dans les domaines de l'Éducation, de la santé, de l'Hydraulique et de l'Environnement.

[5] Deberre, J.-C., 2007, « Décentralisation et développement local », in *Afrique contemporaine,* n° 221, pp. 45-54.

Introduction

Les fondements de la décentralisation sont propres à chaque pays certes, mais il y a un substrat commun à ce processus : la crise des finances publiques et l'incapacité avérée des pays à tout gérer à partir du niveau central. La décentralisation et son pendant « technique » qu'est le transfert des compétences sont alors apparus comme une réponse pour rendre efficiente et efficace la délivrance du service public.

Après plusieurs années d'hésitation de la part de l'État « central », le transfert des compétences aux communes prévu par le processus de décentralisation a finalement abouti. L'opérationnalisation du transfert s'est faite dans quatre domaines, dont le secteur de l'éducation, objet de la présente communication[6].

S'il a fallu attendre 2018 pour rendre effective la Loi portant « transfert des compétences aux collectivités territoriales » de 2002[7], cette longue gestation témoigne des hésitations de l'État central à mettre en œuvre ce transfert qui devrait donner aux collectivités territoriales une plus grande responsabilité dans la gestion des « affaires locales » en même temps qu'elle dévoile les enjeux que recouvre une telle politique. Cet enjeu se situe à la fois au niveau des collectivités (qui aspirent à plus de moyens) et de l'État central appelé à se dessaisir des prérogatives qu'il a jusque-là assumées.

Au-delà des montages politico-administratifs qu'il recouvre et qui relèvent de formalisme juridique, le transfert des compétences est avant tout une redéfinition des relations institutionnelles entre l'État central (et ses services déconcentrés) et le « local » caractérisé par une grande diversité d'acteurs et d'organisations communautaires. En tant que réforme, le transfert des compétences modifie les cadres d'action existants et en propose de nouveaux avec des effets sociaux qui leur sont associés.

La présente communication tente d'analyser quelques-uns des enjeux liés au transfert des compétences aux communes. Cet objet sera saisi à partir des dynamiques relationnelles que ces enjeux mettent en évidence et qui sont appelées à « organiser » désormais le fonctionnement des collectivités territoriales. La présente analyse privilégie l'échelle communale et mobilise les acquis des recherches menées par le LASDEL

---

[6] Les domaines concernés par le transfert des compétences et des ressources sont l'éducation, l'hydraulique, la santé et l'environnement.

[7] Code général des collectivités territoriales, édition 2013.

sur la décentralisation au Niger. Elle prend appui sur le transfert dans le domaine de l'éducation. Les corpus des données proviennent d'une recherche qualitative de type socio-anthropologique menée dans une commune de Maradi (Niger), dans la perspective du transfert des compétences. Les entretiens semi-directifs et les observations ont été privilégiés comme techniques de collecte des données.

Trois principaux résultats seront présentés : les hésitations de l'État central à transférer les compétences, les « compréhensions locales » du transfert des compétences et la redéfinition des interrelations institutionnelles comme condition du développement local.

Avant d'aborder de plain-pied notre question de recherche, il est de bon aloi de procéder à une présentation du contexte de la recherche dont sont issues les données présentées ici.

I) Présentation du contexte de la recherche

A) Tibiri-Gobir, une commune à la porte de la région de Maradi

La commune urbaine de Tibiri-Gobir a une superficie de 1200 km² et s'étale d'est en ouest sur environ 85 km. Elle est située à 7 km au nord du chef-lieu de la région de Maradi et à l'est à 650 km de la capitale (Niamey). La commune urbaine de Tibiri-Gobir est limitée au nord par les communes rurales de Chadakori et de Saé-Saboua ; au sud par les communes rurales de Sarkin Yamma, de Safo (département de Madarounfa) et la frontière du Nigeria ; à l'est par la communauté rurale de Saé-Saboua ; à l'ouest par la Commune rurale de Guidan Sori et la frontière nigériane et, enfin au sud-est par la communauté urbaine de Maradi.

Les résultats du recensement administratif de la commune réalisé en 2008 donnent une estimation de 127 392 habitants. Le taux d'accroissement (3,73 %) y est légèrement supérieur à la moyenne nationale (3,3 %). La commune est subdivisée en 182 villages/quartiers/campements/tribus. Le chef-lieu de la commune est composé de 13 quartiers. La Commune compte un seul canton (élevé au rang de Sultanat par les autorités de la transition politique nigérienne de 2010 et 2011).

Chef-lieu de poste administratif en 1966, Tibiri fut érigé en commune rurale qui n'a jamais fonctionné. En 1975, le poste administratif a été rouvert et a fonctionné jusqu'au 30 juillet 1988, date à laquelle la ville de Tibiri redevenait commune rurale de plein exercice. Tibiri sera érigée en commune urbaine en 2002[8]. La commune présente deux pôles : un pôle rural et un pôle urbain et en raison de cette configuration, les politiques de développement de la commune se doivent de prendre en compte ces deux pôles.

La commune de Tibiri a des potentialités que lui offre sa proximité avec Maradi, la capitale régionale. Cette proximité est loin d'être ressentie comme un inconvénient par les autorités municipales et coutumières ; au contraire, elle est perçue comme un atout important qui fait de Tibiri une commune attrayante. Car fuyant les nuisances sonores et les pollutions de Maradi, certains habitants choisissent de trouver un habitat dans la ville de Tibiri plus calme et reposante. Ce flux de population vers Tibiri a des impacts sur la demande de biens et services sociaux de base qui constitue pour la commune un défi en termes de structures d'accueil pour absorber ces demandes, notamment dans les domaines de l'habitat et de l'école.

B) L'école dans la commune urbaine de Tibiri-Gobir

1) L'enseignement formel

Il comprend les niveaux primaire et secondaire. Au moment de nos recherches, la commune urbaine de Tibiri comptait 110 écoles primaires traditionnelles dont 13 dans la ville, 506 classes dont 315 en paillote, soit 62 % de l'ensemble des classes. À Tibiri-Gobir, l'école est une vieille institution, car la première école y a été créée en 1945[9].

Le personnel enseignant comptait 660 enseignants composés majoritairement de contractuels non permanents (530) et un nombre réduit d'enseignants titulaires (130). Ces catégories d'enseignants représentent respectivement 80,30 % et 19,69 %. Les activités du secteur de l'éducation étaient coordonnées par une inspection de l'éducation de base dont les compétences couvrent les communes de Tibiri et de Saé-Saboua.

L'enseignement secondaire est représenté dans la commune par un collège d'enseignement général (CEG) et un collège d'enseignement secondaire (CES). Le CES créé en 2001 regroupe une section lycée et une section collège. La section lycée compte 487 élèves tandis qu'on en dénombre 1854 au niveau de la section CEG.

---

[8] Loi n° 2002 – 014 du 11 juin 2002.

[9] Entretien avec le directeur de l'école primaire.

2) L'éducation non formelle

L'éducation non formelle est également présente dans la commune de Tibiri avec 8 *medersas* réparties dans plusieurs villages de la commune[10]. Ces medersas apparaissent comme des structures « palliatives » aux écoles traditionnelles. D'une part, elles accueillent le « trop-plein » d'enfants non recrutés par les écoles traditionnelles. D'autre part, les enfants y sont envoyés en bas âge, en attendant qu'ils aient atteint l'âge d'entrée dans le système d'enseignement formel.

3) Une demande accrue d'écoles

Dans le domaine de l'éducation à Tibiri-Gobir, les demandes de classes et d'écoles sont nombreuses et s'expriment en termes d'extension (classes à construire) ou d'écoles à créer. Depuis 3 ans, l'inspection enregistre une dizaine de demandes de création d'écoles par an. En raison du déficit d'enseignants, ces demandes restent non satisfaites. L'accroissement des demandes d'écoles est une conséquence directe de l'effet des politiques et campagnes de sensibilisation en faveur de la scolarisation des enfants. La prise en charge de ces demandes multiformes constitue un des principaux défis pour les autorités municipales dans un contexte de décentralisation de l'éducation.

A) La gouvernance « locale » de l'école

1) Le personnel enseignant

Au moment de nos recherches, une inspectrice assurait la gouvernance de l'école à Tibiri. Celle-ci était appuyée par quatre chefs de secteurs pédagogiques, dont deux basés à Tibiri-ville et deux au niveau des centres de Tchiadi et Dan Kano. Les centres pédagogiques assurent un encadrement de proximité des écoles et des enseignants. En effet, pour avoir un encadrement de qualité, les autorités du secteur de l'éducation ont défini des normes. Cette norme qui « dans les principes est de 1 inspecteur pour 300 enseignants »[11] est largement dépassée à Tibiri si bien que les autorités régionales du secteur éducation n'hésitaient pas à reconnaître que *« un inspecteur ne peut pas suivre 600 enseignants. C'est trop ! »*

L'instabilité et l'absentéisme des enseignants sont une caractéristique de l'école dans la commune de Tibiri. Cette instabilité est liée à la

---

[10] *Janjouna dan tané*, *En balbellou*, *Fagagaou*, *Tchiadi*, *Dan kano*, *Toudaoua* et *katare*.

[11] Selon la Direction régionale de l'Éducation nationale de Maradi, réunion du 11 novembre 2013 à Tibiri.

proximité avec Maradi et, pour les enseignants dont beaucoup ont une vision de la commune limitée au chef-lieu, être affecté à Tibiri est un véritable enjeu. Ainsi, d'aucuns se désillusionnent lorsqu'une fois affectés à Tibiri, ils sont envoyés en poste à plusieurs dizaines de kilomètres de la ville. Au bout de quelques mois de fonction, un grand nombre décide d'abandonner les classes. Les abandons y sont récurrents, nous a fait remarquer l'inspectrice. L'instabilité des enseignants est un phénomène crucial au point où, au cours de l'année 2012-2013, l'inspection a connu un gap à combler de 94 enseignants.

2) Les communautés à la base

Dans la gouvernance des écoles, les communautés sont actives à travers les Associations des parents d'élèves (APE), les Associations des mères éducatives (AME) et les Comités de gestion décentralisés des établissements scolaires (CGDES). Le rôle joué par celles-ci dans le fonctionnement de l'école est unanimement reconnu par l'ensemble des acteurs de l'éducation. Pour assurer une meilleure coordination de leurs actions, les Comités de gestion décentralisés (CGDES) sont regroupés au sein d'une fédération[12] communale des CGDES.

Dans la commune urbaine de Tibiri, la FC/CGDES couvre une centaine d'écoles. En raison de ses faibles capacités à mobiliser les ressources, la FC/CGDES a du mal à remplir pleinement les missions qui lui sont dévolues. Les demandes qu'elle adresse à son principal partenaire qu'est la commune ne sont que partiellement financées, créant *ipso facto* chez les responsables de la fédération un sentiment d'abandon de la part de la mairie. Les efforts des acteurs locaux sont soutenus par les quelques rares partenaires présents dans la commune.

3) De faibles appuis extérieurs

Le secteur de l'éducation est faiblement appuyé de l'extérieur. Au moment de nos recherches, la plupart de ces appuis venaient à terme. C'est e le cas en particulier des interventions des organisations non gouvernementales, *Care*, *Tatali, Enfants sans frontières*.

[12] Les fédérations communales de l'éducation sont créées par l'arrêté n° 039/MEN/A/PLN/SG du 22 février 2012.

II) Les hésitations de l'État central à transférer les compétences

A) Le transfert de compétences comme processus juridique et administratif

Le Code général des collectivités territoriales, principal recueil des textes sur la décentralisation au Niger. Le Livre III qui porte spécifiquement sur la répartition des compétences entre l'État et les collectivités territoriales rappelle que c'est la Loi 2002-013 du 11 juin 2002 qui détermine ce transfert. Dans cette perspective, il ressort que le Conseil municipal exerce des compétences propres et des compétences qui lui sont transférées par l'État. Initialement, il était prévu 19 domaines dans lesquels l'État pouvait transférer des compétences. Mais seuls 4 domaines ont pu l'être à ce jour après de nombreuses hésitations.

Le transfert de compétences ouvre également un nouvel espace-double de négociations entre les collectivités territoriales et l'État d'un côté, mais aussi entre celles-ci et les communautés locales de l'autre et destinataires des services délivrés par les collectivités territoriales. Ce processus dresse le cadre de compétences des acteurs désormais impliqués dans le transfert des compétences, mais il est loisible de rappeler qu'un cadre juridique ne peut pas conduire au développement local, besoin légitime des populations à la base. Les hésitations initiales portent sur un certain nombre d'aspects qu'il est nécessaire de rappeler.

En vue d'accélérer le processus de transfert de compétences tant attendu par les collectivités territoriales, une direction sera donnée par le Cabinet du Premier ministre en août 2014. Cette directive vise principalement à « préciser les orientations du gouvernement de la République du Niger dans le cadre de l'opérationnalisation du transfert des compétences. Alors que la loi relative au transfert des compétences aux communes remonte à 2002, il a fallu attendre le 26 janvier 2016[13] pour qu'un décret soit pris en conseil des ministres. Le décret délimite les domaines de compétences transférées aux communes. Il s'agit de l'éducation, de la santé, de l'hydraulique et de l'environnement. Pour rendre effectif le transfert de compétences aux communes, l'État s'engage également à transférer concomitamment les ressources nécessaires à l'exercice des compétences transférées. Un arrêté en 2017 précise le

---

[13] DÉCRET *2016-075/PRNI MISP/DIACRI* MEPIA/PLN/ECI *MHIAI MESU/DDI* MSPI *MEIFI MEP/TI* MFP/RA du 26 janvier 2016 *portant transfert des compétences et des ressources de l'État aux communes dans les domaines de l'Éducation, de la Santé, de l'Hydraulique et de l'Environnement.*

cahier des charges ainsi que les conditions et modalités techniques d'exercice des compétences et ressources transférées par l'État[14].

L'aboutissement du long processus juridique de transfert des compétences est consacré par le *décret adoptant le plan de transfert des compétences et des ressources de l'État aux communes et aux régions.* Ce plan sera adopté pour une courte période « d'essai » de 2018 à 2021.

En somme, 16 années se sont écoulées entre la première loi marquant la « volonté « de l'État de transférer aux collectivités territoriales une portion de ses compétences et la mise en œuvre concrète de cette loi. Ce long chemin témoigne vraisemblablement des doutes et des hésitations de l'État vis-à-vis des capacités des collectivités à assumer/assurer la mission que leur imposerait le processus de transfert des compétences.

B) La compétence des communes « à gérer les ressources transférées »

Le niveau des maires et des conseillers élus a été longtemps mis en avant pour disqualifier les communes quant à leurs capacités à assurer la gestion des ressources à transférer.

« Les maires, eux, ce sont les fonds qui les intéressent. Il y a une vision limitée du transfert des compétences aux maires et c'est pourquoi l'État est hésitant » (autorité administrative locale, Tibiri).

Les hésitations de l'État central à transférer les ressources se fondent sur des expériences malheureuses de maires destitués pour « mauvaise gestion » (Olivier de Sardan 2009)

L'État central est réticent à transférer toutes les compétences aux communes en raison de leurs faibles capacités à planifier et à exécuter leurs propres plans de développement :

« Il faut d'abord assainir avant de transférer ! Par exemple, beaucoup de communes n'ont jamais construit une seule classe durant leur mandat ! » (Propos d'un préfet, 22-04-14).

Les réticences de l'autorité centrale à transférer les compétences et les ressources tiennent à la réalité même des plans de développement communal et de la capacité des communes à satisfaire les demandes des populations. À partir du cas de l'éducation, le préfet fait remarquer que les communes ont de plus en plus de mal à assumer les attributions transférées par l'État central, notamment « la création et la gestion

---

14 Arrêté n° 00285/MEP/A/PLN/EC/MISP/ACR du 21 février 2017.

d'équipements collectifs » (construction et entretien des écoles primaires et maternelles)[15].

L'argument avancé par le préfet n'est pas dénué de tout fondement. Il reflète une réalité observée dans la commune de Tibiri. En effet, alors que le plan d'investissement annuel (PIA) inscrit dans le plan de développement communal (PDC[16]) prévoit la construction et l'équipement de 30 salles de classe à partir de 2012 (10 salles de classe chaque année), il est loisible de constater que pas une seule classe n'a été réalisée jusqu'en 2014 !

Ce constat rencontre une idée très répandue selon laquelle la commune ne peut pas prendre en charge l'école :

« À présent la mairie ne peut pas prendre en charge l'école ; ils ont beaucoup de choses à faire et la population ne paie pas l'impôt... On n'a pas vu des actions, donc elle ne peut pas ! » (Elh. Ali Issaka, parent d'élève, le 20-04-14)

On retrouve le même pessimisme au niveau des autorités coutumières qui, au regard de leurs expériences en matière de décentralisation, s'interrogent :

« Je me demande avec quelles ressources la commune pourra gérer la décentralisation de l'école » (propos d'une autorité traditionnelle à Tibiri, 30-10-13).

Les ressources de la commune sont essentiellement constituées de la taxe municipale et des taxes sur les marchés. Cela ne suffit même pas à payer les salaires des agents de la mairie. Le taux de recouvrement est bas dépendamment des situations agricoles. L'autorité coutumière parle de « *marteau de l'éducation* », métaphore utilisée pour montrer l'ampleur de la mission attendue de la commune dans le cadre de la décentralisation de l'école :

« Ce n'est pas avec les taxes de voirie qu'on va décentraliser l'éducation » (propos d'une autorité coutumière de Tibiri).

De fait, pour réussir la décentralisation de l'éducation, les ressources propres de la commune restent insuffisantes. La commune doit pouvoir disposer d'un complément de ressources (soit dans le cadre du transfert

[15] Art. 30, Code général des collectivités territoriales, pp. 33-34.
[16] Plan de développement communal (PDC) de la commune urbaine de Tibiri-Gobir (période 2011-2015), pp. 85-91.

par l'État ou avoir des partenariats stables). Le transfert de compétences en matière d'éducation repose sur la capacité de la commune à mobiliser des ressources nécessaires à la prise en charge de l'école.

Cette section met en évidence les incompréhensions entre les différents acteurs impliqués dans la mise en œuvre du transfert des compétences. Ces incompréhensions sont nourries de doutes, d'hésitations et de revendications autour du transfert des compétences. On remarque qu'il y a une incompréhension frappante à propos du transfert des compétences. Le Code général des Collectivités territoriales a bien précisé les compétences transférées aux communes, en l'occurrence la construction et l'entretien des établissements scolaires ; dans les faits, on remarque que la commune de Tibiri a du mal à assumer cette prérogative.

« Être responsable du personnel enseignant (contractuel) dans la commune

Avoir le contrôle du recrutement et l'affectation du personnel enseignant

« ... le maire doit être le premier responsable de l'éducation dans sa commune (recrutement et affectation). Avec l'inspection, le maire peut procéder au recrutement » (SG conseil régional de Maradi, 23-04-14).

La question de la gestion du personnel enseignant est apparue, au cours de nos recherches, comme le véritable nœud gordien du processus de décentralisation de l'éducation. Deux principaux points ont retenu l'attention, à savoir d'un côté, le recrutement et l'affectation des enseignants contractuels et de l'autre, la gestion de leurs salaires.

Le recrutement et l'affection des enseignants contractuels

Le recrutement et l'affectation des enseignants relèvent de l'État. Ils s'inscrivent dans un schéma uniforme au plan national. C'est la DREN qui procède au recrutement des enseignants. Les enseignants recrutés sont envoyés au niveau de l'inspection qui fait une proposition d'affectation dans les écoles relevant de son ressort. Le préfet fait les vérifications nécessaires et appose son visa. La gestion des enseignants relève de la tutelle de l'État :

« Jusqu'à présent, la mairie n'a pas compétence pour gérer le personnel administratif. Les enseignants sont des agents de l'État » (préfet de Guidan Roumji, 22-04-14).

L'enjeu que laisse transparaître ce propos est indubitablement celui du transfert des compétences en matière de gestion du personnel administratif.

« On devrait pouvoir dire à la DREN que nous ne sommes pas d'accord avec les affectations. Les enseignants que l'on affecte ici à Tibiri sont essentiellement constitués de femmes et elles refusent d'être envoyées dans les villages » (vice-maire, 21-04-14)

Le propos du 1er vice-maire se présente à la fois comme une requête et une plainte. La requête prend la forme d'une meilleure implication des élus locaux dans le processus d'affectation des enseignants dans leur commune. Dans l'état actuel des choses, ces derniers sont mis devant le fait accompli, l'affectation restant une affaire de la DREN et de l'inspection de l'enseignement de base. Implicitement, le 1er vice-maire déplore le fait que les femmes constituent le lot des enseignants affectés dans la commune de Tibiri. La plupart servent au niveau du chef-lieu de commune, refusant d'être envoyées dans les écoles de brousse.

La revendication des autorités municipales en matière de contrôle des enseignants contractuels est soutenue par de nombreux acteurs institutionnels. Pour ces derniers, le maire doit pouvoir disposer d'une planification, en termes de besoins d'enseignants dans la commune, qui serve de base à l'affectation des enseignants dans la commune. Autrement, il faudrait que la commune soit capable d'avoir à jour une situation de ses besoins en enseignants sur son territoire.

« Les contractuels sont recrutés sur place par la DREN. Or, dans la logique de la coopération suisse, il faut que la mairie ait une part de responsabilité dans le mode de contractuels ». (SG Conseil régional : 23/04/14)

« On dit que, dans le cadre de la gestion décentralisée de l'éducation, c'est à la mairie d'entériner les projets d'affectation des enseignants. On est d'accord, mais en retour, il faut qu'elle puisse assumer pleinement son rôle » (directeur de l'école Goumar1, 25-04-14)

L'implication de la commune dans le recrutement et l'affectation des enseignants contractuels appellent un partage des responsabilités entre la commune et la DREN dont on peut se demander si elle est prête à concéder un fragment de ses prérogatives.

Il s'agit ici de faire en sorte que les élus locaux donnent des avis sur la répartition géographique des enseignants sur le territoire de la commune.

« Les enseignants sont recrutés à partir de Maradi. Ils ne connaissent pas véritablement les réalités de Tibiri. La commune, c'est au moins 190 villages et hameaux, il n'y a pas que la ville. Or, tous veulent rester dans la ville » (1er vice-maire de la commune de Tibiri, 21-04-14).

Dans cette implication projetée de la commune dans l'affectation des enseignants, on voit se profiler de nouvelles relations de coopération entre la commune et l'inspection. Certains acteurs locaux de l'éducation estiment que les structures communautaires doivent avoir un rôle important à jouer. Pour une meilleure répartition des enseignants, il y a lieu d'impliquer la FC/CGDES, comme le fait remarquer le président de cette structure :

« À travers les différents COGES[17] locaux, la fédération peut avoir une idée exacte des trous à combler et informer le maire » (Tibiri le 20-04-14).

L'implication de la commune dans la gestion du personnel enseignant a un coût indirect très souvent non perçu. On pourrait par exemple s'interroger sur les commodités que les communes sont prêtes à offrir aux enseignants afin de les rapprocher davantage des écoles. La construction de « logements pour enseignants » et leur mise à disposition aux enseignants sont-elles envisageables ? De façon plus générale, quelles mesures incitatives la commune peut-elle proposer aux enseignants contractuels ?

Les enquêtes de suivi ont révélé un aspect négligé du transfert des compétences aux communes, à savoir le transfert de la gestion des ressources humaines (des agents de l'État). La décentralisation s'est superposée sur des édifices bâtis par l'État central, principalement sur des ressources humaines gérées par l'administration de l'État. Or, les communes sont appelées à mettre en place leur propre dispositif administratif piloté par des agents recrutés et payés par elles. Il se trouve que, dans certains domaines, tels que celui de l'éducation, la situation actuelle des communes est assez complexe et définit une sorte de « zone grise ». Dans les communes, les écoles continuent d'être animées par des agents recrutés et payés par l'État central. C'est pourquoi il me paraît illusoire, dans le contexte de la décentralisation de l'éducation, que les maires puissent avoir une autorité sur les enseignants, fussent-ils des contractuels.

[17] Cette appellation résiste au changement. Les acteurs continuent de dire COGES lorsqu'ils parlent du CGDES.

III) Les « compréhensions locales » du transfert des compétences

A) Une vision étriquée du transfert des compétences

Si l'ensemble des acteurs rencontrés parlent du transfert de compétences, il est indéniable que tous ne donnent pas le même contenu à cette expression. La diversité des discours de nos interlocuteurs permet de se rendre compte de la grande diversité des « sens » que recouvre la notion de « transfert des compétences ».

B) Le transfert, une vision dominée par la logique de l'argent

La logique de l'argent est dominante dans la plupart des visions associées au transfert des compétences.

« Quand les maires crient transfert, transfert, en réalité eux, ce sont les fonds qui les intéressent ! Il y a donc une vision limitée du transfert de l'argent et c'est pourquoi l'État est réticent... » (préfet de Guidan Roumji, 22-04-14).

Cet extrait d'entretien du représentant de l'État déconcentré assurant à l'échelle départementale le contrôle de légalité *a posteriori* dans les rapports entre l'État et les services techniques implantés dans la commune de Tibiri traduit la vision que l'État central projette sur les collectivités territoriales. Cette vision se caractérise par un déficit de confiance de la tutelle aux autorités communales.

C) Le transfert perçu comme fin de l'État

La question du transfert des compétences est toujours abordée en référence à l'État central qui doit être amputé d'un certain nombre de prérogatives, sinon à la « mort » de l'État. Nombre d'acteurs ont tendance à opposer la décentralisation à l'État.

« ... de plus, pour certains, le transfert des compétences est égal à la suppression de l'État ! » (Préfet de Guidan Roumji, 22-04-14)

IV) La redéfinition des interrelations institutionnelles comme condition du développement local

A) Transformation du mode de gestion des écoles

Cette transformation se traduit par une implication accrue des communautés locales dans la panification des activités et la gestion des établissements scolaires. Avec le transfert des compétences, il faut désormais planifier les activités et les dépenses de sorte que *« Désormais, l'argent soit dépensé conformément à un plan d'action »* défini par les communautés, de concert avec la mairie.

B) Une appropriation de la gestion du personnel enseignant

L'enseignant et la gestion du temps scolaire

La perte du temps scolaire est décriée. Cette critique se décline sous plusieurs dimensions. Il y a d'un côté, le non-respect du programme d'enseignement par certains enseignants.

« Certains enseignants n'habitent pas Tibiri ; tous les matins ils viennent de Maradi. Alors le transport n'est pas toujours garanti. Compte tenu des difficultés de transport, souvent ils arrivent à l'école avec du retard. Dans ces conditions, il y a des leçons qui ne seront pas faites... » (FC/CGDES, 20-04-14)

Il y a d'un autre côté, une mauvaise gestion du temps scolaire, quelquefois liée au non-respect du programme d'enseignement :

« L'année scolaire fait 960 heures. Souvent, des écoles ne font même pas le 1/3 ou les 2/3 de ce temps scolaire » (DREN-Maradi, 19-04-14).

Les directeurs d'école

Les directeurs ont des rôles importants à jouer, en leur qualité d'administrateur des établissements scolaires et de gestionnaire du personnel enseignant :

« Il faut instituer des cahiers de présence, inscrire l'heure d'arrivée et l'heure de départ et le directeur doit garder le cahier avec lui. Le directeur d'école est un agent incontournable du système éducatif » (DREN : 18/04/14).

À l'échelle des villages, la présence du directeur dans le bureau du CGDES est quasi incontournable pour impulser une vraie dynamique

« Si le directeur n'est pas dans le bureau, il y aura beaucoup de problèmes parce que c'est lui le guide. Les membres de bureau sont des illettrés, comment faire les PV, gérer la trésorerie... ». (Directeur école, village de Guidan Guimba, 24-04-14)

Connaissant l'importance de l'école, il lui arrive parfois de financer des activités sur fonds propres pour soutenir le fonctionnement de l'école :

« J'ai l'habitude de verser mon propre argent ''dan kar lakol kinmu ta yi kumya (pour sauver l'honneur de notre école) » (Ibid.)

Les structures communautaires

Les enquêtes ont mis en évidence le rôle joué par les structures communautaires dans le fonctionnement des écoles (cotisations, financement en vue de la construction des classes en paillote, suivi de la régularité des enseignants, suivi des dépenses de la caisse du CGDES, etc.). L'appropriation de ces rôles passe par des séances de formation des membres des structures communautaires.

« Les structures doivent être formées et sensibilisées pour leur faire comprendre que c'est le développement à la base. Il faut que les structures connaissent leurs rôles pour qu'elles puissent appuyer l'école » (T., conseiller pédagogique, 19-04-14).

La démocratisation du fonctionnement des structures communautaires peut soutenir la qualité de l'éducation. Dans cette perspective, il y a lieu de faire des élections le mode principal de désignation des membres des structures communautaires (CGDES).

« Là où les CGDES ont été élus démocratiquement, on comprend qu'ils ont compris leurs rôles et ils les appliquent. Tout part des élections. Vous ratez les élections, vous ratez tout ! » (T., conseiller pédagogique, 19-04-14)

Il est nécessaire que chaque acteur puisse connaître son rôle :

« Les COGES fonctionnent normalement ici parce qu'on a une bonne collaboration avec les membres. Il n'y a pas de négligence et chaque membre joue son rôle ». (Directeur école Guidan Guimba, 24-04-14)

Conclusion

L'expérience pilote qu'offre la coopération suisse en matière de transfert de l'éducation fournit des éléments d'analyse pertinents sur la complexité de sa mise en œuvre, des enjeux qui s'y rattachent et des « impératifs » qui guideront les relations entre acteurs de l'éducation. Si la commune urbaine de Tibiri (dans la région de Maradi) sert de « terrain » à nos réflexions, les « problèmes » qu'y soulève le transfert de l'éducation s'appliquent valablement aux autres collectivités territoriales. Il est indéniable que la gestion décentralisée de l'école jette les bases de la mutation d'un système éducatif géré d'*en haut* vers un système éducatif gouverné *d'en bas*.

Cette question est centrale dans les négociations et la définition des rôles entre la commune et les services de l'éducation rattachés au ministère en charge de l'Éducation. Dans cette perspective, les rôles et responsabilités de la commune et de l'inspection par rapport à la gestion des enseignants sont centraux.

Dans le dispositif actuel, les communes doivent montrer leurs capacités d'exécution des nouveaux rôles qui leur sont transférés par la mise en place d'un véritable service de l'éducation à l'échelle de la commune.

La gestion décentralisée de l'école confère aux communautés des rôles nouveaux et plus visibles dans la « gouvernance » éducative en raison des appuis variés qu'elles apportent dans le fonctionnement de l'école. Ces rôles ont toujours existé, mais c'est assurément la décentralisation de l'école qui fait s'ancrer ce rôle dans le dispositif de délivrance de l'éducation. Désormais, acteurs à part entière, leurs rôles vont s'accroître avec le transfert des compétences en raison des missions de contrôle et de *redevabilité* qui leur seront confiées. Disposent-elles de ressources (compétences, humaines, etc.) et de légitimités incontestées pour assumer les nouveaux rôles qu'on tente de leur confier ?

La redéfinition des relations institutionnelles imposée par le transfert des compétences aux collectivités territoriales ne laisse-t-elle pas présager l'émergence d'un « mode de gouvernance hybride » ?

L'inspection a toujours été l'interlocuteur des structures communautaires. Avec le transfert des compétences, comment les doléances des structures seront-elles orientées vers la commune ?

Les responsables des structures communautaires font l'expérience d'un nouveau mode de « gouvernance » des établissements scolaires. Ce mode de gouvernance passe du « maître du village » ayant toujours incarné une autorité indéniable dans le village à la « communauté » regroupée au sein de structures ayant un droit de regard sur la gestion des ressources de l'école (équipements scolaires, ressources financières, etc.). N'assiste-t-on pas à l'émergence d'un nouveau mode de gouvernance hybride ?

Le transfert des compétences à la commune en matière d'éducation met en lumière toute la complexité du processus de décentralisation. S'il adresse prioritairement des questions plus générales de la transformation du système éducatif, ce transfert suppose une redéfinition des relations institutionnelles entre la commune et la diversité de ses partenaires de l'école. Au-delà d'être un acte politique rappelé par l'expression « volonté de l'État » qui en définit le cadre juridique, ce transfert exige une réelle reconfiguration institutionnelle et administrative.

Bibliographie

1. Deberre, J-C., 2007, « Décentralisation et développement local », in Afrique contemporaine, n° 221, pp. 45-54.

2. DÉCRET 2016-075/PRNI MISP/DIACRI MEPIA/PLN/ECI MHIAI MESU/DDI MSPI MElFI MEP/TI MFP/RA du 26 janvier 2016 portant transfert des compétences et des ressources de l'État aux communes dans les domaines de l'Éducation, de la Santé, de l'Hydraulique et de l'Environnement.

3. Directive n° 104/2014/CAB/PM du 11 août 2014 portant modalités de transfert de compétences et de ressources de l'État aux collectivités territoriales.

4. Décret n° 2016-075 du 26 janvier 2016 portant transfert des compétences et des ressources de l'État aux communes dans les domaines de l'Éducation, de la santé, de l'Hydraulique et de l'Environnement.

5. Hamani O. et Nana Issaley, A., 2008, XXX.

6. Plan de développement communal (PDC) de la commune urbaine de Tibiri-Gobir (période 2011-2015), pp. 85-91.

7. Olivier de Sardan, J.-P., (éd.), 2015, Élections au village. Une ethnographie de la culture électorale au Niger, Paris : Karthala.

8. Arrêté n° 00285/MEP/A/PLN/EC/MISP/ACR du 21 février 2017.

9. Code général des Collectivités territoriales, édition 2013.

10. Olivier de Sardan, J.-P. et Tidjani Alou, M., 2009, Les pouvoirs locaux au Niger. À la veille de la décentralisation, Olivier de Sardan, J.-P., « Quelques réflexions autour de la décentralisation comme objet de recherche » in Bulletin de l'APAD, n° 16, portant sur le thème Décentralisation, pouvoirs sociaux et réseaux sociaux, 1998.

11. Olivier de Sardan, J-P., 2009, « Les huit modes de gouvernance locale en Afrique de l'Ouest », Études et Travaux du LASDEL, n° 79.

12. Arrêté n° 039/MEN/A/PLN/SG du 22 février 2012 portant créations des fédérations communales.

Nécessité et écueils du transfert de la compétence économique aux collectivités territoriales

Markus Jean Paul

La France se rend compte que la décentralisation menée à marche forcée depuis 1982 n'a pas donné les résultats escomptés, en termes ni de renforcement des collectivités territoriales, ni de croissance économique, ni d'économies d'échelle. De « l'acte 1 » de la décentralisation (L. du 2 mars 1982) à « l'acte V » de 2022[1], des pans entiers de l'action étatique ont été transférés vers les collectivités territoriales, sous la pression des élus locaux dont les revendications reposaient sur une supposée efficacité locale comparée à la supposée inefficacité au niveau national. La course aux compétences, doublée d'une concurrence entre collectivités territoriales elles-mêmes, a abouti en France à un tissu institutionnel territorial complexe, à quatre voire cinq couches administratives dans certains cas. Le tout s'accompagne paradoxalement d'une abstention toujours plus forte aux élections locales (hors municipales), avec des électeurs qui ne comprennent plus pour qui ni pourquoi ils votent, car ils ne savent plus qui fait quoi.

Parmi les compétences que les collectivités territoriales entendaient obtenir par-dessus tout, la compétence économique : l'interventionnisme économique local date en France de la fin du XIXe siècle avec l'émergence d'une population ouvrière pauvre et vivant dans des conditions précaires en ville, du fait de la révolution industrielle. Les communes en particulier mirent en place des services publics de nature sociale (dispensaires, bains-douches notamment) et se lancèrent dans des services publics marchands (consultations de professionnels de santé, d'avocats, hôtellerie, restauration, tourisme, etc.), mais à des prix défiant la concurrence privée. C'est ce dernier mouvement que le juge a initialement freiné au nom de la liberté du commerce et de l'industrie[2].

---

[1] Loi n° 2022-217 du 21 février 2022 relative à la différenciation, la décentralisation, la déconcentration et portant diverses mesures de simplification de l'action publique locale.

[2] J. Chevallier, Le service public, 2022, p. 55 et s. Avec la jurisprudence *Chambre syndicale du commerce en détail de Nevers*, CE, 30 mai 1930, Leb. 583, S.1931.3.73, concl. JOSSE, note ALIBERT, R.D.P. 1 930 530, concl. JOSSE.

Les collectivités territoriales se veulent un des moteurs de la croissance locale, ce qui les conduit à un interventionnisme économique, à savoir :

- La prise en charge directe d'une activité industrielle ou commerciale (service public industriel et commercial) afin de répondre à un besoin collectif non satisfait par l'initiative privée comme la distribution de l'eau ou des services de transports. Ce type d'interventionnisme existe en France depuis la fin du XIXe siècle, avec le développement des villes et des besoins, qui a nécessité la création de services publics, dont certains avaient une connotation marchande et pas seulement sociale ou administrative ;
- Des aides sous forme de prestations de services, de subventions, de bonifications d'intérêts, de prêts et d'avance remboursables, à taux nul ou à des conditions plus favorables que les conditions du marché ;
- Des aides encore, sous forme d'immobilier, avec des rabais sur le prix de vente de locaux appartenant aux collectivités territoriales, des locations de locations-ventes de terrains nus ou aménagés ou de bâtiments neufs ou rénovés, des incubateurs où sont logées les très petites entreprises, des autorisations gratuites d'occupation du domaine public.

C'est sur ce type d'interventionnisme économique local que nous nous concentrerons, et qui a été consacré par la loi de décentralisation du 2 mars 1982 et celles qui ont suivi[3], avec de nombreuses restrictions. Faut-il, dans les pays d'Afrique francophone, transférer cette compétence aux collectivités territoriales ? Indépendamment du choix politique qui ne regarde pas le juriste, ce dernier peut tout de même dire un mot : « Attention ! ». Attention au côté boomerang d'une telle compétence. Plus risquée que d'autres compétences comme la compétence éducative ou sanitaire, la compétence économique fait courir à la collectivité territoriale qui s'y engage un risque économique qui normalement revient aux entreprises privées. La collectivité peut se retrouver endettée en pure perte, engluée dans les aléas du monde de l'entreprise qu'elle connaît mal. La France regorge d'exemples d'interventions économiques locales qui non seulement n'ont pas eu les effets escomptés sur la croissance ou l'emploi locaux, mais qui ont sérieusement entamé les finances des collectivités territoriales interventionnistes.

La compétence économique ne s'improvise pas, comme toutes les autres d'ailleurs. Mais en plus, elle comporte des risques. En outre, au

[3] La loi du 2 mars 1982 fut suivie de trois autres, des 7 janvier, 22 juillet et 29 décembre 1983.

contraire par exemple de la création d'une infrastructure censée durer et devenir un actif local à disposition de tous, l'interventionnisme économique est par nature volatil et inégalitaire. Encore faut-il donc qu'il existe un intérêt général, et que cet intérêt ait été correctement mesuré, sous peine de déboires financiers.

L'objet de cette contribution sera d'identifier les principales exigences pour qu'une collectivité territoriale puisse se lancer dans l'interventionnisme local sans trop de risques juridiques ou financiers. Plutôt qu'un plan abstrait, nous choisirons une démarche descriptive, énumérant les obstacles et écueils à surmonter dans l'exercice de la compétence économique, avant d'en tirer des enseignements conclusifs. Ce qui justifiera cinq développements, dont le premier portera sur la dépendance juridique des collectivités territoriales.

I) Une compétence juridique entravée

Qui connaît le mieux le tissu économique local qu'un maire ou un président de conseil départemental ? Qui est le mieux à même de réagir à une menace économique ou à une carence de l'initiative privée ? Les élus locaux sont les premiers récepteurs des demandes ou besoins locaux en matière économique, ce qu'a fini par reconnaître le Parlement en France. La compétence économique fut cédée aux collectivités territoriales dès 1982, mais avec parcimonie, en autorisant les aides non financières (telles que les garanties d'emprunts, les locations de locaux ou terrains communaux par exemple) aux communes, et en réservant les aides financières (telles que les subventions aux régions).

Par la suite, les collectivités territoriales ont obtenu toujours plus de compétences économiques, au point que la région se voit désormais attribuer la vaste mission du « développement économique, social et culturel »[4]. En matière économique, cela comprend les infrastructures telles que les différents réseaux, les halles d'exposition, les voies de communication permettant le développement de l'activité économique. En apparence, donc, les collectivités territoriales françaises ont de vastes pouvoirs économiques. Or il n'en est rien.

En dépit des textes, la France a opté depuis toujours pour un modèle de collectivités territoriales faibles en termes de pouvoirs, au contraire par exemple de l'Allemagne ou du Japon[5]. En Allemagne a prédominé

---

[4] CGCT français, art. L. 4211- 1.

[5] D. Lorrain, *Capitalismes urbains, Des modèles européens en compétition*, in L'Année de la régulation n° 6 (2002), p. 195 et s.

depuis l'unification des provinces prussiennes (1871) une conception d'un État se limitant aux fonctions régaliennes, les gouvernements locaux se voyant attribuer la gestion locale. Ce partage, quasi-contractuel entre État fédéral et États fédérés, a toujours cours, et résulte d'une distinction entre la haute politique et la gestion technique. La première comprend les fonctions régaliennes – justice, défense, diplomatie, monnaie – et les grandes orientations économiques, qui relèvent de l'État. La seconde correspond aux missions ordinaires d'une administration et notamment l'interventionnisme économique, qui sont gérées localement. C'est autour de cette distribution des compétences en Allemagne, que ce sont bâtis deux blocs forts, dont le bloc local, qui malgré la libéralisation de l'économie et les privatisations de services publics depuis les années 1980, est demeuré incontournable en termes d'accompagnement du développement économique.

Le modèle français repose sur un État fort, se réservant certes les fonctions régaliennes, mais également très interventionnistes, ne laissant guère de place aux collectivités territoriales en la matière ni dans les autres matières d'ailleurs. À cela s'ajoute une traditionnelle méfiance de l'État central à l'égard des instances décentralisées. Cette méfiance se traduit de différentes manières, notamment par un doublonnage systématique entre administrations locales et administration déconcentrées de l'État : à mesure que les compétences étaient transférées, les services déconcentrés auraient dû disparaître ou se réduire. Cette méfiance s'est également traduite récemment par la suppression partielle de la clause générale de compétence pour les départements et les régions[6], et surtout par des ressources fiscales propres – et donc autonomes – très insuffisantes et en constante baisse par rapport aux dotations étatiques[7]. Rien de surprenant donc à ce qu'un auteur ait pu titrer un ouvrage « *Paris et le désert français* »[8], dans les années 1970, un constat tant politique qu'économique, dû à une élite dirigeante qui menait le pays de façon centralisée.

---

[6] L. n° 2010-1563 du 16 déc. 2010, art. 73-I-1° et 2°, entrant en vigueur le 1er janv. 2015, confirmée par L. n° 2015-991 du 7 août 2015, notre, art ; 94, après un revirement par L. n° 2014-58 du 27 janvier 2014, art. 1.

[7] R. Pasquier, Le pouvoir régional. Mobilisations, décentralisation et gouvernance en France, Presses de Science Po, 2012, p. 169 et s.

[8] J.-F. Gravier, Flammarion, 1972.

Si un rééquilibrage économique s'est dans une certaine mesure produit en France, le constat des années 1970 perdure[9], et le bilan des quarante ans de la loi du 2 mars 1982 le démontre[10]. C'est de ce modèle d'un bloc local faible économiquement et politiquement et juridiquement qu'ont hérité les pays d'Afrique noire francophone, faiblesse aggravée par le manque généralisé de moyens. L'impulsion vient toujours du centre, avec les moyens, ce qui se traduit à la périphérie par un suivisme et surtout une dépendance tant juridique qu'économique. Bien des spécialistes prônent la création d'un « dispositif de crédibilisation des collectivités décentralisées », par un « Fonds d'appui aux collectivités territoriales »[11].

Depuis 1982, cette dépendance des collectivités territoriales à l'égard du pouvoir central ne s'est pas atténuée au contraire. Les ressources nécessaires à l'exercice effectif des compétences locales n'ont jamais vraiment été dégagées. Or c'est là aussi une condition essentielle de l'interventionnisme local : le transfert de compétences doit s'accompagner du transfert des moyens nécessaires à leur exercice. Ce principe a été constitutionnalisé en France[12]. Ces moyens sont humains (création d'une fonction publique locale), matériels (notamment les bâtiments transférés) et financiers, avec les transferts de fiscalité complétés par des dotations de l'État qui permettent en outre une péréquation entre les différentes régions. En France, et depuis 1982, l'État a toujours transféré plus de compétences juridiques que de moyens de les exercer, ce qui a conduit à une hausse massive des impôts locaux – alors que la fiscalité étatique ne baissait pas pour autant – et à un mécontentement de la population locale.

Si l'on transpose aux pays d'Afrique noire francophone, tout projet de transfert de compétence doit s'effectuer en tenant compte des moyens transférables. Le lien entre fiscalité locale et développement

---

[9] G.-F. Dumont, Les régions en France, Géants géographiques, mais nains politiques ? in. *Les Analyses de Population & Avenir*, 2019/4 (n° 8), p. 1 et s.

[10] J.-F. Brisson, Les compétences des collectivités territoriales, RFDA 2022 p.291.

[11] B. Husson, Un dispositif de crédibilisation des collectivités décentralisées : les Fonds d'appui aux collectivités territoriales, Rev. Techniques Financières et Développement 2013/3 (n° 112), pp. 61 et s.

[12] La loi constitutionnelle du 17 mars 2003 crée un article 72-2 al. 4 de la Constitution : « Tout transfert de compétences entre l'État et les collectivités territoriales s'accompagne de l'attribution des ressources équivalentes à celles qui étaient consacrées à leur exercice ».

local n'est plus à démontrer[13]. Est-il possible de transférer des impôts de l'État vers les autorités décentralisées, dès lors que l'essentiel des ressources fiscales nationales n'est pas en lien avec les territoires ? Il existe toutefois des pistes : l'industrie minière ou pétrolière, attachée par définition à un territoire, doit pouvoir être assujettie à une taxe locale[14], tout comme les activités touristiques avec la taxe de séjour qui existe déjà dans de nombreuses communes. Ces pistes ne sont toutefois pas suffisantes, car dans les pays développés ce sont les résidents et les entreprises locales qui sont assujettis pour l'essentiel aux impositions locales, ce qui suppose un recensement effectif des activités et un cadastre fiable servant à déterminer l'assiette de l'impôt. En somme, la réussite de la décentralisation repose entre autres sur le système fiscal, comme le prouve par exemple la crise financière grecque : pour satisfaire ses créanciers internationaux, la Grèce a tenté de réformer son système fiscal, se heurtant à « de la résistance incivique des privilégiés du régime, peu enclins à sacrifier les avantages que leur a conférés un système clientéliste »[15], mais aussi faute de cadastre fiable[16]. Or c'est bien sur le cadastre que repose la fiscalité locale[17], lequel doit être concilié, en Afrique, avec le droit foncier coutumier[18].

Reste que la compétence juridique ne suffit pas si elle n'est pas accompagnée d'une expertise solide.

II) Une compétence sans l'expertise requise

La compétence économique au sens juridique tient son fondement dans le droit, mais son exercice même ne repose que très peu sur le droit. Les instruments d'intervention économique sont juridiques, mais les interventions requièrent des études préalables sur la viabilité d'un

---

[13] V par ex. N. Médé, Ph. Kokou B. Tchodié, Décentralisation et fiscalité locale, Coll. L'Harmattan Sénégal, L'Harmattan, 2022.

[14] M. Leclerc-Olive, Collectivités territoriales, fiscalité et richesses minières, rev. Techniques Financières et Développement 2013/3 (n° 112), pp. 97 et s.

[15] L. Couloubaritsis, La crise grecque : enjeux et responsabilités, Revue Les Temps Modernes 2013/2 (n° 673), pp. 152 et s.

[16] F. Perrier, Grèce : le cadastre grec, arlésienne européenne, Rev. Alternatives Internationales 2015/9 (N° 68), p. 17.

[17] F. Roy, A. Viau, *Les systèmes cadastraux : des instruments de base pour la gouvernance des territoires en Amérique latine ?* Rev. Norois 2008/4 (n° 209), pp. 147 et s.

[18] E. Le Roy, Pluralisme juridique et taxation foncière : réintroduire la confiance, chaînon manquant dans les processus de gestion urbaine en Afrique francophone de l'Ouest, Rev. Techniques Financières et Développement 2013/3 (n° 112), pp. 81 et s.

projet. Le juriste ne fait qu'habiller et accompagner une stratégie économique locale. L'essentiel du projet repose sur d'autres sciences[19], et premièrement sur une analyse *économique* : connaissance du contexte, d'agrégats nationaux et locaux, des débouchés locaux, nationaux et internationaux. Que faut-il développer, à quelle ambition peut prétendre une collectivité territoriale ? Tout cela dépend aussi des caractéristiques locales[20]. La collectivité en cause se caractérise-t-elle par une spécialité, un savoir-faire local, qu'elle pourrait appuyer ? On a trop vu en France de collectivités territoriales miser des sommes énormes sur un patrimoine touristique très artificiel et peu attractif. La Cour des comptes et les chambres régionales ont eu à constater l'investissement de fonds publics dans des projets qu'un investisseur avisé n'aurait jamais menés.

Tout projet nécessite deuxièmement une expertise *managériale* : répondre à une demande d'aide d'une entreprise suppose un audit sur sa gestion et sa capacité à mener à bien le projet qui justifiera cette aide. L'entreprise dispose-t-elle d'une surface financière suffisante, des capacités techniques, des ressources humaines, etc. ? Cela ne se voit que rarement à l'œil nu…

Troisièmement, une expertise *financière* est indispensable : si aucune banque ne prête à une entreprise, si aucune entreprise ne veut prendre en charge une activité d'intérêt général, c'est que l'analyse des risques leur fait redouter un échec : l'entreprise n'est pas compétitive, elle est déjà fortement endettée, son marché est en voie d'extinction, etc. Pourquoi l'entreprise réussirait-elle mieux si le prêt provient d'une commune, d'un département ou d'une région, alors que son business plan reste le même ? Bien sûr, il appartient précisément aux collectivités territoriales d'investir là où les opérateurs privés hésitent à s'engager. Elles ont un rôle moteur dans l'économie locale par leurs investissements (en équipements et infrastructures), et ce rôle se prolonge dans des actions de soutien à l'économie, par la prise en charge directe de certaines activités industrielles et commerciales, ou par des aides aux entreprises privées. Reste que le risque pris doit demeurer mesuré, car

---

[19] C. Simon, Les Régions ont elles les moyens de leur action économique ? Rev. Gestion & Finances Publiques 2020/6 (N° 6), pp. 33 et s.

[20] T. Paulais, *Financer les villes d'Afrique – L'enjeu de l'investissement local*, Collection « L'Afrique en développement », éd. Banque mondiale et AFD, 2012, pp. 42 et s.

il en va de l'équilibre des finances locales et cet équilibre suppose une analyse des risques.

En somme, ce qui importe est l'effet de levier ou multiplicateur de l'investissement : lorsqu'une collectivité territoriale entend prendre en charge une activité économique directement par ses propres moyens ou indirectement par une aide au secteur privé, son choix devra sur des secteurs de nature à attirer d'autres opérateurs : investir dans une entreprise ou une infrastructure de transport, dans la création d'une halle de vente, ou encore dans un hôtel touristique si la collectivité dispose d'un patrimoine attractif.

Avant la décentralisation en France, ce sont les services préfectoraux qui vérifiaient la pertinence des interventions économiques locales, puis les collectivités territoriales ont étoffé leurs équipes en intégrant des expertises spécifiques dans leur personnel. Reste que d'abord l'acquisition de cette expertise fut longue : la Cour des comptes n'a cessé, dans les années 1980 et 1990, de déplorer les créations de services publics locaux et d'aides aux entreprises sans considération suffisante quant à la faisabilité et à la viabilité du projet. Des sommes énormes ont été englouties ainsi en pure perte. Certaines collectivités territoriales ont ainsi garanti auprès des banques des emprunts bancaires en faveur d'entreprises locales sans évaluer les risques, et se sont retrouvées endettées au point de devoir augmenter les impôts locaux uniquement pour honorer la garantie.

Quatrièmement et enfin, une politique de développement économique local exige une *compétence en matière de négociation.* Aider une entreprise à grand renfort de fonds publics suppose un intérêt local, qui réside dans la création d'emplois, de services à la population, en somme un retour pour la collectivité territoriale qui attribue l'aide. L'aide n'est jamais une pure libéralité, interdite aux collectivités territoriales pour des raisons évidentes d'égalité. Dès 1905, M. HAURIOU mit en évidence certaines « fraudes à la loi » susceptibles de conduire à des « libéralités déguisées » envers des entreprises auxquelles des aides fictives – c'est-à-dire sans but d'intérêt général précis – étaient accordées. Il s'agit donc de négocier des contreparties d'intérêt général.

Certaines collectivités territoriales ont pu embaucher des personnels qualifiés pour contribuer au développement économique local. Ces personnels se révèlent parfois rentables lorsqu'ils montent des incubateurs ou des pépinières d'entreprises, ou négocient des subventions avec les entreprises, car ils contribuent à la croissance locale et donc à augmenter le produit des impôts locaux. Mais le plus souvent, ce service public d'aides aux entreprises n'a pas vocation à être rentable. Il est donc, en l'état actuel des finances locales, réservé de fait aux grandes collectivités territoriales. Les autres doivent de recourir au mieux à l'aide technique des services de l'État.

III) Une compétence en concurrence

Les collectivités territoriales qui souhaitent promouvoir le développement économique se heurtent à deux obstacles : la concurrence entre elles, et le droit de la concurrence.

L'expérience française regorge de cas où certaines collectivités territoriales sont sommées de surenchérir sur les offres des autres, pour obtenir l'installation d'une entreprise, ou même simplement son maintien. En période de crise économique en particulier, certaines entreprises se muent en ce qu'on a pu qualifier de « chasseurs de primes » : elles font jouer la concurrence entre les collectivités territoriales au moment de leur installation, pour obtenir le plus d'avantages possibles : location de terrains ou de locaux à très bas prix, raccordements aux réseaux pris en charge par la commune, garanties d'emprunts bancaires, voire subventions. Cette compétition entre collectivités territoriales, aux frais du contribuable local, est d'autant plus vaine que certaines entreprises déménagent dès qu'elles ont épuisé les avantages obtenus et partent en retrouver/chercher ailleurs, parfois à seulement quelques kilomètres (sans oublier de pratiquer un chantage à l'aide avant de déménager). Il se produit ainsi au niveau local, ce qui existe déjà au niveau national, lorsqu'une grande entreprise fait jouer la concurrence entre deux ou plusieurs États pour s'installer, en négociant jusqu'à sa fiscalité parfois (Disney, Toyota[21]). Reste que les collectivités territoriales ont des moyens bien plus limités pour attirer les entreprises et prennent bien plus de risques que les États.

Le droit de la concurrence ne permet pas tout. Dans une économie libérale, les activités industrielles et commerciales relèvent normalement de l'initiative privée, comme l'affirme le Conseil d'État[22]. En Afrique, c'est bien le secteur privé qui occupe un rôle central dans le

---

[21] Ph. Subra, Géopolitique de l'aménagement du territoire, Armand Colin, 2018, pp. 89-90.

[22] C.E. 29 mars 1901, *Casanova*, Leb. 333, S. 1901.III .73, note HAURIOU. – CE 30 mai 1930, Ch. synd. du commerce en détail de Nevers, Leb. 583, S.1931.3.73, concl. JOSSE, note ALIBERT, R.D.P. 1 930 530, concl. JOSSE

développement économique[23]. C'est un principe d'abstention des personnes publiques en matière économique. Le Conseil d'État a assoupli sa position, allant même jusqu'à revenir partiellement sur ce principe d'abstention, jugeant qu'une collectivité territoriale pouvait exercer toute activité économique dès lors qu'un intérêt local largement entendu le justifiait[24].

Dans bien des pays africains, les carences de l'initiative privée au regard des besoins de la population sont si courantes que les interventions publiques trouveront le plus souvent une justification par l'intérêt public. Il y a peu de chances qu'un juge vienne censurer une intervention au motif que les besoins de la population sont amplement satisfaits. Reste que si une personne publique prend en charge une activité économique et entre en concurrence avec le secteur privé (par exemple en matière de transports), elle ne saurait le faire dans des conditions prédatrices, par exemple en pratiquant des prix artificiellement bas. Les activités marchandes publiques ne sont pas astreintes aux mêmes charges ni aux mêmes impératifs de rentabilité que les activités privées, ce qui leur permet en théorie de vendre leurs services à des tarifs très bas. Or les fonds publics ne sauraient servir à anéantir la concurrence privée. Autre cas de concurrence déloyale, qui tient même du détournement de pouvoir : une collectivité territoriale ne saurait exercer ses prérogatives de puissance publique pour évincer ses concurrents…

Enfin, il faut tenir compte des règles liées aux unions économiques. Le traité UEMOA (art. 88) interdit de plein droit « *les aides publiques susceptibles de fausser la concurrence en favorisant certaines entreprises ou certaines productions* ». Or une collectivité territoriale distribuant des aides aux entreprises fausse la concurrence de deux manières : soit elle permet à une entreprise moribonde faute d'être compétitive, de survivre et de continuer à occuper sa part de marché. Le marché est bien faussé, car la part de marché en question aurait dû revenir aux concurrents. Soit la collectivité territoriale aide une entreprise saine, qui pourra baisser ses prix pour conquérir artificiellement les parts de marché de ses concurrents.

Les aides aux entreprises sont un sujet très sensible au sein de l'Union européenne où elles sont interdites par principe, car les États

[23] P. Teboul, Le financement des économies africaines : les enjeux d'un sommet, rev. L'économie africaine 2022 (2022), p. 35.
[24] CE 31 mai 2006, Ordre des avocats au Barreau de paris, n° 275531 ; CE 3 mars 2010, Département de la Corrèze, n° 306911.

ont tendance à investir des sommes considérables en faveur des entreprises nationales, qui se concurrencent entre elles. Certains marchés fonctionnent parfois sous perfusion de subventions publiques qui se neutralisent les unes les autres.

Il s'agit donc d'un obstacle, même si l'on peut se demander dans quelle mesure l'interdiction des aides convient à un pays en voie de développement, ce qui relève d'un autre débat.

IV) L'éthique dans l'exercice de la compétence

Un élu local qui souhaite contribuer au développement économique de son territoire doit toujours garder à l'esprit que si sa proximité avec la population et les entreprises locales lui confère certainement un avantage sur les services de l'État quant aux besoins existants, il court deux risques : celui de céder à une pression injustifiée, et celui de céder à certaines offres tentantes.

Dès qu'une entreprise présente des signes de faiblesse et menace de licencier ses personnels, voire de fermer, d'intenses pressions s'exercent sur les élus locaux pour obtenir une aide économique, voire pour obtenir la reprise de l'entreprise par la collectivité territoriale : pression des employés concernés eux-mêmes, qui sont évidemment légitimes ; pression des familles, qui se comprend aisément ; pression des employeurs indirects, dont tout ou partie du chiffre d'affaires dépend de l'entreprise menacée de fermeture, et qui ne sont pas moins légitimes. Ces pressions prennent la forme de manifestations, de campagnes de presse. Elles expliquent que la loi française ait exclu les aides aux entreprises en difficulté par principe. Une aide ne peut avoir pour objet que la « création ou l'extension d'activités économiques », ce qui exclut le sauvetage d'une entreprise et donc l'aide au simple maintien d'une activité économique. Seule la région peut, « *lorsque la protection des intérêts économiques et sociaux de la population l'exige* », accorder des aides à des entreprises en difficulté[25]. Le même texte rend obligatoire une convention sur les modalités de versement des aides et les mesures qui en sont la contrepartie : « *En cas de reprise de l'activité ou de retour à meilleure fortune, la convention peut prévoir le remboursement de tout ou partie des aides de la région* ».

Ainsi, les aides aux entreprises en difficulté sont interdites aux communes et départements en France, sauf à ce qu'elles s'inscrivent dans un projet d'aide régionale. Les collectivités territoriales inférieures

[25] CGCT français, article L. 1511-2-II.

sont jugées trop fragiles financièrement et surtout trop sujettes aux pressions locales, ce qui peut également les mener au clientélisme à l'égard notamment des très petites entreprises. Quand l'aide économique devient achat de voix…

Mais il existe un risque bien plus grave, qui prend au moins trois formes les plus courantes

La première forme est la prise illégale d'intérêts : l'élu prend en tant que tel une décision, ou participe à une prise de décision dont il va tirer un bénéfice. Ainsi, commet une prise illégale d'intérêts au sens du Code pénal français,[26] le maire adjoint qui donne un avis favorable à une subvention en faveur d'une association qui, peu de temps après, règle une facture de même montant à une société de publicité en redressement judiciaire, dont le gérant était le même maire adjoint[27]. Il en va de même du conseiller territorial de Corse qui donne procuration à un autre conseiller afin qu'il prenne part à la délibération sur le fondement de laquelle des aides doivent être versées à une société dont il est gérant[28], ou du vice-président de conseil général qui favorise l'octroi de subventions à des organismes qui passeront des marchés avec l'entreprise dont il est par ailleurs dirigeant[29].

Une autre forme de délit est la concussion, qui consiste en une *« exonération ou franchise des droits, contributions ou taxes publics en violation des textes légaux ou réglementaires »*[30]. Ainsi cette affaire mettant en cause un maire qui avait autorisé son fils garagiste à exposer ses véhicules à la vente sur une place publique, sans le soumettre au paiement de la redevance pour occupation du domaine public[31]

À ces délits peuvent s'ajouter la corruption pure et simple des élus locaux en vue de l'obtention d'aides.

V) Une compétence à exercer avec précaution

La première des précautions tient dans l'anticipation, qui se décline de plusieurs manières.

---

[26] C. pén., art. L. 432- 12.
[27] Cass. crim. 9 mars 2005, n° 04-83.615.
[28] Cass. crim., 10 avr. 2002, n° 01-84.286.
[29] Cass. crim., 25 janv. 2006, n° 05-84.782.
[30] *C. pén., art. 432-10, al. 2.*
[31] *Cass. crim., 19 mai 1999, n° 98-82.607.*

A) L'anticipation par une convention

Une convention préalable à toute intervention est la première des anticipations. Si une convention est nécessaire et même rendue obligatoire par les textes au-delà de 23 000 en France[32], il faut veiller à ce que cet acte protège la collectivité qui consent l'aide au cas où l'entreprise venait à ne pas jouer le jeu.

La convention doit énoncer les contreparties de l'aide, car elles conditionnent la légalité de toute aide[33]. Il n'est ainsi pas question de simplement « renflouer » une entreprise mal en point, sans création d'emplois ni création d'activité. Ce serait une pure libéralité, interdite pour des raisons d'égalité. Il appartient au juge de vérifier la consistance des contreparties exigées, au regard des sommes en jeu[34]. Les conditions de créations d'emplois sont de loin les plus fréquentes, même si la promotion d'une collectivité territoriale peut aussi justifier une aide, ou encore le développement touristique. Rien n'interdit à une collectivité territoriale de subordonner son aide à la nature des emplois créés (contrats à durée indéterminée, contrats à durée déterminée minimale, temps plein, etc.), ou à la situation sociale des personnes embauchées (personnes défavorisées, handicapées, jeunes sans qualification, etc.). D'autres conditions peuvent tenir à la qualité du projet aidé (régularité de la production, hygiène, accessibilité à certains publics, etc.).

La convention doit également énoncer des garanties tendant à assurer que les contreparties à l'aide seront bien mises en œuvre. Il peut s'agir de conditions tenant aux modalités de versement de l'aide, comme l'échelonnement des versements[35]. Une autre garantie consistera à exiger du gérant de l'entreprise bénéficiaire qu'il rembourse l'aide sur ses propres biens si les objectifs définis ne sont pas réalisés[36]. Au nombre des conditions-garanties figurent encore les sûretés et autres dispositifs permettant à la collectivité de récupérer les sommes versées en cas d'échec, ou de s'assurer que des paiements échelonnés soient bien honorés.

---

[32] L. 12 avril 2000, art. 10, appliqué par D. n° 2001-495, 6 juin 2001, art. 1er.

[33] Même sans convention d'ailleurs : CE, sect., 3 nov. 1997, n° 169473, Cne de Fougerolles.

[34] *CE, 27 févr. 2006, n° 264406, 264 545, Cie Ryanair Limited, CCI Strasbourg et Bas-Rhin.*

[35] *CE, 3 févr. 1993, n° 91550, Bannel.*

[36] *T. confl., 7 juin 1999, Dettling c/Conseil régional région Centre et conseil général Cher : Rec. CE 1999, p. 450.*

Un nouveau type de garantie a été introduit en France sur amendement parlementaire par une loi n° 2014-626 du 18 juin 2014[37] : si l'aide dépasse un seuil de 23 000 euros en faveur d'une société commerciale, la convention peut prévoir, dans les conditions d'utilisation des sommes versées, « *une clause relative au versement de dividendes, au sens de l'article L. 232-12 du code de commerce, ou au versement de rémunérations ou avantages de toute nature accordés aux mandataires sociaux pendant toute la durée de la convention et jusqu'à trois ans après la fin de la convention* ». L'idée est de contrecarrer certains agissements contre lesquelles les collectivités territoriales étaient bien impuissantes : dès le versement de la subvention, certains actionnaires des entreprises bénéficiaires s'octroyaient des dividendes disproportionnés, sans justification au regard du chiffre d'affaires de leur société, laquelle ensuite ne remplissait pas ou que très partiellement les objectifs subventionnés. En somme, les actionnaires empochaient la subvention.

En dehors même de ces cas extrêmes, il a paru logique qu'une entreprise revenue à meilleure fortune grâce à une aide publique, en mesure de nouveau de distribuer des dividendes, en fasse aussi bénéficier la collectivité qui a versé l'aide, par une restitution partielle au besoin. Ainsi, désormais, l'autorité ou l'organisme qui a attribué l'aide pourra émettre un titre exécutoire pour obtenir le remboursement de tout ou partie de la subvention si le montant des dividendes dépasse un montant maximal fixé par la convention portant aide, dans la limite du montant total des dividendes versés.

B) L'anticipation par la transparence et le contrôle

Il est essentiel que les aides accordées le soient publiquement, et qu'elles figurent donc expressément dans les comptes de la collectivité territoriale concernée. Cela prendra la forme d'une annexe explicative au budget local. Les collectivités territoriales françaises consacrent environ en moyenne 5 % de leur budget au développement économique, toutes actions confondues, y compris les actions de promotion, ce qui justifie cette transparence.

Il est tout aussi essentiel que l'entreprise aidée rende des comptes sur l'utilisation des sommes obtenues. La législation française le rend obligatoire[38]. Cette reddition de comptes prend la forme d'une copie

---

[37] Modifiant la loi du 12 avril 2000 relative aux droits des citoyens dans leurs relations avec les administrations (art. 10).

[38] CGCT français, art. L. 1611-4.

certifiée des comptes de l'entreprise pour chaque exercice écoulé, ainsi que des documents faisant connaître les résultats de leur activité. Si la subvention est affectée à une dépense déterminée, comme un équipement ou une création d'emplois, l'entreprise bénéficiaire doit produire un compte rendu financier qui atteste de la conformité des dépenses effectuées à l'objet de la subvention.

Pour se convaincre que le contrôle des organismes aidés par les collectivités territoriales n'est pas une simple faculté, mais une obligation, on peut citer Jèze : le bénéficiaire d'une aide « n'obtient le concours pécuniaire que parce qu'il s'engage à faire certaines prestations d'intérêt général »[39]. L'aide n'est en rien une faveur gratuite ni une libéralité au demeurant interdite aux collectivités publiques[40]. Le contrôle du bénéficiaire de l'aide permet d'assurer l'effectivité des conditions à l'aide, et d'en améliorer l'efficacité sur le plan économique et social. Il se matérialise par des conditions à respecter en contrepartie du soutien. Malheureusement, il apparaît au fil des lettres d'observations des chambres régionales des comptes que ce contrôle est rarement effectif[41].

À cela s'ajoutent les contrôles externes. Les juridictions financières sont compétentes en cas d'irrégularité commise dans les versements. Ainsi, tout versement d'une subvention en l'absence de pièces justificatives est considéré comme un manquement du comptable public à ses obligations de contrôle, notamment en l'absence de la convention de subvention lorsque celle-ci est obligatoire[42].

C) L'anticipation par la cohérence des aides

Globalement, la logique et l'efficacité d'une politique d'intervention demeurent problématiques : un rapport de l'inspection générale des finances a pu dénoncer de véritables « maquis » d'aides publiques, locales et nationales, dont le « pilotage » et l'évaluation restent encore « insuffisants », et pour lesquels il manque une « vision d'ensemble » ; il en résulte un « ensemble fragmenté, sans cohérence, résultat de sédimentations successives »[43].

---

[39] *Les principes généraux du droit administratif : Dalloz, 2004, t. 2, p. 49.*

[40] *CE, 23 mai 1930, Sté Métropole Voitures : Rec. CE 1930, p. 548 ; DP 1931, 3, p. 49, note Monsarrat.*

[41] Par ex. CRC Normandie, Rapp. d'obs. définitives 9 mars 2016, Commune de Forges-les-Eaux, pp. 10 s. et 16 s.).

[42] Cour des comptes, 16 mai 2019, n° S2019-1199, AJDA 2019 p. 1929.

[43] IGF, Rapp. J.Ph. Demaël, Ph. Jurgensen, J.J. Queyranne, Pour des aides simples et efficaces au service de la compétitivité, n° 2013-M-016-02, juin 2013, pp. 1 à 4.

Pour éviter les actions contradictoires, redondantes, ou isolées et inefficaces, il faut pousser – voire obliger – les collectivités territoriales à travailler en commun, notamment pour la création de services publics marchands et plus encore pour les aides aux entreprises. En France a été créée la notion de chef de filet, donnant à la région un rôle moteur en matière d'interventionnisme économique. En Afrique, cela peut prendre la forme de partenariats institutionnels avec les ONG ou l'État, comme cela s'est fait en Tunisie, avec des contrats de ville entre les communes et l'État pour leur redressement[44].

L'interventionnisme local constitue une forme d'investissement. Or, la plupart des économistes considèrent que le développement africain repose aussi sur l'investissement local. Le choix d'un investissement local doit se faire dans un cadre stratégique. Or, « *ce qui doit primer en la matière devrait être la qualité de l'investissement, son réalisme par rapport à la situation économique locale et son adéquation aux besoins et aux possibilités. Les investissements à privilégier seraient, par ordre de priorité, ceux qui génèrent des recettes et ceux qui, sans recette directe, sont indispensables à la productivité de la ville* »[45].

Tout cela suppose de tirer les conséquences des expériences passées, par la vérification des effets d'une aide sur le tissu économique local et sa mesure : il convient de comparer la situation économique locale avant l'intervention, à celle résultant de cette intervention, quelque temps après. C'est l'effet de levier sur l'économie qui caractérise la réussite d'une aide[46]. Or, il n'existe pas d'outil de mesure globale de cet effet, pas plus qu'il n'existe d'outil destiné à vérifier la pérennité des emplois créés. Il faudrait également de véritables études d'impact préalables à toute aide, mais là encore cela suppose d'investir dans une expertise[47]. En somme, la raison voudrait que la collectivité évalue en amont le coût de l'intervention, au regard des bénéfices à espérer en termes de rentrées fiscales et de création d'emplois, puis en aval pour vérifier ces hypothèses. Autant dire qu'en pratique, ces analyses ne sont que très rarement effectuées.

---

[44] T. Paulais, préc., p. 51.

[45] A. de Calan et Ph. Coquart, Rev. Techniques Financières et Développement 2013/3 (n° 112), p. 106.

[46] Y. Madiot et J.— L. Gousseau, collectivités locales et développement économique, éd. Imprimerie nationale, 2002, pp. 280 s.

[47] R. Soubie, Rapport relatif aux aides publiques : Doc. fr. 8 févr. 2006, p. 15.

D) L'anticipation par la mobilisation collective

Nous avons mentionné plus haut l'expertise, mais l'élu local doit également faire preuve d'un talent, celui de la mobilisation des énergies. L'interventionnisme local ne consiste pas seulement à aider une entreprise : la création et la gestion d'une infrastructure mise à disposition de l'ensemble des opérateurs locaux font partie des outils de développement économique. Un élu local se démène très souvent pour initier puis faciliter un projet, reliant financeurs et entrepreneurs, créant un climat non seulement de confiance, mais d'émulation. La décentralisation confère au maire des pouvoirs en même temps qu'une aura. Par définition de connaisseur du terrain et connu lui-même, il est plus légitime à mener des projets de développement local[48].

E) L'anticipation par la progressivité

Le premier élément de nature à freiner le développement local est le refus des entreprises de sortir de l'économie informelle. Or, lorsqu'une entreprise entend obtenir une aide, elle n'a d'autre choix que d'entrer dans la légalité et donc dans la fiscalité. L'aide économique peut donc contribuer à accroître les ressources fiscales, mais elle se heurte aux réticences des entrepreneurs, qui finissent par en pâtir le jour où ils s'adressent aux banques…[49]. Cette entrée dans la légalité suppose une pédagogie assortie de sanctions effectives, sans être brutale. En France, l'introduction d'une compatibilité obligatoire dans les années 1950, assortie d'une fiscalisation des petits commerces, a donné naissance au mouvement poujadiste, qui s'est radicalisé avec la « révolte des boutiquiers » quelques années plus tard, avant d'accoucher du populisme d'extrême droite[50].

Enfin, du côté des collectivités territoriales, le transfert de la compétence économique ne saurait se faire en un jour. Il s'est opéré en plus d'un siècle en France, spontanément d'abord, puis sous l'effet de la loi, sous le contrôle des juridictions administratives, financières et pénales. Ce modèle qui prévaut dans toute l'Union européenne ne peut être reproduit de façon accélérée. Cela ne signifie pas qu'il faut renoncer,

---

[48] Cf. un exemple éclairant : N. Shambouy Muambi, *L'impact de la décentralisation sur les municipalités en Afrique. Stratégies de développement local à Klouékanmè (Bénin),* Coll. Études africaines, L'Harmattan, 2022.

[49] P. Teboul, Le financement des économies africaines : les enjeux d'un sommet, rev. L'économie africaine 2022 (2022), p. 34.

[50] R. Souillac Le mouvement Poujade. De la défense professionnelle au populisme nationaliste (1953-1962), Presses Science Po, 2007.

mais qu'il serait imprudent de confier tout d'un coup une compétence économique à toutes les collectivités territoriales. Les grandes lois qui ont suivi celle du 2 mars 1982 se sont traduites par une nette insuffisance des ressources transférées qui a eu pour conséquence une augmentation considérable des impôts locaux. S'il existe un modèle français, il serait plutôt du côté des réformes récentes permettant la mise en place d'un droit dérogatoire local, et d'expérimentations. À ce titre, l'instauration des régions ou collectivités territoriales pilotes pourrait être une solution. Une expérimentation à échelle réduite et compétences limitées, c'est de cette manière que, sans attendre un siècle, il convient d'avancer.

LA MUTUALISATION À TRAVERS LE DOUBLE TRANSFERT DES COMPÉTENCES

Le transfert des compétences à l'épreuve de la réalité du management des compétences dans les collectivités territoriales au Niger

Guiro Sene Adama & Azaoua Alassane

Résumé

La décentralisation est définie comme un processus d'éclatement du pouvoir au sein des administrations publiques. Ceci conduit à la mise en place de nouveaux organigrammes avec des unités indépendantes. Il y est apparu aussi « l'impératif de redevabilité » (Philippe BEZES, 2005) et de ce fait la naissance d'un double contrôle de l'action publique à travers le contrôle administratif par les services déconcentrés de l'État et le contrôle démocratique par la population à travers la restitution publique des comptes. Le transfert des compétences a été posé comme un des principes fondamentaux de la décentralisation au Niger. Ainsi, à partir de deux notions qui ne s'excluent pas, mais se recoupent, la notion « d'affaires propres » et la règle de « la subsidiarité », le législateur nigérien a défini les contours des compétences des collectivités territoriales. L'opérationnalisation de ce transfert suppose de passer de la dévolution des compétences opérée par le législateur au transfert et à l'exercice effectifs des responsabilités par les collectivités territoriales elles-mêmes.

La question des compétences et de leur transfert constitue un point central de la problématique de la viabilité des communes.

Le nouveau contexte exige des collectivités territoriales une forte capacité d'adaptation pour assurer le portage politique et opérationnel des actions de développement. Cela nécessite la mise en place à la fois des compétences humaines et d'outils de management pour assurer la qualité du service public. Cette transformation se manifeste par le développement de compétences managériales liées à la rationalisation des ressources par la planification, la budgétisation, la communication et le contrôle intégrant l'évaluation des politiques publiques. D'où la nécessité d'analyser cette approche sous l'angle du « processus de transfert des compétences et enjeux du management au niveau local ».

L'analyse de l'effectivité de la réalité de transfert des compétences aux collectivités après 15 ans de mise en œuvre de la décentralisation devient essentielle pour comprendre les avancées et les défis énormes tant institutionnels qu'opérationnels. Notre travail mettra l'accent sur les contraintes à l'exercice effectif des transferts des compétences dans les collectivités nigériennes et les perspectives.

La question est de savoir quelles sont les compétences managériales qui se sont développées suite aux transferts de compétences.

Introduction

La décentralisation est définie comme un processus d'éclatement du pouvoir au sein des administrations publiques. Ceci conduit à la mise en place de nouveaux organigrammes avec des unités indépendantes. Il y est apparu aussi « l'impératif de redevabilité » (Philippe BEZES, 2005) et de ce fait la naissance d'un double contrôle de l'action publique à travers le contrôle administratif par les services déconcentrés de l'État et le contrôle démocratique par la population à travers la restitution publique des comptes. Le transfert des compétences a été posé comme un des principes fondamentaux de la décentralisation au Niger. Ainsi, à partir de deux notions qui ne s'excluent pas, mais se recoupent, la notion « d'affaires propres » et la règle de « la subsidiarité », le législateur nigérien a défini les contours des compétences des collectivités territoriales. L'opérationnalisation de ce transfert suppose de passer de la dévolution des compétences opérée par le législateur au transfert et à l'exercice effectifs des responsabilités par les collectivités territoriales elles-mêmes. La question des compétences et de leur transfert constitue un point central de la problématique de la viabilité des communes.

Le nouveau contexte exige des collectivités territoriales une forte capacité d'adaptation pour assurer le portage politique et opérationnel des actions de développement. Cela nécessite la mise en place à la fois des compétences humaines et d'outils de management pour assurer la qualité du service public. Cette transformation se manifeste par le développement de compétences managériales liées à la rationalisation des ressources par la planification, la budgétisation, la communication et le contrôle intégrant l'évaluation des politiques publiques. D'où la nécessité d'analyser cette approche sous l'angle du « processus de transfert des compétences et enjeux du management au niveau local ».

L'analyse de l'effectivité de la réalité de transfert des compétences aux collectivités après 15 ans de mise en œuvre de la décentralisation devient essentielle pour comprendre les avancées et les défis énormes tant institutionnels qu'opérationnels. Notre recherche part du principe que les réformes politiques et administratives constituent des moyens privilégiés pour répondre aux besoins de développement dans les territoires.

L'affirmation du choix de la politique de la décentralisation au Niger traduit une volonté de promouvoir le développement par la mise en place des collectivités territoriales (CT) comme unités de base de conduite d'actions de développement et le renforcement du rôle des citoyens. Il fallait les rendre aptes à prendre en charge leurs affaires à travers un modèle de gestion et de management des services publics qui s'appuie sur la démocratie locale et la participation citoyenne. Notre recherche a pour ambition de montrer comment les pratiques actuelles en cours dans les collectivités et l'utilisation des outils managériaux dans une organisation publique ont un impact sur le management local et la performance des services de proximité pour assurer une offre de service public aux usagers de qualité. Elle met l'accent sur les contraintes à l'exercice effectif des transferts des compétences dans les collectivités nigériennes et les perspectives en matière de développement.

La question centrale est : comment les différentes mutations et leurs évolutions dans les collectivités territoriales nigériennes ont influencé les pratiques managériales et la qualité de la fourniture de service public ? Quelles sont les influences des outils dans l'efficacité et l'efficience des services publics fournis aux populations ?

A) Objets d'étude

Les collectivités territoriales représentent depuis plus de deux décennies des acteurs institutionnels majeurs du développement économique et social dans l'espace ouest-africain en particulier au Niger.

Notre recherche prend comme terrain d'analyse des collectivités territoriales nigériennes et spécifiquement celles des deux régions de Tahoua et Tillabéry appuyées dans le cadre de la coopération allemande.

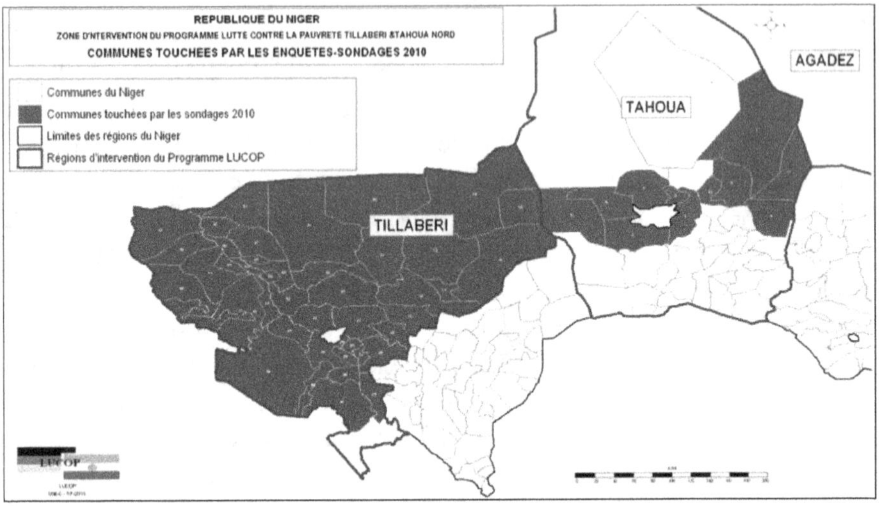

L'analyse porte sur les 44 communes urbaines et rurales sur les 89 que comptent ces deux régions. Ces communes sont appuyées par la coopération allemande de 2007 à 2014, notamment à travers la naissance des nouvelles pratiques managériales à la fois par les acteurs institutionnels que sont les collectivités territoriales et les organisations locales (populations). Nous partons du principe que la commune est une entité globale constituée principalement de trois types d'espaces articulés : un espace économique local, un espace administratif et un espace sociologique.

B) Méthodologie

La méthodologie utilisée est essentiellement qualitative, basée sur une exploitation documentaire, des enquêtes et nos expériences à travers des observations participantes in situ. L'abondante littérature que nous avons consultée à partir de la période de la naissance du New Public Management montre que les outils managériaux en cours d'utilisation dans la sphère du management public sont depuis plusieurs décennies en débat dans le monde des chercheurs et bien que le nombre des recherches scientifiques abordant la question soit en évolution, elle reste rare sur des cas étudiés sur le management des collectivités territoriales africaines.

Notre exploration documentaire a consisté à l'analyse de la littérature scientifique sur la typologie des managements publics et leurs évolutions dans le temps et les différents concepts qui y sont liés et aussi les rapports et analyses faisant l'état des lieux de mise en œuvre de la décentralisation au Niger. Au-delà, elle a permis de recenser les différents outils utilisés dans la sphère publique locale ainsi que leurs évolutions et impacts dans la fourniture des services publics. Notre enquête a couvert les 44 communes des deux régions et concerné les élus, les agents, les acteurs de la société civile, les populations usagers et citoyens.

Notre présence de plusieurs années sur le terrain pour accompagner les collectivités territoriales dans leur développement organisationnel, en matière de développement local et la formation des ressources humaines, nous a surtout familiarisés avec les pratiques des acteurs institutionnels, professionnels et sociaux. Pour éviter de tomber dans des idées préconçues, nous avons jugé nécessaire de faire de la distanciation par la conduite de la recherche sur ce terrain et dans le domaine de management. Notre choix de cette approche par la triangulation entre l'idée (l'analyse de la documentation scientifique), l'émotionnel (l'entretien avec les acteurs) et l'expérientiel (le vécu professionnel du chercheur sur le terrain) est à la fois exploratoire et de confirmation des pratiques en cours dans les collectivités nigériennes. L'objectif est d'arriver à une contextualisation et de formuler des recommandations managériales sur des pratiques nouvelles ou émergentes dans un contexte africain et managérial. Ainsi, notre recherche s'inscrit dans une démarche épistémologique centrée sur l'utilité de la recherche sur les pratiques managériales.

Notre travail tire les conclusions et formule des recommandations sur les approches de gestion et management de ces différentes actions notamment en ce qui concerne la prestation des services de proximité et l'amélioration de leur qualité dans les collectivités territoriales.

Il trouve, entre autres, sa justification dans la nouveauté du processus et la nécessaire contribution à la réflexion sur les pratiques managériales en cours pour améliorer la qualité de l'offre des services publics dans les collectivités territoriales.

I) La réforme administrative de l'État au Niger : la mise en place des collectivités territoriales

La réforme évolue dans un milieu aux contraintes lourdes en termes de superficie et d'inégale répartition d'une population pour l'essentiel concentrée dans le quart sud du pays, où la densité peut atteindre 70 habitants/km2 pour une densité moyenne de 9 hbt/km2. Les collectivités nigériennes se répartissent sur le territoire national au sein des quatre grandes zones climatiques caractéristiques du pays dont l'environnement est marqué par des températures élevées et une pluviométrie variable dans le temps et l'espace, pluviométrie d'autant plus précaire et faible en volume et en durée selon que l'on se situe dans les zones les plus au nord du pays. Ces contraintes naturelles et physiques se conjuguent avec l'extrême pauvreté (62,1 % de population pauvre) et l'analphabétisme ambiant dans lesquels évoluent les populations, le tout soutenu par une dynamique démographique dont le rythme de croissance (3,3 %) est classé parmi les plus élevés du monde.

A) La réforme de l'État, un processus institutionnel dynamique

Le processus de réforme de l'État au Niger est l'aboutissement d'une évolution de la décentralisation qui a connu un début de mise en œuvre dès les premières années de gestion de l'État postcolonial. L'histoire de la décentralisation au Niger remonte à la période coloniale avec les premiers conseils de notables institués par décret, notamment celui du 21 mars 1919 et du 1er avril 1936. La réforme municipale en Afrique Occidentale Française de 1955 avec la création de communes de plein exercice de Niamey et les communes mixtes de Zinder et Maradi érigées en 1958 comme communes de moyen exercice.

Ce processus a connu dans sa pratique une forte évolution à travers cinq réformes institutionnelles majeures dont la dernière date de la période post-Conférence nationale souveraine (1991-2002).

B) Le cadre juridique et institutionnel de la décentralisation et de la déconcentration

La décentralisation nigérienne a de longues racines qui pénètrent le tissu social en profondeur. Ses premières sources se trouvent en effet, dans la période coloniale avec la mise en place des premiers conseils consultatifs de notables (décrets du 21 mars 1919 modifié par le décret du 1er avril 1936), la création de la commune de plein exercice de Niamey (loi 55-1489 du 18 novembre 1955) et les communes de moyen exercice de Zinder (arrêté 2478/APA du 6 novembre 1956) et de Maradi (arrêté 58-232). La décentralisation et ses principes cardinaux (libre administration, égalité des CT, principe de concomitance dans le transfert des compétences et des ressources, etc.) se trouvent posés dès la Constitution du 12 mars 1959.

L'idée de décentralisation sera ensuite reprise dans les Constitutions successives dont le pays s'est doté pour sa construction politique. En dépit d'une évolution chaotique marquée par des périodes de flux et de reflux, cette ancienneté et cette profondeur des racines auront permis de « maturer » progressivement le cadre juridique et institutionnel d'organisation et de mise en œuvre du processus actuel de décentralisation qui fait l'objet de la présente évaluation.

L'analyse montre que ce cadre juridico-institutionnel apparait comme l'une des forces du processus (1) même s'il comporte, en l'état actuel de sa mise en œuvre, des éléments susceptibles d'en faire un facteur de blocage ou, à tout le moins, de ralentissement de la dynamique (2).

C) Un cadre juridique quasi-exhaustif

Le cadre juridique qui régit la décentralisation au Niger apparaît comme complet. Les bases constitutionnelles sont complétées par tout un arsenal de textes législatifs et réglementaires qui précisent la mise en œuvre de la réforme.

1) La Constitution

Les bases de la décentralisation nigérienne sont fixées aux articles 164 à 167 de la Constitution du 25 novembre 2010. L'article 164 consacre la décentralisation et la déconcentration comme les techniques de l'administration du territoire. Il pose les principes de la libre administration des CT et renforce la garantie de leur existence à travers leur création par une loi organique. L'article pose enfin le principe de la détermination légale des principes fondamentaux de la libre administration des CT, de leurs compétences et de leurs ressources. Aux termes de l'article 165, le découpage du territoire en CT vise le développement harmonieux des CT sur la base de la solidarité nationale, de la justice sociale, des potentialités régionales et de l'équilibre interrégional. L'article 166 est relatif à l'élection des élus locaux tandis que l'article 167 reconnaît et consacre la participation de la chefferie à l'administration du territoire dans les conditions légalement déterminées. Ces fondements constitutionnels de la décentralisation vont être traduits par un ensemble, aujourd'hui quasi-complet de lois et de textes réglementaires.

2) Les dispositions législatives

Plusieurs lois ont été adoptées pour traduire la décentralisation consacrée par le texte fondamental. Ces différentes lois couvrent l'ensemble du champ de la décentralisation et de la déconcentration qui l'accompagne. Après le découpage, l'organisation pratique de l'aménagement et de l'administration du territoire a fait l'objet de l'ordonnance n° 2010-54 du 17 septembre 2010 portant Code général des Collectivités territoriales de la République du Niger (et ses textes modificatifs). Cette ordonnance fixe le cadre juridique de mise en œuvre de la décentralisation. Elle est complétée par les ordonnances n° 2010-55 et n° 2010-56 prises le même jour relativement au statut des communes à statut particulier ou villes à savoir Niamey, Maradi, Tahoua et Zinder dont les communes constitutives deviennent des arrondissements. Elle traite ainsi des collectivités territoriales et de leurs organes (modalités de désignation, d'organisation et de fonctionnement) ainsi que des relations entre eux ; de la répartition des compétences entre l'État et les collectivités territoriales (19 domaines dans lesquels des transferts peuvent être effectués sont identifiés Article 163) ; du régime financier ainsi que du régime foncier et domanial des collectivités territoriales ; des relations entre collectivités territoriales. Auparavant, la gestion des mandats électifs avait fait l'objet de la loi n° 98-35 du 14 septembre 1998 relative à la limitation du cumul des mandats électifs et de certaines fonctions : cette loi limite le cumul des mandats électifs et de certaines fonctions. Ainsi, le cumul de plus de deux mandats électifs est proscrit tandis des incompatibilités sont déterminées.

L'analyse de tous ces textes ne révèle pas de lacune particulière. La progressivité du processus ayant permis la maturation du cadre juridique qui apparait comme adéquat pour la mise en œuvre de la décentralisation. Tous les domaines concernés par la décentralisation font l'objet d'une codification qui consacre l'essentiel des principes majeurs au nombre desquels, on peut rappeler : l'obligation de lier les transferts spécifiques au double principe, de subsidiarité et de concomitance, du transfert de ressources en corrélation avec le niveau des charges transférées aux collectivités, etc.

Le nouveau contexte exige des collectivités territoriales nigériennes une forte capacité d'adaptation pour assurer le partage politique et opérationnel des actions de développement. Cela nécessite la mise en place d'outils de management qui auront un impact sur la performance des organisations et la qualité du service public.

Cette transformation se manifeste par le développement de compétences managériales liées à une meilleure rationalisation des ressources par la planification, la budgétisation, la communication et le contrôle intégrant l'évaluation des politiques publiques avec pour objectif d'avoir des résultats sur la performance de l'organisation dans la fourniture des services publics.

Ce processus s'est accompagné des transferts de compétences aux collectivités territoriales et s'est matérialisé par la mise en place de plusieurs niveaux, à savoir la commune et la région, comme cadre de conduite de l'action publique au niveau local.

La question est de savoir quelles sont les compétences managériales qui se sont développées suite aux transferts de compétences.

À travers ce travail, nous avons analysé les pratiques managériales et les outils de gestion en cours d'implémentation et leur niveau d'implémentation par les acteurs locaux.

Il s'agit d'analyser à la fois l'effectivité des transferts des compétences et les réponses managériales que les collectivités territoriales du Niger ont développées pour assurer la mise en œuvre de ces transferts de compétences.

L'évolution progressive des missions des collectivités territoriales dans la fourniture de services publics permet d'analyser ces changements managériaux entrepris dans la mise en place des outils de gestion pour assurer l'accessibilité et la permanence des services de qualité aux populations.

3) le processus de transfert des compétences et enjeux du management au niveau local

De l'analyse précédente de la situation, il résulte cinq enjeux ou défis majeurs suivants auxquels la politique de la décentralisation doit apporter de réponses. L'appropriation politique et sociale de la décentralisation interpelle les acteurs quant à leurs rôles respectifs dans la réforme. Par rapport à l'État, elle pose la question de son engagement politique et de sa capacité à jouer pleinement son rôle régalien de principal organisateur et accompagnateur de la décentralisation. L'enjeu ici, reste pour l'État de montrer une forte volonté politique à conduire cette réforme majeure dans la perspective d'une territorialisation effective de la mise en œuvre des politiques publiques.

La décentralisation est définie comme un processus d'éclatement du pouvoir au sein des administrations publiques. Ceci conduit à la mise en place de nouveaux organigrammes avec des unités indépendantes. Il y est apparu aussi « l'impératif de redevabilité » (Philippe BEZES, 2005) et de ce fait la naissance d'un double contrôle de l'action publique à travers le contrôle administratif par les services déconcentrés de l'État et le contrôle démocratique par la population à travers la restitution publique des comptes.

Le deuxième niveau s'est caractérisé par un transfert des pouvoirs de l'État vers les collectivités territoriales. Ce qui a pour conséquence une réduction des coûts des prestations et une proximité de service à travers le processus de décentralisation.

Le transfert des compétences a été posé comme un des principes fondamentaux de la décentralisation au Niger. Ainsi, à partir de deux notions qui ne s'excluent pas, mais se recoupent, notamment, la notion « d'affaires propres » et la règle de « la subsidiarité », le législateur nigérien a défini les contours des compétences des collectivités territoriales. Dans la logique qui le sous-tend, quelle que soit sa nature, le transfert de compétences s'opère exclusivement de l'État en direction des collectivités territoriales que sont les communes et les régions. Les communautés ou autres structures organisées de la société civile sont exclues du champ des transferts tels qu'il convient de les entendre dans le cadre de la décentralisation, avec les conséquences que cela implique en matière de programmation et surtout de maîtrise d'ouvrage.

En considération du principe de subsidiarité comme base de répartition des compétences entre l'État et les collectivités territoriales (article 158), le Code général des Collectivités territoriales dresse à son article 163, une liste de dix-huit (18) domaines dans lesquels les régions et les communes peuvent bénéficier d'un transfert de compétences de l'État.

À ces domaines exhaustivement énumérés, s'ajoute tout autre domaine que l'État juge utile de transférer aux collectivités territoriales. L'opérationnalisation suppose de passer de la dévolution des compétences opérée par le législateur au transfert et à l'exercice effectifs des responsabilités par les collectivités territoriales elles-mêmes. Dans sa double dimension, le transfert de l'exercice des compétences, ou le transfert des activités proprement dites, constitue à la fois une opération technique et un exercice de responsabilité. La question des compétences et de leur transfert constitue un point central de la problématique de la viabilité des communes.

II) Management public et la fourniture de services publics au niveau local : l'émergence de pratiques managériales au niveau local à travers l'exercice du transfert de compétences

La notion de service public a connu une forte évolution au début du XXe siècle, notamment dans beaucoup des pays industrialisés dont la France qui sert de cadre de modèle pour la plupart des pays d'expression française dont le Niger. Tout se passe comme si ces services publics faisaient un peu partie du patrimoine national, expression concrète de l'organisation sociale d'un pays » (Saussois, 1997).

A) La réalité de transfert de compétences aux collectivités territoriales nigériennes

Notre approche vise à énumérer et caractériser les pratiques managériales dans ces entités publiques pour assurer une offre de qualité de service par l'introduction des outils de management. Pour beaucoup d'auteurs, le système de pilotage est lié à la conception des indicateurs de mesure et aux plans d'action. À ce niveau, il y a lieu de prendre en compte les trois dimensions de la performance qui sont : (i) la qualité, la maîtrise des risques et (ii) le contrôle interne. Comme toute organisation, la notion de résultats est mise en relation avec les moyens et les objectifs selon une logique d'efficacité, une logique d'efficience et une logique de budgétisation (Bartoli, 2009). La compétence est pour une autorité publique, l'aptitude légale à accomplir un acte. Elle renvoie à « toute aptitude légale, matérielle, territoriale, temporelle et personnelle dont dispose une autorité à agir ». Les transferts des compétences et des ressources se font généralement soit par « clause générale » soit par blocs.

La clause générale des compétences ou clause de compétence générale est, en droit administratif, le pouvoir reconnu à une collectivité territoriale d'intervenir dans les domaines présentant un intérêt public local, à la condition de ne pas empiéter sur les compétences confiées par un texte à une autre personne publique. La clause générale des compétences repose sur la notion des affaires propres « donnant une compétence de principe aux collectivités territoriales » (Art 5 du CGCT).

Au démarrage de la décentralisation, la loi à travers l'article 30 du CGCT à octroyer des compétences générales aux collectivités territoriales, les délibérations portent notamment sur la politique de développement de la commune, la création et la gestion domaniale et foncière, l'aménagement du territoire et l'urbanisme, la gestion administrative et financière.

Face aux difficultés de faire une évaluation et une maîtrise de contours, le législateur nigérien a cru bon d'opter vers une technique des blocs des compétences suivant l'article 158 CGCT: « La répartition des compétences entre l'État et les collectivités territoriales s'opère par blocs de compétences et selon le principe de subsidiarité ». L'article 163 CGCT fixe la liste non exhaustive de compétences.

La loi a conféré un certain nombre des compétences aux collectivités territoriales, notamment à travers les décrets du 26 février 2016 à savoir : **la santé, l'éducation, l'hydraulique et l'environnement.**

B) Les pratiques managériales dans les collectivités territoriales nigériennes

Pour Pierre Richard, « la décentralisation, bien plus qu'une simple réforme institutionnelle apparait comme une véritable doctrine sociale adaptée à notre époque, qui se veut le reflet d'une conception nouvelle de la vie publique ». L'avènement de la décentralisation consacre la gestion du développement par les acteurs locaux eux-mêmes. Cependant, l'exercice du pouvoir local ne peut être possible que grâce à un développement de compétences et aptitudes des acteurs locaux pour une mise en œuvre effective de la décentralisation. Le transfert des compétences a fait naître à la fois des devoirs et des attentes à l'égard des collectivités territoriales. Ces exigences ont entraîné des changements dans les pratiques managériales de ces collectivités territoriales.

Plusieurs travaux de recherche dans le domaine du nouveau management public et de la décentralisation ont mis en avant l'amélioration de la performance publique à travers cinq axes suivants : **la planification stratégique, le management participatif, le management de la qualité, l'introduction des TIC et le contrôle de gestion**.

Dans notre recherche, nous avons ciblé quatre de ces axes à savoir : la planification stratégique, le contrôle de gestion, la budgétisation et la communication.

L'analyse de nos résultats est axée sur ces quatre pratiques clés dans les différentes collectivités territoriales tant par leur permanence et leur influence sur la performance de l'organisation et des services. Notre choix est à la fois d'ordre stratégique, organisationnel et opérationnel pour caractériser ces différentes pratiques qui sous-tendent les différents transferts des compétences.

Pratiques	**Outils**	**Résultats**
1. Planification stratégique	Plan de développement communal Planification annuelle Élaboration des indicateurs	Vision par objectifs Gestion axée sur les résultats Implication des populations Priorisation des choix des populations Accessibilité aux investissements Pérennité

Pratiques	Outils	Résultats
2. Contrôle de Gestion	Données financières Tableau des bords Compte administratifs	Transparence dans la gestion qualité de la dépense Reddition des comptes Maîtrise des coûts
3. Budgétisation et mobilisation des ressources	Évaluation du potentiel fiscal Programmation budgétaire	Maîtrise des ressources financières Efficacité de la gestion
4. Communication	Session du Conseil communal Cadre de concertation Dialogue avec les acteurs Évaluation des politiques	Transparence dans la gestion Meilleure appropriation des actions des élus Adhésion aux actions

L'évolution des pratiques managériales dans les collectivités est abordée dans l'objectif d'appréciation du niveau de la qualité de service public offert aux usagers et l'influence de ces pratiques sur l'offre des services au niveau local. Au Niger, les pratiques managériales développées ont permis :

- L'émergence d'une gestion plus efficace et efficiente dans les collectivités territoriales.
- L'émergence d'une offre de service de qualité et accessible au plus grand nombre.

Ceci confirme une corrélation entre le management public introduit à travers les réformes et la qualité des services au niveau local.

Notre analyse des pratiques managériales en cours dans ces organisations publiques, à savoir les collectivités territoriales, ne peut faire l'économie de l'analyse de la réforme institutionnelle et le cadre organique sur lequel reposent ces entités. La décentralisation constitue aujourd'hui pour les populations nigériennes à la base une réforme majeure dans le sens où elle s'attaque aux questions existentielles des populations. Ceci se matérialise à la fois par la participation citoyenne, la transparence, la responsabilité, l'accès aux services de base.

Les différentes pratiques de planification, de contrôle, de budgétisation et de communication en cours dans les communes depuis quelques décennies comme souligné plus haut visent à la fois un meilleur ciblage des besoins de populations, une gestion transparente par la qualité de la dépense et la gestion rigoureuse des finances publiques par l'introduction des outils de contrôle et une meilleure communication entre les élus et les citoyens.

La mise en place de ces réformes et leurs pratiques à travers ces outils de management ont permis l'amélioration d'un certain nombre d'indicateurs au niveau local en matière de fourniture de services publics notamment :

- Le niveau d'accessibilité aux infrastructures ;
- La permanence du service ;
- La transparence dans la réalisation ;
- L'implication des acteurs.

Secteur	Impact de l'influence de ces pratiques managériales
Santé	Rehaussement du taux de couverture sanitaire : En 2010, selon l'INS, le taux d'accessibilité géographique des services de santé dans un rayon de 5 km est de 45 % à Tillabéri, 45,49 % à Tahoua. Réduction du taux de mortalité ; Réduction de la fréquence des maladies ; Disponibilité des produits de première nécessité ; Création de l'emploi (à faible proportion).
Éducation	Amélioration du taux de scolarité ; Diminution de la déperdition scolaire ; Maintien des filles à l'école ; Construction et équipement d'école ; Diminution des abris provisoires (classe en paillotte ou à l'air libre) ; Renforcement des capacités des enseignants, des inspecteurs et des membres des organes de la gouvernance scolaire.
Hydraulique	Amélioration des conditions d'hygiène de vie ; Création de micro-entreprises rurales ; Amélioration des conditions d'hygiène de vie cultuelle.
Infrastructures économiques	Désenclavement de certaines zones ; Évacuation sanitaire ; Mobilité intervillageoise dans le cadre des échanges économiques (fréquentation de marchés) ; Accès aux zones de production ; Meilleur maillage sécuritaire du territoire.

L'analyse du niveau d'impact sur la qualité de l'offre des services publics à travers un certain nombre des secteurs de base comme : la santé, l'éducation, l'hydraulique, les infrastructures économiques (Marchés, pistes) montre des évolutions majeures en matière de fourniture des services publics au niveau local.

Recommandations managériales

Le processus de la décentralisation découlant de la réforme de l'État vise surtout à mieux prendre en compte les fortes demandes des populations et fournir un service de proximité. À cet effet, ces organisations ont développé des pratiques en fonction des compétences transférées. Dans la mise en œuvre de ces missions, les collectivités ont développé un certain nombre des pratiques et outils en vue d'assurer à la fois la satisfaction des usagers et rendre performants les différents services dans la fourniture de service.

Ces différents instruments ont permis aux collectivités d'assurer un diagnostic et une mutation en matière de gestion. Dans cette dynamique nécessaire, les collectivités ont mis en place des processus interne et externes de gestion pour assurer une meilleure l'efficacité des différents services dans la satisfaction des usagers du service public.

Ces différents processus et outils en termes d'influences et des résultats ont permis une forte généralisation des pratiques managériales au sein des collectivités à travers :

- Un développement des outils de pilotage stratégique ;
- Une forte pratique de formalisation des objectifs ;
- Un développement des mécanismes de contrôle et d'audits ;
- L'amélioration de la communication ;
- Une forte maîtrise des pratiques de budgétisation.

La mise en place de ces pratiques a permis depuis une décennie de créer les conditions de l'émergence d'une offre de service public de base de qualité pour les usagers.

En vue de mieux valoriser et généraliser ces pratiques : une approche de normalisation de ces pratiques dans les collectivités devient nécessaire par un certain nombre des recommandations en matière de planification stratégique, de contrôle et de communication.

Les pratiques actuelles, certes en pleine extension et généralisation par les acteurs locaux que sont les élus et les agents des collectivités territoriales, peuvent être pérennisées selon une logique de l'amélioration continue à travers un certain nombre des mesures :

- La valorisation des pratiques par les élus et les agents au niveau local à travers une meilleure clarification des statuts de la fonction publique territoriale ;
- Une meilleure prise en compte de l'approche gestion des infrastructures par les usagers au niveau local à travers sa formalisation au niveau du dispositif communal ;
- Une réorganisation et la formalisation des différents comités de gestion des infrastructures dans leur mission de gestion, d'entretien et de renouvellement des infrastructures.

A) Amélioration de la planification des infrastructures

En tenant compte à ce niveau du rôle socio-économique que jouent les infrastructures dans le développement des communes et vue les effets et impacts constatés en peu de temps suite aux réalisations des différentes communes.

- La poursuite des actions d'accompagnement des communes (financement des projets, formations, assistance…) ;
- La mise en place d'un fonds de financement de l'entretien alimenté par plusieurs acteurs. Ce fonds appuiera également l'évaluation périodique des coûts d'entretien.
- La mise en place de fédération ou cadre de concertation des comités de gestion au sein des communes pour une meilleure coordination.

B) Amélioration de contrôle de gestion

Dans ce domaine, il s'agit spécifiquement de :

- La mise en place du niveau de contrôle dans les régions – la situation actuelle présente quelques pratiques en cours par le système d'inspections d'État et la Cour des comptes. La généralisation et la systématisation du contrôle au niveau local permettent de faire émerger des pratiques de la gouvernance et de la transparence. Ceci passe par la mise en place dans les régions des agences des Cours des comptes pour valoriser le contrôle de proximité.
- L'évaluation des structures qui assurent le suivi et le contrôle afin d'appliquer des sanctions et généraliser les pratiques de contrôle de proximité et de manière régulière ;

- La création et la sécurisation des emplois au niveau local par l'émergence du statut clair des fonctionnaires des collectivités territoriales qui sera gage de la pérennisation des pratiques et leur implémentation.
- La mise en place des pratiques au-delà de leur spécificité (principes et processus) de manière globale transversale aura le mérite de leur réplication à l'échelle de la commune et aussi leur mutualisation par les différents acteurs.

Toutes ces recommandations ci-dessus sont des facteurs favorisant une durabilité, donc une probabilité que les bénéfices résultant de l'action de développement s'obtiennent sur le long terme, et une situation par laquelle les avantages nets sont susceptibles de résister aux risques.

Références bibliographiques

1. ANGOT J et MILANO P (2003) « Comment lier concepts et données ? », in Thietart et coll., Méthodes de recherche en Management, Dunod, Paris, pp. 160-173.
2. ALLARD_POESI F et MARECHAL. C (2003) « la construction de l'objet de la recherche » In Thiétart et coll., Méthodes de Recherche en Management, Dunod, Paris, pp. 34-56.
3. AUCOIN, P. (1990) « Administration Reform in Public Management : Paradigmes, Principles, paradoxes, Pendulum », Gouvernance, Vol. 3, n° 2.
4. BARTOLI., A. (2009), Le management dans les organisations publiques, Dunod, 3e édition, Paris.
5. BENGHOZI J. P., PEREZ et PESQUIEZ Y. (2008) « Politiques et managérialisme », La tribune, 16 janvier.
6. BENAVENT C. (2005) « Méthodologie de la recherche : la méthode des études des cas en gestion » – université catholique de Louvain.
7. BEZES, P. (2007) « Construire des bureaucraties Wébériennes à l'ère du New Public Management » critique internationale, 2007, Cairn info -35 (2) pp. 9-29.
8. BEZES. P. (2005) « Le modèle de l'État stratège : genèse d'une forme organisationnelle dans l'administration française ».
9. CHRISTOPHE Lejeune, « Manuel d'analyse qualitative, Analyser sans compter ni classer – Méthodes en sciences humaines » de Boeck, 2015.
10. Rapport Final « Évaluation de mise en œuvre de la décentralisation » ministère de l'Intérieur et de la Décentralisation Niger – août 2020.

11. Rapport consolidé de mise en œuvre du Plan de Transfert des compétences -2018 – 2019.

Articles imprimés et consultés

1. AMAR, Anne, BERTHIER, Ludovic. Le nouveau management public : avantages et Limites. Gestion et Management Publics, décembre 2007, Volume 5, 14 p.
2. Adjerad Saïd, Gadrey Jean « Mesurer et évaluer la performance des services à travers la méthode du poids de l'allocataire » écrit par in Recherche et Prévisions N° 12, décembre 1985, quels services et quels publics la délicate mutation des CAF pp. 63-72.
3. Bartoli Annie, Chomienne Hervé, « le développement du management dans les services publics : évolution ou révolution ? », Informations sociales 2011/5 (n° 167), pp. 24-35.
4. Christoph Reichard et Elio Borgonosi « la notion de la décentralisation dans les réformes du secteur public : caractéristiques, impacts et implications » GEAP, revue internationale des services administratifs 2007/1, pp. 45-46.
5. Dominique Bureau et al « mesurer la performance de la gestion des services publics à la lumière de l'analyse économique », revue française des affaires sociales 2010/n 1-2, pp. 128-147.
6. Emilie Caldeira et Grégoire Rota Graziosi, « la décentralisation dans les pays en voie de développement : une revue de la littérature » – Revue d'économie de développement 2014, vol. 4, pp. 5-37.
7. HARDY jacques, le service public en question in Politiques et management public, éd. 14 n° 3, 1996, pp. 45-46, pose le débat sur le défi de l'existence de services publics à la Française qui traverse une période de doute.
8. Patrick Plane « Les Services Publics Africaines à l'heure de désengagement de l'État – Changement conservateur ou Progressiste » – annales des mines CERDI-CNRS université d'Auvergne.
9. KALIKA, M., « l'efficacité des entreprises est-elle liée à leur structure ? » Revue française de gestion, janvier-février 1985, pp. 93-104.
10. LAUFER, R., « gouvernabilité et management des systèmes administratifs complexes ». Revue Politiques et Management public, mars 1985, Vol. 3, numéro 1., pp. 25-48.

11. Quentin Frère et Benoit LEMAUX, « impact de la décentralisation sur la taille du secteur : le cas de la France », revue d'économie politique Ed./3 pp. 509-538.
12. Yves Chappoz, Pierre – Charles Pupion, « une nouvelle gouvernance et des nouvelles politiques publiques territoriales », Gestion et management public 2014/4 (Volume 2/n° 2), pp. 1-4.
13. Véronique Zardet, Florence Noguera, « quelle contribution du management au développement de la dynamique territoriale ? Expérimentation d'outils de contractualisation sur trois territoires », Gestion et management public 2013/4 (Volume 2/n° 2), pp. 5-31.
14. Régis Martineau, « proposition d'une grille d'analyse de l'usage des outils de gestion : application à un outil de reporting hospitalier », Gestion et management public 2014/2 (volume 2/n° 4), pp. 21-43, Cairn info.
15. Pierre Charles Pupion, « NPM ou bonne administration : le rôle de l'éthique », Gestion et management public 2015/4 (volume 4/n° 2), pp. 1-3.
16. Céline Desmarais, David Giauque, « politique publique et management public, de nouvelles frontières ? », Gestion et management public 2016/2 (Volume 4/n° 4).
17. POLLIT, C. Clarifying Convergence – striking Similarities and Durable Differences in Public Management Reform. Public Management Review, 2001, Volume 4, numéro 1, pp. 471-492.
18. REDMAN et col. Quality management in services: is the public sector keeping place? International Journal of public Sector Management, 1995, Volume 8, numéro 7.

Travaux universitaires

1. Marcel. Guenoun, Le management de la performance publique locale – Étude de l'utilisation des outils de gestion dans les deux organisations intercommunales. Thèse de doctorat en Sciences de Gestion, Université Paul Cézanne-Aix Marseille III, mars 2009.
2. DAMAJ, K., La transformation des organisations publiques au Liban sur leurs performances, en lien avec la satisfaction des usagers-cas d'expérimentation. Thèse de doctorat en Sciences de Gestion, École doctorale ABBE GREGOIRE, juillet 2013.

3. Lamiaâ ELHIJRI Ep. BOUZOUBAA, « Gouvernance et stratégie territoriale : le rôle des acteurs dans la gestion de leur territoire », Thèse de doctorat es science de gestion, Université de Metz, 2000.

Textes réglementaires

1. Loi n° 98-30 du 14 septembre 1998 qui crée 36 départements, fixe leur limite et le nom de leurs chefs-lieux.
2. Loi n° 98-31 du 14 septembre 1998 qui crée 8 régions (Agadez, Diffa, Dosso, Maradi, Tahoua, Tillabéry et Zinder) dont elle fixe les limites et le nom des chefs-lieux.
3. Loi n° 2002-014 du 11 juin 2002 portant création des communes et fixant le nom de leurs chefs-lieux. Cette loi crée 52 communes urbaines et 213 communes rurales réparties sur l'ensemble du territoire national. Cette loi a été modifiée par l'ordonnance n° 2009-002/PRN du 18 août 2009 qui crée la commune rurale de Makalondi dans le département de Say et dont la composition et les limites ont fait l'objet de l'ordonnance n° 2009-003/PRN du 18 août modifiant et complétant la loi n° 2003-035 du 27 août 2003 portant composition et délimitation des communes. Avec l'ordonnance n° 2009-002, le nombre de communes rurales est porté à 214.
4. Loi n° 2008-42 du 31 juillet 2008 relative à l'organisation et à l'administration du territoire de la République du Niger. Cette loi fixe le cadre général d'organisation et d'administration du territoire autour des circonscriptions administratives et des collectivités territoriales, mais tenant compte des communautés coutumières.
5. Loi n° 2011-22 du 8 août 2011 érigeant les anciens postes administratifs en départements et fixant le nom de leur chef-lieu : cette loi érige 27 anciens postes administratifs en département et fixe le nom de leur chef-lieu. Avec cette loi, le nombre de départements est porté à 63.

Les entraves au processus de transfert de compétences et des ressources de l'État aux collectivités territoriales du Niger

Abdou Souley Maman Salissou

Introduction

La gestion du développement économique et social d'un État suppose la formulation et la mise en œuvre des politiques publiques. François Perroux (1961) définissait le développement comme « *la combinaison des changements mentaux et sociaux d'une population qui la rendent apte à faire croître, cumulativement et durablement, son produit global réel* ». Les politiques publiques sont considérées comme « *les interventions d'une autorité investie de puissance publique et de légitimité gouvernementale sur un domaine spécifique de la société ou du territoire* »[1]. Les politiques publiques se traduisent alors par la production et la fourniture des biens et services publics aux citoyens. C'est cela le rôle que jouent les administrations publiques, notamment l'État. Pour mieux assumer ce rôle, l'État central pourrait mettre en place des entités infranationales dans le but de créer une certaine proximité avec les populations à la base : c'est ce qu'on appelle la décentralisation.

La décentralisation constitue d'une part un système de promotion de la démocratie locale en ce sens qu'elle permet aux populations des entités données de choisir librement leurs représentants élus. Elle est d'autre part un mécanisme d'amélioration de la pertinence et de l'efficacité des politiques publiques puisqu'elle permet de prendre en compte les réels besoins des populations et ainsi d'améliorer l'offre des biens et services publics aux citoyens.

Au Niger, le système de décentralisation avait existé depuis l'ère coloniale. Par la suite, toutes les Constitutions qui se sont succédé depuis la proclamation de la République ont prôné cette forme de gouvernance. Sous sa forme actuelle, la décentralisation est intervenue à l'issue des élections générales organisées en 2004 qui avaient consacré la communalisation intégrale. La régionalisation a, quant à elle, été consacrée à l'occasion des élections générales de 2010. Le Niger dispose de ce fait de deux niveaux de décentralisation : les

[1] Madeleine Grawitz, Jean Leca et Jean-Claude Thoenig (1985).

communes (255 réparties en 214 rurales, 37 urbaines et 4 villes) et les régions collectivités territoriales (7).

Plusieurs analyses ou études ont relevé que les collectivités territoriales au Niger font face à des insuffisances de capacités, notamment en termes humains et financiers. Cela constitue de véritables contraintes à la mise en œuvre des politiques publiques locales devant permettre la fourniture des biens et services de proximité à la population. Ces insuffisances des capacités humaines et financières limitent les collectivités notamment dans l'identification et la formulation des projets de développement ainsi que des stratégies de mobilisation des ressources financières pour la mise en œuvre desdits projets.

Pour pallier ces insuffisances, l'État du Niger a entrepris plusieurs réformes dont celle relative aux transferts des compétences et des ressources aux collectivités territoriales. Le but recherché est le renforcement des capacités opérationnelles des collectivités territoriales afin qu'elles puissent assumer convenablement leur rôle de fourniture des biens et services publics de proximité aux populations. Il s'agit non seulement de doter les collectivités territoriales des compétences supplémentaires à celles qu'elles détiennent déjà, mais aussi de renforcer leurs capacités en ressources humaines, matérielles et financières. Toutefois, la mise en œuvre de cette importante réforme est sujette à une certaine léthargie du fait de certains facteurs endogènes et exogènes.

L'objet de la présente étude est d'identifier et analyser les facteurs constitutifs des contraintes à la mise en œuvre de la réforme sur les transferts des compétences et des ressources de l'État aux collectivités territoriales. Il s'agit notamment de se questionner sur la mise en œuvre du Plan de transfert des compétences et des Ressources (PTCR) 2018-2021, d'y trouver des réponses objectives et de faire des contributions pour la réussite de ladite réforme.

Le document est ainsi structuré en trois points : (I) la revue documentaire, (II) l'approche méthodologique et (III) l'analyse des principaux résultats.

I) Revue documentaire

En 1959, l'économiste américain Richard Musgrave définissait les trois grandes fonctions de l'État, à savoir l'allocation des ressources, la redistribution des revenus et la stabilisation de la conjoncture. En effet, sur la base des ressources disponibles et en fonction des besoins du moment, l'État effectue des dépenses afin de garantir la fourniture des biens et services publics aux citoyens. De même, l'État modifie la répartition des revenus et les patrimoines des différents secteurs institutionnels ou catégories d'acteurs dans la société, par le biais notamment de la fiscalité et des dépenses publiques, afin d'assurer l'équité entre les citoyens. En outre, l'État conduit des politiques contracycliques pour relancer l'activité économique face à une dépression ou restreindre les dépenses publiques face à l'inflation. La problématique de transfert de compétences concerne essentiellement les deux premières fonctions de l'État (allocation des ressources et redistribution des revenus).

La notion de compétence est définie par Benjamin Meunier (2006) comme « toute aptitude légale, matérielle, territoriale, temporelle et personnelle dont dispose une autorité pour agir ». Le transfert des compétences renvoie alors à des prérogatives offertes par une entité (État) à une autre (collectivités territoriales) d'agir en lieu et place. Cela entraîne de fait certaines conséquences évidentes. D'abord, les compétences transférées doivent être accompagnées des moyens financiers nécessaires pour leur mise en œuvre. Comme l'indique Benjamin Meunier (2006), le premier principe relatif aux transferts concerne la compensation financière intégrale et concomitante des compétences autrefois exercées par l'État. Dans le cas contraire, il s'agit plutôt d'un transfert de charge que de transfert de compétence. Ensuite, le transfert des compétences devrait être accompagné automatiquement de la mise à disposition des collectivités territoriales du personnel qualifié et en quantité suffisante pour la mise en œuvre desdites compétences. Enfin, le transfert d'une compétence entraîne de plein droit la mise à la disposition de la collectivité bénéficiaire des biens meubles et immeubles utilisés, à la date de ce transfert, pour l'exercice de cette compétence.

Toutefois, les transferts de compétences de l'État aux collectivités territoriales peuvent être source de remise en cause des conditions de l'autonomie de gestion qu'elles jouissent, de par les textes qui régissent la décentralisation. Ainsi, rapporté par Fabrice Bin (2011), le Professeur Oliva avait fait une distinction entre l'autonomie financière formelle (prévue dans les textes) et l'autonomie financière réelle (observée dans la pratique), et a identifié les transferts de compétences comme une limite à l'autonomie financière réelle. Il explique cela par le fait que les transferts induisent pour les collectivités territoriales des dépenses souvent moins contrôlables surtout pour des compétences à exécution obligatoire.

Bin Fabrice (2011) a identifié cinq façons de distinguer les transferts de compétences : législatifs ou réglementaires, obligatoires ou facultatifs, généraux ou particuliers, définitifs ou temporaires et complets ou partiels. Selon lui, c'est surtout la deuxième forme de distinction qui présente des conséquences réelles en termes de charges. Ainsi, « *selon que les collectivités territoriales sont obligées ou bien libres de prendre en charge certaines compétences, elles auront une maîtrise nulle ou bien totale des charges afférentes* ». Fabrice précise également que seules les compétences transférées et créées ayant un caractère obligatoire devront faire l'objet de nécessaires compensations. L'auteur conclut en notant que les transferts de compétences de l'État aux collectivités territoriales contribuent à accroître les dépenses publiques locales et à rendre les relations financières entre l'État et les collectivités plus conflictuelles.

Au Niger, la problématique du transfert des compétences et des ressources de l'État aux collectivités territoriales a fait l'objet de diverses analyses ayant ressorti tantôt la non-effectivité, tantôt les difficultés dans la mise en œuvre. C'est le cas d'une étude, réalisée en 2006 par le Haut-Commissariat à la modernisation de l'État (HCME), qui avait relevé que le processus de transfert des compétences et des ressources n'avait pas suivi la mise en place des communes. De même, une évaluation de la mise en œuvre de la décentralisation, commanditée en 2009 par le Haut-Commissariat aux Collectivités territoriales (HCCT) a fait le constat des difficultés des transferts de compétences et des ressources, reposant notamment sur la lenteur dans l'élaboration et la mise en œuvre des textes réglementaires qui devront les régir. En outre, l'analyse diagnostique réalisée dans le cadre de l'élaboration du Document-Cadre de la Politique nationale de Décentralisation (DCPND) a relevé la non-opérationnalisation des transferts des compétences. C'est pour donner suite à tous ces constats que les Autorités nigériennes se sont engagées à partir de 2014 dans l'opérationnalisation du processus de transferts des compétences et des ressources aux collectivités territoriales, à travers l'adoption de la directive N° 104/2014/CAB/PM d'août 2014, suivie de ses décrets et arrêtés d'application.

Le processus de transferts de compétences et des ressources de l'État aux collectivités territoriales est régi par un dispositif juridique comprenant :

La Directive N° 104/2014/CAB/PM du 11 août 2014 portant modalités de transfert de compétences et de ressources de l'État aux

collectivités territoriales : cette directive est intervenue pour préciser les orientations du Gouvernement de la République du Niger en matière de transfert de compétences et de ressources de l'État aux collectivités territoriales. C'est ainsi que la décision a été prise pour procéder au transfert de compétences et des ressources dans les domaines de l'éducation, de la santé, de l'hydraulique et de l'environnement, sous l'égide du ministère en charge de la Décentralisation. Les ministères en charge des Finances et de la Fonction publique ont été associés pour aider dans l'identification et la détermination des conditions et modalités de mise à disposition des ressources financières, matérielles et humaines nécessaires à la mise en œuvre des compétences transférées. Aussi, en vue de mieux coordonner et piloter le processus, un Comité technique de transferts des compétences et des Ressources (CTTCR) a été mis en place au niveau du ministère en charge de la Décentralisation et une Cellule d'appui à la décentralisation et à la déconcentration (CADD) mise en place au niveau de chacun des ministères sectoriels concernés par le transfert.

Les décrets N° 2016-075 et N° 2016-076 du 26 janvier 2016 portant transfert des compétences et des ressources de l'État respectivement aux Communes et aux Régions dans les domaines de l'éducation, de la santé, de l'hydraulique et de l'environnement : les deux décrets précisent en effet pour préciser que ça soit pour les communes que pour les régions ou collectivités territoriales, les différentes compétences transférées pour les quatre domaines concernés. Ils précisent également que le transfert par l'État des ressources nécessaires à l'exercice des compétences transférées se fera sous forme de dotations et fonds de concours ainsi que de subventions. Les décrets précisent aussi les conditions des transferts du patrimoine et des ressources humaines pour accompagner la mise en œuvre des compétences transférées. Ces décrets ont été plus explicités par des arrêtés ministériels par domaine concerné et par niveau de décentralisation.

Le décret N° 2018-008 portant adoption du Plan de transfert des compétences et des ressources de l'État aux communes et aux régions pour la période 2018-2021 : ce décret précise que le transfert des ressources du budget de l'État aux collectivités territoriales pour la mise en œuvre des compétences transférées s'opère, chaque année, conformément aux dispositions de la loi de finances de l'année. Le plan de transfert des compétences et des ressources avait ainsi prévu la mise à disposition des ressources (dont financières) équivalentes aux charges engendrées par les compétences transférées. Cette mise à disposition devrait se faire par domaine concerné par le transfert de compétences sous deux formes : (i) une dotation annuelle pour charges récurrentes destinée à l'entretien et au fonctionnement des infrastructures transférées et (ii) une dotation annuelle pour les dépenses d'investissement destinée à la réalisation et/ou la réhabilitation des infrastructures.

La loi N° 2019-26 du 17 juin 2019 portant statut autonome du personnel des collectivités territoriales de la République du Niger : cette loi vise à mettre à la disposition des collectivités territoriales des ressources humaines compétentes et permanentes. Cela permettra aux collectivités territoriales de mieux mettre en œuvre les politiques publiques locales dans leurs domaines de compétences, dont ceux concernés par les transferts.

Néanmoins, l'évaluation de la mise en œuvre de la décentralisation au Niger réalisée en 2020 a relevé la non-opérationnalisation des transferts de compétences et des ressources. En effet, ce rapport note que : « *aucun département ministériel ne s'est engagé de manière cohérente et coordonnée dans un processus de réflexion visant à rendre effectif le transfert de compétences ou à faire en sorte que ses services jouent le rôle d'appui-conseil aux collectivités territoriales ; le transfert des ressources dont la concomitance et la corrélation conditionnent pourtant l'effectivité du transfert des compétences et de leur exercice ne s'est pas encore opéré de manière satisfaisante ; maintien des collectivités dans la dépendance des décisions de l'État, tant en ce qui concerne les équipements et infrastructures, les transferts financiers et les ressources humaines, dont sont tributaires leurs capacités* ».

Dans la sous-région, une étude réalisée en 2008 par l'Institut de recherche et d'applications des méthodes de développement (IRAM) a relevé qu'au Bénin le transfert des compétences de l'État aux collectivités territoriales n'avait pas été accompagné par le transfert concomitant des ressources financières. L'État avait la latitude de la nature des dotations, leur montant et leur clé de répartition aux collectivités territoriales. Il s'agit donc du canal classique pour accorder des subventions à ces dernières. La même étude a montré qu'en Ouganda que certes les ressources ont été concomitamment transférées avec les compétences, mais la mise en œuvre de ces dernières ne peut intervenir que dans le cadre d'un plan triennal de développement, élaboré de manière participative et prenant en compte les priorités locales et nationales.

Émile Le Bris et Thierry Paulais (2007) ont montré, à travers une étude portant sur « Décentralisations et développements », que dans la plupart des pays africains, le transfert des compétences a porté sur des domaines qui ne génèrent souvent pas de recettes et dont les charges sont importantes. Cela fait que sans transfert conséquent des ressources de la part de l'État ou de ses partenaires au développement, les collectivités territoriales éprouvent des difficultés à mettre en œuvre les compétences transférées.

II) Approche méthodologique

La présente étude repose essentiellement sur une démarche descriptive et analytique. Elle traite notamment de la perception des principaux acteurs en charge de transferts des compétences et des ressources de l'État aux Collectivités territoriales. Elle analyse en effet les mécanismes par lesquels cette mise à disposition est opérée, les solutions alternatives exploitées par les collectivités territoriales, les éventuelles contraintes et propositions d'amélioration en vue de réussir cette réforme aussi importante dans le cadre de la fourniture des biens et services publics aux citoyens.

Pour les mécanismes (ou canaux) de mise à disposition des ressources, il s'agit de voir si cela est fait sous forme de dotations aux collectivités territoriales (comme prévu par les textes qui encadrent les transferts des compétences et des ressources) ou de délégation des crédits par l'intermédiaire des représentants de l'État.

S'agissant des solutions alternatives que pourraient exploiter les collectivités territoriales, en cas d'absence ou d'insuffisance des ressources mises à disposition, l'idée est d'examiner la façon dont les collectivités se prennent pour mettre en œuvre les compétences transférées.

À propos des contraintes et propositions d'amélioration, il s'agit de recueillir les avis des acteurs de mise en œuvre reposant sur les expériences vécues.

Les données à utiliser sont de deux sources. Il s'agit, d'une part, des données secondaires issues de la revue documentaire, notamment celles contenues dans le rapport d'évaluation de la mise en œuvre de la décentralisation au Niger réalisée en 2020 et dans le plan de transfert de compétences et des ressources de l'État aux collectivités territoriales. D'autre part, des données primaires sont recueillies à travers une enquête légère auprès des principaux acteurs de la décentralisation au Niger. La démarche a consisté à opérer un choix diversifié et varié des acteurs selon leurs rôles et à leur administrer des questionnaires. Les principaux acteurs touchés comprennent des présidents des conseils municipaux et régionaux et des responsables en charge de la question au niveau central (DGDCT, DFCT, ANFICT).

III) Analyse des principaux résultats et constats

Le processus de transfert des compétences et des ressources se fait de manière progressive. Les premières heures ont consisté à la mise en place du cadre réglementaire et au développement des outils. La suite devait être la mise en œuvre effective du processus.

Néanmoins, sur la base de la méthodologie et des données collectées, l'étude est parvenue à des avancées faiblement significatives tant pour le transfert des compétences que pour celui des ressources. De manière spécifique pour les ressources financières, les avis des acteurs (centraux et décentralisés) convergent sur le fait que le transfert des compétences n'est pas suivi du transfert concomitant des ressources. Les seules ressources mises à la disposition des collectivités territoriales par l'État relèvent des subventions habituellement accordées dans le cadre des appuis d'ordre général.

Les présidents de conseils municipaux, interrogés dans le cadre de la présente étude, avancent surtout le manque de volonté des ministères en charge des domaines transférés à s'y dessaisir effectivement au profit des collectivités territoriales. Ces maires ont néanmoins relevé l'insuffisance cruciale d'agents qualifiés au sein des collectivités territoriales, capables de bien gérer les ressources concomitantes aux compétences transférées même si elles viennent à être mises à leur disposition.

La logique du plan de transfert des compétences et des ressources n'a donc pas été suivie sur toute la période de sa mise en œuvre. D'une part, l'essentiel des compétences prévues à être transférées aux collectivités territoriales sont toujours gardées et gérées par les ministères auxquels elles relèvent. D'autre part, les ressources financières prévues à être mises à disposition ne l'ont pas été. Toutefois, les collectivités territoriales ont reçu de l'État des ressources financières à titre de subventions habituellement accordées à travers le canal de l'Agence nationale de Financement des Collectivités territoriales (ANFICT) comme accompagnement à la mise en œuvre de leurs compétences traditionnelles. Les montants de ces subventions sont insignifiants comparés aux montants prévus dans le PTCR. Cela conforte la position des maires qui considèrent que les ressources nécessaires pour la mise en œuvre des compétences transférées ne sont pas mises à leur disposition. Le graphique ci-après compare les ressources financières reçues par les collectivités territoriales au titre des subventions de l'État aux montants prévus pour être mis à la disposition des mêmes collectivités dans le cadre de la mise en œuvre du PTCR 2018-2021.

Graphique 1 : Comparaison entre les ressources reçues

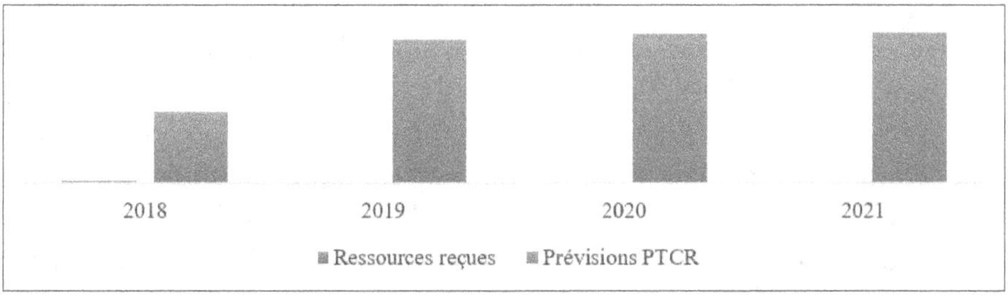

de l'État et les prévisions du PTCR (source : Auteur sur la base des données de l'ANFICT et le document du PTCR)

Cependant, du point de vue de transferts des compétences et des ressources, les ministères sectoriels continuent de gérer les lignes budgétaires dédiées aux compétences transférées. Néanmoins, dans le domaine de l'éducation, l'ANFICT accompagne les collectivités territoriales, à travers le fonds commun sectoriel de l'éducation, pour la réalisation des infrastructures et équipements scolaires notamment. Sinon, les présidents des organes exécutifs locaux sont juste réduits à la gestion technique pour les quelques compétences libérées par certains ministères. C'est le cas, par exemple, de la gestion des enseignants contractuels relevant de l'éducation nationale.

Selon les résultats de l'évaluation de 2020, plusieurs facteurs sont avancés par les acteurs pour justifier le caractère limitatif de transfert des ressources financières aux collectivités territoriales. Ils sont surtout relatifs : (i) aux principes de gestion des finances publiques (principe de l'unicité des caisses notamment), (ii) aux tensions fréquentes, voire permanentes de trésorerie, (iii) à la lenteur des procédures suivies par l'ANFICT (qui sont les procédures du trésor), (iv) au nombre élevé de compétences transférées (11 aux communes et aux régions en matière d'hydraulique et 11 aux communes en matière d'environnement).

Il ressort de cette analyse un certain nombre de constats qui peuvent être regroupés en deux principaux blocs :

- **Manque de réalisme :** l'élaboration du PTCR 2018-2021 a manqué de réalisme en ce sens que la programmation financière (voir annexe) semble exagérée au vu du contexte de rareté des ressources financières tant au niveau de l'État qu'à celui des collectivités territoriales et de la faiblesse des capacités opérationnelles des collectivités territoriales. En outre, le PTCR n'avait pas prévu des mesures de mitigation des risques survenus durant la période de sa mise en œuvre (COVID-19 notamment).

- **Manque de réelle volonté :** l'effectivité dans la mise en œuvre du PTCR 2018-2021 a souffert du manque de réelle volonté du fait notamment que : (i) le PTCR 2018-2021 n'ait pas donné de précision sur les modalités de financement de sa mise en œuvre : dotations/lignes budgétaires des ministères concernés par les compétences transférées, (ii) le ministère en charge de la gestion financière de la réforme n'ait pas créé les conditions nécessaires pour la rendre effective et (iii) les ministères sectoriels porteurs des domaines concernés aient continué à gérer les compétences transférées.

Ainsi, il s'avère nécessaire de repenser et recadrer les mécanismes de transfert des compétences et des ressources sur la base du contexte et des réalités des entités décentralisées. Pour cela, il y a lieu au préalable de renforcer les capacités des collectivités territoriales à travers notamment la mise à disposition des ressources humaines qualifiées et permanentes ainsi que des moyens matériels. Ensuite, l'effectivité des transferts concomitants des compétences et des ressources devrait passer par : (i) la suppression des lignes budgétaires des ministères sectoriels, (ii) la création et alimentation d'un fonds spécial pour le compte des CT relatif aux compétences transférées et (iii) la définition des critères objectifs de répartition aux CT. Enfin, des mécanismes de reddition des comptes devront être développés dans le cadre du suivi-évaluation de la mise en œuvre des compétences transférées en particulier, et les politiques publiques locales en général.

Conclusion

En somme, le processus de transfert des compétences et des ressources de l'État aux collectivités territoriales se limite au Niger juste à la production des textes le régissant. Dans la pratique, aussi bien les compétences que les ressources qui devaient les accompagner ne sont effectivement pas transférées aux collectivités territoriales. Et la responsabilité de cela est à partager entre les deux parties en jeu : l'État et les collectivités territoriales.

Du côté de l'État, il est relevé le manque de réalisme au moment de l'élaboration du plan de transfert et un problème de volonté réelle des ministères relevant des domaines transférés avant de céder les missions/ attributions ainsi que les ressources y afférentes à l'endroit des collectivités territoriales. De même, les ministères en charge de la coordination et du pilotage de la réforme n'ont pas joué convenablement le rôle qui est le leur.

Pour les collectivités territoriales, il s'agit surtout de la faiblesse de leurs capacités opérationnelles à prendre en charge les missions/ attributions cédées par les ministères sectoriels.

Cette double préoccupation a fait que le plan de transfert des compétences et des ressources adopté par le Gouvernement, un document très ambitieux, n'a pas connu véritablement de mise en œuvre. Tout laisse à croire que ce plan n'a pas tenu compte du contexte et des réalités des collectivités territoriales. De même, les préalables à la mise en œuvre de ce plan n'ont pas été mis en place par les structures centrales en charge de l'accompagnement et de la facilitation du processus de transfert. L'un de ces préalables serait le renforcement des capacités opérationnelles des collectivités territoriales, notamment en termes humains. Ce qui pose la nécessité de repenser et recadrer les mécanismes de transfert des compétences et des ressources sur la base du contexte et des réalités des entités décentralisées.

Références bibliographiques

1. Bin Fabrice. 2011. Transferts de compétences, transferts de charges, transferts de patrimoines… Essai de bilan synthétique. In: Droit et gestion des collectivités territoriales. Tome 31, L'enjeu de la dépense locale, pp. 63-73.
2. Émile Le Bris et Thierry Paulais. 2007. Décentralisations et développements. De Boeck Supérieur | « Afrique contemporaine ». 2007/1 n° 221 | pages 21 à 44.
3. Benjamin Meunier. 2006. Les règles relatives aux transferts de compétences entre collectivités publiques. Université d'Auvergne – Clermont-Ferrand I, 2006. Français. NNT : 2006CLG10292. Tel. 00688446.
4. MI/SP/D/ACR-Niger. 2020. Rapport d'évaluation de la mise en œuvre de la décentralisation au Niger.
5. MI/SP/D/ACR-Niger. 2018. Transfert des compétences et des ressources de l'État aux collectivités territoriales de la République du Niger.

6. Institut de Recherche et d'Applications des Méthodes de développement (IRAM). 2008. Décentralisation et gouvernance locale en Afrique : des processus, des expériences.
7. Ordonnance 2010-54 du 17 septembre 2010 portant Code général des Collectivités territoriales de la République du Niger.
8. Décret N° 2012-104/PRN/MI/SP/D/AR du 30 mars 2012 portant adoption du Document-Cadre de Politique nationale de Décentralisation.
9. Directive N°104/2014/CAB/PM du 11 août 2014 portant modalités de transfert de compétences et de ressources de l'État aux collectivités territoriales.
10. Décrets N° 2016-075 et N° 2016-076 du 26 janvier 2016 portant transfert des compétences et des ressources de l'État respectivement aux Communes et aux Régions dans les domaines de l'éducation, de la santé, de l'hydraulique et de l'environnement.
11. Décret N° 2016-301/PRN/MISP/D/ACR du 29 juin 2016, fixant le régime juridique de la coopération entre les collectivités territoriales en République du Niger.
12. Décret N° 2018-008 portant adoption du Plan de transfert des compétences et des ressources de l'État aux collectivités territoriales dans les domaines de l'éducation, de la santé, de l'hydraulique et de l'environnement, pour la période 2018-2021.

L'exercice exclusif des compétences transférées aux communes camerounaises et congolaises : du principe à la réalité

Sanda Oumarou

Résumé

L'impérieuse nécessité d'associer les populations locales à la gestion des affaires qui les concernent est une exigence démocratique que ni le Cameroun ni la République du Congo ne sauraient ignorer. Bien mieux, ces deux États d'Afrique centrale ont à l'identique pris la pleine mesure de l'impact que pourrait avoir le transfert des compétences étatiques aux entités communales, sur le développement local. C'est dans cette perspective que leurs législations respectives organisent un régime juridique de transfert de certaines compétences aux communes. Si la formulation juridique de ce principe du transfert des compétences aux communes camerounaises et congolaises parait fort satisfaisante, il n'en va pas de même de l'articulation de son exercice. C'est fort de ce constat que la présente réflexion sera menée à partir de la question centrale de savoir si l'articulation du principe de l'exclusivité de l'exercice des compétences transférées aux communes, camerounaises et congolaises, est adaptée aux exigences du développement local. L'hypothèse de recherche qui prend en compte tant les données textuelles que celles réelles est celle de la perfectibilité formelle et matérielle de ce principe. Plus exactement, les dérogations du principe d'exclusivité révélées par la réalité doivent être regardées comme l'exception, et l'exercice exclusif des compétences transférées, le véritable principe. Ceci à rebours de la réalité actuellement observée au Cameroun et en République du Congo.

Mots clés : exclusivité d'exercice ; compétences ; communes ; transfert de compétences

Abstract

The urgent need to involve local populations in the management of affairs that concern them is a democratic requirement that neither Cameroon nor the Republic of Congo can ignore. Much better, these two Central African states have identically taken full measure of the impact that the transfer of state powers to municipal entities could have on local development. It is in this perspective that their respective legislation organizes a legal regime for the transfer of certain powers to the municipalities. If the legal formulation of this principle of the transfer of powers to Cameroonian and Congolese municipalities seems very satisfactory, the same is not true of the articulation of its exercise. It is on the strength of this observation that the present reflection will be carried out starting from the central question of knowing whether the articulation of the principle of the exclusivity of the exercise of the powers transferred to the municipalities, Cameroonian and Congolese, is adapted to the requirements of local development? The research hypothesis, which takes into account both textual and real data, is that of the formal and material perfectibility of this principle. More exactly, the derogations from the principle of exclusivity revealed by reality must be regarded as the exception, and the exclusive exercise of the powers transferred, the real principle. This goes against the reality currently observed in Cameroon and the Republic of Congo.

Keywords: exclusivity of exercise; skills; municipalities; skills transfer.

Introduction

Condition première et vitale du processus décentralisateur[1], le transfert des compétences aux entités décentralisées[2] imprègne tant la lettre que l'esprit des législations camerounaises et congolaises de développement local[3]. Les différentes catégories de collectivités locales créées dans ce premier[4] et ce second[5] État d'Afrique centrale sont

[1] BAGUENARD (Jacques), *La décentralisation,* Paris, L'Harmattan, coll. Que-sais-je, 2004, p. 23.

[2] Il est fondamental que toute Collectivité territoriale décentralisée doive « pour vivre sa vie administrative, disposer des moyens humains et matériels, et pour cela dépenser, ce qui appelle en contrepartie la disposition de l'autonomie financière (…) ». Voir MAITROT (J.-C.), Recherches sur la notion d'autonomie financière en droit public, Thèse, Paris, 1972, p. 152.

[3] D'un point de vue externe, la décentralisation a été présentée comme « un système de développement s'identifiant à un paramètre de bonne gouvernance et d'expression démocratique, à un cadre propice aux nouveaux canaux de coopération, et à un instrument de mobilisation des ressources multiformes ». HOND (J.-T.), « État des lieux de la décentralisation territoriale au Cameroun » in ONDOA (M.) (dir), *L'administration publique camerounaise à l'heure des réformes,* Paris, L'Harmattan, 2010, p. 95.

[4] L'article 55, alinéa 1 de la loi constitutionnelle camerounaise du 18 janvier 1996 précise que les « les collectivités territoriales décentralisées de la République sont les communes et les régions » ; et l'article 175 de la Constitution congolaise précise que « les collectivités locales s'administrent librement, dans les conditions prévues par la loi ».

[5] L'article 2 de la loi congolaise n⁰ 3-2003 du 17 janvier 2003 fixant l'organisation administrative territoriale précise que « l'organisation administrative territoriale

dotées d'un périmètre de compétences dans lequel il leur appartient, en principe, d'agir pour assurer la gestion des affaires qui les concernent et l'amélioration des conditions de vie de leurs populations[6]. Il est cependant une chose de reconnaître des compétences aux communes ; et une autre chose est de créer et favoriser des conditions visant à permettre à celles-ci d'exercer réellement et en toute autonomie[7] lesdites compétences transférées. C'est la réalisation effective de cette autre condition qui irrigue la logique de la décentralisation telle que justifiée par le fait que « l'exercice de la mission publique à un niveau proche du citoyen doit permettre une meilleure gestion »[8] et garantir la croissance du développement local[9].

Dans cet esprit, les législateurs camerounais et congolais ont « davantage responsabilisé »[10] les communes en organisant chacun en ce qui le concerne, les modalités d'exercice des compétences à elles sont transférées par l'État. Les différences, plus ou moins légères, et les similitudes que l'on peut recenser à l'examen de ces deux législations[11] ont alimenté le choix de ce sujet de réflexion tout en le centrant sur l'exclusivité d'exercice des compétences transférées, corollaire du

---

divise le territoire national en : département, communes, arrondissements, district, communautés urbaines, communautés rurales, quartiers et villages » et l'article 3 clarifie que « les départements et les communes sont, à la fois, circonscriptions administratives et collectivités locales ».

[6] Pour ce faire, les Collectivités locales « doivent s'administrer librement par des conseils élus, être dotées de la personnalité morale et jouir de l'autonomie financière ». NGUIMDO (B-R), « La constitutionnalisation de décentralisation au Cameroun », in MELONE (s), MINKOA SHE (A) et SINDJOUN (L), *La réforme constitutionnelle du 18 janvier 1996 au Cameroun. Aspects juridiques et politiques,* GRAP/Fondation EBERT, Yaoundé, 1996, p. 293.

[7] « La décentralisation se mesure à la liberté dont disposent les collectivités locales au sein d'un État unitaire ». Voir, BAGUENARD (Jacques), *La décentralisation, op. cit.,* p. 23.

[8] POLI (Raphael), « Transfert de compétence et performance de la dépense publique », in BRISSON (Jean-François) (dir.), *Les transferts de compétences de l'État aux collectivités locales,* Paris, L'Harmattan, 2009, p. 517.

[9] NLEP (R-G), *L'administration publique camerounaise : contribution à l'étude des systèmes africains d'administration publique,* Paris, LGDJ, 1986, p. 26.

[10] PEKASSA (G-M), « La cessation anticipée de fonction des organes municipaux au Cameroun », in KAMTO (M), DOUMBE BILLE (S) et METOU (B-M) (dir) *Regards sur le droit public en Afrique, Mélanges en l'honneur du Doyen Joseph-Marie Bipoun Woum,* Paris L'Harmattan, 2016, p. 251.

[11] Le Cameroun et la République du Congo ont, en effet, comme par une sorte d'entente, restructuré leur architecture juridique locale à une période identique. Le second en 2004 à travers trois (3) importantes lois ; et le premier en 2003 par le biais d'un arsenal normatif constitué de neuf (9) lois.

principe fort de l'autonomie des collectivités locales. Le diagnostic de ce principe d'exclusivité commande que l'on s'accorde préalablement sur l'objet étudié.

L'exercice exclusif est appréhendé comme la réalisation non concurrente et à titre prioritaire des compétences transférées aux communes, qui sont les « collectivités territoriales de base »[12]. La compétence transférée quant à elle est entendue au sens de « l'aptitude à agir dans un certain domaine »[13] autrefois étatique, afin de remplir « l'objectif de rapprochement de l'administration des administrés et de mieux satisfaire les besoins locaux »[14] par les communes. L'objet de l'étude apparait ainsi intéressant à un double titre. D'une part, il s'agit d'une question dont l'actualité constante et perpétuelle mérite une analyse sans cesse renouvelée. D'autre part, cette investigation permet de mesurer et surtout d'éprouver la pertinence du principe d'autonomie des communes africaines en général, et de celles du Cameroun et du Congo en particulier.

La question de l'exclusivité d'exercice des compétences transférées aux communes n'est pas nouvelle. Plusieurs travaux scientifiques lui ont, en effet, déjà été dédiés directement ou incidemment[15]. La présente réflexion se propose alors non pas d'analyser totalement ce principe, mais seulement de le réexaminer, cette fois-ci, à la lumière du droit positif et des données pratiques que fournissent les réalités des communes de ces deux États membres de la Communauté économique et monétaire des États de l'Afrique Centrale.

---

[12] Article 147 de la loi n⁰ 2019/024 du 24 décembre 2019 portant Code général des Collectivités territoriales décentralisées. En droit congolais, la commune est entendue au sens d'une « agglomération urbaine d'habitants résultant d'une même entité administrative et géographique ayant un minimum de développement « économique, social et culturel ». Voir l'article 12 de la loi congolaise n° 03-2003 du 17 janvier 2003 fixant l'organisation administrative territoriale.

[13] CORNU (Gérard) (dir), *Vocabulaire juridique,* Paris, PUF, coll. Quadrige, Dicos Poche, 2014, p. 213.

[14] Article 2 de la loi n⁰ 10-2003 du 6 février 2003 portant transfert de compétences aux collectivités locales

[15] KOUOMEGNE NOUMBISSI (Hilaire), *Décentralisation et centralisation au Cameroun. La répartition des compétences entre l'État et les collectivités locales,* Paris, L'Harmattan, 2013 ; PEKASSA NDAM (Gérard-Martin), « La classification des communes au Cameroun », *RASJ,* n° 1, Vol. 6, 2009 ; NGUIMDO (Bernard-Raymond), « Les bases constitutionnelles de la décentralisation au Cameroun (contribution à l'émergence d'un droit constitutionnel des collectivités territoriales) », *Revue générale de Droit,* n⁰ 20, 1998.

Une lecture combinée de l'article 18 de la loi camerounaise n° 2019/024 du 24 décembre 2019 portant Code général des Collectivités territoriales décentralisées, avec l'article 42 de la loi congolaise n° 10-2003 du 6 février 2003 portant transfert des compétences aux collectivités locales, laisse jaillir un constat : celui de l'organisation en demi-teinte des modalités d'exercice des compétences transférées aux communes. Toute chose qui n'est pas sans déteindre sur « les bons pas de la décentralisation »[16] dans ces deux États. En outre, il est laissé en suspens la question de la compatibilité de celles-là avec les exigences du développement local. C'est fort de ce constat qu'il se pose la question de savoir si l'articulation du principe de l'exclusivité de l'exercice des compétences transférées aux communes, camerounaises et congolaises, est adaptée aux exigences du développement local.

À titre de réponse provisoire à cette question centrale, nous opinons que ce principe d'exclusivité qui reste perfectible dans sa consécration, l'est davantage dans sa réalisation. Le positivisme sociologique qui constitue la principale méthode d'investigation de cette réflexion autorise à affirmer que les dérogations tant formelles que matérielles du principe d'exclusivité qui constituent l'exception ne sauraient occulter le véritable principe. Bien mieux, l'amélioration du cadre formel identifié du principe de l'exclusivité d'exercice des compétences transférées aux communes (**I**) ne sera pas sans conséquences sur les obstructions matérielles (**II**) qu'il subit.

I) Une exclusivité d'exercice formellement identifiée

L'exclusivité d'exercice des compétences transférées aux communes, corollaire essentiel du transfert de compétences, se laisse identifier à l'examen des droits camerounais et congolais de la décentralisation. Cependant, l'articulation peu rigoureuse et peu précise (**A**) de ce principe cardinal du développement local et les dérogations extensives (**B**) qui l'escortent le rendent perfectible.

A) L'articulation peu précise du principe

S'il est un site de convergence entre les droits camerounais et congolais d'exercice des compétences transférées aux communes, l'articulation de la modalité d'exercice des compétences transférées est

[16] MBARGA NYATTE (D), « Évolution du droit administratif camerounais », KAMTO (M), DOUMBE BILLE (S) et METOU (B-M) (dir) *Regards sur le droit public en Afrique, Mélanges en l'honneur du Doyen Joseph-Marie Bipoun Woum*, *op. cit.*, p. 208.

bien celui-là. En effet, pendant plusieurs décennies, il existait en la matière une similitude entre le premier et le second (**1**), avant que n'advienne que très récemment la position démarquée du principe en droit camerounais (**2**).

1) De la position similaire du principe en droits camerounais et congolais

La décentralisation regardée très tôt par le Doyen Hauriou comme « la création des *centres d'administration publique autonomes* ou la nomination des agents provient du corps électoral de la circonscription et où ces agents forment des agences ou des assemblées »[17] a trouvé un terrain fertile dans la plupart des « anciennes colonies » françaises[18]. Dans cette perspective, les États congolais et camerounais ont progressivement opté pour une dévolution de certaines compétences aux entités dotées de la personnalité juridique et différentes d'eux, tout en organisant l'exercice autonome.

La modalité d'exercice des compétences transférées aux communes congolaises et camerounaises a pendant longtemps été empruntée de similitude. Pour s'en convaincre, il convient de présenter respectivement l'état du droit en vigueur dans ces deux États voisins avant 2019.

En droit congolais, le principe de l'autonomie des communes est clairement affirmé en ces termes : « Les collectivités locales s'administrent librement par des conseils locaux élus et dans les conditions prévues par la loi et notamment en ce qui concerne leurs compétences et leurs ressources »[19]. Cependant, la modalité d'exercice de ce principe parait peu adaptée aux exigences du développement local impulsé par le bas. En effet, l'article 16 de la loi n° 9-2003 du 6 février 2003 fixant les orientations fondamentales de la décentralisation précise que « l'attribution de tout un domaine d'activité à des collectivités locales n'exclut pas, pour l'État, le pouvoir d'édicter des prescriptions générales ou particulières que les collectivités locales doivent observer ». Une telle disposition laisse ouverte la possibilité pour les organes de l'État d'orienter, voire de saper, l'exercice réel et exclusif des compétences transférées aux communes. En outre, il est à craindre que ces efforts du

---

[17] HAURIOU (Maurice), *Précis de droit administratif et de droit public*, Paris, Sirey, 9e éd., 1919, p. 171.

[18] FOUMENA (Gaétan-Thierry), « Le droit administratif camerounais » postcolonial » en rupture avec le modelé français inspirateur », *Les annales du droit*, n° 14, 2020, p. 3.

[19] Loi n° 8-2003 du 6 février 2003 portant loi organique relative à l'exercice de la tutelle sur les collectivités locales.

législateur vers l'aménagement du principe d'exclusivité d'exercice des compétences des collectivités territoriales décentralisées trouvent dans cette disposition le siège de ses éventuels obstacles. Cette disposition qui constitue à bien y voir une entorse[20] considérable au principe d'autonomie et partant, d'exclusivité d'exercice des compétences transférées est également visible dans le droit camerounais de la décentralisation de 2004[21].

La loi n° 2004/017 du 22 juillet 2004 portant orientation de la décentralisation pose, dans ce sens, à l'alinéa 2 de son article 15 que « les compétences transférées aux collectivités territoriales ne sont pas exclusives. Elles sont exercées de manière concurrente par l'État et celles-ci, dans les conditions et modalités prévues par la loi ». À l'image de la loi congolaise, celle camerounaise organise une concurrence entre les communes et l'État dans l'exercice des compétences transférées. L'étouffement qu'engendre un tel schéma d'articulation du « principe de liberté »[22] communale d'un côté, et les conflits sans cesse récurrents entre l'État et les communes observées d'un autre côté, vont favoriser le franchissement du pas formel de l'exclusivité d'exercice en droit camerounais. C'est là le désormais point de démarcation *a priori* de la position de ce dernier d'avec le droit congolais.

2) Vers une position démarquée du principe en droit camerounais

L'exercice exclusif des compétences dévolues aux communes camerounaises se démarque *a priori* de celui organisé en droit congolais. Plus exactement, si dans ce dernier l'exclusivité d'exercice des compétences transférées aux communes reste déduite de l'esprit du principe de l'autonomie clairement posé et plusieurs fois réaffirmé, il est textuellement hébergé en droit camerounais. C'est, en effet, à la faveur de la nouvelle loi n° 2019/024 du 24 décembre 2019 portant Code général des Collectivités territoriales décentralisées que le principe d'exercice exclusif des compétences transférées aux communes s'est fait jour. L'alinéa 1 de l'article 18 de ce texte constitue le site de cette position novatrice camerounaise du droit de la décentralisation. Formulé en ces termes : « les collectivités territoriales

[20] ROJE TADJIE, « Décentralisation territoriale et démocratie locale au Cameroun », *juridis périodique*, n° 126, 2021, p. 107.

[21] Le 22 juillet 2004, trois importantes lois relatives au droit de la décentralisation sont entrées en vigueur.

[22] BAGUENARD (Jacques), *La décentralisation, op. cit.*, p. 23. Pour l'auteur, « la décentralisation veut dire liberté ».

exercent, à titre exclusif, les compétences transférées par l'État», le principe de l'exercice sans concurrence des compétences transférées aux communes s'est raffermi en droit camerounais de la gouvernance[23] locale. La concurrence organisée entre les organes de l'État central et les collectivités territoriales décentralisées cède désormais le pas au principe novateur de l'exercice exclusif des compétences transférées, favorable aux secondes.

Il est à remarquer, pour le regretter, que cette démarcation des droits camerounais et congolais d'exercice des compétences transférées aux communes s'arrête cependant là. Plus précisément, les dérogations qui escortent ce principe fort en droit camerounais semblent bien le ramener à la case de départ et parant, le rapprocher du droit de l'État voisin congolais. Le mérite de cette reculade, regrettable pour le développement local initié par le bas, revient aux dérogations extensives du principe d'exercice exclusif des compétences transférées aux communes en particulier.

B) Les dérogations extensives du principe

La consécration explicite en droit camerounais, à l'inverse du droit congolais, du principe d'exercice exclusif des compétences transférées ne saurait faire illusion. À la vérité, l'effort entrepris par le législateur pour doter les communes d'un équipement juridique fort pour sauvegarder l'impulsion du développement local parait cependant anéanti par le caractère extensif des dérogations assorties audit principe. À l'élasticité des hypothèses de dérogation du principe (**1**) vient encore s'adjoindre leur plasticité (**2**).

1) L'élasticité des hypothèses de dérogation

L'élasticité désigne littéralement « la propriété que possèdent certains corps de reprendre leur forme ou leur volume quand la force qui les déformait a cessé d'agir »[24]. Elle parait dans cette optique s'accommoder avec les hypothèses de dérogation au principe d'exercice exclusif des compétences transférées aux communes. Le législateur camerounais de 2019 a fait émerger un principe cardinal et catalyseur du développement local : l'exercice exclusif par les communes des compétences à elles transférées par l'État. Il s'agit d'une avancée considérable pour le

[23] L'expression est empruntée au Doyen Maurice KAMTO à la suite de son ouvrage ; KAMTO (Maurice), *Droit international de la gouvernance*, Paris, Pedone, 2013, 505 pages.
[24] *Dictionnaire Larousse Illustrée,* Paris, Cedex, 2001, p. 366.

développement et la démocratie locale camerounaise. Cependant, l'alinéa 2 de l'article 18 de la loi n° 2019/024 du 24 décembre 2019 portant Code général des Collectivités territoriales décentralisées qui pose des dérogations au principe n'est pas sans conséquences négatives sur ce pas de géant du législateur. Ceci en disposant, en effet, que « par dérogation à l'alinéa 1 ci-dessus, les compétences transférées peuvent être exercées par l'État : a) si le Gouvernement entend intervenir ponctuellement dans le cadre du *développement harmonieux du territoire* ou en vue de *résorber une situation d'urgence* ; b) en cas *de carence* dument constatée par arrêté du ministre chargé des Collectivités territoriales, saisi par le ministre concerné par la matière transférée ; l'organe délibérant de la collectivité territoriale statue à la majorité des deux tiers (2/3) de ses membres ».

Pris au pied de la lettre, cet alinéa 2 de l'article 18 se révèle fort élastique. Les membres de phrases, « le cadre du *développement harmonieux du territoire* » ou « en vue de *résorber une situation d'urgence* », d'un côté, et la notion de « carence » d'un autre côté, cachent mal l'élasticité de ces hypothèses de dérogation au principe de l'exercice exclusif des compétences transférées aux communes, posé un cran plus haut dans la structure du texte législatif. A priori limitative, l'énumération des cas pouvant déboucher sur une dérogation du principe de l'exclusivité communale est à l'analyse extensive. Sur le terrain de son application, cet alinéa peut en outre s'avérer plus extensible qu'il parait. C'est la conséquence de sa plasticité.

2) La plasticité des hypothèses de dérogation

L'élasticité des cas de dérogation du principe de l'exercice exclusif des compétences transférées aux communes camerounaises ne constitue pas le seul facteur d'extension du champ desdites dérogations. À celle-là s'adjoint la plasticité, qui s'entend comme cette « caractéristique d'une matière très malléable »[25]. Cette plasticité est alimentée par l'imprécision juridique des mots utilisés dans la structure de cet alinéa 2. Elle est à la vérité le corollaire du caractère non limitatif des cas de dérogation au principe posé à l'alinéa 1 de l'article 18 de la loi n° 2019/024 du 24 décembre 2019 portant Code général des Collectivités territoriales décentralisées.

Le sens exact qui doit être attribué à chacune des expressions « le cadre du *développement harmonieux du territoire* », « en vue de

[25] *Dictionnaire Larousse Illustrée, op. cit.*, p. 791.

résorber une situation d'urgence », d'un côté et le terme « carence » d'un autre côté ne fait *a priori* pas l'objet d'une appréhension évidente. La texture ouverte de cet alinéa tend ainsi à fragiliser la pertinence de l'article 18 de ce code camerounais des collectivités locales, et partant à rapprocher le droit camerounais du droit congolais de la décentralisation tel qu'organisé par les lois de 2003 qui contiennent une disposition justiciable des mêmes remarques. Il s'agit exactement de l'article 42 de la loi congolaise n° 10-2003 du 6 février 2003 portant transfert de compétences aux collectivités locales[26] dont l'appréhension est malaisée.

L'articulation peu rigoureuse, et donc peu adaptée aux exigences de la gouvernance locale, du principe d'exercice des compétences transférées aux communes en droits camerounais et congolais n'est pas sans conséquence dans la réalité. L'analyse de celle-ci laisse transparaitre des obstructions à celui-là.

II) Une exclusivité d'exercice matériellement obstruée

L'articulation du principe d'exclusivité des compétences transférées aux communes telle qu'elle ressort des droits congolais et camerounais favorise, du fait de sa porosité, la survenance d'un ensemble d'obstacles[27] à sa pleine réalisation. Ces limitations pratiques du principe sont imputables à une dualité d'organes (**A**) faisant généralement recours à une diversité de techniques (**B**).

A) La dualité des organes d'obstruction

Une dichotomie existe entre les organes obstruant le principe d'exercice exclusif des compétences transférées aux communes. Il convient dans ce sens de distinguer les organes étatiques (**1**) des organes décentralisés (**2**).

[26] Cette disposition précise que « les modalités d'exercice par les collectivités locales, des compétences transférées s'effectuent, en tant que de besoin par voie réglementaire, après examen, par le comité scientifique technique d'évaluation de la décentralisation, du rapport de la collectivité locale concernée, du représentant local de l'État ou du ministre dont la compétence transférée est gérée ».
[27] ROJE TADJIE, « Décentralisation territoriale et démocratie locale au Cameroun », *op. cit.*, p. 107.

1) Les organes étatiques

Aussi vrai que le transfert des compétences de l'État aux communes n'est pas synonyme d'abandon total[28] de celles-là à celui-ci, il n'en demeure pas moins vrai que ces collectivités décentralisées de base doivent les exercer en toute liberté. Ce principe essentiel de la gouvernance locale activée à la base ne se trouve cependant pas à l'abri de certains freins, dont les organes étatiques constituent les principaux auteurs. Outre les organes de suivi de la décentralisation[29] dont les décisions sont susceptibles de paralyser l'action communale, les organes de tutelle constituent les acteurs d'obstruction, non négligeables, de l'exercice autonome et surtout exclusif des compétences transférées aux communes.

La tutelle, entendue comme ce « contrôle de l'État sur les collectivités locales en vue de la sauvegarde de l'intérêt général et de la légalité »,[30] sert d'ordinaire de prétexte à l'étouffement de l'exercice communal des compétences transférées. Elle est exercée par le préfet qui est « le représentant de l'État dans les communes »[31]. À ce titre, il « a la charge des intérêts nationaux, du contrôle administratif, du respect des lois et règlements et du maintien de l'ordre »[32]. En outre, le ministre en charge des Collectivités locales exerce, sous l'autorité du Président de la République, les pouvoirs de contrôle de l'État sur les communes. En ce domaine, l'état du droit congolais ne s'éloigne pas de celui camerounais.

Les Gouvernements respectifs de ces deux États d'Afrique centrale dressent sur le fondement des considérations plus proches de celles politiques que juridiques des obstacles à l'exercice effectif et exclusif des compétences qu'ils ont librement consenti de transférer aux communes. Le recours aux considérations de souveraineté, qui est fait

---

[28] NGONO TSIMI (L), L'autonomie administrative et financière des collectivités territoriales décentralisées : l'exemple du Cameroun, Thèse de doctorat, Université Paris-Est Créteil, Val-de-Marne, 2010, p. 256.

[29] Il s'agit du Conseil Nationale de la Décentralisation ; du Comité interministériel des services locaux ; du Comité national des Finances locales ; de la Commission interministérielle de la coopération décentralisée. Voir articles 87 à 92 de la loi camerounaise n° 2019/024 du 24 décembre 2019 portant Code général des Collectivités territoriales décentralisées.

[30] Article 2 de la loi n° 8-2003 du 6 février 2003 portant loi organique relative à l'exercice de la tutelle sur les collectivités locales.

[31] Article 73, alinéa 5 de la loi camerounaise n° 2019/024 du 24 décembre 2019 portant Code général des Collectivités territoriales décentralisées.

[32] *Idem.*

par ces organes de l'État, démarque l'obstruction opérée par ceux-ci de celles des organes décentralisés.

2) Les organes décentralisés

Il n'est pas inutile de rappeler que la concertation entre les collectivités territoriales décentralisées est l'une des caractéristiques de la décentralisation. C'est pour les besoins de solidarité nationale, de potentialité régionale et d'équilibre interrégional[33] que les différentes entités décentralisées ne déploient pas en vase clos. L'exercice exclusif des compétences librement consenties et transférées par l'État aux entités décentralisées est dans ce sens susceptible d'être ombragé par d'autres entités décentralisées. Les cas camerounais et celui congolais traduisent bien cet état de choses au regard de la pratique et de l'action des communes. Il n'est, en effet, pas rare que l'action de certaines communes soit obstruée par les activités des personnes morales décentralisées aux compétences plus entendues. Pour s'en convaincre, il convient d'aborder séparément les cas des communes camerounaises et congolaises.

Le droit camerounais de la décentralisation superpose territorialement les « communes d'arrondissement »[34] et les communautés urbaines[35]. L'action des secondes qui englobent les premières constitue généralement un frein considérable à l'exercice exclusif des compétences à elles transférées par l'État. Plus précisément, la répartition des compétences opérée par le législateur camerounais de 2019 à l'article 241 du Code général de la décentralisation n'est pas sans danger[36]. La prévision suivant laquelle « la communauté urbaine est compétente pour toute action relevant de l'intercommunalité (…) » est fertile aux interprétations diverses et rivales. L'application de cette clef de répartition de compétences dans la ville de Ngaoundéré neutralise la performance de l'action locale. À titre d'illustration, certains travaux d'aménagement

[33] MBARGA NYATTE (D), « Évolution du droit administratif camerounais », *op. cit.*, p. 214.

[34] Il s'agit des communes qui constituent la communauté urbaine.

[35] Au terme de l'article 240, alinéa 1 de la loi camerounaise de 2019, la « communauté urbaine est une collectivité territoriale composée d'au moins deux communes ». Il est par là organisé une trilogie communale constituée, des communes simples, des communautés urbaines et des communes d'arrondissement qui la composent.

[36] Le législateur a pris la pleine mesure de cette hypothèse en prévoyant une intervention possible de la juridiction administrative pour résoudre les éventuels conflits de compétences entre la communauté urbaine et les communes d'arrondissement qui la composent.

de voiries de la ville sont en suspens du fait des conflits négatifs de compétences entre la communauté urbaine et les communes de Ngaoundéré 1er, 2e et 3e. Cette situation déplorable est à la vérité, contreproductive pour le développement local de la ville tout entière. À cette situation due à la configuration superposée des communes viennent s'adjoindre des conflits de compétences entre les communes des autres villes camerounaises.

En République du Congo également, il convient de constater que les départements ne sont pas sans freiner l'exercice des compétences transférées aux communes. Le substrat de l'article 16 de la loi congolaise relative au transfert de compétence[37] constitue un gisement de conflits entre les communes et les départements. Ces dispositions reconnaissent, en effet, un champ d'intervention similaire aux communes et aux départements.

Les potentiels organes obstruant l'exercice exclusif des compétences transférées aux communes congolaises et camerounaises ont au-delà de leur dualité un dénominateur commun : l'utilisation d'une diversité de techniques d'obstruction de l'action communale.

B) La diversité des techniques d'obstruction utilisées

L'exercice exclusif des compétences transférées aux communes camerounaises et congolaises est paralysé au moyen de plusieurs techniques. Il convient, tout en les déplorant, de présenter les plus perceptibles dans la pratique de la gouvernance locale propre à chacun de ces deux États. Le transfert des compétences sans transfert de moyen (1) sera dans cet esprit abordé avant la mise en concurrence des communes (2).

1) Le transfert de compétences sans transfert de moyens

Le transfert des compétences étatiques aux communes qui constitue la condition essentielle et existentielle de la décentralisation, et partant du développement local ne va pas sans condition. En effet, la densité des affaires à régler par les communes ne pouvant pas s'effectuer sans ressources utiles, les législateurs camerounais et congolais ont à l'identique escorté le principe du transfert des compétences d'un principe de transfert des ressources nécessaires à leur exercice. Le droit congolais de la décentralisation de 2003 organise ce principe sans

[37] La loi n° 10-2003 du 6 février 2003 portant transfert des compétences aux collectivités locales.

ambiguïté : « Tout transfert de compétence doit s'accompagner du transfert concomitant des ressources et des charges correspondantes ainsi que du transfert des services, des biens meubles et immeubles et, le cas échéant, du transfert du personnel correspondant »[38]. Dans la même veine, le législateur camerounais prévoit que « tout transfert de compétence à une collectivité territoriale s'accompagne du transfert, par l'état à celle-ci, des ressources et moyens nécessaires à l'exercice effectif de la compétence transférée »[39]. Les législations des deux États organisent sans ambages le couple transfert de compétences/transfert de ressources. Le principe ainsi articulé de manière fort suffisante subit cependant les affres des Gouvernements camerounais et congolais.

En République du Congo, en effet, l'actualité récente fait état d'un mécontentement général des communes du fait du transfert des compétences sans transfert des moyens utiles à leur exercice. Afin de manifester contre ce choix gouvernemental contraire aux exigences du développement local, les mairies de Ouesso, dans la Sangha, Mossendjo et Dolisie dans le Niari, Nkayi, dans la Bouenza, sont en grève depuis le 9 juillet dernier. La cause de cette crise est l'absence de reversement des impôts locaux collectés des communes par l'État. Jusque-là épargnée, la mairie de Brazzaville est aussi entrée dans ce mouvement de grève[40].

Les communes camerounaises ne sont pas à l'abri de cette technique d'obstruction de l'exercice des compétences transférées aux communes. Les données pratiques relevées trahissent une paralysie globale de plusieurs communes camerounaises du fait du défaut de transfert des ressources et moyens devant accompagner le transfert de compétences. Des mois de salaires non payés, des projets non réalisés ou interrompus en cours d'exécution constituent le mal être de plusieurs communes camerounaises auxquelles les administrations centrales ont transféré les compétences sans transfert de ressources et de moyens nécessaires à leur réalisation. Outre cette technique d'obstruction

---

[38] Article 13 de la loi n° 9-2003 du 6 février 2003 fixant les orientations fondamentales de la décentralisation.

[39] Article 21 de la loi camerounaise n° 2019/024 du 24 décembre 2019 portant Code général des Collectivités territoriales décentralisées.

[40] Questionné à l'issue des travaux visant à résoudre cette crise, le maire de la commune de Dolisie a affirmé : *« Nous osons croire qu'avec les pistes de solutions proposées par le chef du gouvernement, les mairies vont reprendre le fonctionnement tant souhaité par le chef de l'État »*,

généralement utilisée pour neutraliser le développement local invité à la base, figure la mise en concurrence des communes avec l'État.

2) La mise en concurrence des communes avec l'État dans l'exercice des compétences transférées

En Afrique, les administrations ont été considérées, depuis les indépendances en 1960, beaucoup plus comme des administrations de souveraineté que comme des administrations de gestion voire de développement. Il s'agissait exactement de la conception de l'administration bâtie sur « la primauté de l'ordre public »[41]. Aujourd'hui, les lignes ont quelque peu bougé et l'administration se présente comme « le théâtre d'une différenciation des structures administratives »[42] laissant place à des entités bénéficiant d'un transfert de certaines compétences autrefois exclusivement étatiques.

À l'épreuve de la pratique, le principe de l'exercice exclusif des compétences transférées aux communes prête le flanc à des limitations étatiques étouffantes. Si l'esprit animant ces restrictions, ou mieux des dérogations, du principe d'autonomie des collectivités locales a un fondement légal certain[43], il en va différemment des dérives auxquelles il conduit. En effet, « la faible qualification du personnel recruté par les communes »[44] est de nature à susciter très souvent l'intervention de l'État pour assurer un meilleur exercice des compétences transférées aux communes. Cependant, ces intrusions étatiques ne sauraient suivant l'esprit des législations congolaises et camerounaises en constituer la règle ; elles doivent constituer l'exception.

L'exercice réel des compétences transférées aux communes congolaises et camerounaises révèle cependant une inversion entre le principe et sa dérogation possible. L'exclusivité des actions des communes dans le périmètre des compétences à elles transférées, tel que suggéré par le principe fort de l'autonomie des collectivités locales, tend au regard des réalités camerounaises et congolaises à devenir le

---

[41] MBARGA NYATTE (D.), « Évolution du droit administratif camerounais », *op. cit.*, p. 209.

[42] NLEP NLEP (R.-G.), *L'administration publique camerounaise : contribution à l'étude des systèmes africains d'administration publique, op. cit.*, p. 26.

[43] Le fondement le plus important est la protection et le respect de la légalité républicaine de l'État dans sa forme unitaire.

[44] KOUOMEGNE NOUMBISSI (Hilaire), *Décentralisation et centralisation au Cameroun. La répartition des compétences entre l'État et les collectivités locales, op. cit.*, p. 244.

véritable principe. Plus exactement, les Gouvernements de ces deux États voisins font très souvent recours aux arguments « d'intérêt national supérieur » pour reprendre d'une main ce qu'ils ont donné d'une autre main, aux communes.

En effet, l'articulation du principe d'exercice des compétences transférées aux communes tel qu'elle ressort des droits camerounais et congolais de la décentralisation admet bien, sous certaines conditions, des hypothèses d'écart de la règle au profit de sa dérogation. C'est ce levier juridique qui est très souvent activé par les Gouvernements du Cameroun et du Congo pour marquer leur omniprésence dans la vie des communes. Cette ingérence étatique dans l'exercice des compétences déjà transférées est davantage renforcée par l'exigence d'approbation préalable du représentant de l'État que commande la tutelle sur les entités décentralisées. Cette possible reprise des compétences transférées aux communes par les administrations étatiques laisse planer sur celles-ci une épée de Damoclès, qui à n'importe quel instant pourrait étouffer l'exercice exclusif des compétences communales. L'axe fondamental de la promotion du développement, de la démocratie et de la bonne gouvernance au niveau local que constitue la décentralisation est incompatible avec de telles dérives[45].

Conclusion

Au total, la décentralisation qui est en marche[46] reste pour l'heure teintée par « l'allure ornementale »[47] du principe de l'exercice exclusif des compétences transférées aux collectivités territoriales décentralisées. Ce principe de l'exercice exclusif des compétences transférées aux communes tel qu'il est articulé en droits camerounais et congolais de la décentralisation mérite à l'examen des améliorations structurelles. Si l'affirmation du principe d'autonomie duquel il est déduit en droit

[45] HOND (J.-T.), « État des lieux de la décentralisation territoriale au Cameroun », *op. cit.*, p. 102.

[46] MANGA ZAMBO (E.), « La décentralisation dans le paysage administratif au Cameroun », in ONDOA (M.) (dir.), *L'administration publique camerounaise à l'heure des réformes, op. cit.*, p. 116.

[47] ABA'A OYONO (J.-C.), « L'insécurité juridique en matière constitutionnelle. Questionnement sélectif sur l'articulation et la pratique constitutionnelles au Cameroun », in in KAMTO (M.), DOUMBE BILLE (S.) et METOU (B.-M.), (dir.) *Regards sur le droit public en Afrique, Mélanges en l'honneur du Doyen Joseph-Marie Bipoun Woum, op. cit.*, p. 64.

congolais et sa consécration explicite en droit camerounais[48] ne manquent pas de pertinence, ledit principe reste tout de même perfectible. Une réorganisation textuelle plus favorable à la libre administration des communes congolaises et camerounaises s'avère nécessaire pour permettre réellement à ces dernières de jouer le rôle qui est le leur dans la construction du développement local. L'articulation en traits interrompus de ce principe de l'exclusivité d'exercice des compétences transférées aux entités communales est d'abord perfectible au niveau du choix des notions et expressions utilisées dans le régime juridique de dérogations au principe. Aux notions prêtant le flanc à la plasticité et à l'élasticité dans l'interprétation pourraient être subordonnées des notions au maniement et à l'appréhension plus aisés. Un tel toilettage juridique des dispositions relatives au transfert des compétences dévolues aux communes ne sera pas sans incidence sur sa mise en œuvre. En effet, les aspects formels et matériels du principe n'étant pas sans lien, toute amélioration des premières apportera une reculade des dérives observées dans les seconds.

Au-delà de ces suggestions favorables au développement local opéré par le bas, il reste en suspens une question non moins importante. Les personnels en service dans les communes maîtrisent-ils tous les tenants des compétences à elles transférées par l'État ? Le facteur de cette ingérence oppressante de l'État dans l'exercice des compétences transférées aux communes, camerounaises et congolaises, n'est-il pas à la vérité le peu de compétences des organes de ces dernières ? Seule une étude sur les conditions d'accès aux fonctions communales propres à ces États témoins nous parait apte à faire la lumière sur cette interrogation.

---

[48] Article 18 de la loi camerounaise n° 2019/024 du 24 décembre 2019 portant code général des collectivités territoriales décentralisées.

L'expérience sénégalaise des transferts de compétences

Sy Demba

Introduction

C'est en 1996, lors de la réforme de l'administration territoriale et locale appelée « régionalisation », que le système des transferts de compétences a été introduit dans le droit des collectivités territoriales au Sénégal. Prévus par la loi n° 96-06 du 22 mars 1996 portant Code des collectivités locales (JO du 20 mai 1996), les transferts de compétences sont organisés par la loi n° 96-07 du 22 mars 1996 portant transfert de compétences aux régions, aux communes et aux communautés rurales. Ce Code de 1996 a été remplacé en 2013 par la loi n° 2013-10 du 28 décembre 2013 portant Code général des Collectivités locales (JO du 28 décembre 2013) qui regroupe dans un même texte les dispositions du code des collectivités locales et celles de la loi portant transfert de compétences. Dans la foulée, une nouvelle réforme appelée « Acte III de la décentralisation » a été adoptée. La nouvelle loi supprime les régions et les communautés rurales et crée une nouvelle catégorie de collectivité locale : le département. Désormais, il n'y a plus que deux catégories de collectivités : les communes et les départements. Cependant la loi, en ses articles 278 à 328 constituant le livre II du Code général intitulé « Transfert de compétences », maintient intégralement les dispositions de la loi de 1996 portant transfert de compétences. Signalons qu'en 2016, une révision constitutionnelle est venue remplacer l'expression « collectivités locales » par celle de « collectivités territoriales ».

Désormais, en plus de leurs compétences générales en vertu desquelles les communes et les départements règlent par leurs délibérations leurs affaires propres (article 278 du CGCT), ces collectivités exercent des compétences qui leur sont transférées par l'État. L'objet du transfert est de confier aux départements et aux communes des compétences exercées jusqu'alors par l'État. Il s'agit, au fond, de déplacer la ligne frontière entre le « central » et le « local ». Le transfert de compétences constitue, depuis maintenant un quart de siècle, à la fois un volet important et l'élément le plus original de la politique de décentralisation. Il suit l'allègement des tutelles et l'élection de tous les élus locaux au suffrage universel. En tant qu'il signifie que des pouvoirs sont dévolus aux communes et aux départements, le transfert de compétences s'insère tout à fait logiquement dans le sillage du mouvement décentralisateur en cours depuis une soixantaine d'années au Sénégal.

L'objet de cette contribution est de revenir sur l'expérience des transferts de compétences au Sénégal. La nouveauté, la délicatesse et la complexité du processus de décentralisation en général et des transferts de compétence en particulier ont conduit les autorités à en faire des évaluations périodiques en 2001 et en 2007[1] (avant l'Acte III) aussi en 2013 et en 2019[2]. Aussi la doctrine s'est penchée sur les aspects juridiques, institutionnels et financiers des transferts et surtout sur leurs limites[3].

À partir de ces évaluations et études, on peut se poser les questions suivantes : le système de transfert de compétences, tel qu'il est organisé par le législateur sénégalais, est-il pertinent pour permettre à chaque collectivité territoriale de prendre en charge celles qui lui sont transférées ? Les compétences transférées ne sont-elles pas trop consistantes pour les collectivités territoriales ? Ces collectivités ont-elles la capacité nécessaire pour gérer les compétences transférées ? Quelles sont les difficultés de prise en charge au niveau local des domaines de compétence transférés, notamment celles de l'éducation, de la santé ou de l'environnement ? Faut-il transférer de nouvelles compétences aux collectivités locales ? Les ressources de collectivités locales au regard de la gestion des compétences transférées sont-elles suffisantes ? Quel est le système de compensation le plus pertinent pour assurer une gestion effective de toutes les compétences ? Quelles doivent être les relations entre les ministères à compétences transférées

---

[1] Rapport du Comité technique sectoriel portant sur « Décentralisation et gouvernance locale » du Programme intégré de réforme du secteur public de la Délégation au secteur public en octobre 2001 et Rapport général des Premières Assises sur la Décentralisation au Sénégal organisées par le ministère de la Décentralisation et des Collectivités locales en novembre 2007.

[2] Bilan-diagnostic sur les compétences transférées établi lors de la réforme de l'Acte III en septembre 2013 ; Rapport d'évaluation prospective de la première phase de l'Acte III de la Décentralisation produit par le ministère des Collectivités territoriales, du Développement et de l'Aménagement des territoires en novembre 2019.

[3] Voir DIAGNE (M.), *Droit administratif local,* IGS, 2003, 240 pages, spécialement pp. 124 à 169 et aussi *Droit des Collectivités locales*, 2007 ; DIEYE (A.) : « Cadre institutionnel, juridique et organisationnel de la décentralisation : les compétences transférées, état de mise en œuvre », in LEEURU, Revue sénégalaise du Développement local, de la décentralisation et de la bonne gouvernance, ns *La relance du développement local au Sénégal* sous la direction de Mayacine DIAGNE, L'Harmattan-Sénégal, 2011, p. 61 ; DIOUKHANE (A.), Les finances locales sénégalaises, L'Harmattan, 2018, 230 pages, spécialement, pp. 107 à 118.

et les collectivités territoriales ? Quels sont l'état du dispositif de formation des acteurs locaux et la capacité organisationnelle et de gestion des collectivités territoriales ? En définitive, ces compétences peuvent-elles contribuer au développement local ?

Il ne s'agira pas, dans cette contribution, de répondre à toutes ces questions, mais plus modestement d'analyser les difficultés et contraintes de l'application du principe de transfert des compétences aux différents niveaux de collectivités territoriales tant dans ses aspects institutionnels que du point de vue des moyens notamment financiers mis en œuvre pour sa réalisation. Ainsi, des pathologies du système des transferts seront établies (II) après une radioscopie de ce système (I).

I) Radioscopie du système des transferts de compétences

Le législateur sénégalais a déterminé le régime des transferts de compétence en posant les principes fondamentaux et les modalités des transferts, en énumérant des domaines de compétences et en prévoyant une compensation financière des charges résultant du transfert de compétences. On est en présence d'un système novateur et original de décentralisation des compétences (A) accompagné d'une compensation financière (B).

A) Décentralisation des compétences

Cette décentralisation se traduit d'une part par un partage des compétences transférées, d'autre part par la détermination des domaines de compétences transférées et enfin par un transfert de ressources et de moyens aux collectivités.

1) Partage des compétences transférées

L'observation du système de transfert des compétences permet de se rendre compte que ces compétences sont partagées avec l'État et entre collectivités.

D'abord, le partage de compétences avec l'État. Le premier effet des transferts est que les matières concernées ne relèvent plus de la collectivité qui était auparavant compétente. Les attributions abandonnées par l'État deviennent départementales et communales. Il s'agit d'une nouvelle donne, d'une redistribution des pouvoirs entre l'État et les collectivités. Mais ces compétences transférées ne sont que des pouvoirs supplémentaires qu'exercent les collectivités, car l'État n'a rien perdu. Il continue à être compétent dans les domaines transférés. De plus, selon le Code général, de façon plus spécifique, les collectivités partagent certaines compétences avec l'État. Il s'agit de l'administration et de l'aménagement du territoire, du développement économique, éducatif, social, sanitaire, culturel et scientifique, de la protection et la mise en valeur de l'environnement et de l'amélioration du cadre de vie (article 278 du Code général). Mais l'État conserve ses tâches de souveraineté (police, défense, monnaie, etc.), le contrôle de légalité des actes des collectivités territoriales, la coordination des actions de développement, la garantie de la cohésion et de la solidarité nationale ainsi que de l'intégrité du territoire (ceci afin d'éviter le développement de tendances centrifuges). Ainsi, les compétences des collectivités territoriales sont limitées d'une part par la nécessité de respecter l'unité et l'intégrité territoriale de l'État (cf. articles 1, 21, 30, 88, et 278 du CGCT) et d'autre part par le contrôle de tutelle, de légalité et budgétaire exercé sur elles. Dans le même sens, l'article 290 de la loi dispose, « *les transferts de compétences ne font pas obstacle à ce que les autorités de l'État puissent prendre à l'égard des collectivités locales, de leurs établissements publics et de leurs groupements les mesures nécessaires à l'exercice de leurs attributions en matière de défense civile ou militaire, conformément aux lois et règlements en vigueur* ». À ce titre, l'État dispose en tant que de besoin, des services des départements, des communes, de leurs groupements et de leurs établissements publics.

Ensuite, le partage de compétences entre collectivités territoriales. Selon l'article 280 du Code général, « *la répartition des compétences entre les collectivités locales s'effectue en distinguant celles qui sont dévolues aux départements et aux communes* ». Si la formule peut prêter à équivoque, l'idée qui est à la base est qu'aucune collectivité territoriale ne disposera exclusivement d'une compétence dans un domaine donné. Plus précisément, chaque collectivité territoriale dispose de compétences dans tous les domaines transférés. Le transfert par « bloc », c'est-à-dire le transfert selon lequel l'État renonce partiellement ou totalement à l'exercice lui-même de ses compétences dans des domaines déterminés au profit d'une catégorie de collectivité, n'a pas été retenu. Certainement parce que la dévolution de compétences à un seul niveau de collectivité est souvent difficile à réaliser en raison de l'enchevêtrement des pouvoirs appartenant aux deux niveaux de collectivités. Par conséquent, il n'a donc pas été choisi le système qui spécialise chaque niveau de collectivité dans des domaines qu'elle est, par sa vocation et ses ressources, plus apte à exercer.

L'option du législateur sénégalais a donc été de transférer les mêmes domaines de compétences aux différentes catégories de collectivités territoriales. Le reproche qui pourrait être formulé serait que les domaines d'intervention de ces deux ordres de collectivités locales se caractérisent plus par leur horizontalité que par leur verticalité. En effet, tous les domaines de compétences étant partagés entre les deux catégories de collectivités territoriales, il n'y a pas d'articulation entre les différentes compétences transférées dans un même domaine. L'État pourra éprouver des difficultés à répartir les compétences entre les collectivités territoriales.

Au surplus, la lecture des domaines de compétences définis par le Code général des Collectivités territoriales pour chacun des ordres de collectivités territoriales révèle des redondances dans certains de leurs aspects et n'est pas déterminée de manière à assurer une cohérence et une complémentarité de leurs actions. D'où l'existence de possibles conflits liés à l'ingérence de certaines collectivités dans les compétences d'autres. Il en est ainsi, entre autres, en matière d'éducation, d'alphabétisation, de promotion des langues nationales et de la formation professionnelle. En d'autres termes, les clairs-obscurs de la loi peuvent conduire à des empiétements d'une collectivité territoriale sur les compétences d'une autre collectivité territoriale. C'est plus particulièrement le cas des villes qui sont des regroupements de communes et des communes de droit commun. Or l'article 15 du CGCT pose le principe de la prohibition des tutelles en prévoyant que « *les collectivités locales sont d'égale dignité. Aucune collectivité locale ne peut établir ni exercer de tutelle sur une autre collectivité locale* ». De même, selon l'article 279 du CGCT, « *les transferts de compétences prévus par la présente loi ne peuvent autoriser une collectivité locale à établir ou à exercer une tutelle sur une autre* ». Il s'agit par-là d'interdire à l'avance tout mécanisme par lequel une collectivité puissante et riche contrôlerait une collectivité faible et pauvre.

Mais les collectivités territoriales peuvent entretenir des relations fonctionnelles et de coopération en vue de la promotion et de la coordination des actions de développement dans des domaines spécifiques (cf. art. 16 du CGCT). Elles peuvent ainsi créer des groupements. Dans ce cas, si les organes délibérants des collectivités en décident, c'est le groupement qui exerce les compétences transférées. Les collectivités peuvent également s'associer pour l'exercice des compétences d'intérêt commun, en créant des organismes publics de coopération. Enfin, les collectivités territoriales peuvent établir entre elles des conventions par lesquelles l'une d'elles s'engage à mettre à la disposition d'une autre ses services et moyens afin de faciliter à cette dernière l'exercice de ses compétences. Force est alors d'admettre que le principe selon lequel il n'existe pas de tutelle entre collectivités ne semble pas compatible avec la multiplication des cadres de concertation et de coopération entre collectivités de niveau et de vocation différents.

2) Champ des transferts

Le titre II du Livre II du CGCT a repris les neuf domaines de compétences qui étaient prévus par loi n° 96-07 du 22 mars 1996 sur les transferts de compétences. Mais, en réalité, ce ne sont pas des domaines qui sont transférés, mais des compétences dans des domaines bien déterminés puisque l'État demeure toujours compétent dans ces domaines.

Ces domaines de compétences peuvent être regroupés en deux catégories. La première catégorie regroupe les domaines d'action économique. Il s'agit de la gestion et de l'utilisation du domaine privé de l'État, du domaine public et du domaine national ; de l'environnement et de la gestion des ressources naturelles ; de la planification ; de l'aménagement du territoire, de l'urbanisme et de l'habitat. Quant à la deuxième catégorie, elle concerne les domaines d'action, de développement éducatif, culturel et sanitaire. Il s'agit de la jeunesse, des sports et des loisirs ; de la culture ; de l'éducation, de l'alphabétisation, de la promotion des langues nationales et de la formation professionnelle ; de la santé, de la population et de l'action sociale.

Avec les neuf domaines de compétences transférés, les collectivités territoriales sont désormais responsabilisées dans la promotion du développement local ainsi que dans la construction d'une dynamique de gouvernance locale impliquant tous les acteurs significatifs du territoire.

Cependant, le nombre de compétences transférées a toujours été jugé insuffisant par les élus qui réclament un renforcement des compétences en matière économique. C'est le cas de certains domaines relatifs au développement local comme l'agriculture, l'élevage, la pêche, le tourisme et l'hydraulique villageoise rurale. Pourtant, l'agriculture et l'élevage auraient pu être transférés à l'époque aux communautés rurales comme d'ailleurs aujourd'hui aux communes rurales pour, par exemple, favoriser l'agro-pastoralisme dans la vallée du fleuve Sénégal et aussi permettre la participation des communautés de base (éleveurs et agriculteurs) à l'élaboration des textes et des schémas et plans d'aménagement du territoire ainsi qu'aux actions de développement de leur terroir en matière d'hydraulique pastorale. On pourrait dire de même pour la pêche qui relève encore de l'État, alors que dans certaines communes les activités halieutiques pourraient générer la perception de taxes importantes. La même observation peut être faite pour le tourisme qui pourrait permettre aux communes rurales de tirer profit des gains réalisés par les campements touristiques et les villages de vacances. La fixation d'une taxe sur le prix de la chambre pourrait, par exemple, être envisagée. Ainsi, il est regrettable que certaines communautés qui ont des conditions climatiques favorables, des sites historiques ou des spécificités socioculturelles accueillent une infrastructure touristique sans y gagner directement.

C'est d'ailleurs pourquoi le législateur a prévu que, dans le cadre de la deuxième phase de l'Acte III, d'autres compétences seront progressivement transférées aux collectivités territoriales par la loi. Dans la même perspective, le Rapport d'évaluation de la première phase de l'Acte III de la Décentralisation recommande de transférer de nouvelles compétences aux collectivités territoriales dans les domaines de l'agriculture, de la pêche, de l'élevage et de la production animale, de l'hydraulique et de l'assainissement et du tourisme. Il a aussi, par ailleurs, recommandé que la gestion des ordures soit restituée aux collectivités. De manière plus générale, le rapport préconise une nouvelle répartition de toutes les compétences (anciennes et nouvelles) entre l'État et chaque ordre de collectivité territoriale.

3) Transfert de moyens et de ressources

Concernant les modalités des transferts, le code prévoit que les transferts de compétences par l'État doivent être accompagnés au moins du transfert concomitant aux départements et aux communes des moyens et des ressources nécessaires à l'exercice normal de ces compétences. Le transfert des ressources financières constituant l'aspect le plus important de ce transfert sera étudié à part. Seuls seront présentés le transfert des moyens humains, l'utilisation par les collectivités des services de l'État et le transfert des moyens patrimoniaux.

Il y a d'abord le transfert de moyens humains. L'État met à la disposition des collectivités territoriales les fonctionnaires et agents dont elles ont besoin dans l'accomplissement de leur mission. C'est le ministre chargé des Collectivités territoriales qui les affectent pour servir dans les départements et les communes. Les personnels sont régis soit par le statut de la fonction publique territoriale (loi n° 2011-08 du 30 mars 2011 portant statut général des fonctionnaires des collectivités territoriales, JO samedi 16 juillet 2011), soit par celui de la fonction publique de l'État, soit par des textes législatifs ou réglementaires spécifiques.

Il y a ensuite l'utilisation des services de l'État. Les services déconcentrés de l'État se trouvant sur le territoire des collectivités peuvent être utilisés par celles-ci. Des conventions passées entre le représentant de l'État et le Président du Conseil départemental ou le maire déterminent les conditions d'utilisation de ces services par les collectivités territoriales. Ces conventions sont établies suivant des modèles-types fixés par décret. Le président du Conseil départemental et le maire donnent, dans le cadre de ces conventions, toutes instructions nécessaires pour l'exécution des tâches qu'ils confient auxdits services. Ils contrôlent l'exécution de ces tâches.

Il y a enfin le transfert de moyens patrimoniaux selon le code général, à l'exception des biens appartenant au domaine public, le transfert d'une compétence entraîne, de plein droit, la mise à la disposition de la collectivité territoriale bénéficiaire de l'ensemble des biens meubles et immeubles utilisés, à la date de ce transfert, pour l'exercice de cette compétence. L'État mettra ainsi à la disposition de la collectivité territoriale bénéficiaire de l'ensemble des biens du domaine privé et des terres du domaine national pour l'accomplissement de sa mission. Ce transfert est constaté par un décret de dévolution, au vu d'un procès-verbal établi contradictoirement entre les représentants de l'État et les autorités exécutives locales.

Pour chacun des neuf transferts opérés, la mise en application de la décision du législateur va nécessiter l'adoption de nombreux décrets, arrêtés et circulaires fixant par exemple la date du transfert, les modalités de mise à disposition des services de l'État concernés, etc.

B) Compensation financière des charges des transferts

Le législateur a, d'une part, défini les principes de la compensation (1) et, d'autre part, déterminé les modalités de la compensation (2).

1) Principes de la compensation

Il s'agit, en premier lieu, du principe d'équivalence. Les charges financières résultant pour chaque département ou commune des transferts de compétences définies par le présent code font l'objet d'une attribution par l'État de ressources d'un montant au moins équivalent auxdites charges. Plus précisément, les ressources attribuées sont au moins équivalentes aux dépenses effectuées par l'État, pendant l'année précédant la date du transfert des compétences.

Il y a ensuite le principe de complémentarité selon lequel, les ressources nécessaires à l'exercice par les collectivités territoriales de leurs compétences leur sont dévolues soit par transfert de fiscalité, soit par dotation, soit les deux à la fois (l'article 281). Dans les faits, les charges sont compensées par le transfert d'une dotation équivalant à un pourcentage de la taxe sur la valeur ajoutée perçue par l'État.

En troisième lieu, le principe de l'intégralité. La loi prévoit un transfert intégral des moyens et ressources.

En quatrième lieu, le principe de la simultanéité. Les transferts de compétences doivent être accompagnés du transfert concomitant par l'État des ressources nécessaires.

Il y a enfin le principe de l'évaluation préalable. Les charges liées aux transferts font l'objet d'une évaluation préalable. Toute charge nouvelle devrait être compensée. L'État doit combler les déficits éventuels (article 282).

2) Modalités de la compensation

La compensation se fait principalement à travers le Fonds de Dotation de la Décentralisation (FDD). Mais les textes prévoient deux autres fonds qui sont susceptibles de permettre aux collectivités d'exercer correctement leurs compétences. Il s'agit du Fond d'Équipement des Collectivités territoriales (FECT) et du Fonds de Péréquation et d'Appui aux Collectivités locales (FAPCL).

a) Modalité principale : le Fonds de Dotation de la Décentralisation

La dotation globale de décentralisation constitue l'instrument principal dans les rapports entre l'État et les collectivités territoriales. Nous verrons dans un premier temps la constitution et du fond et dans un second temps la répartition du Fonds.

Concernant la constitution du Fonds, il faut souligner qu'il est créé par la loi de finances et régi par les articles 324 à 327 du CGCT. Il sert, d'une part, à faire face aux charges résultant du transfert de compétences et, d'autre part, à assurer le fonctionnement des organes du département qui ne dispose pas de ressources propres en attendant la mise en place d'une fiscalité locale rénovée.

Le Fonds reçoit une dotation équivalente à 3,5 % de la TVA perçue au profit du budget de l'État de la dernière gestion connue. Ce pourcentage est modifié dans le sens d'une hausse progressive, à chaque fois que de besoin, compte tenu des compétences des collectivités territoriales.

Quant à la répartition du Fonds, elle se fait sur la base de critères fixés et modifiés par décret, chaque fois que de besoin, après avis du Conseil national de Développement des Collectivités territoriales (CNDCT). En fonction des compétences transférées progressivement par la loi, le Conseil national propose les critères de répartition du Fonds de dotation entre les parts réservées respectivement aux départements, aux villes et aux communes de droit commun, ainsi que le prélèvement effectué en faveur des autorités déconcentrées de l'État pour les activités de leurs services mis à la disposition des collectivités territoriales. Selon l'article 325 du Code général des Collectivités territoriales, chaque critère est affecté par le Conseil d'un taux en pourcentage intervenant dans la répartition du fonds.

Trois critères de répartition sont retenus : d'abord, un critère de compensation qui répartit une part du fonds aux différentes catégories de collectivités pour la prise en charge des coûts des transferts de compétences. La dotation ne peut être inférieure à 70 % de l'enveloppe globale ; ensuite, un critère de fonctionnement pour la prise en charge de certaines dépenses comme le fonctionnement des services propres des départements ou les indemnités des maires et présidents de départements. La dotation correspondante ne peut être supérieure à 25 % de l'enveloppe globale ; enfin, le critère d'appui aux services de l'État qui accompagnent les collectivités territoriales dans l'exercice de leurs missions. La dotation correspondante ne peut être supérieure à 5 % de l'enveloppe globale. Le prélèvement effectué pour les services déconcentrés de l'État figure chaque année dans l'arrêté conjoint du ministre chargé des Collectivités territoriales et du ministre chargé des Finances.

Pour la part revenant aux collectivités territoriales, la répartition se fait en deux temps : d'abord, une répartition entre, d'une part, les catégories de collectivités territoriales. Ensuite, une répartition à l'intérieur de chaque catégorie. Le Conseil national propose les critères de répartition des parts réservées aux collectivités territoriales selon leurs caractéristiques propres.

La dotation effective de chaque collectivité territoriale, à partir des critères établis selon la procédure ci-dessus indiquée, est effectuée par arrêté conjoint du ministre chargé des Collectivités territoriales et du ministre chargé des Finances en application du décret fixant les critères de répartition. Cet arrêté pris, après avis du Conseil national de

Développement des Collectivités territoriales, constate pour les collectivités territoriales et pour l'État, à chaque étape du transfert des compétences, le montant des dépenses résultant des accroissements et diminutions de charges. La modification par l'État, par voie réglementaire, des règles relatives à l'exercice des compétences transférées créant des charges nouvelles aux collectivités territoriales entraîne une compensation soit par un versement approprié au Fonds de Dotation de la Décentralisation soit par d'autres ressources fiscales suivant des modalités définies par la loi. Mention doit en être faite par l'acte réglementaire.

Enfin, les dotations des collectivités territoriales leur sont affectées globalement. Selon le juge, l'affectation globale doit être comprise comme étant la totalité des compensations. Par conséquent, le conseil municipal n'a pas le pouvoir de modifier la répartition du fonds de dotation qui constitue une compensation des charges transférées aux collectivités (CE 27 janvier 2000 Le Maire de la commune de Dagana c/État du Sénégal, Bulletin des Arrêts du Conseil d'État n° 2, année 2000 p. 13). Cependant, les dotations peuvent être contestées par les collectivités territoriales (voir CS 26 mai 2017 La commune de Mermoz Sacré-Cœur C/État du Sénégal, Bulletin des Arrêts de la Cour Suprême, n° 13-14, p. 232). Mais dans les cas où l'insuffisance des ressources financières des collectivités territoriales risque de compromettre la réalisation et l'exécution des missions des services publics, l'État peut intervenir par l'octroi de dotations spéciales aux collectivités territoriales concernées.

b) Autres modalités de transferts financiers de l'État

Il s'agit de deux fonds qui ne sont pas à proprement parler des mécanismes de compensation des compétences transférées : le Fonds d'Équipement des Collectivités locales (FECL), devenu Fonds d'Équipement des collectivités territoriales prévu à l'article 328 du Code général dans la partie consacrée au Fonds de Dotation et le Fonds de Péréquation et d'Appui aux Collectivités locales (FPACL) prévu dans le Code minier.

Premièrement, le Fonds d'Équipement des Collectivités territoriales (FECT). Un fonds, destiné à assurer aux collectivités des ressources d'investissement et alimenté par les recettes générales de l'État, avait été créé par l'article 5 de la loi n° 77-67 du 4 juin 1977 portant loi de finances pour l'année financière 1977-1978 sous la forme d'un compte d'affectation spéciale alimenté par le produit des centimes additionnels à la taxe sur le chiffre d'affaires. Il s'agissait à travers ce fonds d'accorder des prêts sans intérêts aux collectivités locales. Par la suite, ce fonds a été pris en compte par le budget général de l'État et particulièrement par le budget consolidé d'investissement (BCI). Actuellement, l'article 328 du Code général des Collectivités territoriales prévoit un Fonds d'Équipement des Collectivités locales qui reçoit une dotation équivalant à 2 % de la Taxe sur la Valeur ajoutée (TVA) perçue au profit du budget de l'État de la dernière gestion connue. Ce pourcentage est modifié dans le sens d'une hausse progressive, à chaque fois que de besoin, compte tenu des compétences des collectivités territoriales. Les dotations du Fonds ne sont pas attribuées globalement.

Le Fond est réparti, chaque année, sur la base du principe de la solidarité nationale, par un arrêté conjoint du ministre chargé des Finances et du ministre chargé des Collectivités territoriales entre les différents ordres de collectivités territoriales et au sein de chaque ordre.

Les modalités de répartition de ces dotations sont fixées après avis du Conseil national de Développement des Collectivités territoriales.

Selon la doctrine[4], le Fond d'Équipement connaît au moins trois limites : l'absence de critères objectifs présidant à la répartition des dotations entre les collectivités territoriales, la faiblesse des dotations versées aux collectivités territoriales et l'absence de suivi de l'utilisation des montants déjà alloués.

C'est pourquoi l'article 328 du Code général a été modifié par la loi n° 2018-16 dont le décret d'application n° 2018-1250 du 6 juillet 2018 fixe les nouvelles modalités d'allocation et les critères de répartition du FECT.

Deuxièmement, le Fonds de Péréquation et d'Appui aux Collectivités locales. Ce fonds est créé par la loi n° 2003-36 du 24 novembre 2003 portant Code minier. Il est repris par le nouveau Code minier de 2016 (loi n° 2016-32 du 8 novembre 2016 et son décret d'application n° 2017-45 du 20 mars 2017) selon lequel *« une partie des ressources fiscales provenant des opérations minières est versée dans un fonds de péréquation destiné aux collectivités territoriales ».* Le fonds est exclusivement dédié à l'équipement des collectivités territoriales. Il est alimenté par un prélèvement à hauteur de 20 % des redevances minières avec deux composantes : une dotation de péréquation et une dotation d'appui aux collectivités situées dans les zones minières. Mais ces dispositions ne sont pas effectivement appliquées. C'est pourquoi le

[4] DIOUKANE (A.), *Les finances locales sénégalaises*, *op. cit.*, pp. 113 et s.

Rapport d'Évaluation de la Première Phase de l'Acte III de la Décentralisation de novembre 2019 préconise la mise à disposition aux collectivités territoriales des recettes et redevances minières du Fonds collectées de 2009 à 2015 et de donner compétence aux CNDCT pour répartir ces ressources.

N. B : Il existe d'autres ressources susceptibles de permettre aux collectivités d'exercer leurs compétences. Il s'agit, d'une part, des ressources fiscales des communes, d'autre part de la contribution économique locale qui remplace la patente et qui est alimenté par une première contribution assise sur la valeur locative des locaux servant à l'exercice des professions imposables et une seconde sur la valeur ajoutée et enfin du budget consolidé d'investissement limité à l'éducation et à la santé et qui est appelé à la généralisation. Il faut ajouter à cela que les collectivités peuvent trouver d'autres ressources, notamment dans la coopération décentralisée et dans le partenariat public-privé.

II) Pathologie des compétences transférées

Le système de transfert de compétences comporte de nombreuses limites déjà relevées par la doctrine, par l'administration et par les spécialistes de la décentralisation. Deux catégories de limites nous paraissent essentielles. Il s'agit des limites de la compensation financière (A) et des limites liées à l'exercice par les collectivités de leurs compétences transférées (B).

A) Limites de la compensation financière

La compensation des charges destinées aux domaines de compétences transférées n'est pas correctement assurée. C'est parce que le Fonds de dotation de la décentralisation, le principal mécanisme de compensation des charges de transferts présente quatre insuffisances notoires : son enveloppe est jugée très largement insuffisante (1) et sa répartition n'obéit à aucun principe pertinent (2). De plus, les coûts des charges ne font pas l'objet d'une évaluation préalable (3) et les fonds sont tardivement mis à disposition (4).

1) Insuffisance des montants

L'objet des dotations de l'État est de fournir une base de ressources régulières aux collectivités. Mais on note un écart considérable entre les dotations financières et les charges induites des dites compétences. L'inadéquation entre les ressources et les compétences transférées constitue une des préoccupations majeures des acteurs de la décentralisation. En effet, tout le monde s'accorde sur la modicité des fonds transférés qui ne couvrent ni l'intégralité des compétences transférées dans les neuf domaines ni, pour les compétences dotées, l'intégralité des besoins. Le législateur sénégalais a lui-même reconnu qu'*à la pratique, il s'est avéré que les dysfonctionnements constatés dans le transfert de ces deux fonds (FDD et FECL) aux collectivités locales ne leur permettent pas de bien prendre en charge les compétences et missions qui leur sont confiées* (exposé des motifs de la loi n° 2007-07 du 27 février 2007). En outre, les ressources d'accompagnement des transferts de compétences ne répondent pas à une préoccupation financière d'ensemble en raison de la faiblesse de la part du budget national réservée au Fonds de dotation.

Plus particulièrement, quelle que soit la catégorie de collectivité concernée, le problème de l'indigence financière constitue la plus grande hypothèque pesant sur l'exercice effectif des compétences transférées. Celles allouées aux départements sont loin de répondre à cette préoccupation. Ces derniers souffrent de l'absence de territoires et de ressources propres. Ils fonctionnent essentiellement avec les ressources allouées par l'État à travers le Fonds de dotation et celles tirées de la coopération décentralisée. De plus, la part de la dotation de l'État réservée à la compensation des charges transférées aux départements est inadaptée, car étant statique dans son montant et limitée aux seuls besoins des organes départementaux. Il faut ajouter à cela que les départements ne disposent pas de fiscalité propre, ce qui d'ailleurs constitue une entorse au principe de libre administration des collectivités territoriales. Certes, les communes disposent de ressources propres, mais elles sont pour l'essentiel insuffisantes si bien qu'elles aussi vivent aux crochets de l'État. En effet, elles sont confrontées à des problèmes structurels tels que l'atonie de la fiscalité locale en termes de déficit, de mobilisation, de recouvrement, de gestion transparente. Tout cela traduit la forte dépendance des collectivités territoriales au financement de l'État d'autant plus que l'utilisation des ressources n'est pas toujours efficiente et que leur budget est caractérisé par la prédominance des dépenses de fonctionnement sur celles liées à l'investissement. Par ailleurs, le système de globalisation de la dotation repose sur une délocalisation de la ressource qui semble aller à contre-courant d'une véritable décentralisation financière du fait de l'automaticité des concours de la puissance publique et de la dépendance des collectivités à l'égard de l'État. En outre, la globalisation n'a pas permis de mettre en place un système de péréquation à plusieurs niveaux. D'où une absence de solidarité entre collectivités.

À cela, il faut ajouter une baisse de la dotation « compensation » du FDD depuis 2008 au profit de la dotation « fonctionnement ». Ce qui entraîne une diminution graduelle de la couverture des charges transférées. Au surplus, l'augmentation des charges induites par le nombre pléthorique de personnel redéployé ou recruté (santé, éducation, état civil) et des dépenses permanentes de fonctionnement renforce les déficits budgétaires des collectivités.

En conséquence, l'insuffisance des ressources financières avec son corollaire, le sous-équipement infrastructurel, constitue un des problèmes les plus aigus que vivent les collectivités territoriales dans leur écrasante majorité.

Pour remédier à cette situation, il a d'abord été proposé de réformer les modalités d'alimentation et de répartition du FDD et du FECT. C'est ainsi que le législateur a adopté la loi n° 2007-07 du 27 février 2007 modifiant les articles 58, 60 et 63 de la loi n° 96-07 portant transfert de compétences aux régions, aux communes et aux communautés rurales. La nouvelle loi, comme nous l'avons déjà indiqué, fixe la dotation du FDD à 3,5 % de la TVA perçue au profit du budget de l'État de la dernière gestion connue et prévoit que ce pourcentage est modifié, à chaque fois que de besoin, compte tenu de l'évolution des transferts de compétences. De même, la loi dispose que les critères de répartition du FDD sont fixés et modifiés par décret, à chaque fois que de besoin, après avis du CNDCL. Le CGCT a repris ces dispositions en ses articles 324 à 327.

Ensuite, d'une manière générale, on note un effort des autorités tendant à augmenter les montants du Fonds de Dotation. On est passé de 4 889 537 000 F CFA en 1997 à 22 408 000 000 F CFA en 2016. Plus particulièrement, le FDD est passé en 2012 de 16,8 milliards de FCFA à 24 milliards en 2019 alors que pour le FECT c'est respectivement 12,5 milliards et 25,6 milliards de FCFA. Il faut ajouter qu'en 2021, le montant cumulé du FDD et du FECT est de 53,167 milliards contre 48,896 milliards de F CFA en 2020.

Malgré tout, les montants demeurent faibles. C'est pourquoi, en 2019, le rapport d'évaluation de la première phase de l'Acte III de la décentralisation proposait d'affecter 20 % de la TVA au FDD et 10 % au FECT.

Enfin, une étude portant sur le FDD a été validée en octobre 2021. Elle préconise, entre autres, d'en augmenter le volume financier et de définir des critères objectifs et transparents de répartition.

2) Répartition inadéquate des fonds

Les observateurs ont noté le caractère peu pertinent des critères de répartition du Fonds de Dotation et une opacité dans la répartition des concours financiers qui conduisent à la multiplicité des bénéficiaires autres que les collectivités territoriales. Ainsi, en ont bénéficié pour l'année 2015 les services déconcentrés de l'État, des structures comme les Agences Régionales de Développement (ARD), l'Agence de Développement local (ADL), l'Agence nationale de Sécurité de Proximité (ANSP), des associations d'élus comme l'Association des Présidents de départements (APD), l'Association des Maires du Sénégal (AMS), l'Union des Associations d'Élus locaux (UEAL) et même l'Intersyndicale des travailleurs des Collectivités territoriales. Il s'en est suivi une dispersion des ressources du fonds au détriment des collectivités qui souffrent déjà de l'insuffisance de leurs ressources fiscales. De surcroît, cette répartition ne respecte pas les dispositions de l'article 321 du CGCT qui ne prévoient, en dehors des collectivités territoriales, que les autorités déconcentrées qui, à travers leurs services, mettent à la disposition des collectivités territoriales des moyens matériels et humains.

3) Absence d'évaluation des coûts des charges

Le constat unanime est que l'écart entre les besoins et les ressources allouées n'a jamais été adossé à un chiffrage précis résultant d'inventaires physiques du patrimoine des collectivités territoriales (niveau d'équipement, besoin en entretien, maintenance annuelle, besoins en médicaments, fournitures, etc.) et à l'évaluation des ressources annuelles à affecter à la satisfaction de ces besoins. Autrement dit, les dotations financières sont accordées sur la base d'estimation ne tenant pas compte de la réalité physique et des spécificités du territoire. Par conséquent, le taux de 3,5 % retenu pour le FDD est donc un taux estimé ne reposant pas sur une évaluation précise domaine par domaine, tel que le prévoit le CGCT. Si ce taux a indéniablement contribué à l'augmentation du FDD annuel par rapport aux exercices précédents, il ne donne aucune assurance que les besoins seront entièrement couverts à partir de ces 3,5 % de la TVA collectée.

C'est pourquoi le rapport d'évaluation de la première phase de l'Acte III de 2019 préconise une réforme du CNDCT prévoyant, entre autres, la création d'un comité d'évaluation des charges des compétences transférées.

4) Retard préjudiciable dans la mise en place des fonds

Ce retard dans la mise à disposition de fonds s'explique, d'une part, par la longueur des procédures nécessitant, chaque année, le recours à un décret reproduit à l'identique, année après année, depuis 1997 et d'autre part par la sortie tardive des arrêtés de répartition. La conséquence en est l'imprévisibilité, pour chaque collectivité territoriale, du montant qui lui sera alloué, la notification n'intervenant qu'en pleine année budgétaire, ce qui aboutit à une mise en place tardive des fonds de dotation. C'est pourquoi, à l'unanimité, les collectivités dénoncent le fait que les ressources du fonds leur proviennent très tard vers les mois de juillet ou août, ce qui limite leur gestion à 4 ou 5 mois. Malgré tous les efforts, l'État tarde à assurer la concomitance entre les compétences transférées et les ressources mises à disposition.

Au total, il y a un déséquilibre entre les charges liées au transfert de compétences et les ressources compensatoires accordées par l'État, une insuffisance conjuguée à la mise à disposition tardive des fonds ainsi que la subjectivité des critères de répartition des fonds d'appui aux collectivités territoriales.

B) Difficulté d'exercice des compétences transférées

Il s'agit ici d'apprécier si, au plan organisationnel et des ressources humaines et matérielles, les collectivités locales sont actuellement aptes à exercer leurs compétences. Force est de constater que l'exercice effectif des compétences est gêné par un certain nombre de facteurs d'inefficacité ou de blocage spécifiques aux différentes matières transférées. Il y a des difficultés liées au système de transfert et des difficultés liées à la capacité même des collectivités.

1) Difficultés liées au système de transferts de compétences

Dans le bilan diagnostic des compétences transférées de 2013, il a été signalé plusieurs dysfonctionnements dans le dispositif. L'un des plus importants est que les domaines de compétences transférées aux collectivités locales décrivent des activités courantes (dépenses de fonctionnement) et des activités structurantes (dépenses d'investissement). Or, en réalité, le Fonds de Dotation de la Décentralisation ne finance que les dépenses de fonctionnement résultant des compétences transférées. Les dépenses structurantes (construction et réhabilitation d'ouvrages) qui devraient être financées par des ressources d'investissement ne le sont pas actuellement puisque le Fonds d'Équipement des Collectivités territoriales ne finance pas spécifiquement les investissements répartis par domaine de compétence, mais les investissements propres de la collectivité territoriale (véhicules, équipements marchands, etc.). Autrement dit, il n'existe pas un parallélisme des formes entre le Fonds de Dotation de la Décentralisation qui doit assurer la couverture des dépenses de fonctionnement résultant des compétences transférées et le Fonds d'Équipement des Collectivités territoriales dont les investissements financés ne concernent pas de manière exclusive les domaines de compétences transférées. De ce fait, le domaine d'intervention des collectivités se limite jusqu'à présent aux dépenses récurrentes (achats et distribution de matières telles que les médicaments, fournitures scolaires, carburant, couverture des dépenses de fonctionnement de certaines structures…). Ce qui exclut certaines activités comme la formation et l'emploi de jeunes ou encore la constitution de bases de données pouvant permettre la connaissance de potentialités de la collectivité. La conséquence de ce dysfonctionnement est que d'un côté ces dépenses ne sont pas prises en charge par les collectivités territoriales, mais plutôt par le niveau central (ministères) et de l'autre les ressources tirées des transferts de compétences ne servent pas à financer le développement local. Or l'article 3 du CGCT prévoit que les collectivités ont pour mission la conception, la programmation et la mise en œuvre des actions de développement économique, social et environnemental d'intérêt local. De même, l'article 27 dudit code prévoit que *« le département a compétence pour promouvoir le développement économique, éducatif, social, sanitaire, culturel et scientifique, pour réaliser les plans départementaux de développement et organiser l'aménagement du territoire dans le respect de l'intégrité, de l'autonomie et des attributions des autres collectivités locales »*. Dans les faits, c'est plutôt l'État central qui s'est chargé de promouvoir le développement local, notamment à travers le Programme national de Développement local (PNDL).

2) Difficultés liées à la capacité des collectivités territoriales à exercer les compétences transférées

Ici se pose la question de la capacité des collectivités territoriales à gérer les compétences transférées et les difficultés de prise en charge de ces compétences. Les observateurs ont noté leur grande faiblesse à assurer, en général, leurs missions et plus spécifiquement les compétences transférées. En effet, en dehors de l'insuffisance des ressources financières, les collectivités ne disposent pas de moyens humains, matériels et opérationnels pour exercer leurs compétences. En réalité, la correcte gestion des domaines de compétences transférées est entravée par trois facteurs.

D'abord, les collectivités locales ne disposent pas encore de données réelles sur les existants physiques et leurs potentialités (niveau d'équipements, petits emplois existants, nombre de diplômés, etc.).

Ensuite, elles ne disposent pas d'un personnel qualifié, plus globalement de ressources humaines de qualité à même d'assurer la gestion de la collectivité, au plan général, et plus spécifiquement d'avoir une meilleure maîtrise et une meilleure gestion des domaines de compétences transférées. Ce qui confine l'administration locale plus aux tâches d'exécution et de gestion quotidienne qu'aux activités de planification, d'ingénierie sociale, de coordination, posant ainsi toute la question de la rationalisation du service public local.

Enfin, les structures d'appui-encadrement des collectivités locales ne sont pas pleinement opérationnelles. C'est le cas notamment des services extérieurs de l'État, au-delà de la faiblesse des capacités, les collectivités éprouvent des difficultés à exercer certaines compétences transférées.

*Tout d'abord, ce sont surtout des domaines à problèmes qui sont confiés aux collectivités territoriales. Ainsi, les départements sont chargés de l'entretien des lycées et collèges et les communes de la construction et de l'entretien des écoles élémentaires et des établissements préscolaires. En matière de santé, les départements héritent de la gestion et de l'entretien des hôpitaux de niveau 1 et 2, les communes de la construction, de la gestion, de l'équipement et de l'entretien des postes de santé, maternités et cases de santé. Ce faisant, l'État leur transfère des difficultés. En effet, il s'agit de domaines délicats et les moyens financiers ne suivent pas toujours pour ne pas dire jamais.

En matière domaniale et foncière, il ne s'agit pas d'un véritable transfert de compétences, mais simplement d'autorisations d'utilisation par les collectivités territoriales des dépendances du domaine de l'État et des terres du domaine national. On peut ranger dans un autre registre, le cas des limites entre le domaine national et le domaine public de l'État et particulièrement le cas des pas géométriques qui faisaient l'objet d'affectation pour l'usage agricole par les anciennes communautés rurales, alors que ceux-ci font partie du domaine public. L'existence de plans d'occupation des sols, de plans de développement locaux pourrait corriger pour l'avenir ce phénomène relatif aux délimitations des frontières entre les domaines.

De même, la compétence des collectivités territoriales en matière de planification pose problème dans la mesure où la planification nationale n'est plus une priorité et que l'État a mis en place une politique de libéralisation et de dérégulation de l'économie. À l'heure actuelle, c'est le Plan Sénégal Emergent qui constitue le cadre de référence des politiques publiques. Or, il ne s'agit pas à proprement parler d'une planification.

De même, en matière d'environnement et de gestion des ressources naturelles, les collectivités territoriales ont, certes, reçu des compétences assez intéressantes, mais leur mise en œuvre ne manque pas de soulever quelques problèmes. En tout premier lieu, si nous prenons les compétences du département en matière de bois et forêts, la question qui se pose est de savoir sur quel espace implantera-t-il ses forêts et bois. Aucun, car il n'existe pas de forêt départementale, ensuite parce que les communes rurales sont les seules compétences pour assurer le contrôle des réalisations sur leur espace. En second lieu, en ce qui concerne les zones protégées, la gestion des parcs nationaux risque d'être une source de conflits entre les collectivités territoriales et l'État. En effet, la gestion décentralisée commande que les parcs qui regroupent des ressources soient mieux gérés et bien partagés par les collectivités, mais l'Administration n'entend pas, pour le moment, céder ses compétences sur ces espaces.

On peut se poser des questions sur les mines et carrières et sur l'exploitation du pétrole et du gaz. Même si l'État en reste le principal bénéficiaire dans le domaine des compétences, il serait juste d'attribuer un pourcentage de recettes ou un montant forfaitaire aux collectivités qui sont le siège des mines et carrières exploitées ou d'instituer une taxe minière. C'est ce que tentent de faire les autorités avec le Fonds de

Péréquation et d'Appui aux Collectivités locales créé par le code minier. Mais ce n'est pas encore envisagé pour l'exploitation du pétrole et du gaz.

*Ensuite, les compétences transférées continuent d'être exécutées au niveau central sur la base des programmes des ministères concernés sans consultation des élus entraînant par là une confusion des rôles. C'est par exemple le cas de la gestion des hôpitaux de niveau 1 et 2 pour ce qui concerne par exemple l'installation des conseils d'administration de ces structures de santé.

Ainsi, la question de la répartition des compétences transférées entre l'État et les collectivités territoriales reste une source de conflits entre eux du fait d'une part de la faible articulation des processus de décentralisation et de déconcentration, renforçant ainsi le déséquilibre au niveau des investissements portant sur les équipements sociaux et économiques dans les territoires et d'autre part du cloisonnement entre les secteurs dans la mise en œuvre de leurs projets. Ces différents dysfonctionnements posent le problème de l'harmonisation entre les politiques de l'État et l'action des collectivités territoriales.

À cela s'ajoute l'absence de certains services déconcentrés dans certaines circonscriptions administratives impactant l'accompagnement des collectivités territoriales. C'est ainsi que certaines nouvelles communes éprouvent des difficultés dans la prise en charge correcte de leurs compétences en matière d'urbanisme du fait de l'absence dans leur circonscription de services techniques déconcentrés et/ou de moyens matériels et humains adéquats. Il en est de même entre les plans de développement locaux et les programmes sectoriels. Signalons que lorsqu'ils existent, les services techniques sont souvent dépourvus de ressources humaines suffisantes. Ils se limitent au traitement des dossiers qui leur sont soumis en attendant d'avoir les moyens pour la mise en œuvre des conventions-types. Par ailleurs, les conventions de mise à disposition des services extérieurs de l'État souffrent de l'absence de cadre juridique fixant les modalités d'utilisation desdits services. Pourtant, ces conventions constituent un dispositif de facilitation de la mise en œuvre des compétences transférées qui aurait pu améliorer l'efficacité des collectivités territoriales. Au contraire, leur mise en œuvre constitue, souvent, une source d'incompréhension, voire de conflits entre les représentants de l'État et les élus locaux. Toutes ces contraintes rendent difficile la mobilisation des services techniques par les exécutifs locaux. La concentration de l'essentiel des pouvoirs au niveau de l'administration centrale est un indicateur de la faiblesse de la déconcentration. En effet, l'administration territoriale n'est pas encore suffisamment dotée pour servir d'interlocutrice valable de l'État auprès des collectivités territoriales. La multiplicité et le cloisonnement des services déconcentrés sont encore visibles ainsi que la faiblesse des moyens financiers et l'insuffisance des crédits de fonctionnement alloués aux autorités administratives et aux services déconcentrés.

C'est d'ailleurs pourquoi le rapport de 2019 recommande la redéfinition des conventions-types en précisant la nature des appuis techniques, les résultats attendus, les moyens et délais de mise en œuvre et le contenu du rapport d'utilisation. Il faut signaler que l'État a adopté une charte de la déconcentration pour remédier à certaines difficultés. Dans tous les cas, des réformes profondes sont nécessaires pour permettre aux collectivités territoriales d'exercer leurs missions et d'assurer le développement territorial et local.

PARTIE B

BILAN DE LA MISE EN ŒUVRE DU TRANSFERT DES COMPÉTENCES

Analyse comparative des constants historiques de la décentralisation et du transfert des compétences au Mali, Niger et au Burkina Faso

Schweizer Clemens

Introduction

La décentralisation au Mali, au Burkina Faso et au Niger a connu quelques prémisses à l'époque coloniale. Pendant cette période, la création de premières communes de plein et de moyen exercice a eu lieu. Cela concernait surtout les grandes villes. Plus tard, on a pu trouver quelques références aux collectivités territoriales dans les premières constitutions après la fin de l'époque coloniale. Cela a conduit à la mise en place effective de quelques collectivités locales, sous des formes légèrement différentes dans les trois pays. Toutefois, les processus de décentralisation ont été entravés à des moments différents par l'arrivée au pouvoir de régimes militaires. C'est seulement dans les années 1990 que des réformes démocratiques pluralistes ont apporté une nouvelle priorisation de la démocratisation à la base, c'est-à-dire au niveau local. Cela a conduit, dans les trois pays, à l'introduction généralisée (sur l'ensemble des territoires nationaux) de collectivités territoriales de plein droit, dotées d'une libre administration et tenues à organiser une élection directe et universelle de leurs dirigeants.[1]

Le présent article place les processus de décentralisation et les systèmes décentralisés du Mali, du Niger et du Burkina Faso dans leur contexte historique. Il se pose la question de savoir comment les pays sont arrivés au stade actuel de la décentralisation et de transfert de

---

[1] Cf. entre autres : KI, Jean M., État des lieux de la décentralisation au Burkina Faso, 2007, publication électronique disponible à l'adresse : https://base.afrique-gouvernance.net/docs/etat_des_lieux_de_la_d__centralisation_au_bf_version_r__lue.pdf; République du Mali (2011), ministère de l'Administration territoriale et des Collectivités locales, Secrétariat général, Étude sur le bilan et les perspectives de la décentralisation au Mali, Rapport final, à consulter sous http://www.matcl.gov.ml/PDF/ForumRapport.pdf, p. 20 ; SY, Ousmane et CALAME, Pierre, Reconstruire l'Afrique. Vers une nouvelle gouvernance fondée sur les dynamiques locales, Dossier pour un débat, Bamako, Paris, Jamana ; Mayer, 2009 ; SAWADOGO, Raogo A., L'État africain face à la décentralisation. La chaussure sur la tête, Paris, Karthala, 2001.

compétences. Ainsi, certains parallèles, constants et analogies historiques peuvent être observés entre les pays.

I) Méthodologie de recherche et source de données

La méthodologie de recherche appliquée dans cette étude est basée principalement sur la méthode comparative[2] et adopte une technique de méthode mixte. Empiriquement, nous avons mis en œuvre l'étude dans trois pays africains francophones, notamment parce que ces pays suivent un modèle commun de gouvernance locale qui intègre souvent une forte domination des élites sur la politique locale.[3] Il existe en effet des conditions relativement comparables entre le Mali, le Niger et le Burkina Faso.

Il apparaît bien possible de comparer le cadre juridique de la décentralisation des trois pays dans le cadre d'une micro-comparaison, car les systèmes juridiques du Mali, du Niger et du Burkina Faso sont proches. Il s'agit des ordres juridiques « modernes pluralistes »[4], qui se caractérisent par la coexistence « de droit moderne et des coutumes traditionnelles et "ethniques" »[5]. En ce qui concerne le droit moderne, les systèmes juridiques du Mali, du Niger et du Burkina Faso relèvent de la tradition romano-germaniste, en raison de la grande influence que le droit français a exercée sur les systèmes juridiques malien, nigérien et burkinabè du fait du passé colonial.[6] La tradition romano-germaniste se caractérise avant tout, mais pas exclusivement, par le recours au droit codifié qui s'est répandu en Europe occidentale dans le contexte d'un mouvement de codification à partir du XIXe siècle.[7]

Lors des recherches menées pour cet article, l'analyse de la littérature spécialisée et des textes juridiques a été complétée par des enquêtes de terrain qualitatives et quantitatives et s'intègre dans une étude plus étendue de l'auteur sur le sujet de la formation professionnelle des agents de l'administration territoriale dans les trois pays. La recherche sur le terrain a consisté en 64 entretiens exploratoires avec des acteurs clés de la décentralisation (35 au Mali, 18 au Niger, 19 au Burkina Faso), huit entretiens guidés avec un total de 21 fonctionnaires territoriaux,

---

[2] Cf. Rambaud, 2014, Abary, Issa, Kaboré, Siboné, 2014. Constantinesco 1972, Constaninesco, 1974.

[3] cf. Bierschenk et Olivier de Sardan, 1997 ; Diawara 2011.

[4] Rambaud, 2014, p. 218.

[5] *Ibid.*, p. 218.

[6] *Ibid.*, pp. 143-144 et 217-219.

[7] Cf. *ibid.*, p. 62.

dont trois entretiens au Mali (13 fonctionnaires territoriaux), deux entretiens au Niger (quatre fonctionnaires territoriaux) et trois autres entretiens au Burkina Faso (quatre fonctionnaires territoriaux). Nous nous appuyons, de plus, sur une enquête de terrain quantitative conduite au Mali auprès de 297 agents dont 172 secrétaires généraux et 125 (anciens) participants au programme de formation professionnelle initiale du Centre de Formation des Collectivités territoriales (CFCT) réalisé en avril 2019, ainsi que sur des entretiens approfondis sur les résultats de l'enquête avec neuf anciens élèves du CFCT mis en œuvre en mars 2020.

II) Contexte historique de la décentralisation dans les trois pays

La décentralisation n'est pas nouvelle dans la zone soudano-sahélienne de l'Afrique de l'Ouest. Il existe plutôt une tradition d'État décentralisé qui, selon la tradition orale et écrite, existait déjà à l'époque des grands empires (6e-19e siècle). Par exemple, l'empire du Mali (fondé au 13e siècle) a été divisé en plusieurs provinces, chacune ayant son propre patrimoine, ses pouvoirs et ses ressources. Le niveau central jouait un rôle de tutelle politique et administrative sur les provinces et était par ailleurs responsable de la sécurisation des routes commerciales importantes pour l'empire. Cependant, le niveau central est décrit comme relativement faible. L'administration proprement dite du territoire était fortement décentralisée, avec un rôle important joué par les chefs au niveau des villages et des fractions. Les chefs étaient généralement sélectionnés au niveau local selon les coutumes du territoire.[8]

La situation a changé de manière décisive avec l'occupation française de vastes zones de l'Afrique de l'Ouest et sa colonisation vers la fin du XIXe siècle. Le Mali, le Niger et le Burkina Faso d'aujourd'hui sont d'anciennes colonies françaises qui se situaient dans l'Afrique occidentale française (AOF). En ce qui concerne l'AOF, il s'agissait d'un système fortement centralisé qui était gouverné par un gouvernement d'occupation à partir de Dakar.[9] Dans certains cas, les autorités traditionnelles ont été intégrées à l'administration coloniale en se soumettant au régime colonial français. Leur rôle était, par exemple, de fournir des travailleurs auxiliaires locaux pour les projets de construction français et de collecter des impôts.[10] Les premières

[8] Cf. Sy & Calame, 2009, pp. 82-83 ; Ozainne, 2013, p. 22.
[9] Cf. Harrison, 1988, p. 1 ; DiPiazza, 2007, pp. 30-31.
[10] Cf. *ibid.* pp. 30-31.

communes de plein et moyen exercice furent déjà fondées pendant la période coloniale. Contrairement au Sénégal où les premières communes de plein exercice furent créées au XIXe siècle[11], dans la zone de l'actuel Mali, Niger et Burkina Faso, il a fallu attendre jusqu'à 1919 pour voir les premières tentatives de décentralisation. Entre 1919 et 1927, on a fondé les communes mixtes de Bamako, de Kayes, de Ouagadougou et de Bobo-Dioulasso avec des conseils mixtes d'un nombre égal en membres européens et africains.[12] Parallèlement, des conseils de notables furent créés au niveau du cercle de l'AOF.[13] Une réforme municipale en AOF intervenue à partir de 1955 a fait que certaines grandes villes à savoir Bamako, Kayes, Mopti, Ségou, Niamey, Ouagadougou et Bobo-Dioulasso sont devenues des communes de plein exercice[14] et d'autres villes comme Zinder et Maradi des communes de moyen exercice.[15] Au Mali, par exemple, on a créé treize communes urbaines au cours de l'époque coloniale.[16] Alors que dans les communes de plein exercice, le conseil et le maire étaient élus, dans les communes de moyen exercice, seul le conseil était élu, mais le maire était nommé.[17]

---

[11] Cela a d'abord concerné dans la 2e moitié du 19e siècle les 4 communes de plein exercice Saint-Louis, Gorée, Dakar et Rufisque au Sénégal. Cf. Hesseling, 1985, p. 131.

[12] Le maire fut nommé. cf. Centre d'Expertises pour la Décentralisation et le Développement local (SNV)/Organisation néerlandaise de développement, p. 16 ; Sternberger et al., 2019, p. 1559 ; Sawadogo, 2001, p. 207 (Processus de décentralisation au Burkina Faso).

[13] Les conseils de notables étaient des conseils consultatifs regroupant des chefs traditionnelles. Cf. République du Niger, Direction générale de la Décentralisation et des Collectivités territoriales, 2015, p. 8. ; Sternberger et al., 2019, p. 1559. ; Marchal, 1980, pp. 14-15.

[14] cf. Loi-FR n° 55-1489 du 18 décembre 1955 relative à la réorganisation municipale en Afrique occidentale française, en Afrique équatoriale française, au Togo, au Cameroun et à Madagascar, Art. 3.

[15] Zinder et Maradi furent créées en tant que commune mixte en 1955 et converties en commune de moyen exercice en 1958. Cf. République du Niger, Direction générale de la Décentralisation et des Collectivités territoriales, 2015 p. 8.

[16] Bamako, Kayes, Mopti, Ségou, Tombouctou, Sikasso, San, Nioro, Koutiala, Koulikoro, Kita, Kati, Gao. cf. Marie & Idelman, 2010 p. 3. ; Centre d'Expertises pour la Décentralisation et le Développement local (SNV)/Organisation néerlandaise de développement, pp. 15-16.

[17] cf. *Interview NI16*, 2017.

Après la fin de l'époque coloniale[18], les premières constitutions du Mali et du Niger ont intégré des références à l'existence des collectivités territoriales.[19] Au Niger, la mise en place des collectivités territoriales a été réalisée par la loi 64-023 du 17 juillet 1964. Cette loi installait les communes et les arrondissements en tant que collectivités territoriales avec des conseils élus, mais un exécutif nommé par l'État : les administrateurs délégués (maires/sous-préfets). Le coup d'État de 1974 a conduit à la dissolution des conseils élus. Les communes et les arrondissements continuaient à exister, mais en l'absence de démocratie, le rôle des conseils élus était repris par des comités techniques composés de chefs de services techniques de l'État avec l'implication des chefs traditionnels.[20] Jusqu'en l'an 2000, le nombre de communes était de 21.[21] Au Mali, malgré des références dans toutes les constitutions, la décentralisation a peu progressé entre 1960 et 1991. En 1991, le Mali comptait au total 19 communes.[22] Au Burkina Faso (Haute-Volta), entre 1960 et 1964, on a créé des collectivités rurales dotées de leur propre personnalité juridique et d'une autonomie financière sur l'ensemble des circonscriptions administratives.[23] Mais l'histoire burkinabè, connaissant 7 régimes d'exception[24] et ayant un caractère plutôt centraliste entre 1966 et 1991, a fait que l'organisation

[18] Dates des indépendances : Mali 22.09.1960 ; Niger 03.08.1960 ; Burkina Faso (Haute-Volta) 05.08.1960 (cf. Aalen et al., 2015).

[19] Art. 41 de la Constitution du Mali du 22 septembre 1960 (cf. Centre d'Expertises pour la Décentralisation et le Développement local [SNV]/Organisation néerlandaise de développement, p. 16. ; Peaslee & Xydis, 1974, p. 499.) ; Art. 68 de la Constitution du Niger du 8 novembre 1960 (cf. République du Niger, Direction générale de la Décentralisation et des Collectivités territoriales, 2015, p. 8 ; Peaslee & Xydis, 1974, p. 609).

[20] Cf. République du Niger, Direction générale de la Décentralisation et des Collectivités territoriales, 2015, pp. 8-9. ; *Interview N°116*, 2017.

[21] République du Niger, Direction générale de la Décentralisation et des Collectivités territoriales, 2015, p. 5.

[22] Centre d'Expertises pour la Décentralisation et le Développement local (SNV)/Organisation néerlandaise de développement, pp. 16-17.

[23] cf. COULIBALY, Daniel -Spécialiste en décentralisation et suivi évaluation des projets et programmes, p. 1.

[24] « Les sept régimes d'exception : -le régime du gouvernement militaire provisoire (1966-1970) ; - le renouveau national (1974-1979) ; - le Comité militaire de redressement pour le progrès national (1980-1982) ; - le Conseil de salut du peuple, première formule (novembre 1982 à mai 1983) ; - le Conseil de salut du peuple (deuxième formule), du 17 mai 1983 au 4 août 1983 ;-le Conseil national de la Révolution (4 août 1983 au 15 octobre 1987) ;-Front populaire (15 octobre 1987 à juin 1991) » (KI, 2007).

de la structure de l'État a été régulièrement réformée et que la décentralisation n'a pas pu avancer de manière notable.[25]

Ce n'est que dans les années 1990 que des réformes démocratiques pluralistes ont apporté une nouvelle priorisation de la démocratisation à la base, c'est-à-dire au niveau local. Cela a conduit, dans les trois pays, à l'introduction généralisée (sur l'ensemble des territoires nationaux) de collectivités territoriales de plein droit, dotées d'une libre administration et tenues à l'élection directe et universelle de leurs dirigeants.[26]

Au Niger, c'est à partir de 1991 (création de la 3e République) que le nouveau mouvement démocratique pluraliste a donné un nouveau souffle à la décentralisation.[27] Une partie de la population nigérienne s'est rebellée contre la forme centralisée de gouvernement en place et l'appel au fédéralisme se fit entendre. La décision de décentraliser l'État était une sorte de compromis entre le centralisme existant et le fédéralisme requis.[28] Le principe de décentralisation a ensuite été inscrit à l'article 115 de la Constitution du 26 décembre 1992. Toutefois, en raison de l'instabilité de l'évolution politique au Niger, il a fallu encore dix ans avant que les premières élections locales n'aient effectivement eu lieu le 24 juillet 2004. Auparavant, un nouveau schéma d'organisation territoriale avait été établi au début de la Ve République qui prévoyait la communalisation intégrale du territoire national. Les deuxièmes élections municipales et les premières élections régionales n'ont ensuite eu lieu qu'en 2011 sur la base de la réorganisation consécutive au coup d'État militaire de 2010.[29] Au cours de la transition, un Code général des Collectivités territoriales fut adopté par ordonnance.[30]

Au Mali, après la révolution démocratique de 1991, les nouveaux dirigeants maliens ont décidé de lancer un processus de décentralisation, et ce parce qu'ils voyaient surtout dans la décentralisation un moyen de renforcer la nouvelle démocratie. Selon l'Article 1er de la Loi-ML N° 2017-052/du 2 OCTOBRE 2017 déterminant les conditions de la libre administration des collectivités territoriales, les collectivités

---

[25] Cf. *ibid.*

[26] Voir les paragraphes suivants.

[27] Cf. République du Niger, Direction générale de la Décentralisation et des Collectivités territoriales, 2015, pp. 9-12.

[28] cf. *Interview NI02*, 2017, p. 1.

[29] Cf. République du Niger, Direction générale de la Décentralisation et des Collectivités territoriales, 2015, pp. 11-12.

[30] cf. Ordonnance-NI n° 2010-54 du 17 septembre 2010 portant Code général des Collectivités territoriales de la République du Niger

territoriales maliennes sont « la Commune, le Cercle, la Région et le District ». Au total, le Mali comprend 703 communes, 49 cercles, dix régions et le District de Bamako. Pendant la seule année 1996, l'État malien a créé 684 communes sur l'ensemble du territoire national. Comme exposé supra, il existait déjà partiellement des communes avant la transition démocratique, mais c'était seulement le cas pour les grandes villes. Les nouvelles communes n'avaient pas d'expérience en termes d'administration territoriale.[31]

Au Burkina Faso, la Constitution du 2 juin 1991 stipule que le pays « est organisé en collectivité territoriale »[32]. À partir de 1993, une mise en œuvre progressive de ces dispositions constitutionnelles a été poursuivie. Après les premières élections locales avec 33 communes en 1995, et les deuxièmes élections locales avec 49 communes en 2000, la communalisation intégrale fut initiée en 2004 avec l'adoption du Code général des Collectivités territoriales.[33] Cela a également conduit à la création de régions comme 2e niveau de collectivités territoriales[34]. Il s'en est suivi la tenue de premières élections locales pour l'ensemble des 351 communes et 13 régions en 2006.[35]

En prenant le Mali comme exemple, le tableau ci-dessous donne un aperçu de l'évolution de la structure administrative de l'État au cours des différentes périodes historiques.

---

[31] Cf. République du Mali (2011), ministère de l'Administration territoriale et des Collectivités locales, Secrétariat général, Étude sur le bilan et les perspectives de la décentralisation au Mali, Rapport final, à consulter sous http://www.matcl.gov.ml/PDF/ForumRapport.pdf, p.20 ; Wikipédia, l'encyclopédie libre, Collectivité territoriale au Mali, consulté le 04.05.2012 ; Wikipédia, l'encyclopédie libre, Histoire du Mali, consulté le 04.05.2012.

[32] Constitution du Burkina Faso 1991, adoptée par référendum du 1991 et promulguée le 1991, Art. 143.

[33] Cf. KI, 2007, p. 4 ; COULIBALY, Daniel -Spécialiste en décentralisation et suivi évaluation des projets et programmes, pp. 2-3. ; Loi-BF n° 055-2004/AN du 21 décembre 2004 portant Code général des Collectivités territoriales ; Mathieu Hilgers & Jean-Pierre Jacob, 2008, p. 173.

[34] cf. Loi-BF n° 055-2004/AN du 21 décembre 2004 portant Code général des Collectivités territoriales, Art. 8.

[35] Cf. KI, 2007, p. 8.

Tableau 9 : Organisation de l'État – l'exemple du Mali[36]

	Epoque colonial	Période post indépendance	Depuis 1993		
	Nommés centralement	Nommés centralement	(Nommés) centralement	Elus	Coutumier
Niveau régional		Gouverneur	Gouverneur	Conseil régional et président	
Niveau cercle	Commandeur	Préfet	Préfet	Conseil de cercle et président	
Sous-division	Commandeur		Sous-préfet (Arr-ondissement)		
Canton/ Tribu	Chef				
Commune	Non-existant à part quelques communes de plein et moyen exercice (à partir de 1919)	Non-existant à part quelques communes de plein et moyen exercice (inconstance)		Conseil local et maire	

Dans ce qui suit, les similitudes et les différences entre les pays sont examinées en ce qui concerne des aspects centraux de la décentralisation.

A) Évolution historique

Dans les explications historiques ci-dessus, il est apparu qu'il existe des similitudes entre le Mali, le Niger et le Burkina Faso. Par exemple, les trois pays sont passés d'empires dotés de pouvoirs régionaux ou locaux forts, à travers des phases de centralisation accrue, à des systèmes d'État décentralisés. À travers l'histoire coloniale, l'influence française sur les systèmes politico-administratifs du Mali, du Niger et du Burkina Faso est devenue évidente.[37]

[36] Version traduite et adaptée d'un graphique du Netherlands Institute of International Relations Clingendael, 2019.
[37] Cf. supra.

B) Décentralisation renforcée et communalisation intégrale

La communalisation intégrale au Mali, au Niger et au Burkina Faso a été lancée à partir des années 1990. On peut donc constater que les processus de décentralisation dans les trois pays sont encore relativement jeunes, encore que le Mali ait commencé un peu plus tôt la communalisation intégrale et l'établissement d'autres niveaux de collectivités territoriales : on peut dire qu'il a à peu près 10 ans d'avance sur les deux autres pays.[38] Par conséquent, la démocratie locale est assez nouvelle dans les trois pays et se trouve dans une phase de consolidation, comme en témoigne par exemple le taux élevé de renouvellement des élus lors des élections locales qui atteint dans certains cas les 80 %.[39] Les élections locales sont pleines de défis (financiers, sécuritaires et organisationnels), c'est pourquoi il est fréquent que des élections soient retardées.[40] Dans les trois pays, une distinction est faite entre communes urbaines et communes rurales. Cependant, le nombre de municipalités varie considérablement. Avec 703 communes, le Mali possède le plus grand nombre de communes des trois pays de l'Afrique de l'Ouest étudiés ici.[41] Mais comparé, à titre d'exemple, à la France qui possède environ 35 000 communes, ce nombre est modeste au Mali.[42]

C) Déconcentration

Ce que les trois pays étudiés ici ont en commun, c'est qu'à côté de l'administration décentralisée, il existe également une administration étatique déconcentrée.

---

[38] Cf. supra.

[39] Cf. Institut International pour l'Environnement et le Développement, 2010, p. 11 ; *Interview NI01*, 2017.

[40] À titre d'exemple, les élections locales au Niger initialement prévues pour 2016 ont été reportées à la fin de 2020 (cf. Le Monde avec AFP, 2019), les élections locales au Mali, initialement prévu pour 2014 se sont tenues seulement à la fin de l'année 2016 (cf. Jeune Afrique avec AFP, 2016).

[41] cf. Lima S., 2013, p. 350 ; République du Niger, Direction générale de la Décentralisation et des Collectivités territoriales, 2015, p. 7. ; Art. 8 de la Loi-BF n° 055-2004/AN du 21 décembre 2004 portant Code général des collectivités territoriales dans la version du 7 mai 2018 ; Mathieu Hilgers & Jean-Pierre Jacob, 2008., p. 172.

[42] Cf. Direction générale des Collectivités locales, 2019., p. 8.

Tableau 10 : La déconcentration au Mali, au Niger, au Burkina Faso[43]

	Burkina Faso	Niger	Mali
Niveau régional	13 régions (gouverneur)	8 régions (gouverneur)	10 régions (gouverneur)
1er niveau de sous-division	45 provinces (haut commissaire)	63 départements (préfet)	49 cercles (préfet)
2ème niveau de sous-division		chefferie traditionnelle	285 arrondissements (sous-préfet)
Niveau communal	341 départements (préfet) + 351 communes (maire avec double casquette)	chefferie traditionnelle + 255 communes (maire avec double casquette)	703 communes (maire avec double casquette)

[43] Tableau élaboré par l'auteur sur la base des sources suivantes : Wegener, 2018, p. 8-9 ; Loi-NI N° 2015-01 du 13 janvier 2015 portant statut de la chefferie traditionnelle en République du Niger ; Direction générale des collectivités locales, 2019 P. 8 ; Art. 260 – 262 de la Loi-BF n° 055-2004/AN du 21 décembre 2004 portant Code général des Collectivités territoriales ; Art. 81 – 84 de l'Ordonnance-NI n° 2010-54 du 17 septembre 2010 portant Code général des Collectivités territoriales de la République du Niger ; Art. 65 -70 de la Loi-ML n° 2017-051 du 02 Octobre 2017 portant Code des collectivités territoriales ; Art. 12 du Décret-BF N° 2016-878/PRES/PM/MATDSI/MINEFID portant organisation administrative du territoire et attributions des chefs de circonscription administrative au Burkina Faso. ; République du Niger, Direction générale de la Décentralisation et des Collectivités territoriales, 2015 p. 79.

Dans tous les trois pays, les municipalités assument également des missions déconcentrées de l'État (par exemple la police municipale et l'état civil). Le maire dispose ainsi d'une « double casquette »[44], d'une part en tant que représentant de la collectivité locale et d'autre part de l'État.[45] Les services déconcentrés de l'État sont responsables du contrôle de l'égalité des actes des collectivités territoriales et doivent également effectuer un appui-conseil auprès des communes.[46]

D) Coordination de la décentralisation par l'État

Au Mali, au Niger et au Burkina Faso, les politiques de réforme de l'État et de la décentralisation sont conçues et coordonnées à partir du niveau central. Les ministères en charge de la décentralisation[47] sont responsables de la conception et de la mise en œuvre de la politique de décentralisation. La conception, la relecture des textes et la mise en œuvre concrète de la politique de décentralisation sont assurées par les directions générales en charge de la décentralisation et des collectivités territoriales.[48]

[44] Vie publique.fr, 2018.

[45] Cf. Hesse & Ellwein, 1997 p. 532 ; Art. 260 – 262 de la Loi-BF n° 055-2004/AN du 21 décembre 2004 portant Code général des Collectivités territoriales ; Art. 81 – 84 de l'Ordonnance-NI n° 2010-54 du 17 septembre 2010 portant Code général des Collectivités territoriales de la République du Niger ; Art. 65 -70 de la Loi-ML n° 2017-051 du 2 octobre 2017 portant Code des collectivités territoriales ; Vie publique.fr, 2018.

[46] cf. Art. 44-71 de la Loi-BF n° 055-2004/AN du 21 décembre 2004 portant Code général des collectivités territoriales dans la version du 7 mai 2018 ; Art. 292-298 et 303-304 de la Loi-ML n° 2017-051 du 2 octobre 2017 portant Code des collectivités territoriales ; Art. 305 de l'Ordonnance-NI n° 2010-54 du 17 septembre 2010 portant Code général des Collectivités territoriales de la République du Niger.

[47] Il s'agit du ministère de l'Intérieur, de la Sécurité publique, de la Décentralisation et des Affaires coutumières et religieuses du Niger (cf. Portail officiel du gouvernement du Niger, 2020), du ministre de l'Administration territoriale, de la Décentralisation et de la Cohésion sociale du Burkina Faso (cf. gouvernement du Burkina Faso, 2020), du ministère de l'Administration territoriale et de la Décentralisation du Mali (cf. ministère de l'Europe et des Affaires étrangères de la France, 2020) et du ministère de la Cohésion des territoires et des Relations avec les collectivités territoriales de la France (cf. Ministère de la Cohésion des territoires et des Relations avec les collectivités territoriales de la France, 2020).

[48] Il s'agit de la Direction générale des Collectivités territoriales (DGCT) Mali (cf. Direction générale des Collectivités territoriales du Mali, 2020), la Direction générale de la Décentralisation (DGD) du Burkina Faso (cf. Ministre de l'Administration territoriale, de la Décentralisation et de la Cohésion sociale du Burkina Faso, 2020) et

E) Attribution et transfert des compétences aux collectivités territoriales

Dans le cadre du transfert de compétences, il est possible que les services techniques déconcentrés de l'État continuent à exister et que de nouveaux services soient créés au sein des collectivités territoriales pour coordonner les politiques publiques dans les domaines transférés en coopération avec les services techniques de l'État.[49] Dans le cas d'un transfert de compétences plus poussé, les services techniques déconcentrés existants sont intégrés dans l'administration territoriale. Dans ce cas, comme l'explique le Secrétaire général adjoint d'une commune urbaine malienne, il s'agit « de structures déconcentrées de l'État qui sont au service de la commune et qui sont gérées par la commune. Ces services sont sous la responsabilité administrative du maire […], mais sur le plan technique, ils ont leur chef hiérarchique au niveau de l'État ».[50]

Outre les compétences transférées par des lois spécifiques, il existe également des attributions de compétences qui résultent déjà des textes fondamentaux sur les collectivités territoriales (constitutions, codes généraux des collectivités territoriales, etc.). Dans certains cas, ces textes comprennent des dispositions qui peuvent être interprétées comme des clauses générales de compétences.[51] Une étude comparative

---

de la Direction générale de la Décentralisation et des Collectivités territoriales (DGDCT) du Niger (decentralisation-niger.org, 2020). cf. *Interview ML14*, 2017.

[49] C'est par exemple le cas du Service de développement communautaire de la commune 3 de Bamako (cf. *Interview ML04*, 2017).

[50] cf. *Interview ML02*, 2017.

[51] Au Mali, la Constitution de 1992 reconnaît le principe de la libre administration en stipulant dans son Article 98 que « les collectivités s'administrent librement par des Conseils élus et dans les conditions fixées par la loi. » La loi du 2 octobre 2017 déterminant les conditions de la libre administration des collectivités territoriales définit dans son Art. 3 que « les Collectivités territoriales ont pour mission la conception, la programmation, la mise en œuvre et le suivi-évaluation des actions de développement économique, social et culturel d'intérêt régional, local ou communal. » Il s'agit donc de compétences très larges, ce qui est souligné par l'article suivant. L'article 4 stipule que « [chaque Collectivité territoriale règle par délibération ses affaires propres ». En reconnaissant la notion d'« affaires propres », le législateur malien souligne qu'il existe des compétences naturelles qui appartiennent à chaque collectivité territoriale, sans qu'il soit nécessaire que ces dernières soient énumérées de manière exhaustive dans la loi. Au Niger, le principe de la libre administration des collectivités territoriales est également reconnu. L'Art. 164 de la constitution de 2010 stipule que « les collectivités territoriales... s'administrent librement par des conseils élus… La loi détermine les principes fondamentaux de la libre administration des

portant sur 18 pays de l'Afrique francophone subsaharienne, réalisée en 2018, a démontré qu'en ce qui concerne le transfert de compétences, le Mali, le Niger et le Burkina Faso se trouvent en bonne position par rapport à de nombreux autres pays francophones d'Afrique de l'Ouest.[52]

F) Attributions fiscales et transfert de ressources financières

L'étude portant sur 18 pays de l'Afrique francophone subsaharienne et mentionnée dans le paragraphe précédent a montré que le transfert financier est à la traîne par rapport au transfert de compétences. Selon l'auteur de l'étude, la décentralisation au Mali et au Burkina a été partiellement accompagnée d'un transfert financier, mais la décentralisation au Niger ne l'a pas été du tout. L'insuffisance des capacités financières des collectivités territoriales a été confirmée par un très grand nombre de nos interlocuteurs dans les trois pays.[53] Les problèmes budgétaires des collectivités territoriales ont un effet très négatif sur la capacité des collectivités territoriales à rémunérer leur personnel.[54]

Les résultats de notre propre enquête terrain au Mali confirment la situation financière relativement médiocre des collectivités territoriales. Environ, la moitié des 172 secrétaires généraux qui ont répondu ont déclaré que les moyens financiers dont dispose leur collectivité territoriale ne sont que passablement en adéquation avec ses missions. La satisfaction

---

collectivités territoriales, leurs compétences et leurs ressources ». Le Code général des Collectivités territoriales précise dans son Art. 29 que « [le conseil municipal règle… les affaires de la commune… notamment des compétences propres… et des compétences qui lui sont transférées ». La distinction entre compétences propres et compétences transférées montre clairement qu'aussi au Niger, la loi reconnaît l'existence de compétences inhérentes aux communes.

[52] Cf. Wegener, 2018, pp. 23-24.

[53] Cf. entre autres (liste non-exhaustive) *Interview ML19*, 2017 ; *Interview BF08*, 2017; *Interview ML13*, 2017; *Interview NI02*, 2017 ; *Interview BF02*, 2017; *Interview BF01*, 2017 ; *Interview BF08*, 2017 ; *Interview BF04*, 2017 ; *Interview BF10*, 2017 ; *Interview ML23*, 2017; *Interview ML02*, 2017; *Interview ML32 (Entretien téléphonique)*, 2020; *Interview ML34 (Entretien téléphonique)*, 2020 ; *Interview ML35 (Entretien téléphonique)*, 2020; *Interview NI14*, 2017 ; *Interview NI18*, 2017 ; *Interview NI05*, 2017 ; Association des Régions du Niger (ARENI) - Secrétariat permanent, 2019 ; *Interview FR01*, 2020 ; *Interview NI17*, 2017.

[54] En effet, de nombreuses collectivités territoriales ont des arriérés de salaires de plusieurs mois, voire de plusieurs années ou bien n'arrivent simplement pas à pourvoir les principaux postes de l'administration générale à cause du manque de ressources. cf. *Interview ML01*, 2017 ; *Interview ML28 (Entretien téléphonique)*, 2020 ; Malijet, 2019 ; *Interview NI18*, 2017 ; *Interview NI05*, 2017 ; *Interview NI17*, 2017 ; *Interview BF08*, 2017.

était plus grande en ce qui concerne le financement des compétences transférées qu'en ce qui concerne le budget de fonctionnement et le budget de l'investissement des collectivités territoriales. Alors que 17,4 % ont exprimé une opinion positive[55] sur le budget de fonctionnement et 20,9 % sur le budget de l'investissement, 47,6 % se sont exprimés positivement sur le financement des compétences transférées.[56] Cela indique que les plus grands problèmes financiers se trouvent au niveau du budget de fonctionnement des collectivités territoriales, c'est-à-dire au niveau budgétaire en ce qui concerne le paiement du personnel administratif et d'autres dépenses courantes.

G) Les ressources humaines des collectivités territoriales

En ce qui concerne le statut des agents municipaux, on trouve des types similaires de personnel dans les cinq pays. Ainsi, des textes juridiques sur la fonction publique territoriale existent désormais dans tous ces pays. En outre, il existe également des employés de droit privé dans les administrations territoriales des cinq pays. Un statut stable est très important pour l'attractivité du travail au sein des collectivités locales. Le Mali, le Niger et le Burkina Faso sont confrontés à un besoin croissant de personnel des administrations territoriales, car leurs missions sont en train de se multiplier dans le cadre du transfert de compétences.[57] À côté du personnel propre, on trouve aussi des fonctionnaires de la fonction publique de l'État qui sont mis à la disposition des collectivités territoriales.[58]

---

[55] C'est-à-dire les personnes ayant répondu « Tout à fait », « Bien » ou « Satisfaisant ».
[56] Cf. Rapport d'exploitation de l'enquête terrain au Mali, 2019, document disponible auprès de l'Auteur, question 35 : Estimez-vous que les moyens financiers dont dispose votre CT sont en adéquation avec vos missions 35 a) en ce qui concerne le budget de fonctionnement : Tout à fait 2,9 %, Bien 10,5 %, Satisfaisant 14,5 %, Passablement 48,8 %, Assez mauvaise adéquation 13,4 %, Pas du tout 9,3 %, N/A 0,6 %; 35 b) en ce qui concerne le budget de l'investissement : Tout à fait 0,6 %, Bien 5,2 %, Satisfaisant 15,1 %, Passablement 54,7 %, Assez mauvaise adéquation 18,6 %, Pas du tout 5,2 %, N/A 0,6 % ; 35 c) en ce qui concerne la mise en œuvre des compétences transférées (santé, éducation, etc.) : Tout à fait 3,5 %, Bien 23,8 %, Satisfaisant 20,3 %, Passablement 45,9 %, Assez mauvaise adéquation 3,5 %, Pas du tout 2,3 %, N/A 0,6 %.
[57] cf. *Interview ML17*, 2017.
[58] Au Mali, au Niger et au Burkina Faso, le gouvernement central met à la disposition des collectivités territoriales des fonctionnaires de la fonction publique de l'État pour occuper des postes de l'administration générale des collectivités territoriales. Au Mali, cela s'applique notamment aux receveurs municipaux (cf. l'Article 238 du Loi-ML n° 2017-051 du 2 octobre 2017 portant Code des collectivités territoriales : « Le

Les mesures de renforcement des capacités sont importantes pour la professionnalisation de l'action publique territoriale. En effet, on retrouve une situation précaire en ce qui concerne la réalité des ressources humaines dans les collectivités territoriales, surtout au niveau rural. Par exemple au Mali, un contrôle physique du ministère de la Décentralisation et de la Réforme de l'État en 2016 a mis en évidence la situation déplorable. À titre d'exemple, le rapport précise que « pour les postes clés, on recense 618 secrétaires généraux pour 761 CT [collectivités territoriales], donc presque 150 collectivités n'auraient pas de SG [Secrétaire général] en poste. Par ailleurs, parmi ces SG, 72 sont des contractuels. »[59] Les conséquences sont lourdes, comme l'illustre la déclaration suivante du président de l'Association des Municipalités du Mali :

« […] Il y a une charge de travail qui fait que la commune est paralysée. Et ça donne quoi ? Ça donne lieu à la corruption [.] Il y a une sous-administration des communes [.] Il faut un personnel beaucoup plus qualifié et quantitativement élevé […] On est obligé de prendre du personnel bénévole et cela, ça amène la corruption parce qu'on n'arrive pas à couvrir les besoins de la population. Donc il y a une insuffisance […] ».[60]

H) Rôle de la coopération au développement

Depuis les années 1990, la promotion de la décentralisation est devenue une priorité pour de nombreux bailleurs de fonds de la coopération internationale au développement. Le rôle important de la coopération au développement dans la promotion des processus de décentralisation en général et dans l'appui au renforcement des capacités des collectivités territoriales en particulier a été confirmé par de nombreux acteurs interrogés.[61]

---

comptable de la Collectivité territoriale est un comptable direct du Trésor. » ; voir aussi : Interview ML25, 2017). C'est également le cas pour de nombreuses collectivités territoriales du Niger (cf. Interview NI14, 2017). Au Burkina Faso, la mise à disposition concerne particulièrement les secrétaires généraux des collectivités territoriales qui, dans la plupart des collectivités territoriales, sont des fonctionnaires de l'État (cf. Interview BF07, 2017 ; Interview BF08, 2017 ; Interview BF04, 2017 ; Interview BF13, 2017).

[59] cf. Ministère de la Décentralisation et de la Réforme de l'État du Mali, 2016, p. 9.

[60] Interview ML10, 2017.

[61] Cf. *Interview ML19*, 2017; *Interview ML06*, 2012; *Interview NI06*, 2017 ; *Interview ML14*, 2017 ; *Interview NI17*, 2017; *Interview ML10*, 2017 ; *Interview ML35*

I) L'influence des mouvements d'autonomie, de l'instabilité et de l'insécurité

Le démarrage des processus de décentralisation, surtout en ce qui concerne le Mali et le Niger, était étroitement lié aux aspirations à une plus grande autonomie des différents groupes ethniques ainsi qu'au désir de démocratisation et d'un meilleur cadre de vie (infrastructures, viabilité de certaines zones, etc.). La décision de décentraliser a donc apporté une réponse politique à cette problématique. La décentralisation est un compromis et correspond à un transfert limité de pouvoir vers un niveau régional et local.[62]

Ces dernières années, le dualisme entre centralisme et autonomie territoriale est à nouveau au cœur des développements. Il est notamment devenu visible par la rébellion au nord du Mali qui a abouti à la proclamation d'un État indépendant de l'Azawad le 6 avril 2012 par le Mouvement national de libération de l'Azawad (MNLA).[63] Contrairement aux rébellions touarègues précédentes, la rébellion de 2012 a été appuyée par des mouvements islamistes (Ansar Dine, MUJAO) et a abouti à une prise de pouvoir par les mouvements islamistes contre les mouvements laïques du MNLA.[64] Bien que l'opération militaire française ait mis fin à l'occupation islamiste, elle n'a pas mis fin au conflit, mais l'a plutôt fait entrer dans une nouvelle phase. La situation actuelle au Sahel est caractérisée par la présence forte de la menace du terrorisme islamiste, des conflits inter-ethniques et par un mélange complexe entre plusieurs missions militaires étrangères, armées nationales et une multitude de groupes rebelles. La guerre qui au début de la crise était une guerre de position est caractérisée depuis plusieurs années par la guérilla, des attentats et des massacres.[65] Dans le cadre du processus de paix (Accord d'Alger) au Mali, une régionalisation renforcée a été promise pour répondre à la demande de plus d'autonomie et de développement local et a commencé à être mise en œuvre par la création de nouvelles régions dans le nord du Mali.[66] En

---

(Entretien téléphonique), 2020 ; *Interview ML07*, 2012 ; *Interview NI02*, 2017 ; *Interview NI10*, 2017 ; *Interview NI11*, 2017 ; *Interview NI03*, 2019 ; *Interview BF01*, 2017 ; *Interview BF11*, 2017; *Interview NI16*, 2017; *Interview NI05*, 2017.

[62] Cf. Pour le Niger : *Interview NI02*, 2017 ; Pour le Mali : Demante, 2005, p. 195.

[63] Cf. Radio France internationale, 2012.

[64] Cf. OCDE, 2013, pp. 94-95.

[65] Cf. Dumortier, 2018, pp. 128-129 ; Antil, 2019.

[66] Cf. Les Art. 6, 8, 13-16 et 38-40 de l'Accord d'Alger de 2015 - Accord pour la paix et réconciliation au Mali, 2015 ; Rfi Afrique, 2016.

ce qui concerne la situation des collectivités territoriales et de ses ressources humaines, elle est très affectée par la crise, surtout dans le nord du Mali et les régions transfrontalières entre le Mali, le Niger et le Burkina Faso. Les attaques contre la population civile y compris des élus et des chefs traditionnels sont fréquentes.[67] Au Mali, de nombreux fonctionnaires territoriaux ont dû quitter leur collectivité d'affection à cause de l'insécurité.[68] Il est évident que cette situation réduit les chances de succès de toute mesure de renforcement des capacités dans les zones concernées, mais d'un autre côté, le personnel des autorités locales pourrait jouer un rôle clé dans la stabilisation, la reconstruction et la reconsolidation, ce qui devrait encore accroître le besoin en personnel bien formé au niveau des collectivités territoriales. Notre enquête au Mali a démontré que l'insécurité donne lieu à des besoins spécifiques de formation.[69]

---

[67] Cf. Lefaso.net, 2020 b ; Human Rights Watch, 2020 ; Thiam, 2017, pp. 52-56 ; Jeune Afrique avec AFP, 2019.

[68] 51 des 297 agents interrogés dans notre enquête terrain au Mali (2019) n'étaient plus présents dans leur collectivité territoriale d'affectation. Sur ces 51 agents, la grande majorité (43) a déclaré avoir quitté sa collectivité territoriale en raison de la situation sécuritaire. Six autres ont quitté leur collectivité territoriale en raison du non-paiement de leur salaire et les deux autres en raison des conditions de vie trop précaires (voir Rapport d'exploitation de l'enquête terrain au Mali, 2019, document disponible auprès de l'auteur, question 9).

[69] Ainsi, 41 des 43 agents ayant quitté leur groupe d'impact territorial en raison de l'insécurité ont déclaré que pour eux la participation dans une formation aurait été utile pour faire face à cette situation de crise et à d'autres à venir. Environ la moitié des personnes (19) a déclaré qu'une « formation sur le rôle des différents acteurs au niveau local en cas de crise sécuritaire » aurait été utile. 9 des personnes interrogées ont déclaré qu'une « formation générale en gestion locale des crises » aurait été utile et 8 ont déclaré qu'une « formation en communication en temps de crise » les aurait aidés. Les répondants devaient choisir un thème de formation. Les autres réponses possibles étaient les suivantes : « Non, même avec d'autres connaissances et aptitudes, je n'aurais pas pu mieux maîtriser cette situation » [2], « Oui, une formation en géopolitique nationale » [3], « Oui, une formation spécifique sur la situation de la crise actuelle » [1], « Oui, une formation sur les droits et obligations des fonctionnaires territoriaux en cas de crise » [1]. (cf. *ibid.*, question 10).
Outre une éventuelle formation continue complémentaire, de nombreux répondants auraient souhaité une « meilleure coopération avec les autorités de sécurité de l'état » (22,4 % de réponses), « une présence accrue des autorités de sécurité de l'état » (21,7 %), « un meilleur soutien de la part de la population locale » (17,5 %) et « [d]'une manière générale, un meilleur soutien de la part du gouvernement central » (13,3 %). Pour cette question, chaque répondant pouvait choisir ses 3 réponses prioritaires. Les autres réponses possibles étaient les suivantes : « L'amélioration de la gestion de l'information des autorités de sécurité de l'État » [2,1 %), « La situation

J) Le rôle des autorités traditionnelles

Une particularité du Mali, du Niger et du Burkina Faso est le rôle particulier que les chefs coutumiers jouent pour la société et l'État. Ces autorités traditionnelles ont une grande influence dans les trois pays, mais celle-ci varie d'une zone ethnique et géographique à une autre.[70]

Au Niger, les autorités traditionnelles font partie de l'organisation administrative officielle de la République du Niger.[71] L'Article 2 de la loi n° 2015-01 du 13 janvier 2015 portant statut de la chefferie traditionnelle en République du Niger définit le chef traditionnel comme étant « une personne élue ou désignée pour diriger une communauté coutumière et traditionnelle ». Les chefs traditionnels sont responsables de la perception de la taxe municipale et agissent sous l'autorité communale.[72] Ils jouent également un rôle d'intermédiaire entre l'État et les citoyens[73] et sont impliqués dans de nombreux processus administratifs affectant leur territoire.[74] En outre, ils sont membres consultatifs des conseils locaux et régionaux[75] et disposent d'un « pouvoir de conciliation des parties en matière coutumière, civile

---

était désespérée. Aucune mesure n'aurait pu me faire rester dans ma CT » [1,4 %], « Un meilleur soutien de la part du maire et/ou du conseil municipal » [6,3 %], « Une meilleure capacité matérielle des autorités locales de sécurité » [1,4 %], « Une meilleure dotation en personnel des autorités locales de sécurité » [3,5 %], « Une prime sur mon salaire, en raison du risque professionnel plus élevé » [3,5 %], Une répression plus sévère de la part des autorités de sécurité [5,6 %], N/A [1,4 %] (Cf. *Ibid.*, question 11).

70 Au Burkina Faso, par exemple, les autorités traditionnelles jouent un rôle moins important dans l'ouest du pays que dans l'est. cf. Hubert M. G. Ouedraogo, 2006.

71 Cf. Art. 4 de la Loi-NI N° 2015-01 du 13 janvier 2015 portant statut de la chefferie traditionnelle en République du Niger.

72 Cf. *ibid.*, Art. 14 : « Sous l'autorité du Président du Conseil Municipal, le chef de quartier, le village, la tribu, de chefferie particulière ou de fraction à la charge de la collecte de la taxe municipale frappant les membres de sa communauté. »

73 Cf. *ibid.*, Art. 16 : « Le chef traditionnel représente les communautés coutumières et traditionnelles qu'il dirige dans leurs rapports avec l'administration et les tiers. À ce titre, il veille : à la protection des droits et libertés individuelles et collectives des citoyens et des communautés dont il a la charge; à la sauvegarde de l'harmonie et de la cohésion sociales; au respect des lois et règlements; au respect de la tolérance religieuse et des pratiques coutumières pour autant que ces pratiques ne perturbent pas l'ordre public et ne portent pas atteinte aux droits et libertés des autres membres de la communauté; à la défense des intérêts des citoyens et des communautés dans leurs rapports avec l'administration et les tiers. »

74 Cf. *ibid.*, Art. 16-24.

75 Cf. *ibid.*, Art. 24.

et de transactions foncières »[76]. En contrepartie, ils reçoivent une « allocation annuelle, suivant la catégorie des chefferies, à la charge du budget national »[77]. Les autorités traditionnelles sont sous le contrôle disciplinaire de l'État.[78] En résumé, l'administration territoriale nigérienne peut être décrite comme un système « dualiste »[79] ou de « gouvernance décentralisée hybride »[80] dans lequel modernité et tradition sont reliées de façon complémentaire.

Au Burkina Faso, de même qu'au Mali, les autorités traditionnelles ont une grande influence sur la vie sociale, économique et politique au niveau local, mais ne disposent pas d'un statut officiel comme au Niger. Au Mali, les chefs de villages, de fraction et de quartier sont légalement reconnus, « sous l'autorité du maire », « en tant que « représentant[s] de l'administration auprès de… [leurs] communauté[s] »[81]. Ils disposent d'un certain nombre de compétences légales et reçoivent des indemnités et certains avantages matériaux.[82] Ils jouent un rôle particulièrement important dans le domaine de la gestion foncière.[83] Au Burkina Faso, bien que les chefs traditionnels n'y aient pas de compétences explicitement désignées, ils jouent un rôle important dans la pratique locale, par exemple dans la résolution des conflits fonciers.[84] L'introduction d'un statut de chefferie traditionnelle est discutée au Burkina Faso depuis de nombreuses années, mais aucun statut de ce type n'a encore été adopté.[85]

K) La diversité des réalités locales

Dans les trois pays, on retrouve une réalité très diverse entre les collectivités territoriales de différente taille et de différente zone géographique. Ces différences sont aussi en partie dues à des évolutions historiques différentes. On trouve ainsi des collectivités territoriales qui

---

[76] *Ibid.*, Art. 18.
[77] *Ibid.* Art. 30.
[78] Cf. *ibid.*, Art. 34-37.
[79] *Interview NI02*, 2017.
[80] Swiss Agency for Development and Cooperation, 2016, p. 12.
[81] Art. 8 de la Loi-ML n° 06-023 du 28 juin 2006 relative à la création et à l'Administration des villages, fractions et quartiers.
[82] Cf. *ibid.*, Art. 9-19.
[83] Cf. le Décret ML N° 2018-0333/P-RM du 4 avril 2018 fixant la composition et les modalités de fonctionnement de la commission foncière villageoises ou de fraction.
[84] Cf. Hubert M. G. Ouedraogo, 2006.
[85] Cf. Lefaso.net, 2015 ; Ouedraogo, Elie Justin (Association Racines), Naabo Baoogo de Gourcy, 2020 ; Ouaga.com, 2013.

sont relativement riches et d'autres qui sont relativement pauvres. Cette diversité est due non seulement à des différences naturelles, écologiques et économiques, mais aussi à des différences historiques, sociales et culturelles. Les trois pays sont caractérisés par une diversité de cultures, de religions, d'ethnies et de langues.[86] Il s'agit de plus de pays où on trouve, d'un côté, des métropoles en croissance constante comme les capitales Bamako, Niamey et Ouagadougou et, d'un autre, des communes rurales vastes en superficie dans des zones non sédentaires, c'est-à-dire des communes peuplées par des nomades.[87]

L) Les avancées et les défis de la décentralisation

La question de savoir si la décentralisation a réellement entraîné une amélioration globale des conditions de vie dans les collectivités territoriales n'a pas fait l'objet de cette étude. Cependant, au cours de nos enquêtes, on a trouvé des éléments qui, malgré les grands défis qui restent, partent du principe que généralement la situation au niveau local au Mali, au Niger et au Burkina Faso s'est améliorée grâce à la décentralisation. Cela vaut surtout pour les collectivités territoriales riches, mais aussi dans une moindre mesure pour les collectivités territoriales pauvres. On trouvera ci-dessous quelques citations d'acteurs qui illustrent ces améliorations. L'une des plus remarquables est certainement le rapprochement des services dans le domaine de l'État civil aux citoyens :

« Avant même que je sois élu au premier mandat [...] j'ai travaillé dans des zones où les jeunes n'ont jamais connu l'État, mais avec la décentralisation, il y a le maire [...] il signe des actes [...], il conduit des projets dans les villages, il sanctionne les gens de laisser ceci et cela. Et les populations savent quand ils ont un problème à qui se confier [...] depuis que la commune a été installée, beaucoup de choses sont revenues ici à Balleyara. Donc, le changement est net dans la prestation de services, surtout en ce qui concerne les services d'état civil... Sans décentralisation, il n'y a personne qui répond aux questions d'assainissement, d'hygiène, d'urbanisation de la ville. Avec la décentralisation, ces services sont ramenés à la mairie. »[88]

---

[86] Cf. Milet & Manaud, 2007, pp. 88-89 ; Mester de Parajd & Mester de Parajd, 1988, pp. 14-16 ; Blanchet et al., 2009, p. 87.
[87] Cf. Pour le Niger, le Burkina Faso et le Mali : *Interview NI15*, 2017 ; *Interview BF03*, 2017 ; *Interview NI01*, 2017 ; voir aussi Première Partie, Titre I, Chapitre 1, Section 2, § 2 Les moyens des collectivités territoriales.
[88] *Interview NI14*, 2017.

(Maire de la commune rurale de Tagazar, Niger*)*

« On a dit que l'objectif est de rapprocher l'administration de l'administré avec les services de proximité. Ça s'est fait. Parce qu'avant, si j'avais besoin d'un acte de naissance, mon village se trouvait peut-être à 50 ou 80 km du chef-lieu du département, il fallait que je me déplace pour un acte de naissance. Maintenant, c'est dans mon village. »

(Ancien élève du CFGCT, Niger)

En outre, les avancées dans les domaines de la démocratisation et de la participation des citoyens ont été soulignées par les personnes interrogées :

« La participation des citoyens est un exemple de comment les choses se sont améliorées avec la décentralisation. Dans ma commune, quand il y a des journées de salubrité pour ramasser les déchets, tout le monde sort, et puis en une heure, on a déjà nettoyé […]. Une autre avancée, ça concerne l'éducation. Chez nous, presque dans chaque village, il y a une école primaire […]. En troisième position, il y a l'autonomie de gestion […] Avec la décentralisation, ça a permis aux fils et aux filles d'une même localité de gérer eux-mêmes. Ce sont des avancées notables. »[89]

(Agent d'une commune rurale responsable des activités d'eau et d'assainissement, Burkina Faso)

« […] [On a presque électrifié tous les villages. On a mis un approvisionnement en eau dans beaucoup de villages. Si ce n'est pas avec la décentralisation, ça ne serait pas possible. Ça, c'est le fruit de la décentralisation. L'argent est à proximité de la population et on investit. »[90]

(Agent comptable d'une commune rurale, Niger*)*

Hormis ces progrès notables, il reste d'énormes défis à relever, en particulier en ce qui concerne les ressources financières et humaines des collectivités territoriales. On peut supposer que les constatations suivantes du Responsable chargé de la formation de l'Association des Municipalités du Burkina Faso s'appliquent non seulement aux communes

[89] *Interview BF03*, 2017.

[90] *Interview NI12*, 2017.

du Burkina Faso, mais à la situation de toutes les collectivités territoriales dans les trois pays :

« [il s'agit] de structures qui sont relativement jeunes, elles sont globalement en construction. Du point de vue des ressources financières ou humaines, elles présentent encore beaucoup de faiblesses. Elles ont des moyens limités, que ça soit les communes urbaines ou rurales [...]. La question se présente de la même manière, c'est-à-dire au niveau de ces communes, il y a un déficit en matière de ressources humaines du fait de manque de compétence pour assurer véritablement le fonctionnement de l'administration au quotidien. »[91]

(Responsable chargé de formation de l'Association des Municipalités du Burkina Faso)

M) Évolutions politiques et réformes récentes

Après l'interruption du processus de décentralisation et de démocratisation au niveau local en raison des bouleversements politiques[92] survenus dans les trois pays lors de la première moitié des années 2010, le processus a repris de la vitesse.[93] Au Mali, en particulier, une nouvelle dynamique a été lancée par le processus de paix et la concertation sur l'objectif d'une régionalisation accrue.[94] Le processus de décentralisation progresse, mais il s'agit toujours de trouver un équilibre entre les intérêts des différents acteurs. D'une part, il y a des forces qui veulent maintenir un État central fort, mais d'autre part, il y a la pression des élus locaux, des partenaires techniques et financiers et aussi de certains groupes de la population qui veulent plus d'autodétermination (c'est surtout le cas des Touaregs au Mali). Il y a aussi des acteurs au niveau des gouvernements centraux et des parlements qui soutiennent la décentralisation, mais finalement il s'agit d'un processus

[91] *Interview BF08*, 2017.

[92] Au Niger : Coup d'État militaire intervenu le 18 février 2010 et par la suite l'installation des administrateurs délégués au niveau communal (cf. République du Niger, Direction générale de la Décentralisation et des Collectivités territoriales, 2015, p. 12.) ; au Burkina Faso : renversement du président Blaise Comparé suite à l'insurrection populaire en 2014 suivie d'une phase de transition avec l'installation des délégations spéciales au niveau des collectivités territoriales (cf. Lefaso.net, 2018 ; Lefaso.net, 2014) ; au Mali : coup d'État en 2012 et occupation des régions du nord par des groupes islamistes (Boisbouvier, 2020 ; voir supra : L'influence des mouvements d'autonomie, de l'instabilité et de l'insécurité).

[93] Voir infra : N) Les réformes récentes.

[94] Voir supra : L'influence des mouvements d'autonomie, de l'instabilité et de l'insécurité.

de négociation et d'un jeu de forces politiques. [95] En tout cas, la tendance est d'aller plus loin dans la consolidation de la décentralisation, et ce aussi grâce aux initiatives au niveau sous régional (UEAMOA) en définissant les objectifs communs, par exemple dans le domaine du transfert de ressources de l'État aux collectivités territoriales[96] et dans la modernisation de la gestion financière locale[97]. À cause de la décentralisation accrue, la demande de personnel bien formé a également tendance à continuer à augmenter. Plus les municipalités disposent de capacités financières, plus elles veulent et peuvent employer du personnel bien formé. Pour réellement imposer leur autonomie politique et financière, les municipalités ont besoin d'un personnel bien formé et motivé à promouvoir le développement local.[98]

La tendance des dernières années au Mali, au Niger et au Burkina Faso a été que l'État transfère de plus en plus de compétences et progressivement aussi des ressources aux collectivités territoriales. Les défis qui se présentent aux administrations territoriales sont donc de plus en plus nombreux et le besoin en personnel bien formé, capable de

[95] Cf. *Interview BF12*, 2017 ; HOCHET Peter et al., 2014, p. 7. ; RFI, 2012 ; Languille, 2010 ; *Interview NI05*, 2017.

[96] Voir le Livre blanc de la décentralisation financière dans l'espace UEMOA (HOCHET Peter et al., 2014). Le livre blanc « a été présenté et approuvé par le CCT-UEMOA [Conseil des Collectivités territoriales] lors de l'assemblée générale de Lomé en mars 2015. Il fixe un objectif de transfert d'au moins 20 % des ressources budgétaires nationales aux collectivités territoriales d'ici 2025. » (Danda, 2016, pp. 3-4) Le livre blanc précise : « Le but du plaidoyer est l'atteinte d'un taux de transfert de 20 à 30 % des ressources budgétaires nationales au profit des collectivités territoriales, et ce, à l'horizon 2025. » (HOCHET Peter et al., 2014, p. 48).

Voir aussi : la Directive N° 01/2011/CM/UEMOA portant régime financier des collectivités territoriales au sein de l'UEMOA. Cette directive définit des règles communes pour la gestion financière des collectivités territoriales dans l'espace UEMOA.

[97] Cela concerne, par exemple, le passage de la gestion des finances locales au mode « budget-programme ». cf. *Interview ML31 (Entretien téléphonique)*, 2020. Voir aussi la Directive n° 06/2009/CM/UEMOA portant lois de finances au sein de l'UEMOA.

« Le budget-programme est un mode de gestion des finances publiques qui a pour but d'instaurer une plus grande cohérence entre les objectifs de développement et les allocations budgétaires… Ce nouveau mode de gestion se caractérise surtout par une nouvelle approche de l'élaboration et de l'exécution du budget qui met l'accent sur les priorités à moyen et long terme, associée à des objectifs de résultats. Ainsi, contrairement au budget annuel, le budget-programme est élaboré et présenté pour une période de trois ans. » (Afrique sur 7, 2019).

[98] Propres idées de l'auteur.

gérer correctement les ressources supplémentaires et de mener à bien les tâches croissantes, augmente.

Au Mali, la stratégie de décentralisation actuellement en vigueur intitulée « Document-cadre de politique nationale de décentralisation 2015-2024 » prévoit une régionalisation accrue, une gouvernance fiable (« une gouvernance qui donne confiance à la population ») et une meilleure coopération entre l'État et les collectivités territoriales comme objectifs centraux de la « deuxième » étape de la décentralisation.[99] Ce faisant, le document-cadre se réfère aux recommandations des états généraux de la décentralisation de 2014 :

« À travers une décentralisation renforcée, fondée sur la régionalisation, mettre le développement régional au centre de la gouvernance, de la croissance et de la solidarité nationale, tout en garantissant le respect des diversités culturelles et territoriales, en préservant l'unité et l'intégrité nationales ».[100]

Le renforcement du développement régional passe par un accroissement des compétences et des ressources des collectivités régionales et par la création de services techniques chargé du développement comme les agences de développement régional (ADR[101]). L'introduction de nouveaux outils de collaboration comme les plans État-régions vise à améliorer la coopération entre l'État et les collectivités territoriales.[102] Afin d'accroître la légitimité des collectivités territoriales et d'améliorer le leadership, la nouvelle loi électorale[103] de 2016 a généralisé l'élection au suffrage universel direct des conseillers pour l'ensemble des trois

---

[99] cf. Ministère de la Décentralisation et de la Réforme de l'État du Mali, Version finale 2016, p. 14.

[100] Stratégie et plan d'actions (ML) prioritaires pour la mise en œuvre des recommandations des états généraux de la décentralisation, 2014, p. 14.

[101] « Les ADR, c'est […] des structures qui ont été créées, par la volonté politique du président de la République [il s'agit de] structures techniques placées au niveau de la collectivité régionale parce que le président du conseil régional est le président de l'administration […] [Le rôle des ADR] est d'accompagner les trois niveaux de collectivités territoriales […] dans l'exercice de [la] maîtrise d'ouvrage. […] [Les ADR sont […] des établissements publics à caractère administratif (EPA). Les personnes qui travaillent dans les ADR ont un statut particulier, ils sont gérés par des contrats sur la base du code de travail, ce sont des spécialistes et des techniciens qui animent ces EPA […] Dans chaque collectivité région, il y a en a un. » (*Interview ML14*, 2017).

[102] Cf. *ibid.*

[103] Loi-ML n° 2016-048 du 17 octobre 2016 portant loi électorale en République du Mali.

niveaux de collectivités territoriales (commune, cercle, région).[104] En outre, depuis la modification du Code des Collectivités territoriales en 2017, le conseiller figurant en tête de liste dont la liste a obtenu le plus grand nombre de sièges sera automatiquement investi maire/président, sans nécessité de procéder à une élection au sein du Conseil.[105] L'objectif de cette modification est de rendre l'élection locale plus facilement compréhensible et plus prévisible pour les citoyens. Cette mesure est censée dynamiser la démocratie locale. Avant la réforme du Code des Collectivités territoriales, l'élection des maires/présidents était une question d'alliances entre les différents groupes.[106] Désormais, c'est surtout le taux de satisfaction des citoyens avec leur maire ou président qui détermine la réélection de celui-ci.

En ce qui concerne le Niger et le Burkina Faso, le changement le plus remarquable de ces dernières années est la mise en place de nouveaux régimes juridiques pour les agents des collectivités territoriales. Ainsi, on a introduit au Burkina Faso en 2017, la nouvelle loi portant Statut de la Fonction publique territoriale[107] et au Niger en 2019 la loi portant statut autonome du personnel des Collectivités territoriales[108].

La modernisation et la digitalisation de l'administration jouent un rôle important dans les collectivités territoriales du Niger, du Burkina Faso et du Mali. L'administration devient de plus en plus numérisée, par exemple dans les domaines de l'état civil[109] et des marchés publics[110]. Ce processus est associé à des défis majeurs en raison des

[104] Cf. RFI, 2017 ; bamada.net, 2017.

[105] Cf. Loi-ML n° 2017-051 du 2 octobre 2017 portant Code des collectivités territoriales, Art. 50 (maire), Art. 123 (Président du Conseil du Cercle) et Art. 190 (Président du Conseil régional).

[106] cf. *Interview ML14*, 2017.

[107] Loi-BF N°003-2017/AN du 13 janvier 2017 portant Statut de la Fonction publique territoriale, 2017. Cette nouvelle loi vient en remplacement de l'ancienne « loi qui régissait les agents […] qui [était] la loi 027 de 2006-AN du 5 décembre 2006 qui était applicable aux emplois et aux agents des collectivités territoriales. » (*Interview BF07*, 2017).

[108] Loi-NI 2019-26 portant Statut autonome du personnel des Collectivités territoriales du 10 juin 2019.

[109] Cf. *Interview NI09*, 2017 ; *Interview ML03*, 2017.

[110] C'est par exemple le cas du Mali où les collectivités territoriales peuvent publier leurs appels d'offres sur le Portail Malien des Marchés Publics. C'est une possibilité qui, en raison d'obstacles techniques (les agents des collectivités territoriales sont obligés d'aller au niveau de la Direction générale des Marchés Publics pour utiliser l'outil), n'a été utilisée jusqu'à présent (état au 2020) que par les communes et la

conditions d'infrastructure souvent difficiles (très faible couverture d'électricité et relativement faible couverture Internet, notamment dans les zones rurales, mais partiellement aussi dans les capitales).[111] La participation citoyenne et la transparence a tendance d'être renforcées par l'introduction de budgets participatifs[112], de comités de gestion, de citoyens locaux[113] et de pratiques de restitution publique de la gestion des collectivités territoriales[114].

N) Le défi de la corruption

Selon le Corruption Perception Index de Transparency International, la corruption[115] reste un grand problème, surtout au Mali et au Niger, et

---

mairie du District de Bamako. cf. *Interview ML31 (Entretien téléphonique)*, 2020. Lien pour le site web du Portail : https://dgmp.gouv.ml/#quicktabs-accueil=0.

[111] En fait, la couverture d'électricité semble aujourd'hui plus problématique que la couverture Internet qui est en constante progression, surtout grâce à l'expansion de l'Internet mobile. L'alimentation électrique pourrait être améliorée à l'avenir grâce à la production décentralisée d'électricité (en particulier l'énergie solaire). On peut déjà observer les premiers développements dans ce sens. Voir pour l'Afrique de l'Ouest : Charonnat, 2018 ; Agence Ecofin, 2017 ; Institut Montaigne, 2019. Pour le Mali : KONE, 2020. Pour le Burkina Faso : L'économiste du Faso, 2020 ; french.china.org.cn, 2018; Roussel, 2019. Pour le Niger : french.china.org.cn, 2017 ; Agence nigérienne de Presse, 2020a.

[112] Cf. UN-HABITAT/ENDA TM, 2008 ; *Interview NI13*, 2017 ; *Interview NI12*, 2017.

[113] Cf. Weyer, 2012, p. 54 ; Olivier de Sardan & Tidjani Alou, 2009, p. 154.

[114] Cf. Direction générale des Collectivités territoriales du Mali, 2013 ; *Interview ML28 (Entretien téléphonique)*, 2020 ; *Interview ML35 (Entretien téléphonique)*, 2020.

[115] L'ouvrage État et corruption en Afrique de G. Blundo et J.-P. Olivier de Sardan énumère sept formes de « pratiques corruptives courantes » : [1] la « "commission" pour service illicite [...] Il s'agit pour l'usager de rétribuer une intervention d'un fonctionnaire lui donnant accès à un avantage illicite » [2] la « rétribution indue d'un service public [...] Pour effectuer un acte relevant de sa fonction, le fonctionnaire fait payer l'usager [...] Il vend le "service" qu'il est censé officiellement effectuer "gratuitement" » [3] la « "gratification" [...] Alors que la rétribution indue – à l'instar de la commission – fait l'objet en général d'une transaction *ex ante*, sur la base d'un tarif fixe ou négocié, la gratification, elle se donne *ex-poste* et se présente comme un geste spontané de l'usager » [4] le « "piston" [...] le favoritisme [...] Depuis les nominations et affectations, jusqu'à la délivrance des services aux usagers, en passant par les stages et formations, ce sont le "piston", le "copinage" et la "recommandation" qui sont au cœur des pratiques, et ceci de façon routinière et généralisée » [5] le « tribut ou "péage" [...] À la différence de la commission et de la rétribution indue, le tribut ou "péage" est extorqué sans qu'aucune intermédiation ou aucun "service" (légal ou illégal) ne soit véritablement fourni » [6a] le « "perruque" [...] les locaux ou les matériels du service sont utilisés par les personnels à titre privé, soit durant les heures

dans une moindre mesure au Burkina Faso.[116] À la lumière de ses effets possibles sur le niveau de corruption, la décentralisation est considérée comme une arme à double tranchant. D'une part, il existe le risque que la redistribution des pouvoirs politiques de l'État central vers les collectivités décentralisées ait pour effet que la corruption se décentralise aussi, ce qui pourrait même rendre plus compliquée la lutte contre la corruption.[117] D'autre part, le rapprochement de l'administration des citoyens par la décentralisation pourrait aboutir à un renforcement de la fonction de contrôle sur l'administration par la population, et ainsi à un niveau plus faible de corruption.[118]

Au cours des entretiens, il a été constaté que la corruption est également un problème dans les administrations territoriales du Mali, du Niger et du Burkina Faso. Plusieurs personnes interrogées ont fait état de pratiques de corruption.[119]

---

de travail, soit après » [6 b] le « « gombo » […} le fait pour des fonctionnaires d'avoir des revenus supplémentaires en dehors du travail, à côté ou pendant […] [le fait d'exercer] ces activités annexes […] au détriment du travail lui-même » [7] le « "détournement" […] Il ne s'agit cette fois non plus simplement d'un usage privé de matériels publics [perruque], mais d'une véritable "approbation", où l'origine publique du bien en question se "perd". » (cf. Blundo, 2007, pp. 83-90).

[116] Selon l'indice de perception de la corruption de Transparency International pour 2018, le Mali se classe 120e et le Niger 114e. Le Burkina Faso, par contre, se classe au 78e rang, ce qui en fait l'un des pays les moins corrompus d'Afrique (cf. Transparency International, 2018) :

[117] Cf. Le Bris & Paulais, 2007, pp. 26-27 ; Coly & Breckner, 2004, p. 6.

[118] Cf. Totté et al., 2003, pp. 58-59.

[119] « … d'autres font vraiment de la discrimination en prenant des amis et des frères en tant que contractuels » (*Interview ML28 [Entretien téléphonique]*, 2020) ; « Les collectivités ont la possibilité d'avoir de l'argent, mais ne savent pas comment mobiliser parce que chacun cherche pour sa poche. » (*Interview ML01*, 2017) ; « On produit un rapport qu'on envoie au ministère de l'Administration territoriale. Ce rapport est produit à la fin du stage. Et c'est sur la base de la fourniture de ce projet que la titularisation est déclarée […]. Si tu n'as pas produit le rapport, tu ne peux prétendre à une titularisation. Mais on est en Afrique. Après, ils négocient autrement […] » (*Interview ML27 [Entretien téléphonique]*, 2020) ; « […] [On pense que l'argent c'est pour le maire, donc moi aussi, ce que je collecte, je prends d'abord pour moi avant d'amener la part du maire. » (*Interview NI14*, 2017) ; « Maintenant, à la fin d'année nous sommes tombés dans le rouge, c'est-à-dire la caisse était vide. Alors je disais que ce n'est pas possible et j'ai appelé le maire et le régisseur que nous fassions une séance de travail […] les certificats des recettes ne ressortaient pas dans les comptabilités du percepteur […] On avait à peu près 2 millions et plus qui ne ressortait pas. […] [Ils] donnent un peu au régisseur et ils bouffent. Tant que la traçabilité ne ressort pas à chaque étape, il n'aura pas de contrôle fiable. » (*Interview ML20*, 2017) ;

Conclusion

Dans cet article, il est apparu clairement qu'il existe des points communs et des chevauchements historiques entre les trois pays en ce qui concerne l'évolution des systèmes politico-administratifs. La situation relativement similaire au Mali, au Niger et au Burkina Faso est utile pour la comparaison des dispositifs juridiques et politiques de l'administration territoriale entre les trois pays, comme le transfert de compétences.

Bibliographie

1. Aalen, F.H.A., Grainger, M. J., Hibert, F., Hoffmann, M., Mallon, D. P., McGowan, P.J.K. et Vliet, N., *Analyse de situation de l'UICN concernant la faune terrestre et d'eau douce en Afrique centrale et de l'ouest,* Occasional Paper of the IUCN Species Survival Commission, Gland (Suisse), IUCN, 2015.
2. Abary, Issa, Kaboré, Siboné, Gouvernance à la base : Rapport d'analyse de la gouvernance locale dans les régions Sahéliennes du Niger, du Burkina Faso et du Mali, Catholic relief services, disponible à http://pqpublications.squarespace.com/publications/2014/11/5/gouvernance-a-la-base-rapport-danalyse-de-la-gouvernance-loc.html, 2014.
3. Afrique sur 7, « Budget de l'État pour l'année 2020 : Ya problème, le PDCI explique », *Afrique Sur 7*, 2019, publication électronique disponible à l'adresse : https://www.afrique-sur7.ci/437592-budget-etat-2020-probleme-pdci.
4. Agence Ecofin, *Le taux d'accès à Internet et sa progression dans chacun des 54 pays africains, selon Internet Live Stats*, 2017, publication électronique disponible à l'adresse : https://www.agenceecofin.com/gouvernance/2801-44329-le-taux-d-acces-a-internet-et-sa-progression-dans-chacun-des-54-pays-africains-selon-internet-live-stats.
5. Agence Nigérienne de Presse, *Niger : L'Autorité de régulation des télécommunications présente à la presse son rapport annuel 2019 | ANP*, 2020a, publication électronique disponible à l'adresse : http://www.anp.ne/?q=article/niger-l-autorite-de-regulation-des-telecommunications-presente-la-presse-son-rapport-annuel.

« […] Chaque maire, il va prendre son cousin, son frère et il va venir travailler et quand le maire est changé, c'est un autre qui va venir pour travailler à sa place. » (*Interview BF11*, 2017).

6. Antil, Alain, « Sahel : soubassements d'un désastre », *politique étrangère*, 3 :2019, 2019, p. 89-98.
7. Association des Régions du Niger (ARENI) - Secrétariat permanent, *Effectifs du personnel des conseils régionaux*, 2019.
8. bamada.net, « Élection de conseillers communaux des cercles et régions : Les Maliens appelés aux urnes le 17 décembre », *bamada*, 2017, publication électronique disponible à l'adresse : http://bamada.net/election-de-conseillers-communaux-des-cercles-et-regions-les-maliens-appeles-aux-urnes-le-17-decembre
9. Bierschenk, T. et olivier de Sardan, J.-P. 1997, ECRIS : rapid collective inquiry for the identification of conflicts and strategic groups [S.l.] : [s.n.], 1997
10. Blundo, Giorgio, *État et corruption en Afrique. Une anthropologie comparative des relations entre fonctionnaires et usagers, Bénin, Niger, Sénégal,* Hommes et sociétés, Marseille, Paris, APAD ; Karthala, 2007.
11. Boisbouvier, Christophe, « Coup d'État au Mali : le jour où ATT a été renversé », *Jeune Afrique*, 2020, publication électronique disponible à l'adresse : https://www.jeuneafrique.com/142284/politique/coup-d-tat-au-mali-le-jour-o-att-a-t-renvers/.
12. Centre d'Expertises pour la Décentralisation et le Développement local (SNV)/Organisation néerlandaise de développement, *La décentralisation au Mali : du discours à la pratique. Série Décentralisation et Gouvernance locale – Bulletin 358,* Sous l'édition de : Théa Hilhorst et Gerard Baltissen (KIT).
13. Charonnat, Emmanuel, « Afrique de l'Ouest : l'écosystème du mobile contribuerait à 6,5 % du PIB », *CB Expert*, 2018, publication électronique disponible à l'adresse : https://www.cb-expert.fr/2018/04/18/afrique-de-louest-lecosysteme-du-mobile-contribuerait-a-65-du-pib-2/.
14. Coly, A. et Breckner, E., « Dezentralisierung und Stärkung kommunaler Selbstverwaltung zur Förderung von Good Governance | APuZ», *Bundeszentrale für politische Bildung*, 2004.
15. Constantinesco, L. J., *Traité de droit comparé : La méthode comparative,* Librairie Générale de Droit et de Jurisprudence, 1974.

16. Constantinesco, L. J., *Traité de droit comparé : Introduction au droit comparé,* Traité de droit comparé, Librairie Générale de Droit et de Jurisprudence, 1972.
17. COULIBALY, Daniel -Spécialiste en décentralisation et suivi évaluation des projets et programmes, *Note d'information sur l'évolution du cadre juridique et institutionnel de la décentralisation au Burkina Faso*, publication électronique disponible à l'adresse : https://base.afrique-gouvernance.net/docs/coulmibaly.pdf.
18. Danda, Mahamadou, *Compte rendu du séminaire régional sur la mise en œuvre du livre blanc sur la décentralisation financière dans l'espace UEMOA*, 2016, publication électronique disponible à l'adresse : https://www.delog.org/fileadmin/user_upload/e-learning__courses/pdf/rapport-final_recommendations_seminaire-UEMOA-livre-blanc.pdf
19. Demante, Marie-Jo, « Crise, développement local et décentralisation dans la région de Gao (Mali) », *Afrique contemporaine*, n° 215, n° 3, 2005, pp. 195-217.
20. Diawara, M., Development and administrative norms: The Office du Niger and decentralization in French Sudan and Mali", in: *Africa*, 81 (3), 434-454. | DOI: 10.1017/S0001972011000210, 2011.
21. DiPiazza, Francesca, *Mali in pictures,* Visual Geography Series, Minneapolis, MN, Twenty-First Century Books, 2007.
22. Direction générale des collectivités locales (France), *Les collectivités locales en chiffres 2019*, Bruno DELSOL et al, DGCL – 2, Paris, 2019.
23. Direction Générale des Collectivités territoriales du Mali, *Guide Pratique de Restitution Publique de la Gestion des Collectivités territoriales*, 2013.
24. Direction Générale des Collectivités territoriales du Mali, *Accueil*, 2020, publication électronique disponible à l'adresse : http://dgct.gouv.ml/.
25. Dumortier, B. e. a., *Géopolitique de l'Afrique et du Moyen-Orient : Format : ePub 3,* PREPAS COMMERCIALES, Nathan, 2018.
26. french.china.org.cn, *Burkina Faso : nouveaux efforts du gouvernement en matière d'accès à l'électricité*, 2018, publication électronique disponible à l'adresse : http://french.china.org.cn/foreign/txt/2018-10/04/content_64748826.htm.

27. french.china.org.cn, *Niger : la solution au récurrent problème électrique passe par le solaire (experts)*, 2017, publication électronique disponible à l'adresse : http://french.china.org.cn/foreign/txt/2017-04/26/content_40696382.htm.

28. Gouvernement du Burkina Faso, *Membres de gouvernement*, 2020, publication électronique disponible à l'adresse : https://www.gouvernement.gov.bf/gouvernement/membres-de-gouvernement.

29. Harrison, Christopher, *France and Islam in West Africa, 1860-1960,* African Studies, 60, Cambridge, Cambridge University Press, 1988.

30. Hesse, Joachim J. et Ellwein, Thomas, *Das Regierungssystem der Bundesrepublik Deutschland. Band 2: Materialien,* Wiesbaden, VS Verlag für Sozialwissenschaften, 1997.

31. Hesseling, Gerti, *Histoire politique du Sénégal. Institutions, droit et soc,* Hommes et sociétés, Sciences sociales, Paris, Karthala, 1985.

32. Hilgers, M. et Jacob, J.-P. « Anthropologie de la candidature électorale au Burkina Faso », *Afrique contemporaine*, n° 228, n° 4, 2008, pp. 171-190.

33. Human Rights Watch, *« Combien de sang doit encore couler ? » | Human Rights Watch*, 2020, publication électronique disponible à l'adresse : https://www.hrw.org/fr/report/2020/02/10/combien-de-sang-doit-encore-couler/atrocites-commises-contre-des-civils-dans-le.

34. Institut International pour l'Environnement et le Développement, *Décentralisation au Sahel : leçons, questions, défis. Dix ans de cheminement du programme « Réussir la décentralisation »,* London, 2010.

35. Institut Montaigne, *Énergie solaire en Afrique : un avenir rayonnant ? NOTE - février 2019*, Neuf propositions pour faciliter le déploiement de l'énergie solaire sur le continent africain, 2019, publication électronique disponible à l'adresse : https://www.institutmontaigne.org/publications/energie-solaire-en-afrique-un-avenir-rayonnant

36. Jeune Afrique avec AFP, « Mali : les élections municipales se dérouleront le 20 novembre », *Jeune Afrique*, 2016, publication électronique disponible à l'adresse : https://www.jeuneafrique.com/348462/politique/mali-elections-municipales-se-derouleront-20-novembre/

37. Jeune Afrique avec AFP, « Niger : 12 morts dans l'attaque d'une base militaire dans le sud-est du pays », *Jeune Afrique*, 2019, publication électronique disponible à l'adresse : https://www.jeuneafrique.com/850085/politique/niger-12-morts-dans-lattaque-dune-base-militaire-dans-le-sud-est-du-pays/

38. HOCHET Peter et al., *Livre blanc de la décentralisation financière dans l'espace UEMOA. Éléments pour le renforcement des processus*, Labo Citoyens, 2014, publication électronique disponible à l'adresse : http://www.resacoop.org/sites/default/files/decentralisation_financiere_uemoa.pdf

39. Hubert M. G. Ouedraogo, « Décentralisation et pouvoirs traditionnels : le paradoxe des légitimités locales », *Mondes en développement*, no 133, n° 1, 2006, pp. 9-29.

40. KI, Jean M., *État des lieux de la décentralisation au Burkina Faso*, 2007, publication électronique disponible à l'adresse : https://base.afrique-gouvernance.net/docs/etat_des_lieux_de_la_d__centralisation_au_bf_version_r__lue.pdf.

41. KONE, Harouna, *Cours à distance : du désordre dans la pagaille*, 2020, publication électronique disponible à l'adresse : https://malijet.co/societe/education-societe/cours-a-distance-du-desordre-dans-la-pagaille.

42. Languille, Sonia, « Mali : la politique de décentralisation à l'heure de l'"Agenda de Paris" pour l'efficacité de l'aide », *Politique africaine*, N° 120, n° 4, 2010, pp. 129-152.

43. Le Bris, É. et Paulais, T. « Décentralisations et développements », *Afrique contemporaine*, 2007/1 n° 221, pp. 21 - 44.

44. L'économiste du Faso, *Burkina : Les chiffres de la téléphonie mobile en 2018*, 2020, publication électronique disponible à l'adresse : https://www.leconomistedufaso.bf/2020/02/17/burkina-les-chiffres-de-la-telephonie-mobile-en-2018/.

45. Lefaso.net, *Pistes pour la poursuite de l'esprit de la décentralisation dans les « circonstances exceptionnelles » : Le cas des délégations spéciales au Burkina Faso*, 2014, publication électronique disponible à l'adresse : https://lefaso.net/spip.php?article62059.

46. Lefaso.net, *Institutionnalisation de la chefferie traditionnelle et coutumière : Le CNT osera-t-il ?*, 2015, publication électronique disponible à l'adresse : https://lefaso.net/spip.php?article62940

47. Lefaso.net, *Insurrection populaire d'octobre 2014 au Burkina : Un défi a la démocratie - leFaso.net, l'actualité au Burkina Faso*, 2018, publication électronique disponible à l'adresse : http://lefaso.net/spip.php?article85680.

48. Lefaso.net, *Barsalogho-Pensa : Le maire de Pensa assassiné par des individus armés non identifiés – leFaso.net, l'actualité au Burkina Faso*, 2020 b, publication électronique disponible à l'adresse : https://lefaso.net/spip.php?article97902.

49. Le Monde avec AFP, « Scrutins locaux le 1er novembre, présidentielle fin 2020 : au Niger, le calendrier électoral dévoilé », *Le Monde*, 2019, publication électronique disponible à l'adresse : https://www.lemonde.fr/afrique/article/2019/08/20/scrutins-locaux-le-1er-novembre-presidentielle-fin-2020-au-niger-le-calendrier-electoral-devoile_5500937_3212.html

50. Lima Stéphanie, « Territoires multisitués et circulation migratoire », *Belin | « L'Espace géographique »*, 2013/4, 2013.

51. MALIJET, Retard de salaires des agents des collectivités territoriales : Toutes les mairies du Mali paralysées à partir de ce lundi Bamako Mali, 2019, publication électronique disponible à l'adresse : https://malijet.com/a_la_une_du_mali/224169-retard_salaires_agents_collectivites_territoriales_toutes_.html.

52. Marchal, J. Y., *Chroniques d'un cercle de l'A.O. F,* Travaux et documents de L'O.R.S.T.O.M, 125, Paris, O.R.S.T.O.M, 1980.

53. Marie, Jérôme et Idelman, Eric, « La décentralisation en Afrique de l'Ouest : une révolution dans les gouvernances locales ? », *EchoGéo,* n° 13, 2010.

54. Mester de Parajd, Corinne et Mester de Parajd, Laszlo, *Regards sur l'habitat traditionnel au Niger,* Les Cahiers de construction traditionnelle, v. no 11, Nonette, Ed. Créer, 1988.

55. Milet, Éric et Manaud, Jean-Luc, *Mali,* Découvert, Genève, Olizane, 2007.

56. Ministère de l'Administration territoriale, Cabinet du ministre délégué chargé de la Décentralisation, *Stratégie et plan d'actions (ML) prioritaires pour la mise en œuvre des recommandations des états généraux de la décentralisation*, 2014

57. Ministre de l'Administration territoriale, de la Décentralisation et de la Cohésion sociale du Burkina Faso, *Les Structures administratives*, 2020, publication électronique disponible à l'adresse : https://www.matd.gov.bf/ministere/services.

58. Ministère de la Décentralisation et de la Réforme de l'État du Mali, *Document-cadre (ML) de politique nationale de décentralisation 2015-2024,* ministère de la Décentralisation et de la Réforme de l'État, Version finale 2016, publication électronique disponible à l'adresse : Document disponible auprès de l'auteur.

59. Ministère de la Décentralisation et de la Réforme de l'État du Mali, *Contrôle physique des fonctionnaires du cadre de l'administration générale et des contractuels des collectivités territoriales. Rapport général*, 2016.

60. Ministère de l'Europe et des Affaires étrangères de la France, *Composition du gouvernement de la République du Mali*, 2020, publication électronique disponible à l'adresse : https://www.diplomatie.gouv.fr/fr/dossiers-pays/mali/presentation-du-mali/article/composition-du-gouvernement.

61. OCDE, *Conflits liés aux ressources et terrorismes - Deux facettes de l'insécurité,* Cahiers de l'Afrique de l'Ouest, Paris, Sahel and West Africa Club, Paris, OECD Publishing, 2013.

62. Olivier de Sardan, J.-P. et Tidjani Alou, M., *Les pouvoirs locaux au Niger, vol. 1 : À la veille de la décentralisation,* Voix d'Afrique, Paris, Dakar (SN), Karthala ; CODESRIA, 2009.

63. Ouaga.com, *Statut de la chefferie traditionnelle au Burkina : La rédaction des textes tarde à se finaliser !*, 2013, publication électronique disponible à l'adresse : http://news.aouaga.com/h/7940.html.

64. Ouedraogo, Elie Justin (Association Racines), Naabo Baoogo de Gourcy, *Situation de la chefferie traditionnelle et coutumière du Burkina Faso : l'appel de l'association racines*, 2020, publication électronique disponible à l'adresse : https://www.zoodomail.com/fr/actualites-associatives/situation-de-la-chefferie-traditionnelle-et-coutumiere-du-burkina-faso.

65. Ozainne, Sylvain, *Un néolithique Ouest-Africain. Cadre chrono-culturel, économique et environnemental de l'Holocène récent en Pays Dogon (Mali)*, Zugl. : Genève, Univ., Diss., 2011, Peuplement humain & paléoenvironment en Afrique de l'Quest, 3, Frankfurt am Main, Africa-Magna-Verl., 2013.

66. Peaslee, Amos J. et Xydis, Dorothy P., *Constitutions of nations,* Constitutions of Nations, La Haye, Nijhoff, 1974.

67. Portail officiel du gouvernement du Niger, *Liste des Ministères*, 2020, publication électronique disponible à l'adresse : http://www.gouv.ne/index.php/les-ministeres/liste-des-ministeres.

68. Radio France internationale, « Mali : le MNLA proclame l'indépendance de l'Azawad », *RFI*, 2012.

69. Rambaud, Thierry, « Introduction au droit comparé », Paris, Presses Universitaires de France, 2014.

70. République du Mali, ministère de l'Administration territoriale et des Collectivités locales, Secrétariat général, Étude sur le bilan et les perspectives de la décentralisation au Mali, Rapport final, à consulter sous http://www.matcl.gov.ml/PDF/ForumRapport.pdf, p.20, 2011.

71. République du Niger, Direction Générale de la Décentralisation et des Collectivités territoriales, *Brochure d'Information sur la Décentralisation au Niger*, 2015, publication électronique disponible à l'adresse : http:/www.decentralisation-niger.org/images/publications/decentralisation/brochure_information_decentralisation.pdf.

72. RFI, « Mali : le MNLA joue la carte de l'auto-détermination », *RFI*, 2012, publication électronique disponible à l'adresse : https://www.rfi.fr/fr/afrique/20121008-mali-le-mnla-joue-carte-autodetermination

73. RFI Afrique, « Mali : les nouvelles régions prêtes à relever les défis », *RFI AFRIQUE*, 2016.

74. RFI, « Le Mali organise ses élections locales et régionales du mois de décembre », *RFI*, 2017.

75. Roussel, Jane, « Burkina Faso : les énergies renouvelables à l'aune du quotidien », *Le Point.fr – L'info en direct*, 2019.

76. SAWADOGO, Raogo A., L'État africain face à la décentralisation. La chaussure sur la tête, Paris, Karthala, 2001.

77. Sternberger, D., Vogel, B., Nohlen, D. et Landfried, K., *Afrika,* Berlin, De Gruyter, 2019.

78. Sy, Ousmane et Calame, Pierre, *Reconstruire l'Afrique. Vers une nouvelle gouvernance fondée sur les dynamiques locales,* Dossier pour un débat, Bamako, Paris, Jamana ; Mayer, 2009.

79. Swiss Agency for Development and Cooperation, *Étude de cas 4 : autorités traditionnelles et religieuses dans la gouvernance locale au Mali. SDC/IDS/Helvetas/Swisspeace case studies,* Bamako/Berne, Swiss Agency for Development and Cooperation (SDC), 2016.

80. Thiam, Adam, *Centre du Mali : Enjeux et Dangers d'une crise négligée,* Centre pour le dialogue humanitaire, 2017, publication électronique disponible à l'adresse : https://www.hdcentre.org/wp-content/uploads/2017/03/Centre-du-Mali-Enjeux-et-dangers-dune-crise-n%C3%A9glig%C3%A9e.pdf.

81. Totté, Marc, Dahou, Tarik et Billaz, René, *La décentralisation en Afrique de l'Ouest. Entre politique et développement, Paris,* Karthala Éditions, 2003.

82. Transparency International, *Corruption Perception Index 2018*, 2018, publication électronique disponible à l'adresse : https://www.transparency.org/cpi2018.

83. UN-HABITAT/ENDA TM, *Le budget participatif en Afrique. Guide pour la formation en pays francophones*, Tome I : Concepts et Principes, Nairobi, Kenya, Programme des Nations Unies pour les Établissements Humains (ONU-HABITAT), 2008, publication électronique disponible à l'adresse : https://issuu.com/unhabitat/docs/2496_alt.

84. Vie-publique.fr, *Qu'est-ce que la déconcentration ?* 2018, publication électronique disponible à l'adresse : https://www.vie-publique.fr/fiches/20167-la-deconcentration-definition.

85. Wegener, Alexander, *Les finances locales dans l'Afrique francophone subsaharienne,* Hamburg, tredition GmbH, 2018.

86. Weyer, Frédérique, *Éducation et insertion professionnelle au Mali. Jeu des trajectoires, enjeu familial et inégalités,* Publications/ The Graduate Institute, Genève/Paris, Institut de hautes études internationales et du développement ; Editions Karthala, 2012.

Références juridiques

1. Accord d'Alger de 2015 – Accord pour la paix et réconciliation au Mali, issu du processus d'Alger, https://photos.state.gov/libraries/mali/328671/peace-accord-translations/1-accord-paix-et-reconciliation-francais.pdf

2. Constitution du Burkina Faso 1991, adoptée par référendum du 1991 et promulguée le 1991.

3. Constitution du Mali du 26 décembre 1992.

4. Décret-BF N°2016-878/PRES/PM/MATDSI/MINEFID portant organisation administrative du territoire et attributions des chefs de circonscription administrative au Burkina Faso.
5. Décret ML N°2018-0333/P-RM du 4 avril 2018 fixant la composition et les modalités de fonctionnement de la commission foncière villageoises ou de fraction.
6. Directive-UEMOA n° 06/2009/CM/UEMOA portant lois de finances au sein de l'UEMOA.
7. Directive-UEMOA N° 01/2011/CM/UEMOA portant régime financier des collectivités territoriales au sein de l'UEMOA.
8. Loi-BF n° 055-2004/AN du 21 décembre 2004 portant Code général des Collectivités territoriales.
9. Loi-BF n° 055-2004/AN du 21 décembre 2004 portant Code général des Collectivités territoriales dans la version du 7 mai 2018.
10. Loi-BF N°003-2017/AN du 13 janvier 2017 portant Statut de la Fonction publique territoriale, 2017.
11. Loi-ML n° 06-023 du 28 juin 2006 relative à la création et à l'Administration des villages, fractions et quartiers.
12. Loi-ML n° 2016-048 du 17 octobre 2016 portant loi électorale en République du Mali.
13. Loi-ML n° 2017-051 du 2 octobre 2017 portant Code des Collectivités territoriales.
14. Loi n° 55-1489 du 18 décembre 1955 relative à la réorganisation municipale en Afrique occidentale française, en Afrique équatoriale française, au Togo, au Cameroun et à Madagascar.
15. Loi-NI N° 2015-01 du 13 janvier 2015 portant statut de la chefferie traditionnelle en République du Niger.
16. Ordonnance-NI n° 2010-54 du 17 septembre 2010 portant Code général des Collectivités territoriales de la République du Niger
17. Loi-NI 2019-26 portant Statut autonome du personnel des Collectivités territoriales du 10 juin 2019.

Interviews

1. BF01 Interview avec le Directeur de la Direction de la Formation des Personnels des Collectivités territoriales de l'ENAM Burkina Faso (16.01.2017) : Interview BF01. Ouagadougou, Burkina Faso.

2. BF02 Interview avec le Directeur de la Formation initiale de l'ENAM Burkina Faso (16.01.2017) : Interview BF02. Ouagadougou, Burkina Faso.
3. BF03 Interview avec un agent d'une commune rurale, responsable des activités eau et assainissement, participant à la première promotion ENAM-DFCT Formation professionnelle initiale en maîtrise d'Ouvrage Publique (MOP) (17.01.2017) : Interview BF03. Ouagadougou, Burkina Faso.
4. BF04 Interview avec le Conseiller technique du programme PDDC (Décentralisation et développement communal) de la coopération allemande (GIZ) au Burkina Faso (17.01.2017) : Interview BF04. Ouagadougou, Burkina Faso.
5. BF07 Interview avec le Directeur général de la Fonction publique territoriale (17.01.2017) :
Interview BF07. Ouagadougou, Burkina Faso.
6. BF08 Interview avec le Responsable chargé de la Formation de l'AMBF (Association des Municipalités du Burkina Faso) (19.01.2017) : Interview BF08. Ouagadougou, Burkina Faso.
7. BF10 Interview avec un représentant du FICOD (Fonds d'Investissement pour les Collectivités Décentralisées), Burkina Faso (19.01.2017) : Interview BF10. Ouagadougou, Burkina Faso.
8. BF11 Interview avec l'ancien responsable de la formation des collectivités territoriales de l'ENAM (19.01.2017) : Interview BF11. Ouagadougou, Burkina Faso.
9. BF12 Interview avec un représentant de l'Association de Régions du Burkina Faso (ARBF) (20.01.2017) : Interview BF12. Ouagadougou, Burkina Faso.
10. BF13 Interview avec un représentant du Fonds Permanent pour le Développement des Collectivités territoriales (FPDCT) (20.01.2017) : Interview BF13. Ouagadougou, Burkina Faso.
11. FR01 Interview avec un Expert du CNFPT France (Chef du service communication et ressources formatives et Conseiller formation Europe/International) de l'INSET de Nancy (04.03.2020) : Interview FR01. Strasbourg, France.
12. ML01 Interview avec un expert intégré de la coopération allemande à la Direction nationale de la Fonction publique territoriale (DNFPCT) et un responsable pour les concours à la DNFPCT Mali (01.02.2017) : Interview ML01. Bamako, Mali.

13. ML02 Interview avec le SGA et le Responsable RH d'une commune urbaine (01.02.2017) : Interview ML02. Bamako, Mali.
14. ML03 Interview avec le responsable d'État civil d'une commune urbaine (01.02.2017) : Interview ML03. Bamako, Mali.
15. ML06 Interview avec un expert de la coopération allemande, Programme d'appui aux collectivités territoriales (PACT) (22.02.2012) : Interview ML06. Bamako, Mali.
16. ML04 Interview avec le Directeur du service de développement communautaire d'une commune urbaine et le Chargé de la santé, participant à la première promotion de la formation professionnelle initiale du CFCT (2009-2011) (01.02.2017) : Interview ML04. Bamako, Mali.
17. ML07 Interview avec le premier Directeur général du CFCT (31.01.2012) : Interview ML07. Bamako, Mali.
18. ML10 Interview avec le président de l'Association des Municipalités du Mali (AMM) (02.02.2017) : Interview ML10. Bamako, Mali.
19. ML13 Interview avec le Secrétaire général du ministère de l'Administration territoriale et de la Décentralisation (MATD) du Mali (31.01.2017) : Interview ML13. Bamako, Mali.
20. ML14 Interview avec l'expert intégré de la GIZ dans la Direction Générale des Collectivités territoriales (DGCT) du Mali (31.01.2017) : Interview ML14. Bamako, Mali.
21. ML17 Interview avec le chargé de la décentralisation de la KfW (KfW Development Bank) au Mali (02.02.2017) : Interview ML17. Bamako, Mali.
22. ML19 Interview avec le Coordonnateur du Programme GIZ d'appui à la Décentralisation et réforme de l'État (PADRE) (31.01.2017) : Interview ML19. Bamako, Mali.
23. ML20 Interview avec le sous-préfet d'un arrondissement (30.01.2017) : Interview ML20. Région de Koulikoro, Mali.
24. ML23 Interview avec le Maire, le 1er et 2e adjoint et le SG (participant à la 2e promotion du CFCT) d'une commune rurale (30.01.2017) : Interview ML23. Région de Koulikoro, Mali.
25. ML25 Interview avec le Secrétaire général (SG) de l'École National d'Administration (ENA) du Mali (27.01.2017) : Interview ML25. Bamako, Mali.

26. ML27 Interview avec un agent de catégorie A d'une commune urbaine (Agent 1 Commune urbaine), participant à la première promotion de la formation professionnelle initiale du CFCT (2009-2011), sélectionné par voie de concours en 2008 (10.03.2020) : Interview ML27 (Entretien téléphonique). Bamako, Mali.
27. ML28 Interview avec un agent de catégorie A de la mairie du District de Bamako (Agent 1 District), participant à la première promotion de la formation professionnelle initiale du CFCT (2009-2011), sélectionné par voie de concours en 2008 (10.03.2020) : Interview ML28 (Entretien téléphonique). Bamako, Mali.
28. ML31 Interview avec un agent de catégorie B2 d'une commune urbaine [Agent 3 Commune urbaine], participant à la première promotion de la formation professionnelle initiale du CFCT (2009-2011), sélectionné par voie de concours en 2008 (11.03.2020) : Interview ML31 (Entretien téléphonique). Bamako, Mali.
29. ML32 Interview avec un agent de catégorie A d'une commune urbaine (Agent 4 Commune urbaine), participant à la première promotion de la formation professionnelle initiale du CFCT (2009-2011), sélectionné par voie de concours en 2008 (11.03.2020) : Interview ML32 (Entretien téléphonique). Bamako, Mali.
30. ML34 Interview avec un agent de catégorie A d'une commune urbaine [Agent 6 Commune urbaine], participant à la première promotion de la formation professionnelle initiale du CFCT (2009-2011), sélectionné par voie de concours en 2008 (12.03.2020) : Interview ML34 (Entretien téléphonique). Bamako, Mali.
31. ML35 Interview avec un agent de catégorie B2 d'une commune urbaine (Agent 7 Commune urbaine), participant à la première promotion de la formation professionnelle initiale du CFCT (2009-2011), sélectionné par voie de concours en 2008 (14.03.2020) : Interview ML35 (Entretien téléphonique). Bamako, Mali.
32. NI01 Interview avec le Secrétaire permanent de l'Association des Municipalités (AMN) du Niger et le Secrétaire permanent de l'Association des Régions (ARENI) du Niger (11.01.2017) : Interview NI01. Niamey, Niger.
33. NI02 Interview avec le premier Directeur général de la Direction générale de la Décentralisation (06.01.2017) : Interview NI02. Niamey, Niger.

34. NI03 Interview avec un ancien participant à la formation initiale du CFGCT (1re promotion), Secrétaire général d'une commune rurale (03.12.2019) : Interview NI03. Région de Tillabéri, Niger.
35. NI05 Interview avec le Responsable décentralisation d'Unicef Niger (12.01.2017) : Interview NI05. Niamey, Niger.
36. NI06 Interview avec le responsable suivi-évaluation du CFGCT, le Directeur de la Formation initiale, un conseiller technique intégré de la coopération allemande, un conseiller technique intégré du Programme des Nations Unies pour le développement (PNUD) au Centre de Formation en Gestion des Collectivités territoriales (10.01.2017) : Interview NI06. Niamey, Niger.
37. NI09 Interview avec le responsable de l'état civil d'une commune rurale (09.01.2017) : Interview NI09. Région de Tillabéri, Niger.
38. NI10 Interview avec le maire de la commune rurale de Liboré (09.01.2017) : Interview NI10. Liboré, Région de Tillabéri, Niger.
39. NI11 Interview avec l'ancien Directeur général de la Décentralisation (09.01.2017) : Interview NI11. Niamey, Niger.
40. NI12 Interview avec l'agent comptable d'une commune rurale (09.01.2017) : Interview NI12. Région de Tillabéri, Niger.
41. NI13 Interview avec le maire de Hamdallaye, un expert de la KfW et un expert du FICOD (07.01.2017) : Interview NI13. Hamdalaye, Région de Tillabéri, Niger.
42. NI14 Interview avec le maire de la commune rurale de Tagazar, un expert de la KfW et un expert du FICOD (07.01.2017) : Interview NI14. Ballayera, Région de Tillabéri, Niger.
43. NI15 Entretien avec un expert décentralisation de la KfW Niger (06.01.2017) : Interview NI15. Niamey, Niger.
44. NI16 Interview avec le Directeur général de l'École Nationale d'Administration (ENA) du Niger (05.01.2017) : Interview NI16. Niamey, Niger.
45. NI17 Interview avec le Directeur du Centre de Formation en Gestion des Collectivités territoriales (CFGCT) et un expert décentralisation de la KfW Niger (05.01.2017) : Interview NI17. Niamey, Niger.
46. NI18 1re promotion de la formation professionnelle initiale (Interview avec 3 anciens élèves du CFGCT) (06.01.2017) : Interview NI18. Niamey, Niger.

Bilan de la mise en œuvre du transfert de compétence dans les collectivités décentralisées en République de Guinée de 1990 à nos jours

Diallo Cherif

Introduction

La décentralisation part du principe que pour amorcer un développement local et participatif, il faut transférer un certain pouvoir à des collectivités locales reconnues par la Constitution ou par la loi[1]. Le développement d'un État dépend donc de la manière dont le pouvoir politique est organisé[2]. Pour assurer la mission de développement, les autorités politiques sont appelées à associer la population à la prise des décisions pour les affaires qui la concernent directement. La décentralisation est donc un mode de gestion qui permet de matérialiser cette vision. À travers celle-ci, les représentants de la population d'une entité territoriale décentralisée élaborent des politiques publiques nécessaires relatives à son développement. Depuis les décennies 90, de nombreux pays en Afrique ont fait de la décentralisation une priorité de politique publique. Le continent africain, soufflé par le vent de démocratisation à la même période, a vu la décentralisation et la gouvernance locales s'instaurer dans la gestion interne de ses États[3]. En République de Guinée, le démarrage effectif du processus de décentralisation remonte depuis le « discours-programme » de 1985[4], où le Chef de l'État d'alors

---

[1] Jacob, cité par Hong et al., 1991.

[2] Voir entre autres, P. F. GONIDEC, Les systèmes politiques africains, Paris, L.G.D.J., 2e éd., 1978 ; J. du Bois de GAUDUSSON, G. CONAC et Ch. DEBBASCH. « Les Constitutions africaines publiées en langue française », La Documentation française, Coll. Retour aux textes, vol. 1 et 2, Bruylant, 1997-1998 ; MEDARD J. F, États d'Afrique Noire : formation, mécanismes et crise, L'Harmattan, Paris, 1990 ; BAYART J.F, L'État en Afrique, Fayard, Paris, 1992 ; I. M. FALL, « Le contrôle de la légalité des actes des collectivités locales au Sénégal », EDJA, n° 63, Octobre-Novembre-Décembre 2004, p. 61 ; Matthieu FAU-NOUGARET, « Originalité et convergence des phénomènes de décentralisation en Afrique Subsaharienne », CERDRADI, Afrilex, 2000, pp. 1-18.

[3] Jérôme Marie et Eric Idelman dans l'article « La décentralisation en Afrique de l'Ouest : une révolution dans les gouvernances locales ? » publié en 2010 et disponible sur https://journals.openedition.org consulté le 27/10/2022.

[4] Le « discours-programme » auquel nous faisons allusion a été prononcé le 22 décembre 1985 par le feu général Lansana CONTÉ, Chef de l'État d'alors qui avait

a consacré la décentralisation comme moyen choisi pour faire participer les populations à la gestion publique et pour faire un véritable transfert de compétences. Même si par ailleurs le bilan de ce transfert reste très mitigé, toutefois, cette vision du développement a été prévue pour la première fois dans la loi fondamentale guinéenne en date du 23 décembre 1990. Cette loi a fixé les bases essentielles de l'administration du territoire. L'exercice du pouvoir au niveau territorial a été revu dans le but de créer une harmonie entre la gestion décentralisée et le transfert effectif des ressources. Cette adéquation qui est indispensable à la mise en œuvre effective de tout développement de l'administration locale requiert la nécessité de conférer aux collectivités les ressources adéquates et un statut juridique définissant les modes d'appropriation des élus locaux, des compétences qui leur sont conférées. Dès lors, l'on pourrait donc affirmer que les bases de la décentralisation ont été posées. Ce processus long et complexe tente à se concrétiser constamment pour rendre de plus en plus les collectivités responsables de leur développement.

En 2003, lors de son discours d'investiture, le feu Général Lansana CONTÉ, Chef d'État, a réaffirmé cette vision de développement et a recommandé « l'approfondissement de la décentralisation en donnant plus de pouvoirs et de moyens aux collectivités locales »[5].

Par cette dynamique de développement, le Chef de l'État a interpellé les autorités en charge de la Décentralisation à mieux harmoniser le système de gestion décentralisée dans l'optique d'un développement qui prendrait en compte les problèmes prioritaires de développement.

Toutefois, parler du bilan du transfert de compétences dans les collectivités décentralisées et la gouvernance locale nécessite la clarification du sens de ces concepts.

Il faut avant tout rappeler qu'il n'existe pas de définition universellement reconnue de la décentralisation. Il faut juste souligner que ce concept renvoie à différentes approches de l'organisation de l'État et du découpage du territoire national.

En dépit des divergences entre les définitions, il y a un quasi-consensus sur le fait que la décentralisation repose sur le principe de transfert de responsabilités de services publics du centre à des échelons de gouvernance locale reposant ainsi sur trois (3) dimensions qui sont :

---

accédé au pouvoir suite au coup d'État perpétré par les militaires après le décès de feu Ahmed Sékou TOURE.

[5] Discours d'investiture du Chef de l'État adressé à la nation le 19 janvier 2003.

les dimensions politique, administrative et financière. Littéralement définie, la décentralisation consiste à transférer certains aspects du pouvoir central vers le niveau local.

Dans sa forme la plus aboutie, la décentralisation repose sur le transfert de compétences et de responsabilités en matière de services publics aux autorités des collectivités territoriales jouissant d'une autonomie de décision, reconnue par les lois.

Par décentralisation, on entend la redistribution des compétences administratives de l'État central au profit d'autres instances ou de pouvoirs locaux. Elle tient d'un système d'organisation administrative et de gestion par lequel l'État accorde à d'autres entités reconnues légalement par la Constitution ou par la loi, la personnalité juridique, l'autonomie administrative, financière et de gestion.

Selon le Code révisé des Collectivités locales guinéennes, la décentralisation est « un système d'administration qui permet à des groupements humains, géographiquement localisés sur une portion déterminée du territoire national, de créer des entités territoriales auxquelles il est conféré la personnalité juridique morale et la capacité de s'administrer librement, dans les limites de leurs compétences, par des Conseils élus, sous le contrôle d'un délégué de l'État, qui a la charge des intérêts nationaux et du respect des Lois[6] ».

Quant au transfert de compétences, il consiste en un transfert intégral de l'ensemble des segments d'une fonction à un type de collectivité territoriale donné ou en un partage de compétences entre les différents niveaux de collectivités territoriales. Pour cela, deux (2) approches sont possibles à savoir : celle qui consiste à décider que toutes les activités relatives à un domaine sont réservées exclusivement aux collectivités territoriales, d'une part, et celle qui concerne le partage des compétences entre l'État et les collectivités territoriales, d'autre part.

Selon le Code révisé des collectivités locales, « Constitue un transfert de compétence, toute attribution ou toute reconnaissance de compétence conférée à une Collectivité locale ayant pour effet de mettre un service administratif ou un service public, auparavant assuré par les services d'État, sous la responsabilité de la Collectivité locale[7] ».

---

[6] Article 1er de la Loi L/2017/040/AN du 24 février 2017, portant Code révisé des Collectivités locales de la République de Guinée.

[7] Article 28 de la Loi L/2017/040/AN du 24 février 2017, portant Code révisé des Collectivités locales de la République de Guinée.

L'exercice des compétences dévolues d'une manière efficace et responsable est tributaire, entre autres, de la disponibilité de ressources adéquates en volume et diversifiées en nature. Il s'agit, en premier lieu, des recettes fiscales et non fiscales que les collectivités territoriales peuvent mobiliser par elles-mêmes ; ces recettes sont complétées par des transferts budgétaires provenant du gouvernement central dans le but de combler l'insuffisance de financement des compétences décentralisées et atténuer les disparités de ressources propres ou des besoins en dépenses entre collectivités territoriales. Éventuellement, des mécanismes pertinents sont également à prévoir pour permettre aux collectivités territoriales de financer leurs investissements : subventions spécifiques, emprunts, accès aux marchés des capitaux.

Quant à la gouvernance locale, elle est définie par le Programme des Nations Unies pour le Développement (PNUD) comme étant l'« ensemble d'institutions, de mécanismes et de processus qui permettent aux citoyens et aux groupements de citoyens d'exprimer leurs intérêts et leurs besoins, de régler leurs différends et d'exercer leurs droits et obligations à l'échelon local[8] ». En effet, une bonne gouvernance locale est fondée sur plusieurs principes fondamentaux dont, entre autres : la disponibilité des ressources humaine et financière, la participation citoyenne, les partenariats entre les acteurs clés à l'échelon local, la compétence trans-disciplinaire des acteurs locaux, des sources d'information multiples et des institutions de redevabilité. Une démocratie et une bonne gouvernance locale efficace nécessitent donc une autonomie locale réaliste.

Ainsi, par autonomie locale, « on entend le droit et la capacité effective pour les collectivités locales de régler et gérer, dans le cadre de la loi, sous leur propre responsabilité et au profit de leurs populations, une part importante des affaires publiques[9] ».

À l'image de la quasi-totalité des pays africains, les actions de l'État guinéen en matière de décentralisation semblent osciller entre deux visions. La décentralisation est abordée le plus souvent, comme une simple technique d'organisation administrative, et rarement, comme une véritable politique de transfert de compétence. Or, l'on sait que, si la décentralisation est une « politique », elle peut contribuer à changer le fonctionnement des systèmes politiques et à propulser le développement à la base à travers un transfert réel de compétences. Mais, si en revanche,

[8] PNUD 2004, cité par le Département des affaires étrangères SUISSE, « Décentralisation et gouvernance locale », nov. 2007, p. 8.
[9] Charte européenne de l'autonomie locale adoptée en 1985, Partie I, art. 3.

elle n'est qu'une technique, elle ne débouchera, dans le meilleur des cas, que sur la rationalisation des structures administratives[10].

Si depuis des décennies les politiques nationales guinéennes sont initiées et mises en œuvre en matière de décentralisation, toutefois, force est de constater que le savoir-faire et le transfert des ressources nécessaires font souvent défaut. La décentralisation demeure toujours un processus dont la mise en œuvre reste très contrariée. Les collectivités décentralisées ne disposent que des ressources humaines et financières minimales, voire très limitées, qui peuvent concourir à l'amélioration du niveau et de la qualité des services offerts aux populations locales.

L'un des problèmes fondamentaux des collectivités demeure donc, le déficit de moyens humains, matériels et financiers. Même si le caractère décentralisé de l'État est manifeste dans la Constitution et d'autres textes y afférents, le transfert de compétences et de ressources vers les collectivités est en deçà des ambitions affichées. C'est pourquoi, dans le cadre de cette présente étude, nous nous focaliserons spécifiquement sur l'analyse du bilan de la mise en œuvre du transfert de compétences dans les collectivités décentralisées en République de Guinée de 1990 à nos jours tout en restant sous silence sur les autres aspects liés à la décentralisation. Pour ce faire, il serait nécessaire de savoir quelles sont les véritables étapes du processus de la décentralisation en Guinée. Et depuis son avènement, l'État central priorise-t-il le transfert de compétences ? De 1990 jusqu'à nos jours, quel bilan pourrons-nous retenir sur la question de décentralisation en République de Guinée et surtout sur celle relative au transfert de compétences ?

Pour tenter de résoudre ces problématiques, notre démarche consistera à rappeler d'abord dans un premier temps, le processus de démarrage et de mise en œuvre de la décentralisation en République de Guinée (I), avant de faire ensuite dans un second temps le bilan de la décentralisation en République de Guinée en ce qui concerne notamment le niveau du transfert des compétences et des ressources nécessaires au niveau local pour la période allant de 1990 à nos jours (II).

---

[10] Rapport mondial de Cités et Gouvernement locaux unis (CGLU) sur « La décentralisation et la démocratie locale dans le monde » publié en 2008, p. 28.

I) Processus de mise en œuvre de la décentralisation en République de Guinée

Pour mieux cerner le démarrage du processus de la mise en œuvre effective de la décentralisation en République de Guinée, nous essaierons de mettre l'accent dans un premier temps sur les phases de démarrage du processus de décentralisation (A) avant d'aborder l'aspect lié au fonctionnement des collectivités décentralisées en République de Guinée (B).

A) Phases de démarrage du processus de décentralisation en Guinée

Le démarrage du processus de décentralisation en République de Guinée remonte depuis une trentaine d'années. En 1985, le pays a engagé progressivement des réformes dans le domaine de la décentralisation. Ces dernières ont été annoncées avec le discours-programme du Chef de l'État qui a posé les bases et les principes directeurs de l'organisation territoriale puis a consacré la décentralisation comme moyen choisi pour faire participer les populations à la gestion publique. D'une part, les réformes entreprises devaient permettre d'améliorer la gouvernance locale et miser sur le transfert de compétences pour rendre plus efficaces les choix et la mise en œuvre des politiques publiques. D'autre part, elles devaient permettre de stimuler les initiatives locales et mobiliser les populations vers la définition et la réalisation d'objectifs communs de développement local. La réelle ambition affirmée était de concevoir et de mettre en œuvre des politiques et des stratégies plus aptes à répondre aux besoins librement exprimés par les populations. À cet effet, la politique de décentralisation devait permettre la responsabilisation et la participation des populations au processus de développement à travers des organes élus, un véritable transfert de compétence et une administration locale efficace.

De par ces actes, les autorités de la deuxième république après les indépendances ont engagé des réformes qui ont conduit à une restructuration de l'administration territoriale et qui se sont opérées aussi bien dans le sens de la décentralisation que celui de la démocratie et de la gouvernance locales. Ces réformes devaient permettre d'améliorer la gouvernance et la démocratie locales pour rendre plus efficaces les choix et la mise en œuvre des politiques locales. L'ambition affirmée était de concevoir et de mettre en œuvre des stratégies plus aptes à répondre aux besoins librement exprimés par les populations.

Par ailleurs, cette décentralisation devait permettre également la responsabilisation et la participation des populations au processus de développement à travers des organes élus et une gouvernance locale efficace.

Cependant, sa mise en œuvre ne s'est pas faite sans réticences ni difficultés. Malgré tout, le processus a effectivement démarré au cours de la période 1986-1992[11] qui correspond au lancement officiel de la politique de décentralisation avec la création d'un Secrétariat d'État chargé de la réforme de la décentralisation.

À cette époque, les collectivités locales décentralisées ont été ramenées à un seul niveau et ont été gérées par un organe exécutif et un organe délibérant élus. Les Communes rurales de Développement (CRD) au nombre de 302 ont été subdivisées en 2 700 districts ruraux. Quant aux Communes urbaines (CU) au nombre de 38, elles ont été subdivisées en 400 quartiers urbains. Ces collectivités locales cohabitaient avec les structures déconcentrées de l'État que sont les préfectures (33), les sous-préfectures (307) et les régions administratives qui sont au nombre de 7 plus la zone spéciale de Conakry. Au sein de ces différentes entités existe une subdivision politique et administrative hybride.

En 1992, toutes les collectivités locales étaient créées. Les districts et les quartiers ont été inclus comme les sections des collectivités locales[12]. Par ailleurs, malgré toute cette volonté des autorités de la 2e République et les quelques avancées enregistrées, les véritables faits marquants de ce nouvel essor du processus de la décentralisation ont été l'adoption, en 2006, du Code des collectivités locales (CL) qui a consacré les principes fondateurs de la décentralisation à savoir l'autonomie administrative et financière des Collectivités locales assortie de dispositions de transfert de ressources fiscales, budgétaires et de patrimoine.

Après plusieurs décennies d'expérimentations émaillées de réussite et d'échec, la décentralisation est perçue en Guinée comme une

---

[11] Cette période correspond au lancement officiel de la politique de décentralisation avec la création d'un Secrétariat d'État chargé de la réforme et disposant, entre autres d'une Direction nationale de la Décentralisation (DND) chargée de la préparation des textes relatifs aux collectivités décentralisées.

[12] L'installation de cette organisation territoriale a été faite entre 1988 et 1991, informations tirées de l'« Étude sur la localisation des objectifs de développement durable en vue d'appuyer le processus de plaidoyer des autorités locales dans les pays francophones d'Afrique : Cas de la Guinée » publiée en décembre 2017, p. 21.

condition essentielle pour l'amélioration des prestations de services publics. Par la création de services publics locaux (écoles, centres de santé, pistes rurales) d'infrastructures à caractère communautaire, mais surtout en donnant la possibilité aux citoyens de choisir leurs représentants et participer à la gestion des affaires de la collectivité, la décentralisation a créé une dynamique nouvelle au plan institutionnel.

Il faut rappeler que la mise en œuvre de la politique de décentralisation en République de Guinée a été marquée par la mise en place d'un Secrétariat d'État chargé de la Décentralisation (SED). À la suite de sa suppression, la décentralisation s'est vue rattachée au département en charge de l'Administration du territoire. Puis, à la faveur d'autres restructurations du Gouvernement, il a été enregistré à deux réformes, la création du ministère de la Décentralisation et du Développement local (MDDL). La Direction nationale du Développement local (DNDL), une Agence nationale d'investissements des Collectivités locales (ANICL) et le Centre national d'État civil (CNEC) ont été créés. Tandis que les Associations nationales des Maires de Guinée (AMG) et des Présidents de CRD (APCRD) ont été inscrites comme Organes consultatifs du département.

Après l'avènement de la troisième République, le MDDL et le ministère de l'Administration du Territoire et des Affaires politiques (MATAP) ont été fusionnés pour créer le Ministère de l'Administration du Territoire et de la Décentralisation (MATD).

Ceci a amené le regroupement de la décentralisation et la déconcentration au sein du MATD.

Ainsi, la Direction nationale de la Décentralisation (DND) et la Direction nationale du Développement local (DNDL) ont été maintenues. Le CNEC a été érigé en Direction nationale de l'État civil (DNEC). Tandis que, l'ANCG a été reconduite comme un organe consultatif.

Sur le plan normatif, depuis 1985, on peut dénombrer en Guinée, plus de 34 lois, 29 décrets et 24 circulaires qui sont tous destinés à accompagner le procédé de la décentralisation[13].

B) Fonctionnement de la décentralisation en République de Guinée

Le fonctionnement des collectivités locales décentralisées en République de Guinée est le même tant au niveau urbain que rural. Il se

[13] KONDE (K), Prestation décentralisée des Services publics en Guinée, Rapport final, 2007, p. 10.

caractérise par leur forte dépendance aux structures de l'État qui exercent sur les collectivités locales une tutelle a priori.

Cette tutelle est d'abord exercée par le ministère de l'Administration du Territoire et de la Décentralisation à travers la direction nationale de la décentralisation et ensuite par les représentants de l'État au niveau déconcentré que sont les Gouverneurs de régions, les Préfets et les sous-préfets. Cependant, il faut souligner que les collectivités décentralisées sont dotées de larges pouvoirs leur permettant de jouer pleinement leur rôle de pouvoir de proximité.

Le fonctionnement des collectivités locales en République de Guinée est régi principalement par le Code des collectivités locales révisé. Conformément à ce Code, le Plan de Développement local (PDL) est le principal outil de la Collectivité locale dans l'exercice de sa responsabilité de développement socio-économique local. Toute Collectivité est tenue de se doter d'un Plan de Développement local.

Il constitue l'unique cadre de référence pour toute intervention en matière de Développement local. Le PDL présente de façon structurée en un document unique l'ensemble des actions de développement socio-économique que l'administration locale entend mener ou appuyer pour une période donnée.

Le PDL de chaque collectivité contient spécifiquement les conclusions du diagnostic socio-économique local (DSEL) qui pose la problématique du développement par secteur d'activité, la stratégie, les objectifs, les actions prévues, l'ordre de priorité des actions, l'estimation des coûts pour chacune des actions, le coût global de réalisation du plan, les sources de financement incluant la part du financement prise sur le budget de la collectivité, celles des bénéficiaires sous forme d'apports en nature, celle des engagements de financement extérieur, celle restant à trouver ailleurs. Il définit également les résultats attendus pour le développement socio-économique de la collectivité, le découpage des actions prévues en programmes annuels, les stratégies de mise en œuvre du suivi et de l'évaluation participatifs[14]. Par ailleurs, le document de fonctionnement des collectivités décentralisées prend également en compte les besoins en formation adaptés aux fonctions des élus et

[14] Voir l'article 561 de la Loi L/2017/040/AN du 24 février 2017, portant Code révisé des Collectivités locales de la République de Guinée.

du personnel des services administratifs et techniques locaux, des responsables et membres d'organisation de la société civile locale[15].

Sur le plan décisionnel, les Conseils des Collectivités locales par délibération prennent toutes décisions dans le cadre de leurs domaines de compétence en vue d'accomplir leurs missions[16].

Toutefois, pour être valables, les décisions doivent être prises par un Conseil élu conformément aux dispositions de la législation électorale en vigueur ou par une délégation spéciale constituée et fonctionnant conformément aux dispositions du Code des Collectivités locales. Les décisions doivent également porter sur des questions relevant de leurs compétences.

II) État des lieux du niveau du transfert des compétences dans les collectivités décentralisées en République de Guinée de 1990 à nos jours

En 1997, l'auteur Le Roy affirmait que : « la décentralisation est un mode d'organisation institutionnelle qui consiste à faire gérer par des organes délibérants élus, les affaires propres d'une collectivité territoriale ou locale. Par le procédé de la personnalité morale, des pouvoirs de décision, justifiés par l'existence de ses affaires propres, sont reconnus à des entités administratives autres que l'État central[17] ». Pour cet auteur, la décentralisation a pour effet principal de rapprocher la décision politique du territoire où elle s'inscrit et de la population à laquelle elle s'adresse. Elle consiste à reconnaître à l'intérieur de la collectivité nationale des collectivités plus restreintes ayant leurs intérêts propres, non contradictoires avec l'intérêt national, mais distincts de celui-ci. Pour assurer cette décentralisation, il faudrait donner à ces collectivités des moyens juridiques, administratifs et financiers afin d'exprimer et de gérer leurs intérêts par l'organe d'une représentation autonome, en respectant toutefois le cadre d'un État unitaire. Ainsi, la décentralisation implique la gestion par les administrés des affaires qui les concernent le plus directement. L'élection par la population concernée de représentants chargés d'administrer les affaires constitue le meilleur moyen d'assurer l'autonomie locale.

---

[15] Article 562 de la Loi L/2017/040/AN du 24 février 2017, portant Code révisé des Collectivités locales de la République de Guinée.

[16] Article 217 de la Loi L/2017/040/AN du 24 février 2017, portant Code révisé des Collectivités locales de la République de Guinée.

[17] Le Roy, 1997

Toutefois, pour mieux faire le diagnostic ou l'état de lieux du niveau de transfert des compétences dans les collectivités décentralisées en République de Guinée, il serait question pour nous de faire d'abord le constat général du niveau de transfert des compétences dans les collectivités (A) avant de ressortir les difficultés et les perspectives en la matière (B).

A) Constat du niveau de transfert de compétences dans les collectivités décentralisées en Guinée

En République de Guinée, après 26 ans de « socialisme » sans partage[18], les nouvelles autorités issues du coup d'État du 3 avril 1984 n'avaient visiblement pas le choix que d'opter pour un véritable transfert de compétences dans les collectivités décentralisées. Les populations guinéennes aspiraient à plus de liberté, et souhaitaient participer au processus de développement économique et politique local. L'originalité de la démarche guinéenne tient à l'accent mis sur le monde rural et sur la tradition au service du développement.

La décentralisation au sens strict est le transfert de pouvoir et de compétences de l'État central aux collectivités décentralisées qui sont ses démembrements. Dans le cadre de notre présente étude, la compétence en tant que telle est l'aptitude d'une autorité administrative ou judiciaire à procéder à certains actes dans des conditions déterminées par les lois et les règlements. Il s'agit donc pour l'État de conférer aux collectivités territoriales, dans le cadre de la mise en œuvre de la politique de décentralisation, le soin de définir et de gérer, des compétences initialement définies. L'État doit avoir des missions régaliennes et faire en sorte que des attributions légales soient reconnues aux collectivités, afin de leur permettre d'assurer des préoccupations de proximité en matière de développement économique, social, culturel. Ce qui veut dire que dans le cadre du transfert de compétences et de ressources, les ministères ont désormais un rôle à jouer. Cette transmission de compétences est un enjeu fort pour les collectivités décentralisées en République de Guinée. C'est pourquoi il reste et demeure au cœur des préoccupations, car, les connaissances acquises par les collaborateurs ayant des années d'expérience et suivi des formations tout au long de leur carrière sont une richesse qui n'a

[18] Il s'agit là du premier système choisi par le PDG-RDA à sa prise de pouvoir après le référendum du 28 septembre 1958. Ce régime socialiste s'est étalé de 1958 à 1984, soit 26 ans de pouvoir.

pas de prix. Ces compétences sont essentielles lors de la mise en œuvre de la politique de décentralisation.

Depuis 1990, la République de Guinée a donc opté véritablement pour la décentralisation qui consacre le droit des collectivités territoriales à s'administrer librement et à gérer leurs affaires propres en vue de promouvoir le développement. Or, l'on sait bien que, pour qu'il y ait une vraie décentralisation, quatre (4) conditions fondamentales sont à réunir à savoir : l'existence d'un territoire propre à la collectivité, la disponibilité des ressources propres à la collectivité, l'organisation des élections locales et enfin la délégation ou le transfert de compétences aux collectivités. Il faut par ailleurs rappeler que les différentes réformes du processus de décentralisation avec l'adoption et la révision des différents codes des collectivités ont ouvert de nouvelles ères en République de Guinée. L'État semble enfin décidé à transférer certaines de ses compétences avec les collectivités et territoires. Selon le dernier code révisé, les collectivités locales ont pour mission d'encadrer la vie collective de manière à favoriser et à garantir l'exercice par leurs citoyens des droits et devoirs que leur confère la loi ; de promouvoir et de renforcer l'harmonie des rapports entre citoyens dans la jouissance durable et tranquille de leur territoire et de ses ressources ; de gérer les biens collectifs au nom de leurs citoyens et à leur bénéfice équitable ; de promouvoir et de favoriser le développement économique, social et culturel de leur communauté ; de fournir à leurs citoyens des services en vue de satisfaire leurs besoins et leurs demandes, dans la mesure de leurs capacités et de leurs moyens.

Cependant, il faut rappeler que les décrets d'application définissant concrètement les dispositifs concernant les transferts de compétences aux collectivités locales ne sont toujours pas adoptés. La contribution pour le développement local (CDL) qui composait seule le champ fiscal propre aux collectivités locales a été supprimée en 2011 et compensée par des transferts plus importants. Les « revenus partagés » qui proviennent de l'État central, taxe unique sur les véhicules, taxe de gestion des gares routières, d'abattage ou de gestion des marchés, taxe professionnelle unique, patente, contribution foncière unique, redevances des mines et carrières, redevances forestières, ne sont pas systématiquement versées au profit des collectivités locales.

Certaines compétences à transférer au niveau local, qui ont trait aux infrastructures primaires de santé, d'éducation, des routes et des pistes rurales, n'ont pas encore été accompagnées de transfert des ressources correspondantes ; ces compétences sont encore mises en œuvre par les ministères sectoriels. La plupart des compétences transférées aux collectivités locales, selon les textes de loi, sont peu ou pas exercées par leurs bénéficiaires. Les ministères sectoriels invoquent une méconnaissance des textes ou le manque de capacités locales pour ne pas procéder aux transferts prévus. La réforme devrait identifier les segments des politiques sectorielles à transférer aux collectivités locales, leurs coûts et les modalités de leurs transferts, car, les objectifs visés par le transfert de compétences et de ressources, c'est d'abord d'accélérer le développement et faire en sorte que les collectivités puissent assurer la prise en charge de proximité. Il vise également à consolider les bases de l'édifice démocratique et dans la bonne gouvernance, ceci signifie, réaliser efficacement les infrastructures et promouvoir les compétences locales. Conformément au Code révisé des Collectivités locales, en République de Guinée, les compétences propres aux collectivités décentralisées portent au total sur quatorze (14) tâches[19]. Parmi ces quatorze, seules quelques-unes ont été transférées de façon effective.

Il faut donc souligner que le niveau de transfert de compétences et des ressources au niveau des collectivités décentralisées en République de Guinée de 1990 à nos jours n'est pas du tout reluisant. Dès lors, il serait nécessaire de savoir quelles sont les contraintes liées à ce transfert de compétences et de ressources malgré leurs consécrations textuelles, et quelles propositions faire en guise de perspectives.

B) Contraintes et perspectives du transfert de compétences aux collectivités décentralisées en Guinée

Depuis l'avènement de la décentralisation en République de Guinée, malgré les efforts et la volonté de mimétisme des pouvoirs publics à faire du transfert de compétence un véritable maillon de développement, force est de constater que plusieurs contraintes liées notamment à la gouvernance empêchent encore l'effectivité de cette politique de décentralisation. En 2018, l'on espérait que l'arrivée de nouvelles équipes élues à l'issue des élections locales de février pourrait favoriser, voire accélérer les processus de transfert de compétences et de ressources aux collectivités locales. La réforme devrait clarifier et simplifier les mécanismes

[19] Voir à ce propos la section relative aux domaines de compétences propres des communes et précisément l'article 29 de la Loi L/2017/040/AN du 24 février 2017, portant Code révisé des Collectivités locales de la République de Guinée.

concernant les transferts financiers de l'État aux collectivités locales et prendre les textes d'application correspondants.

Les contraintes majeures au transfert de compétences en République de Guinée sont relatives, entre autres, au manque de préparation de l'environnement communal pour gérer certaines compétences trop techniques et les ministères sectoriels y manquent également de méthode quant à la mise en œuvre effective de la politique en matière de décentralisation. À cela s'ajoute l'insuffisance des ressources humaines, matérielles et financières. Il faut donc rappeler que les obstacles ne sont pas d'ordre juridique puisque les textes de loi sont clairs, même si certains textes d'applications font défaut. C'est donc au niveau des ressources que se situe la véritable contrainte. Par exemple, il y a la taxe de développement local dont l'assiette n'est pas déterminée. De plus, il est à retenir également les pesanteurs politiques. Sur le plan administratif, on note la lenteur des cadres de l'administration centrale. Par ailleurs, il y a les questions d'intérêt. Sur le plan politique, certaines communes sont marginalisées à cause de leur appartenance politique. Les autorités centrales ont du mal à se préparer au transfert parce qu'ils savent que si le transfert des compétences est fait comme c'est exigé par la loi, ils n'auront plus les mêmes pouvoirs, d'où l'aspect du manque de volonté politique.

À ceci s'ajoute le manque de prévisibilité du budget annuel à transférer aux collectivités territoriales, mais aussi à l'inadéquation entre les ressources transférées, les besoins et les charges inhérentes à la mise en œuvre des compétences transférées sur le terrain. En termes de perspectives, une stratégie nationale de renforcement des capacités des acteurs de la décentralisation devrait être élaborée et mise en œuvre. Cette stratégie doit disposer d'un plan d'action qui constitue un vaste programme en rapport avec les priorités mondiales et celles des institutions de l'administration publique déconcentrée.

Aussi, il faudrait revaloriser les dotations pour les transferts et la relance des activités de suivi de la mise en œuvre des transferts de compétences et de ressources. Le législateur devait s'atteler ainsi à élargir le champ fiscal propre aux collectivités locales et à définir les modalités d'un partage des produits de la fiscalité et d'une articulation avec les services déconcentrés de l'État pour une meilleure mobilisation des ressources locales et pour un transfert de compétence plus effectif.

Conclusion

En République de Guinée, tout comme par ailleurs dans la quasi-totalité des pays africains, la décentralisation y est souvent présentée comme un chemin menant vers la démocratie et le développement. Cependant, l'histoire mouvementée de la République de Guinée de 1990 à nos jours n'a pas continuellement consacré une approche démocratique. Le bilan du transfert de compétence dans les collectivités locales, la décentralisation ou plutôt leurs mises en œuvre, s'avère un chantier toujours d'actualité, car lent, long, progressif, évolutif, voire tourmenté, avec de nombreux allers-retours favorables ou défavorables à ce mode d'organisation, surtout dans un pays ayant connu bien des régimes politiques successifs, et plusieurs coups d'État militaires. Toutefois, s'il n'est sans doute plus approprié aujourd'hui de parler de mimétisme mis en œuvre plus ou moins explicitement par la République de Guinée dans ce processus, on ne peut cependant que noter l'influence du modèle français, l'existence des mêmes caractéristiques de reconnaissance de la décentralisation ainsi que la similitude des questions essentielles suscitées par la mise en place de celle-ci, comme notamment celle de l'ampleur des compétences transférées. En tout état de cause, la consécration textuelle du transfert de compétence dans le cadre de la politique de décentralisation guinéenne semble néanmoins être désormais un acquis. Mais, dans la mise en œuvre, diverses difficultés se posent encore sur l'effectivité du transfert des compétences pourtant consacrées, mais aussi sur la mise à disposition des moyens humains, matériels et financiers affectés au processus décentralisateur.

Ainsi la question qui reste toujours délicate est celle du système de contrôle de l'effectivité du transfert de compétence à exercer et qui consacre une véritable décentralisation.

Bibliographie

1. A. VION et E. NEGRIER, La coopération décentralisée, un étage du jeu diplomatique, Lille, Congrès AFSP, 2012.
2. BOINVILLIERS Iris (1996), « Coopération décentralisée : Acteurs, pratiques, procédures », Paris, Gret, ministère des Affaires étrangères.
3. Charte européenne de l'autonomie locale adoptée en 1985, Partie I, art. 3.
4. « Étude sur la localisation des objectifs de développement durable en vue d'appuyer le processus de plaidoyer des autorités locales dans les pays francophones d'Afrique : Cas de la Guinée » publiée en décembre 2017, p. 21.

5. F. Petiteville, Les collectivités locales dans la coopération nord-sud, Paris Harmattan, 1995.
6. Franck PETITEVILLE (1996), « La coopération décentralisée : les collectivités locales dans la coopération nord-sud ».
7. Gilles GUILLAUD (2008) "La coopération décentralisée : Trois partenariats entre le nord et le sud," PROCOOP, Ed. L'Harmattan.
8. J. du Bois de GAUDUSSON, G. CONAC et Ch. DEBBASCH. « Les Constitutions africaines publiées en langue française », La Documentation française, Coll. Retour aux textes, vol. 1 et 2, Bruylant, 1997-1998 ; MEDARD J.F, États d'Afrique Noire : formation, mécanismes et crise, L'Harmattan, Paris, 1990 ; BAYART J.F., L'État en Afrique, Fayard, Paris, 1992 ; I. M. FALL, « Le contrôle de la légalité des actes des collectivités locales au Sénégal », EDJA, n° 63, Octobre-Novembre-Décembre 2004, p. 61.
9. Jérôme Marie et Eric Idelman dans l'article « La décentralisation en Afrique de l'Ouest : une révolution dans les gouvernances locales ? » publié en 2010 et disponible sur https://journals.openedition.org consulté le 27/10/2022.
10. KONDE (K), Prestation décentralisée des Services publics en Guinée, Rapport final, 2007, p. 10.
11. Loi L/2017/040/AN du 24 février 2017, portant Code révisé des Collectivités locales de la République de Guinée.
12. M. SAMBENE et I. KA, Évaluation du programme de coopération décentralisée, Ardèche, Drôme Région de Matam, Paris ACDIL, F3E, 2005.
13. Marie, La coopération décentralisée et ses paradoxes. Dérives bureaucratiques et notabilières du développement local en Afrique, Paris, Karthala, 2005.
14. Matthieu FAU-NOUGARET, « Originalité et convergence des phénomènes de décentralisation en Afrique Subsaharienne », CERDRADI, Afrilex, 2000, pp. 1-18.
15. Noizet, La coopération décentralisée et le développement local : les instruments juridiques de coopération, Paris, Harmattan, 2003.
16. P. F.GONIDEC, Les systèmes politiques africains, Paris, L.G.D.J., 2e éd., 1978.
17. PNUD 2004, cité par le Département des affaires étrangères SUISSE, « Décentralisation et gouvernance locale », nov. 2007, p. 8.
18. Rapport mondial de Cités et Gouvernement locaux unis (CGLU) sur « La décentralisation et la démocratie locale dans le monde » publié en 2008, p. 28.

Où en est-on avec le transfert des compétences dans la loi n° 2021-14 du 20 décembre 2021 portant code de l'administration territoriale en République du Bénin ?

Adeloui Asene-Joel

Le processus de décentralisation, amorcé théoriquement par le Bénin au lendemain de la Conférence des forces vives de la nation de février 1990, est entré dans sa phase pratique par l'organisation des premières élections municipales et communales de 2002. Ces élections sont considérées par les Partenaires techniques et financiers et les populations comme la volonté de l'État à promouvoir la démocratie à la base en rendant les décideurs plus proches, efficaces et redevables.

Après plus de vingt années d'expérimentation, l'État béninois a décidé de changer le cadre juridique de la décentralisation en adoptant un Code de l'administration territoriale en remplacement du recueil de cinq lois et d'une trentaine de Décrets en vigueur depuis 1999. L'annonce de cette réforme est saluée par les acteurs de la décentralisation au regard de « l'âge » des anciens textes et de l'existence d'un chapelet de doléances, dont celle des transferts de compétences. La rencontre du Chef de l'État avec les maires et adjoints le 21 septembre 2021 autour de la réforme du secteur de la décentralisation a permis de comprendre que la réforme envisagée n'épousait pas les aspirations des élus locaux. Si le retrait aux maires de leur prérogative d'ordonnateur du budget a focalisé les attentions, la question du transfert de compétences aux communes reste entière comme une doléance non résolue par la nouvelle loi[1].

Distinguant les compétences générales et spécifiques comme dans le recueil de lois de 1999, la nouvelle loi a maintenu le *statu quo* plutôt qu'une rupture significative des compétences théoriquement reconnues dans l'ancienne loi. Le transfert ou la répartition de compétences peut être, en effet, défini comme la cession par l'État d'un certain nombre d'attributions qui étaient initialement détenues et gérées au niveau central par les ministères à travers leurs services centraux et déconcentrés. Ces compétences sont dès lors confiées aux différentes collectivités territoriales selon une répartition bien précise faite par l'État, car les

[1] Il s'agit de la loi n° 2021-14 du 20 décembre 2021 portant Code de l'administration territoriale en République du Bénin.

entités décentralisées concourent avec l'État au développement économique, social, sanitaire, éducatif, culturel et scientifique des populations et, de manière générale, à l'amélioration constante de leur cadre de vie.

Comme on pourrait donc le constater, en matière de transfert de compétences, l'État béninois ne semble pas avoir innové. En observant la nouvelle configuration au niveau de l'administration locale, il apparaît une forme de transfert de compétences implicites avec l'entrée de nouveaux responsables qui, bien que servant au sein des communes, sont rémunérés par l'État central. Cette nouvelle répartition des compétences est-elle une manière de dessaisir les communes de leur capacité à gérer, à administrer toutes seules ? La réponse à cette interrogation nous permettra d'appréhender l'exercice des compétences des communes béninoises dans la nouvelle loi de l'administration territoriale où il semble se dégager un maintien du *statu quo,* qui peut être vu comme une évolution régressive des transferts de compétence (I), marquée par une émergence des transferts plutôt internes de compétences (II).

I) Une évolution régressive des transferts

La décentralisation territoriale au Bénin née de la volonté de la Conférence des forces vives de la nation suppose l'existence et la reconnaissance d'affaires locales[2] distinctes d'affaires nationales. La loi n° 97-029 du 15 janvier 1999 portant organisation des communes en République du Bénin a établi la répartition des compétences entre l'État et les communes ordinaires, d'une part et d'autre part, les communes à statut particulier. Elle a permis aussi de distinguer les compétences propres[3] aux communes qu'elles soient ordinaires ou à statut particulier et les compétences partagées avec l'État. La situation des transferts de compétences dans les communes du Bénin avant la réforme semblait inachevée d'une part au regard de leur non-conformité aux principes[4] relatifs aux transferts des compétences, notamment le principe de la globalité, le principe de l'exclusivité, le principe de l'accompagnement,

---

[2] MADIOT (Y.), « Les techniques de correction de la répartition des compétences entre collectivités locales », *RFDA,* septembre-octobre 1996, p. 966.

[3] PONTIER (J-M), « La décentralisation et Le temps », *RDP,* septembre-octobre 1991, p. 1235.

[4] HERTZOG (R.) « L'ambigüe constitutionnalisation des finances locales », *AJDA,* 2003, p. 548.

le principe de la subsidiarité et d'autre part, l'existence d'un chapelet de doléances des acteurs communaux.

Si « *les transferts de compétences sont une composante nécessaire et essentielle de toute réforme se voulant décentralisatrice* »[5], il semble que celle mise en œuvre par la réforme béninoise se veut d'être d'une conception plutôt politique (A) et d'une conception technique épisodique (B).

A) Une conception plutôt politique

Le transfert des compétences se heurte parfois à des objections d'ordre politique. Au cœur du débat de la réforme décentralisatrice, il a souvent été évoqué la séparation des fonctions administratives de celles politiques. Pourtant, cette cohabitation, voire la confusion entre les deux fonctions, semble se remarquer dans l'appareil d'État. Les hautes fonctions administratives de l'État sont assurées par des cadres nommés, sous instruction du pouvoir politique à qui ils doivent une obligation de résultat et de compte rendu. On pourrait alors penser dans cette perspective que l'État jaloux de ses compétences ne les laisserait au profit d'autres entités publiques. C'est certainement ce qui justifierait la forme des transferts adoptés à l'endroit des communes au Bénin. En effet, plutôt que d'opter pour des transferts verticaux tels que réclamés par les élus locaux à travers l'Association Nationale des Communes du Bénin, l'État a opté pour une ineffectivité des transferts escomptés (1) et une consolidation manquée de l'existant (2).

1) Une ineffectivité des transferts escomptés

La mise en œuvre de la décentralisation a suscité un engouement au niveau des populations qui percevaient le transfert de compétences comme une volonté de promouvoir le développement local et la démocratie à la base en rendant les décideurs plus proches, efficaces et redevables. Si la gestion de la décentralisation par les élus locaux pendant deux décennies n'a pas convaincu, il faut reconnaître que des initiatives de lutte contre la pauvreté n'ont pas manqué. Des efforts ont été remarquables dans la construction des infrastructures socio-communautaires de base afin d'améliorer l'accès aux services sociaux : l'école, la santé, les transports, l'hygiène, l'assainissement, l'eau potable, l'accès au marché, les loisirs, etc. La répartition et le transfert

[5] PONTIER (J-M), « La République décentralisée de J.-P Raffarin », Revue administrative, n° 332 mars 2003, p. 191.

de compétences entre l'État et les collectivités territoriales décentralisées sont une expression de la volonté de l'État de ne plus disposer seul du monopole[6] de l'intérêt général. En reconnaissant aux collectivités territoriales décentralisées un domaine d'intervention, autrefois propriété de l'État, les conséquences consistent en la mise à disposition des communes en tant qu'acteur du développement local[7] des ressources financières nécessaires et d'un pouvoir d'intervention dans les domaines transférés. Autrement, ce pouvoir d'intervention doit être libre, affranchi de toutes les sujétions en ce qui concerne les principes fondamentaux de l'autonomie financière et de la libre administration qui sont d'une valeur constitutionnelle[8]. Il semble dès l'avènement de la décentralisation au Bénin que les communes sont moins bien loties pour ce qui est de leur autonomie financière et de leur libre administration. Les doléances à l'endroit de l'État viennent justifier le caractère essentiellement théorique de ces principes dans la gestion des municipalités et des communes. Dans un plaidoyer intitulé « la campagne pour le transfert de 15 % du budget général de l'État aux communes », l'Association nationale des Communes du Bénin réclamait déjà en 2014 la mise à disposition par l'État aux communes de 15 % de son budget afin de mieux financer le développement local. Dans la même veine, les élus locaux issus des élections du 17 mai 2020 ont réitéré le besoin d'une amélioration des transferts de ressources financières à l'endroit des communes et n'ont pas manqué de le faire savoir à travers un plaidoyer relatif au projet de loi des finances exercice 2022[9].

La réforme du secteur de la décentralisation, qui laissait croire que l'État prouverait sa volonté de se réformer en profondeur en satisfaisant les doléances, qui sont allées croissantes, des élus locaux en matière de transfert de compétences semble toujours patinée faute d'une insuffisance de ressources pour le développement à la base.

---

[6] RAFFARIN (J.P), Pour une nouvelle gouvernance, L'Archipel, 2002.

[7] Voir la Charte africaine des valeurs et des principes de la décentralisation, de la gouvernance locale et du développement local adopté à la vingt-troisième session ordinaire de la Conférence des Chefs d'État et de Gouvernement, tenue à Malabo le 27 juin 2014.

[8] Voir art. 98 de la Constitution béninoise du 11 décembre 1990 modifiée par la loi n° 2019-040 du 7 novembre 2019.

[9] Voir le site de l'association des communes du Bénin à l'adresse https://www.ancb.bj/index.php/k2-listing/item/662-l-ancb-apprecie-le-vote-du-code-des-collectivites-locales-et-dresse-des-doleances-pour-une-fiscalite-adaptee-aux-exigences-de-la-decentralisation.html

2) Une consolidation manquée de l'existant

L'exercice des compétences transférées aux communes se fait principalement par le biais du principe constitutionnel de la libre administration. Selon le Conseil d'État français, s'administrer librement pour les collectivités territoriales, « *c'est conduire sans être soumis à des contraintes excessives, et sans interférer avec les pouvoirs législatif, gouvernemental et judiciaire diverses catégories d'opérations, et prendre dans les mêmes conditions diverses catégories d'actes qui, eu égard à leur caractère administratif, peuvent faire l'objet d'un encadrement par la loi et d'un contrôle par le juge administratif* ».[10] Au Bénin, ce principe de libre administration consacré par la Constitution a été repris. Selon l'alinéa 2 de l'article 1er de la loi n° loi n° 97-029 du 15 janvier 1999 portant organisation des communes en République du Bénin, « *la commune s'administre librement par un conseil élu* »[11]. Il a pour conséquence une gestion des affaires locales assurées par des élus locaux sous le contrôle de la tutelle. Après vingt ans d'expérimentation de la décentralisation, il est évident qu'au regard de l'évolution contemporaine, une relecture des textes soit nécessaire. Sur ce point, les démarches entreprises par les communes à travers leur association demandant une amélioration des transferts témoignent implicitement de la volonté des élus locaux de procéder autrement. On devrait se réjouir de cette dynamique de réforme annoncée par le gouvernement, alors que la décentralisation avait besoin d'une relecture. Si à l'actif de la réforme, on peut inscrire d'innovations inédites touchant notamment la réorganisation des fonctions des autorités communales avec l'entrée en scène de nouveaux responsables, elle peut être pointée du doigt suite à certaines incohérences du processus touchant les enjeux de la décentralisation, notamment la démocratie à la base et le développement local. La réforme des compétences des communes, objet principal de tous les plaidoyers des élus locaux à l'endroit de l'État et parfois même du législateur, plutôt que d'être une réforme approfondie, semble présentée une double vision. D'une part, une rupture significative des compétences mettant en cause la démocratie locale, car vidant certains organes élus de leurs prérogatives au profit d'agents nommés et rémunérés par l'État. D'autre part, le maintien du *statu quo* pour ce qui

[10] PONTIER (J-M) « Une décennie de décentralisation vue par le Conseil d'État », *Revue administrative,* n° 281, septembre 1994, p. 504.

[11] Voir art.1er de la loi n° 97-029 du 15 janvier 1999 portant organisation des communes en République du Bénin.

est des transferts verticaux limite les communes dans leur élan de développement faute d'un transfert conséquent de ressources. Si « *les transferts de compétences sont une composante nécessaire et essentielle de toute réforme se voulant décentralisatrice* »[12], il semble que celle mise en œuvre par l'État béninois est favorable à un transfert de compétence horizontale entre le maire, organe politique et le Secrétaire Exécutif, émanation de l'État et enfin le Conseil Communal et le Conseil de supervision.

B) Une conception technique épisodique

La gestion des affaires communales par les conseils élus a longtemps été taxée par le pouvoir central d'être sous influence politique locale. De ce fait, la séparation des fonctions techniques de celles politiques est perçue comme l'un des fondements de la réforme. D'ailleurs, lors d'une rencontre du Chef de l'État avec les élus locaux en marge de la réforme, cette idée d'emprise des politiciens locaux sur les agents techniques des communes a futé. L'adoption de la loi portant Code de l'administration territoriale a permis de rendre effective la séparation annoncée. Celle-ci apparaît ambigüe (1), car des fonctions administratives et politiques sont retirées aux élus et confiées à des agents techniques, créant du coup une confusion. Aussi, faut-il constater que le statut des fonctionnaires territoriaux est resté obsolète (2) après une vingtaine d'années d'expérimentation de la décentralisation.

1) Une séparation des fonctions ambigüe

À la lecture de la loi portant code de l'administration territoriale en République du Bénin, les fonctions administratives des organes politiques que sont le Conseil de supervision, le Conseil communal et le maire et ses adjoints ont été considérablement réduites. Cet anéantissement de la compétence administrative des autorités politiques a été justifié par un souci d'efficacité. La recherche d'un équilibre politico-administratif[13] vise à séparer davantage la conception des politiques publiques de leur mise en œuvre, et à responsabiliser les fonctionnaires dirigeants. Si cette logique est entièrement respectée dans le cadre de la réforme de décentralisation au Bénin, on aurait pu

---

[12] PONTIER (J-M), « La République décentralisée de J.-P Raffarin », Revue administrative, n° 332 mars 2003 p. 191.

[13] de VISSCHER (C.), « Autorités politiques et haute administration : une dichotomie repensée par la NGP ? Revue internationale de politique comparée, 2004/2 Vol. 11, p. 212.

penser à l'effectivité d'une Nouvelle Gestion publique[14]. Mais une analyse comparée des transferts de compétences opérés entre les organes politiques anciennement reconnus par les lois sur la décentralisation de 1999 et les compétences administratives contenues dans le Code de l'administration territoriale en vigueur offre un éclairage contrasté sur les transferts de compétences des fonctionnaires dans leur positionnement vis-à-vis du pouvoir politique. L'évolution de la relation politico-administrative fait état de transferts de compétences politiques aux fonctionnaires. Des exemples sont patents dans le cadre de la réforme de la décentralisation au Bénin. Il est remarquable le retrait de certaines compétences[15] nécessaires à l'élaboration du budget comme l'ordination du budget, l'entrée des impôts, taxes et droits communaux, le suivi de l'évolution des finances, la passation des baux et marchés relatifs aux travaux communaux, la passation des actes de vente, d'échange de partage, d'acceptation des dons et legs, d'acquisition, etc. Le modèle relationnel entre les organes politiques et l'administration semble ne pas être construit dans une complémentarité de sorte que les organes politiques décident, et l'administration exécute.

2) Une fonction publique territoriale obsolète

Le recrutement des agents techniques mis à disposition des communes devrait amener l'État à aider les collectivités territoriales à gérer les nouvelles compétences qui leur ont été transférées. La mise à disposition des ressources humaines dans les communes composées des fonctionnaires de l'État, des agents publics et privés viennent mettre davantage en difficulté une fonction publique territoriale dont l'accouchement des textes qui la régissent tarde à être effectif. En effet, depuis la transmission à l'Assemblée nationale du projet de loi portant statut de la fonction publique territoriale, le statut des agents territoriaux est resté au *statu quo*. Pourtant, l'élaboration d'un statut applicable à des fonctionnaires territoriaux « *est un acte fondamental de la décentralisation* »[16], la fonction publique territoriale étant au service de la décentralisation. La réforme du secteur de la décentralisation est restée silencieuse sur la question et aujourd'hui la diversité des compétences transférées ne facilite pas l'octroi aux collectivités d'une fonction publique professionnelle construite sur le modèle de la fonction publique de

---

[14] *Ibid.*

[15] Voir les articles 63 à 81 de la loi précitée.

[16] SCHRAMECK(O.), *La Fonction publique territoriale,* Dalloz, coll. « Connaissance du droit », 1995.

l'État avec un bénéfice d'avantages professionnels comparable. Si la gestion du personnel communal est un élément de l'application du principe constitutionnel de la libre administration des collectivités territoriales, le droit de la fonction publique territoriale ne peut être édicté que par le législateur.

II) Une émergence des transferts internes

La séparation des fonctions politiques de celles administratives et techniques considérées comme l'une des innovations de la nouvelle loi a eu pour conséquences de vider le Maire, auparavant organe exécutif[17] de la commune de son contenu, le réduisant à quelques fonctions politiques exercées en sa qualité de membre du Conseil de supervision et du Conseil communal. Cette séparation des fonctions apportée par la réforme, loin de satisfaire les doléances renouvelées des élus locaux en matière de transfert de compétences, a préféré un transfert du type horizontal à travers une migration des transferts de charges (A) entre organes élus et agent nommé et l'exercice des nouvelles compétences (B).

A) Une migration vers des transferts de charges

La création de nouvelles fonctions par la réforme du secteur de la décentralisation au Bénin s'est fait accompagner d'un transfert de charges. Le cahier de charges considéré comme un document administratif détaillant, généralement avec minutie, les obligations et les droits du titulaire ou les modalités de réalisation de certaines décisions. Entre les organes politiques communaux établis par les anciennes lois de la décentralisation et les cadres techniques, notamment le Secrétaire exécutif (1), on pourrait parler d'un transfert de charges au regard des nouvelles compétences acquises au détriment du Conseil communal et du maire. Le même constat pourrait être fait entre le Conseil communal et le Conseil de supervision (2).

1) Le maire, organe politique et le Secrétaire exécutif (SE), organe administratif

La création du poste de Secrétaire exécutif dans les communes n'est pas un acte fort simple. À première vue considéré comme un simple remplacement du poste de Secrétaire général, le Secrétaire exécutif de la commune n'est pas moins qu'un maire au regard de ses attributions, à la différence qu'il n'est pas élu. D'ailleurs, la prise de service du

[17] Voir art.63 de la loi n° 97-029 du 15 janvier 1999 portant organisation des communes en République du Bénin.

Secrétaire exécutif a été empreinte d'une solennité exceptionnelle, digne de la prise de fonction d'un maire. Elle a connu la présence du préfet, comme il est de coutume à la prise de fonction du maire et la signature des documents y afférents. Ce fut alors une passation de charges entre le Maire, désigné par sa collectivité pour conduire les destinées de la commune pendant la durée de son mandat et un agent qui se voit investi des compétences d'un organe exécutif communal. L'on aurait pu croire en une séparation des fonctions politiques de celles administratives. Mais dans la réalité, il semble que le maire n'a pas simplement été dessaisi des fonctions administratives et techniques, certaines fonctions politiques lui échappent au profit du SE. C'est le cas du budget, qui selon Gaston JEZE est essentiellement un acte de politique […] Le budget est avant tout la mise en œuvre d'un programme d'action politique[18]. Ce dessaisissement s'est fait accompagner du retrait de certaines compétences[19] nécessaires à l'élaboration du budget telles que l'ordination du budget, l'entrée des impôts, taxes et droits communaux, le suivi de l'évolution des finances, la passation des baux et marchés relatifs aux travaux communaux, la passation des actes de vente, d'échange de partage, d'acceptation des dons et legs, d'acquisition, de transaction. Ce transfert de compétences du maire au Secrétaire exécutif, qui dans tous les cas n'est pas une délégation de fonctions, acquiert un caractère définitif et un arrêté du maire ne peut les annuler. L'élargissement de l'éventail des compétences du Secrétaire exécutif a induit un transfert de certaines compétences du Conseil communal en cas de dissolution jusqu'à l'élection et l'installation du nouveau Conseil communal.[20]

2) Le Conseil communal et le Conseil de supervision

La réforme décentralisatrice, qui a consacré la création d'un nouvel organe politique, le Conseil de supervision, introduit un transfert de compétence entre le Conseil communal et le Conseil de supervision. L'on peut s'interroger sur les nouveaux rapports entre les deux organes communaux. Si la loi n'a pas précisé l'existence d'une suprématie de l'un sur l'autre, il semble tout de même que certaines prérogatives

[18] WASERMAN(F.), Les finances publiques, La documentation française, 9e éd.2018 [en ligne], consulté le 16 octobre 2022 [https://www.vie-publique.fr/catalogue/23145-les-finances-publiques].

[19] Voir les articles 63 à 81 de la loi précitée.

[20] Voir art.90 de la loi n° 2021-14 du 20 décembre 2021 portant Code de l'Administration territoriale en République du Bénin.

anciennement reconnues au Conseil communal lui échappent au profit du Conseil de supervision. En effet, les nouvelles attributions du Conseil communal prévues aux articles 60 à 63 de la loi n° 2021-14 du 20 décembre 2021 portant Code de l'administration territoriale, en reconnaissant toujours le conseil communal comme le principal organe délibérant de la commune, lui assignent comme missions principales la définition des orientations politiques de développement de la commune, la validation du budget de la commune après son adoption par le conseil de supervision, la création et les taux des redevances locales ainsi que sur les taux des impôts et taxes dans les limites fixées par la loi de finances. Quant au Conseil de supervision, ces attributions telles qu'énumérées aux articles 94 et 95 de la loi portant Code de l'administration territoriale qui sont, entre autres, l'adoption du budget, et le cas échéant ses modifications, pour validation par le Conseil communal l'adoption de l'organigramme et les manuels de procédures de la mairie pour validation par le Conseil communal, l'adoption du plan de travail annuel proposé par le Secrétaire exécutif, le contrôle de la gestion du Secrétaire exécutif et ses rapports d'activités, ne sont rien d'autre que celles du Conseil communal au titre de la loi n° 97-029 du 15 janvier 1999 portant organisation des communes en République du Bénin. Au-delà de ce transfert des compétences du Conseil communal au Conseil de supervision, il faut constater que le Conseil communal semble plus enclin aux fonctions de vote des documents de politique communale que de leur adoption qui est du ressort du Conseil de supervision. L'avènement de nouveaux organes au niveau des communes à défaut de s'accompagner d'un transfert vertical de compétences et de ressources conséquentes, a introduit de nouvelles compétences dont l'exercice se partage entre élus locaux et cadres techniques.

B) L'exercice de nouvelles compétences

Les compétences dévolues aux communes sont classées en trois groupes : les compétences propres, les compétences partagées et les compétences déléguées. Au niveau des compétences spécifiques, l'article 241 de la loi énonce qu'outre les compétences générales, les communes à statut particulier exercent des compétences en matière de transport et circulation, la commune élabore son plan de circulation urbaine, organise les transports collectifs, installations et entretiens des feux de signalisation. En matière de communication, la commune a la charge de l'information de la population sur la vie de la cité. Quant aux communes à statut intermédiaire, elles assurent selon l'article 243 outre les compétences dévolues à toutes les communes, la construction, l'entretien, la réhabilitation et l'équipement des collèges d'enseignement général. L'exercice de ces nouvelles compétences au niveau des communes à statut particulier et des communes ordinaires se fait par le biais des organes élus (1) et des cadres techniques mis à disposition par l'État central (2).

1) Les compétences institutionnelles

L'inscription de nouvelles compétences dans le périmètre d'action des communes induit implicitement une répartition des rôles entre acteurs communaux. Qu'il s'agisse de l'exercice des nouvelles compétences des communes à statut particulier ou de celles à statut intermédiaire, les institutions communales interviennent à la réalisation de ces missions. Pour les communes à statut particulier, le Conseil de supervision et le Conseil communal interviennent dans la planification annuelle au niveau communal et ensuite dans le plan de développement communal. De ce fait, la commune élabore son plan de circulation urbaine, organise les transports collectifs, installations et entretiens des feux de signalisation. En matière de communication, l'information de la population sur la vie de la cité se fait à travers un plan de communication périodique à l'occasion des redditions de compte sur les performances réalisées et éventuellement l'enregistrement des besoins des administrés. Ces nouvelles attributions des communes à statut particulier sont en adéquation avec les articles 94 et 60 qui évoquent respectivement l'adoption par le Conseil de supervision du plan de travail annuel proposé par le Secrétaire exécutif et la définition par le Conseil communal des orientations politiques de développement de la commune et, dans ce cadre, délibèrent sur les documents de politique de stratégie et de planification[21]. S'agissant des communes à statut intermédiaire, leurs nouvelles compétences en matière d'enseignement secondaire s'inscrivent dans le même registre de compétence du Conseil de supervision et du Conseil communal. Ces orientations définies et leur planification assurées, la question de leur matérialisation dans l'espace communal induit des dépenses qui à travers des tranches annuelles sont soustraites du Plan de Développement communal et financées dans le budget communal. En tant que tel, il semble exister un lien évident entre le plan

[21] Voir art.60 de la loi n° 2021-14 du 20 décembre 2021 portant Code de l'Administration territoriale en République du Bénin.

et le budget au niveau des procédures de mise en œuvre des politiques publiques communales.

2) Les compétences du personnel technique

Les compétences du personnel sont définies comme une combinaison de motivations, d'expertises et de ressources fonctionnelles qui assurent la mise en œuvre des orientations politiques du Conseil de supervision et du Conseil communal. Pour les compétences nouvelles des communes, le Secrétaire exécutif semble jouer un rôle au-dessus des autres acteurs techniques. Il est le premier responsable de l'administration et dispose à ce titre d'attributions propres pour assurer le bon fonctionnement des services communaux. Relativement aux nouvelles compétences des communes, les compétences d'exécution du personnel communal ont évolué avec la nouvelle loi et ont atteint une proportion qui les confond aux compétences des élus au titre de l'ancienne loi[22]. Indépendamment des nouvelles compétences[23], en matière de transport et circulation, de communication, de construction, d'entretien, de réhabilitation et d'équipement des collèges d'enseignement général, les compétences du personnel d'exécution ne varient pas en fonction du statut de la commune. En matière administrative, le Secrétaire exécutif représente la commune dans la vie civile et administrative pour ce qui est de ses attributions propres. En matière de contrats publics, notamment les marchés publics, il assure la planification et l'exécution des marchés publics communaux. C'est donc à lui qu'il revient sous réserve des avis des organes politiques, l'élaboration des plans d'entretien et de passation des infrastructures communales. Les nouvelles compétences des communes à statut particulier en matière de circulation, de communication et de transport et celles de communes à statut intermédiaire relatives aux infrastructures d'éducation dans les collèges sont dans leur mise en œuvre assurées par le Secrétaire exécutif. En matière financière, la mobilisation des ressources locales indispensables au financement du budget communal est l'une des compétences phares au regard de la faible mobilisation des ressources propres dans les communes. Ces ressources mobilisées, leur exécution dans le cadre du budget communal est du ressort du personnel technique.

[22] Voir le recueil de lois sur la décentralisation de 1999, notamment la loi n° 97-029 du 15 janvier 1999 portant organisation des communes en République du Bénin.
[23] Voir les articles 214 à 243 de la loi n° 2021-14 du 20 décembre 2021 portant Code de l'Administration territoriale en République du Bénin.

De ce qui précède, que conclure ?

En matière de transfert de compétences, l'État béninois ne semble pas avoir innové. En observant la nouvelle configuration au niveau de l'administration locale, il semble apparaître une forme de transfert de compétences implicites avec l'entrée de nouveaux responsables qui serviront au sein des communes et seront rémunérés par l'État. Or, cette nouvelle répartition des compétences est une manière déguisée de dessaisir les communes béninoises de leur capacité à gérer, à administrer toutes seules.

PARTIE C

POUVOIR ET DÉVELOPPEMENT LOCAL

La résilience organisationnelle des administrations locales : un concept pour assurer la fourniture de services communaux en période de changement

Gnamm Mats-Benjamin

I) Situation de départ

L'échelon communal est actuellement confronté à des pressions et des crises de formes et de natures très diverses. Il s'agit notamment des charges liées à la modification de la structure sociale sous la forme de l'évolution démographique, des charges écologiques dues aux conséquences du changement climatique et de la perte de biodiversité, des charges financières dues à des situations budgétaires tendues ou encore des charges politiques dues à la nécessité croissante de réagir politiquement à ces phénomènes de changement et de les gérer activement sur le plan politique et administratif. Ces problèmes globaux ont généralement un impact au niveau local, car ce sont les communes qui doivent gérer les conséquences d'une crise sanitaire mondiale, des inondations, des périodes de sécheresse, des inégalités sociales, etc. Selon Hill (2022), les processus de changement complexes, dynamiques et non linéaires exigent également des administrations locales des capacités de résistance et d'adaptation systémiques correspondantes (cf. Hill, 2022, p. 12).

Ces problématiques peuvent être considérées comme complexes, car il n'existe pas de solution toute faite ni d'échelle de temps adaptée pour les résoudre. Les processus de changement décrits ont un impact important sur le bien-être humain, la stabilité politique et les dynamiques démocratiques. Ils se caractérisent par l'augmentation de la vitesse des phénomènes de changement et le renforcement des liens entre les éléments de différents systèmes, tels que le système biophysique, humain et technique. Ils ne se produisent pas de manière prévisible et linéaire et impliquent donc un comportement adapté des systèmes concernés (cf. Duit, Galaz, 2008, pp. 311 et suivantes). Ces phénomènes de changement complexes font l'objet de recherches intensives dans le monde scientifique depuis plusieurs années déjà et sont conceptualisés à l'aide de différents modèles, tels que VUCA (Volatility, Uncertainty, Complexity, Ambiguity), VOPA+ (interconnexion, ouverture, participation et agilité) ou encore BANI (Brittleness, Anxiety, Non-Linearity, Incomprehensibility) (cf. Hill, 2022, p. 12).

Au niveau de la société, on constate une pérennisation croissante du milieu anxieux postmoderne selon Keupp (2010), qui se caractérise par le fait que les crises font de plus en plus partie de la normalité perçue. La tension entre tradition et modernité, qui se caractérise par une pluralisation croissante des contextes culturels et la dissolution des modèles d'interprétation traditionnels, représente un défi tout aussi important pour les communes, tout comme les conséquences qui en découlent, à savoir une technologisation dynamique des milieux de vie et une flexibilisation croissante (cf. Hoffmann 2017, p. 72).

Ces dynamiques sont particulièrement difficiles pour les communes qui ont été dotées de nouvelles compétences dans le cadre d'un processus de décentralisation et qui doivent donc relever le défi de rester fonctionnelles malgré les phénomènes de changement dynamiques mentionnés, de remplir les compétences qui leur ont été transférées, souvent avec une dotation en ressources insuffisante, et de fournir à leurs citoyens les services de base nécessaires. Il en résulte d'autres menaces et contraintes, telles qu'une situation sécuritaire incertaine, des pénuries d'approvisionnement, des conditions politiques en rapide évolution et une perte de confiance des citoyens dans la capacité de l'État à fournir des prestations et à résoudre des problèmes, et donc, dans certaines circonstances, dans l'administration et la politique locales. En raison de la complexité des phénomènes de changement et de leurs effets, les chercheurs sur les risques et les crises étudient de plus en plus, ces dernières années, l'anatomie des crises modernes, c'est-à-dire leur origine, leurs caractéristiques et leurs effets sur d'autres systèmes (cf. Duit, Galaz, 2008, p. 316). Selon Zivkovic (2013), pour faire face aux problèmes, il faut d'abord déterminer le type de problème afin de développer des mesures de gestion appropriées. Kania et Kramer (2011) font ici la distinction entre les problèmes techniques et les problèmes adaptatifs. Les problèmes techniques se caractérisent par le fait qu'ils sont définissables et qu'ils peuvent être résolus par une ou plusieurs organisations grâce à des stratégies de résolution déjà formulées. Les problèmes adaptatifs, en revanche, ont un caractère complexe, ce qui signifie qu'il n'existe pas de solutions déjà formulées et que la résolution de ces problèmes ne peut pas être mise en œuvre par une seule organisation. Un autre modèle de typologie des problèmes a été développé par Westley et al. (2007), qui distingue les problèmes simples, les problèmes compliqués et les problèmes complexes. Les problèmes simples, comme les problèmes techniques déjà décrits selon Kania et Kramer (2011), peuvent être résolus par une procédure (« recette ») déjà existante, car les relations de cause à effet de ces problèmes sont clairement identifiables. C'est pourquoi les innovations visant à résoudre des problèmes simples peuvent également être reproduites dans d'autres contextes. En revanche, il existe des problèmes compliqués. Ces problèmes peuvent également être déterminés à l'avance, mais se distinguent des problèmes simples par le fait qu'ils contiennent de nombreux éléments différents qui, en raison de leur nombre et de la multitude de stratégies de résolution qui en découlent, rendent la résolution du problème plus difficile. Westley et al. comparent les problèmes complexes à l'éducation d'un enfant. Étant donné que chaque contexte dans lequel l'éducation a lieu, ainsi que les enfants eux-mêmes, sont différents, il n'est pas possible d'appliquer des stratégies de résolution déjà formulées. Les problèmes complexes ne sont pas prévisibles, car la formulation même du problème n'est pas uniforme et le problème évolue constamment en raison de l'opacité des causes et des effets. C'est pourquoi il est difficile de reproduire des solutions à des problèmes complexes et de les appliquer. à d'autres contextes (cf. Zivkovic, 2013, pp. 30 s.). Un dernier modèle de types de problèmes, que nous allons décrire ici, est celui de Rittel et Webber (1973). Ceux-ci font la distinction entre les problèmes « inoffensifs » (« tame problems ») et les problèmes « compliqués » (« wicked problems »). Les problèmes « inoffensifs » se caractérisent par la disponibilité de toutes les informations nécessaires à la résolution du problème, ce qui permet de développer une formule claire pour résoudre ces problèmes. Les analyses chimiques ou les équations mathématiques en sont des exemples. En revanche, les problèmes complexes se caractérisent par le fait que la définition même du problème ne peut pas être uniformisée, car en raison d'une multitude d'interdépendances et de conflits d'objectifs, cette définition peut varier en fonction du degré d'implication. En raison de ces interdépendances et des multiples chaînes de causes et d'effets, les tentatives de solution peuvent avoir des répercussions dans des domaines non prévus (cf. Zivkovic, 2013, pp. 31 et suivantes).

Selon Zivkovic (2013), la plupart des problèmes actuels, tels que le changement climatique, le terrorisme, les soins de santé abordables, les inégalités financières, etc., sont des problèmes complexes, car ils ne comportent pas de solutions objectives définissables de manière générale et la définition même du problème varie selon le contexte. Il est donc nécessaire de développer des solutions nouvelles et innovantes (cf. Zivkovic, 2013, p. 29 et suivantes). L'une de ces solutions pourrait être trouvée dans la théorie des systèmes adaptatifs complexes, car celle-ci mentionne des conditions de soutien (« enabling conditions ») qui favorisent la capacité des systèmes à s'auto-organiser et à développer des capacités adaptatives, nécessaires pour réagir à ces problèmes et empêcher le système de s'effondrer (cf. Zivkovic, 2013, p. 33). Les contraintes et les menaces décrites pour le niveau communal, et plus particulièrement pour les administrations communales, en particulier dans des contextes d'étatisme déficient, font clairement apparaître la vulnérabilité de ces systèmes sociaux, qui se caractérise en outre par l'imprévisibilité et l'imprédictibilité des situations de danger concrètes. L'imprévisibilité des phénomènes de changement a, à son tour, une influence sur la stabilité des systèmes. Selon Portugali (2000), les systèmes sont stables lorsque leurs mouvements sur un axe spatio-temporel sont prévisibles. Un système devient instable lorsque ces mouvements sont imprévisibles ou chaotiques (cf. Portugali, 2000, p. 113).

Le concept de résilience est ici complémentaire à celui de vulnérabilité et non pas opposé à celui de stabilité. Nous partons du principe que le concept de résilience organisationnelle, grâce aux capacités d'adaptation aux pressions et aux crises et à une éventuelle fonction de conception des organisations, pourrait être approprié pour réagir aux crises et aux phénomènes de changement décrits et à la vulnérabilité des systèmes sociaux qui en découle. On ne part toutefois pas du principe que la résilience offre la possibilité de protéger les systèmes contre toutes les influences stressantes possibles. Cela contribuerait, à son tour, à une surcharge du système. Pour la science comme pour la pratique, la question se pose donc de savoir avec quels moyens la résilience organisationnelle des administrations communales peut être évaluée. Il s'agit de trouver un instrument capable d'identifier les lacunes et les potentiels de résilience au sein de l'administration locale concernée, afin de soutenir cette dernière dans la garantie de la fourniture de services, même en période de changement.

La perspective organisationnelle est adoptée pour la raison suivante : selon Lee et al. (2013), la résilience organisationnelle constitue le fondement de la résilience de la communauté sociale, car celle-ci dépend des prestations des organisations pour réagir et se rétablir en cas d'événements de crise. La résilience organisationnelle et la résilience communautaire représentent les deux faces d'une même médaille (cf. Lee et al., 2013, p. 29). Les organisations publiques doivent agir de manière résiliente face aux crises, car elles doivent répondre aux besoins des groupes sociaux concernés, qui sont particulièrement touchés par les effets de ces phénomènes de changement, en particulier lors de crises et de perturbations (cf. Profiroiu, Natsacă, 2021, p. 101 et Engle, 2011, 648 et suivantes). Haraguchi (2020) décrit également de manière pointue les administrations locales : « Thus, enhancing the resilience of municipal governments is critical for community resilience » (Haraguchi, 2020, p. 789).

II) Concepts d'évaluation de la résilience organisationnelle

Sur la base de la situation de départ décrite dans le premier chapitre, à savoir un monde composé de systèmes présentant un haut degré de complexité en raison des différentes interactions des éléments systémiques, la question se pose maintenant de savoir dans quelle mesure la capacité de ces systèmes à faire face aux défis complexes décrits, c'est-à-dire leur résilience, peut être évaluée, avec un accent particulier sur le système organisationnel de l'administration locale. C'est l'objectif de ce chapitre.

Selon la théorie générale des systèmes, les systèmes se composent d'agents, de relations et d'un environnement délimité. Ces agents représentent les différents éléments du système, qui ne sont pas divisibles et qui sont en relation entre eux et avec l'environnement. Grâce à ces relations, les comportements des agents s'influencent mutuellement, de sorte que ceux-ci se trouvent dans une relation d'interdépendance (cf. Nolte, Zimmermann, 2015, p. 51). Dans le cas des systèmes adaptatifs complexes, la délimitation par rapport à d'autres théories des systèmes se fait désormais d'une part par la complexité de ces systèmes et d'autre part par leur capacité d'adaptation (cf. Duit, Galaz, 2008, p. 312).

Le concept de résilience adaptative est dérivé de la théorie des systèmes adaptatifs complexes (CAS), qui décrit des systèmes capables de modifier spontanément leurs structures et processus internes en raison de leurs capacités d'adaptation et de leur dynamique non linéaire (cf. Bristol, Healy, 2014, p. 94). Les CAS sont un type particulier de systèmes dans lesquels les agents systémiques peuvent interagir entre eux et avec leur environnement par des comportements simples, produisant ainsi un comportement émergent. Ces agents peuvent par exemple représenter des cellules, des personnes, des départements, des entreprises ou même des nations entières. Bristol et Healy (2014) décrivent les systèmes adaptatifs complexes comme un réseau d'agents qui s'influencent constamment les uns les autres par certaines interactions, comme la communication, les tâches communes ou les relations. Le système est performant lorsqu'il offre un espace pour les idées et les technologies émergentes (voir comportement émergent) (cf. Bristol, Healy, 2014, p. 97).

Ces connaissances théoriques de la recherche systémique ont été appliquées et approfondies de manière empirique, en particulier dans la recherche sur la résilience des systèmes, dans différents domaines de la connaissance.

L'une des premières dimensions historiques de la recherche sur la résilience a été d'aborder le phénomène dans une perspective écologique, notamment à travers les travaux de Crawford Holling (1973). Dans ce discours, la résilience est comprise comme le potentiel d'un système socioécologique à « (…) survivre à des influences aversives sans être affecté dans sa structure et son fonctionnement. La résilience se situe dans le champ de tension entre adaptation et persistance et est comprise comme la capacité d'un système écologique à maintenir ses structures et ses fonctions, tout en initiant et en intégrant des processus d'apprentissage et d'adaptation » (Hoffmann, 2017, p. 65).

Par la suite, le concept de résilience a été appliqué et adapté à d'autres types de systèmes, tels que les systèmes personnels, techniques ou sociaux. Le concept de résilience urbaine, qui se concentre sur le système socioécologique et socio-économique de la « ville », est actuellement de plus en plus discuté comme une forme particulière de résilience sociale. Cette forme particulière ne sera toutefois pas approfondie dans la suite de cet article, car le présent travail ne se concentre pas sur le système global de la ville, mais sur l'organisation de l'administration communale, y compris le maire. Cette focalisation est d'une part liée à la réflexion sur la mesure dans laquelle l'administration dirige la politique ou vice versa et d'autre part, elle est également justifiée par l'orientation de la recherche qui étudie le concept de résilience organisationnelle, issue de la théorie des organisations, en tant qu'instrument permettant de garantir la fourniture de services communaux. Cependant, étant donné que les administrations communales évoluent toujours dans des contextes urbains ou ruraux, il est nécessaire de comprendre le concept de résilience urbaine et de le distinguer de la résilience organisationnelle afin de comprendre la résilience organisationnelle des administrations communales et, le cas échéant, de l'adapter aux spécificités communales.

Les propriétés d'auto-organisation des villes en tant que système complexe sont fondamentales pour leur résilience. Il existe des interactions continues entre les agents, c'est-à-dire les acteurs d'une ville, ce qui conduit à une adaptation permanente (cf. Portugali, 2000, p. 103). Selon Newman (2009), les systèmes urbains résilients se caractérisent par leur capacité à surmonter les phénomènes de changement et les crises en trouvant des solutions innovantes aux problèmes, de sorte qu'ils puissent conserver leurs fonctions principales et ne s'effondrent pas (cf. BBSR, 2018, p. 13). En Allemagne, l'Institut fédéral de recherche sur la construction, les villes et le territoire (BBSR) a tout d'abord opérationnalisé la résilience urbaine afin de développer, dans une étape suivante, un instrument d'application pour renforcer cette même résilience. Dans un premier temps, des indicateurs ont été développés sur la base de critères de l'environnement urbain construit et naturel, de la structure économique et sociale, qui ont été agrégés dans un indice de résilience. Les indicateurs se composent d'une évaluation quantitative de la robustesse d'une ville et d'indicateurs qualitatifs pour évaluer sa capacité d'adaptation. Cela représente la structure de base de l'opérationnalisation (cf. BBSR, 2018, p. 15).

Dans ce modèle, la robustesse d'un système urbain est opérationnalisée par les indicateurs de diversité, de redondance, de multifonctionnalité et de capacité de récupération et se focalise surtout sur les structures socio-économiques, architecturales et institutionnelles d'une ville, afin de la préserver d'un effondrement en cas de crise. La capacité d'adaptation, en revanche, a été opérationnalisée au moyen d'indicateurs relatifs à la capacité de réaction, d'innovation et de mise en œuvre et se concentre donc sur la capacité d'atténuation et d'adaptation du système aux situations de stress. Elle nécessite des structures organisationnelles qui permettent le développement et la mise en œuvre de stratégies d'adaptation grâce à des ressources financières et humaines suffisantes (cf. BBSR, 2018, pp. 15 et suivantes).

Le modèle de la « ville fonctionnelle » développé sur ces bases représente, selon le BBSR, l'état optimal de la résilience urbaine. La caractérisation d'une ville fonctionnelle se fait par une analyse des fonctions de base, à savoir les services d'intérêt général dans les domaines du travail, du logement, de la mobilité et de l'approvisionnement, la sécurité, la qualité de l'environnement et l'intégration sociale. En outre, la gestion du système urbain, c'est-à-dire la fonction de gouvernance entre la société civile, la politique et l'administration, est également prise en compte. Le maintien des services de base et de subsistance dans un contexte de crise est essentiel pour garantir le système urbain. Cependant, la gestion du système urbain est également d'une importance particulière pour le bon fonctionnement d'une ville, car seule une gestion coopérative permet au système de réagir aux événements de crise. Une telle coopération entre les différentes parties prenantes urbaines devrait être accompagnée d'une communication ouverte sur les risques, afin de « (…) réunir les compétences décisionnelles au-delà des frontières classiques des secteurs politico-administratifs (…) » (BBSR, 2018, p. 21), afin de garantir et d'améliorer la capacité d'action du système urbain dans son ensemble (cf. BBSR, 2018, pp. 19 et suivantes). Ces brèves explications permettent de constater l'importance de l'administration communale en tant qu'instance de mise en œuvre des décisions politiques, mais aussi en tant que fournisseur de services d'intérêt général et institution de pilotage du système d'une ville fonctionnelle.

Si l'on en vient à l'objet de cet article, à savoir la résilience des organisations, et plus particulièrement des administrations locales, la recherche sur la résilience s'est d'abord concentrée sur l'analyse des crises et de leurs effets sur les organisations (Choo 2008 ; Pâté - Cornell 1993 ; Reason 2000 ; Sheaffer et al. 1998). Cela a changé avec la recherche sur la capacité des organisations à réussir malgré les crises, c'est-à-dire sur les caractéristiques de la résilience organisationnelle (Corey and Deitch 2011 ; Kendra and Wachtendorf 2003 ; Seville et al. 2008). Au niveau conceptuel, il existe déjà un grand nombre de concepts pour mesurer la résilience organisationnelle, comme la High Reliability Organization Theory (HRO) (Bierly and Spender 1995 ; Bourrier 2011 ; Roberts 1990), qui perçoit les organisations comme des systèmes socio-techniques (cf. Lee, 2013, p. 31).

Profiroiu et Natsacă ont développé en 2021 un cadre de mesure de la résilience institutionnelle, en particulier des administrations publiques, qui se compose d'un total de onze facteurs et de 64 indicateurs. Ces facteurs ont été établis au moyen d'une méta-analyse des études existantes sur la résilience des communautés, des économies, des régions et des institutions. Plusieurs indicateurs qualitatifs et quantitatifs ont été ajoutés à chacun de ces facteurs afin de mesurer ces facteurs inobservables. Les facteurs sont ici la capacité d'innovation, de connaissance et de créativité, la capacité d'apprentissage, la capacité de prévision et de planification stratégique, la capacité d'adaptation (flexibilité) et de gestion du changement, la capacité d'utilisation des nouvelles technologies, la participation des parties prenantes au processus décisionnel et à la prestation de services, la qualité du leadership et de la gestion organisationnelle, la transparence, la qualité du personnel, la capacité de réseau et de coopération, ainsi que l'efficacité des politiques et des stratégies (cf. Profiroiu, Natsacă, 2021, pp. 109 et suivantes).

McManus (2008), quant à elle, a examiné 10 organisations en Nouvelle-Zélande, dont une administration locale, dans le cadre d'une étude de cas qualitative (cf. McManus, 2008, p. 103), afin de mesurer leurs qualités de résilience à l'aide de la Grounded Theory. Elle en déduit la définition de la résilience organisationnelle, qu'elle définit comme étant « (…) a function of an organization's overall situation awareness, management of keystone vulnerabilities and adaptive capacity in a complex, dynamic and interconnected environment » (McManus et al., 2007, p. 82) de la situation. Sur cette base, elle développe le modèle de la Relative Overall Resilience (ROR), qui se compose de trois facteurs au total (conscience de la situation, gestion des vulnérabilités de base, capacités d'adaptation) et de 15 indicateurs. Ce modèle constitue à son tour la base du développement du Benchmarking Resilience Tool (BRT), qui a été mis au point en 2013 dans le cadre du Resilient Organisation Research Programme (cf. McManus et al., 2007, p. v) financé par la Foundation for Research Science and Technology (FRST) néo-zélandaise (cf. Lee, 2013, p. 31). Un modèle à deux facteurs comprenant 53 items au total a été développé (cf. Lee, 2013, p. 31). Ce modèle a d'abord été utilisé en 2009 à Auckland lors d'une enquête menée auprès de 1009 organisations et a permis d'obtenir les réponses de 249 individus appartenant à 68 organisations de 13 secteurs différents. Après des adaptations de l'outil, celui-ci a été utilisé lors d'une enquête menée en 2010 auprès de 71 organisations ayant répondu et en 2011 auprès de 66 organisations de la région de Canterbury en Nouvelle-Zélande. Cette dernière enquête a été menée spécifiquement auprès d'organisations directement touchées par le tremblement de terre de Darfield en 2010 (cf. Whitman et al., pp. 9 et suivantes). Sur la base de ces enquêtes, l'outil a été condensé en un questionnaire de 13 items afin d'augmenter le taux de réponse, en particulier pour les organisations qui ont directement vécu une expérience de crise, et d'adapter l'outil aux exigences des organisations (cf. Whitman et al., p. 14). Le Benchmarking Resilience Tool constitue donc un modèle d'évaluation de la résilience organisationnelle qui, en raison de la grande quantité de données disponibles, peut être appliqué à l'ensemble des organisations, d'autant plus que les administrations locales ont également été impliquées dans son développement. Cependant, les auteurs notent également que l'outil a été développé uniquement à partir de l'étude d'organisations néo-zélandaises et qu'il doit donc être adapté au contexte culturel en raison des différences culturelles dans d'autres contextes (cf. Lee, 2013, p. 35).

Il a été démontré que le concept de résilience trouve son origine dans la théorie des systèmes adaptatifs complexes et qu'il n'existe pas de définition universelle ni d'approche d'analyse/d'évaluation de la résilience organisationnelle, mais que celle-ci doit toujours être considérée en fonction du contexte et de l'objet de recherche correspondant. En lien avec les explications précédentes sur la résilience (organisationnelle), il est toutefois possible de constater certaines caractéristiques générales des systèmes (sociaux) résilients, qui doivent être reflétées dans un cadre d'évaluation. Les systèmes résilients se caractérisent par les propriétés d'absorber les chocs (capacité d'absorption ou robustesse), c'est-à-dire de conserver les fonctions et les structures de base, de s'adapter aux conditions environnementales changeantes (capacité d'adaptation) et même, le cas échéant, de procéder à des changements profonds dans le sens d'une transformation (capacité de transformation) (cf. Profiroiu, Natsacă, 2021, p. 105).

III) Développement d'un modèle d'évaluation de la résilience organisationnelle des administrations locales

Maintenant que les spécificités exactes de la résilience ont été décrites et expliquées dans les différents domaines de recherche et que les approches d'évaluation de la résilience des organisations et des institutions ont été présentées, la question se pose de savoir dans quelle mesure un modèle peut être développé spécifiquement pour mesurer la capacité de résilience des administrations locales. Une proposition à cet effet est présentée ci-dessous.

Le présent modèle de mesure de la résilience organisationnelle des administrations locales a été développé sur la base d'une comparaison analytique de plusieurs modèles de mesure de la résilience organisationnelle (BRT-13, voir Lee 2013), de la résilience institutionnelle des administrations publiques (voir Profiroiu et Natsacă 2021), de la résilience urbaine (Stresstest Stadt, voir BBSR 2016), de la capacité d'absorption organisationnelle (voir Puggel 2012) et de la capacité d'adaptation (voir Lockwood et al. 2015). Les modèles d'évaluation de la capacité d'absorption organisationnelle et de la capacité d'adaptation ont été inclus dans la comparaison, car la revue de la littérature déjà présentée a montré que ces deux aspects en particulier sont caractéristiques de la résilience des organisations.

Pour ce faire, les facteurs et indicateurs du BRT-13, du modèle selon Profiroiu et Natsacă, et du modèle de résilience urbaine du BBSR

(Stresstest Stadt) ont d'abord été comparés. Il a pu être constaté que cinq facteurs du modèle selon Profiroiu et Natsacă (2021) pouvaient être subsumés sous le facteur « Planning » du BRT-13. La classification n'a toutefois pas pu être effectuée de manière précise, car le descripteur des indicateurs était certes indiqué sous le BRT-13, mais pas les indicateurs exacts. C'est pourquoi les facteurs du modèle de résilience institutionnelle et ceux du test de stress urbain de l'Institut fédéral allemand pour la recherche sur la construction, la ville et l'espace (BBSR, 2016), ont été attribués aux facteurs du BRT-13 selon les « hypothèses les plus probables (most likely) ».

L'étape suivante a consisté à comparer les modèles de la capacité d'absorption et d'adaptation de l'organisation avec les résultats obtenus dans le cadre de la présente étude, afin de développer le modèle d'évaluation. Cette comparaison avec les modèles existants de la capacité d'absorption et d'adaptation de l'organisation devrait permettre d'améliorer les connaissances, car certains de ces modèles ont été développés sur la base de modèles d'évaluation de la résilience (voir Schröter et al. 2005, Cabell and Oelofse 2012, Schneiderbauer et al. 2013, Yohe and Tol 2002, Gupta et al. 2010). Selon les conclusions d'Engels (2011), la capacité de transformation ne doit pas être prise en compte comme un facteur unique d'un modèle de résilience, mais comme une partie de la capacité d'adaptation. Plus la capacité d'adaptation d'un système est élevée, plus la probabilité de parvenir à un état souhaitable après l'événement de changement est grande. Cela peut impliquer une transformation de certains éléments du système ou un retour à l'état initial (voir resilience engineering) (cf. Engel, 2011, 650 et s.).

Le modèle développé sur la base de cette analyse comparative se compose de deux dimensions, onze facteurs, 65 indicateurs et 98 items. Pour une meilleure vue d'ensemble, voici une liste des dimensions et des facteurs ainsi qu'une représentation simplifiée sous forme de tableau.

Les dimensions du modèle de résilience organisationnelle des gouvernements locaux sont les suivantes :

- Capacité d'absorption et
- Capacité d'adaptation

Les cinq facteurs suivants sont associés à la dimension de la capacité d'absorption :

- Efficacité des politiques et des stratégies

- Capacité à travailler en réseau et à coopérer
- Implication des parties prenantes dans les processus de décision et la fourniture de services
- Capacité d'utiliser de nouvelles technologies
- Capacité de prévision et de planification stratégique

Six autres facteurs sont associés à la dimension « capacité d'adaptation » :

- Qualité du personnel
- Transparence
- Leadership et qualité de la gestion organisationnelle
- Capacité d'adaptation (flexibilité) et gestion du changement
- Structures et processus de formation continue
- Capacité d'innovation, de connaissance et de créativité

Représentation simplifiée du modèle de résilience organisationnelle des administrations locales (sans items).

Tableau 11 : Représentation simplifiée du modèle de résilience organisationnelle des administrations locales (source : représentation propre)

Dimension	Facteur	Indicateur
Capacité d'absorption	1. L'efficacité des politiques et des stratégies	1.1 Projets d'investissement réalisés par an
		1.2 Projets stratégiques mis en œuvre pour préparer l'organisation à des événements de choc potentiels
		1.3 Projets réalisés avec un financement externe
	2. Capacité à travailler en réseau et à coopérer	2.1 Projets de coopération et partenariats entre les pouvoirs publics, les entreprises privées et les organisations à but non lucratif
		2.2 Projets de coopération et partenariats entre autorités et institutions à l'étranger
		2.3 Systèmes et processus de communication internes et externes

Dimension	Facteur	Indicateur
		2.4 Présence d'un système d'alarme en cas de choc
		2.5 Coopération transparente et active avec les organisations du secteur privé
		2.6 Coopération avec d'autres institutions publiques
	3. L'implication des parties prenantes dans les processus de décision et la fourniture de services	3.1 Projets initiés par les citoyens
		3.2 Dépenses publiques basées sur l'implication des citoyens dans l'élaboration du budget municipal
		3.3 Participation (citoyens, ONG, associations professionnelles, syndicats, associations d'entreprises) à des réunions/débats initiés par l'institution/l'administration locale au cours de l'année écoulée
		3.4 Consultations avec des ONG, des associations professionnelles, des syndicats et des entrepreneurs au cours de l'année écoulée
		3.5 Prestations fournies en partenariat avec des acteurs externes
	4. Capacité d'utiliser de nouvelles technologies	4.1 Mise en œuvre d'un système de gestion des documents numériques
		4.2 Existence d'une plateforme de communication numérique avec les citoyens et les entreprises
		4.3 Services publics numériques disponibles
		4.4 Existence d'un mécanisme de mise en œuvre d'un processus d'administration en ligne
		4.5 Existence d'un système numérique d'échange d'informations
	5. Capacité de prévision et de planification stratégique	5.1 Niveau des recettes publiques
		5.2 Stratégies et politiques existantes
		5.3 Existence d'un système de suivi et

Dimension	Facteur	Indicateur
		d'évaluation
		5.4 Existence d'indicateurs de performance Clés
		5.5 Stratégies à long terme
		5.6 Réalisation des objectifs stratégiques
Capacité d'adaptation	6. Qualité du personnel	6.1 Collaborateurs titulaires d'un bachelor ou d'un master en administration communale
		6.2 Existence d'une stratégie de recrutement et de promotion du personnel
		6.3 Nombre d'employés ayant bénéficié d'une formation continue
		6.4 Corrélation entre les aptitudes, les compétences et les goûts des employés et les descriptions de poste
		6.5 Demandes de collaborateurs pour participer à des programmes de formation continue/d'échange
		6.6 Les collaborateurs atteignent leurs objectifs convenus
		6.7 Proportion équilibrée d'hommes et de femmes dans le personnel
		6.8 Existence d'une politique de genre
	7. Transparence	7.1 Rapports relatifs à l'accès à l'information publique
		7.2 Demandes d'informations publiques satisfaites dans les délais légaux
		7.3 Informations publiques affichées sur le site Internet de l'administration communale
		7.4 Part des projets d'investissement affichés sur le site Internet de l'administration Communale
	8. Leadership et qualité de la	8.1 Nombre de sessions de

Dimension	Facteur	Indicateur
	gestion organisationnelle	brainstorming par Mois
		8.2 Nombre annuel de changements de postes de direction
		8.3 Diversité des techniques de motivation financières et non financières utilisées
		8.4 Implication des collaborateurs dans le processus de décision
		8.5 Style de management des cadres
		8.6 Capacité à améliorer les compétences personnelles et collectives
		8.7 La capacité à gérer l'instabilité politique
		8.8 La qualité de la communication entre les collaborateurs et les dirigeants
		8.9 Développement du travail d'équipe
		8.10 La relation entre les collaborateurs et les dirigeants
		8.11 L'utilisation de la délégation pour la nomination des affectations
		8.12 Existence de processus décisionnels décentralisés et réactifs
	9. Capacité d'adaptation (flexibilité) et gestion du changement	9.1 Nombre de processus simplifiés
		9.2 Proportion de processus améliorés par rapport au total des processus
		9.3 Nouvelles initiatives de gestion du changement
	10. Structures et processus de formation continue	10.1 Nombre de participants aux sessions de formation continue
		10.2 Nombre d'heures de formation continue par employé(e)
		10.3 Prescriptions internes et externes en matière de formation continue
		10.4 Participation à des programmes de coopération administrative dans le pays et à l'étranger
		10.5 Programmes de formation

Dimension	Facteur	Indicateur
		continue internes et externes
	11. Capacité d'innovation, connaissances et créativité	11.1 État des réserves financières de l'administration locale
		11.2 Nombre de projets initiés
		11.3 Nombre de projets réalisés
		11.4 Nombre de propositions d'amélioration de la gestion
		11.5 Nombre de méthodes innovantes de résolution des problèmes
		11.6 Part des dépenses totales dans les activités d'innovation
		11.7 Existence d'une stratégie de développement basée sur l'innovation

Dans une prochaine étape, la validité du modèle de mesure de la résilience organisationnelle des administrations locales qui vient d'être développé doit être testée au moyen d'une analyse factorielle et la cohérence interne des items doit être vérifiée au moyen du coefficient alpha de Cronbach. Ensuite, un pré-test doit être effectué pour vérifier l'applicabilité du modèle et l'adapter.

Bibliographie

1. Bristow G./ Healy A. (2014): Building Resilient Regions: Complex Adaptive Systems and the Role of Policy Intervention, in: Raumforschung und Raumordnung 72 (2), Springer Verlag, pp. 93-102.
2. Bundesinstitut für Bau-, Stadt und Raumforschung (BBSR) (2018): Stresstest Stadt – Wie resilient sind unsere Städte, Unsicherheiten der Stadtentwicklung identifizieren, analysieren und bewerten, Bundesamt für Bauwesen und Raumordnung, Bonn.
3. Duit, A./Galaz, V. (2008) : Governance and Complexity – Emerging Issues for Governance Theory, in: Governance: An International Journal of Policy, Administration, and Institutions, Vol. 21, No. 3, pp. 311-335.

4. Engle N. L. (2011): Adaptive capacity and its assessment, in: Global Environmental Change 21, pp. 647-656.
5. Haraguchi, M. (2020): How can a municipal government continue operations during megadisasters? An analysis of preparedness using complex adaptive systems, in: Disaster Prevention and Management, Volume 29, No. 5, pp. 779-792.
6. Hill, H. (ed.) (2022): Kommunale Innovationen, Nomos Verlagsgesellschaft, Baden-Baden.
7. Hoffmann, G. P. (2017) : Organisationale Resilienz, Kernressource moderner Organisationen, Springer Verlag, Berlin.
8. Lee, A. V./Lee, J. V./Seville, E. (2013): Developing a Tool for Measure and Compare Organizations' Resilience, in: Natural Hazards Review, American Society of Civil Engineers, Volume 14, pp. 29-41.
9. Lockwood M./Raymond C. M./Oczkowski E., Morrison M. (2015): Measuring the dimensions of adaptive capacity: a psychometric approach, in: Ecology and Society, Volume 20, Issue 1, Article 37.
10. McManus S. (2008): Organizational Resilience in New Zealand, Doctoral Thesis to receive the degree of Doctor of Philosophy in Civil Engineering at the University of Canterbury, Canterbury.
11. McManus S./ Seville E./ Brunsdon D./ Vargo J. (2007): Resilience Management – A Framework for Assessing and Improving the Resilience of Organisations, Resilient Organisations Research Report 2007/01, New Zealand.
12. Nolte R./ Zimmermann S. (2015): Managementwissen für eine innovative und lernende öffentliche Verwaltung: Grundlagen eines wirkungsorientierten, kreativen und ganzheitlichen Verwaltungsmanagements, Peter Lang GmbH, Internationaler Verlag der Wissenschaften, Frankfurt am Main.
13. Portugali J. (2000): Self-Organization and the City II. Series, Springer Verlag, Berlin, Heidelberg.
14. Profiroiu A. G./ Natsacă C.-C. (2021): What strengthens resilience in public administration institutions? In: Eastern Journal of European Studies, Volume 12, Special Issue, pp. 100-125.
15. Puggel A. (2012): Die Wirkung der organisationalen Absorptionsfähigkeit auf die Innovationsbereitschaft von Führungskräften, Modell und empirische Überprüfung im Kontext von Prozessinnovationen, Dissertation zur Erlangung des Doctor rerum politicarum (Dr. rer.

pol.) an der Fakultät für Wirtschaftswissenschaften der Technischen Universität Chemnitz, Chemnitz.

16. Zivkovic S. (2013): Local government as a facilitator of systemic social innovation, in: Proceedings of the 3rd National Local Government Researchers' Forum 5-6 June 2013, pp. 29-45, Adelaide.

Sources Internet

Whitman Z. R./, Kachali H./Roger D./Vargo J./Seville E.: Short-Form version of the Benchmark Resilience Tool (BRT-53), Resilient Organisations Ltd, https://www.resorgs.org.nz/wp-content/uploads/2017/07/short-form-benchmark-resilience- tool.pdf, consulté pour la dernière fois le 03.02.2022.

Analyse de la planification territoriale pour le développement local : une étude sur la gestion des risques des projets territoriaux au Sénégal en période post-Covid-19

Diawara Absa Fatimata

La Loi n° 96-07 du 22 mars 1996 concède la planification comme une compétence transférée aux collectivités territoriales. À ce titre, les communes, suite à l'édiction de l'acte 3 de la décentralisation de 2013, ont compétence en matière de planification dans « *l'élaboration et l'exécution du plan de développement communal (PDC), en articulation avec les Plans de développement de la ville et la mise en œuvre du contrat plan avec l'État pour la réalisation de projets de développement* ».

La perspective d'un développement national passe inéluctablement par la prise en compte des enjeux de développement au niveau local. Les collectivités sont ainsi chargées de concevoir et de mettre en place des stratégies susceptibles de propulser le développement à tous les niveaux pour l'atteinte des objectifs nationaux. Cependant, des écarts sont souvent notés entre les perspectives de développement et les réalisations effectives des collectivités. Cette situation devient de plus en plus préoccupante avec les bouleversements notés dès l'avènement de la pandémie de la Covid-19.

Cet article vise à étudier l'importance de la planification et la prise en compte des risques dans la gestion des projets municipaux. À travers une étude de cas portant sur la commune de Biscuiterie, nous essaierons d'analyser les risques associés aux projets de développement de la municipalité tant sur l'élaboration que la mise en œuvre, mais également de voir quelles stratégies ont été adoptées pour les gérer en vue d'une meilleure assurance sur l'atteinte des objectifs de développement en période post-Covid.

Mots clés : Collectivité territoriale ; Planification ; Gestion de projet ; Développement local ; Gestion des risques.

Introduction

L'évolution actuelle dans le monde projette les différentes organisations dans une perspective de développement. La déclinaison des politiques est formalisée dans les agendas de développement mondiaux. Ces plans sont déclinés dans les stratégies de développement et portés par les différents pays. À ce titre, l'agenda 2030 des Nations Unies sur les objectifs de développement durable se présente comme le document de référence phare au niveau mondial. Cette démarche démontre que les initiatives de développement sont matérialisées à travers des objectifs définis et mentionnés dans des documents de planification. La planification est définie comme un mécanisme permettant d'organiser, selon un plan bien défini, un ensemble d'actions en vue de la réalisation des objectifs. Au niveau national, la planification est portée par l'état à travers le Plan Sénégal Emergent, ce dernier présente une vision, des missions précisant les orientations en matière de politiques publiques à déployer au Sénégal. Ces objectifs nationaux sont déclinés à travers des politiques sectorielles et des projets de développements pour porter la croissance socio-économique du pays. L'atteinte des objectifs passe inéluctablement par la prise en compte des enjeux de développement au niveau territorial. Le développement local est considéré comme la poursuite d'objectifs en vue de développer un territoire. Plus qu'une composition multicomposite de stratégies, elle fait référence à des dynamiques endogènes de développement économique des territoires (Piveteau, 2005). Cette démarche nécessite la participation de l'ensemble des parties intéressées pertinentes dans la mise en œuvre des projets au niveau local, mais également la réalisation des plans d'action définis et formalisés dans les documents de planification des collectivités.

La planification locale est une compétence définie par la législation sénégalaise, notamment les actes 2 et 3 de la décentralisation. La Loi n° 96-07 du 22 mars 1996 concède la planification comme une compétence transférée aux collectivités territoriales. À ce titre, les communes, suite à l'édiction de l'acte 3 de la décentralisation de 2013, ont compétence en matière de planification dans « *l'élaboration et l'exécution du plan de développement communal (PDC), en articulation avec les Plans de développement de la ville et la mise en œuvre du contrat plan avec l'État pour la réalisation de projets de développement* ». Cependant, les mutations de l'environnement mondial, rajoutées aux restrictions en termes de ressources et de la multidisciplinarité des domaines de compétences, font que les collectivités sont confrontées à des risques et menaces susceptibles d'entraver la réalisation des objectifs. Ces obstacles pourraient engendrer des conséquences négatives sur le bon déroulement des activités et affecter la mise en œuvre des projets au niveau local. Ainsi, la planification au niveau local se positionne comme un élément phare dans la programmation des actions à réaliser, concrétisé à travers un programme de projets à dérouler sur une périodicité bien définie. Cette perspective devrait prendre en compte la gestion des externalités négatives afin de limiter leurs impacts et mettre en place des méthodes de prévention et de précaution pour concourir à une meilleure réalisation des objectifs de développement.

Au Sénégal, malgré les avancées notoires constatées sur les aspects liés à la planification, force est de constater certaines limites auxquelles les collectivités sont exposées. Il s'agit essentiellement selon Niang (2019) de problématiques liées à l'accès à l'information fiable et pertinente, le déficit en ressources humaines, financières et techniques. Ces constats nous orientent vers le questionnement sur l'importance de la planification dans le développement local et la prise en compte des vulnérabilités susceptibles de freiner son expansion.

Cet article vise à étudier l'importance de la planification et la prise en compte des risques dans la gestion des projets municipaux. Elle souhaite répondre à la problématique suivante : quelle analyse de la pratique de la gestion des risques et de la planification pour le développement local ? Pour répondre à cette question centrale, nous avons opté pour une étude de cas exploratoire selon une démarche qualitative dans une collectivité territoriale sénégalaise appelée commune de Biscuiterie. À l'aide d'un guide d'entretien et d'un questionnaire, appuyés par des ressources documentaires, nous allons analyser la pratique de la planification et de la gestion des risques dans la collectivité afin de ressortir leurs potentielles relations sur la définition et la mise en œuvre des actions de développement territorial.

La première partie se penchera sur la présentation de l'orientation théorique de notre étude et la définition des concepts associés. Nous présenterons également les enjeux de la planification locale au Sénégal, son historique et son ancrage au regard des dispositions légales, l'intérêt des processus de planification et de gestion des risques dans la collectivité en nous basant sur une littérature théorique et empirique. La deuxième partie sera réservée à l'approche méthodologique sélectionnée dans le cadre de notre recherche. Nous allons présenter la commune dans laquelle nous avons réalisé notre étude, les outils et techniques utilisés. Nous présenterons et discuterons des résultats de la recherche afin de ressortir les implications de la gestion des risques dans les projets municipaux pour stimuler le développement local.

I) La planification, un enjeu fort du développement dans les collectivités territoriales

A) De la planification d'entreprise à la planification locale, enjeu de développement

La présentation du développement local ne saurait se détacher du concept de décentralisation. Ce dernier est un système permettant à une collectivité territoriale ou une entité technique de disposer d'une personnalité juridique et d'assurer leur libre administration avec des ressources propres sous le contrôle de l'état (Nanako, 2016). La décentralisation marque aussi le transfert par l'organe central (état) aux entités locales des compétences. Ce principe de transfert de compétences répond aux caractéristiques déclinées par la théorie du New public Management (Nouvelle Gestion publique). Il s'agit, entre autres, de la séparation entre le pouvoir étatique et la prise de décision au niveau opérationnel ; la prise en compte de la notion de transparence dans les initiatives, la participation des usagers dans la définition et l'évaluation des politiques publiques (Chappoz & Pupion, 2012). Ces derniers présentent les principes des collectivités territoriales à savoir la libre administration, la participation citoyenne et la transparence. La libre administration souligne l'application des compétences dévolues à la collectivité avec des ressources propres. En référence aux théories des parties prenantes et du capital social, la participation citoyenne se présente comme un mécanisme visant à impliquer les parties prenantes (notamment les usagers) dans le processus de développement de la collectivité et à tous les niveaux : de la planification stratégique au suivi-évaluation des politiques de développement territorial (Alili & Belkaid, 2020). Ces théories démontrent que les populations, entre autres parties prenantes de la collectivité, doivent jouer un rôle primordial dans la définition, la mise en œuvre et le suivi des politiques de développement local par leur implication et leur participation active dans la gestion des affaires communes de la collectivité constituant leur capital social. A contrario, les acteurs en charge du pilotage de la collectivité doivent les intégrer dans le processus et sont tenus en vertu du principe de redevabilité, de leur fournir des informations sur le management du territoire dans une logique de transparence et de mutualisation des efforts pour le développement local de la cité. Ainsi, ils deviennent des acteurs prépondérants dans la définition des stratégies de développement territorial et doivent participer dans le processus de planification.

La planification se décline comme un enjeu porteur du développement au niveau local. Elle permet d'élaborer et de mettre en place la stratégie visée par les décideurs publics. Selon Pupion (2018), la stratégie dans les organisations publiques est définie comme « *un ensemble cohérent de choix d'activités et de mesures au service d'une orientation à long terme permettant de satisfaire les attentes des parties prenantes et répondant aux objectifs de politique publique et créant par une configuration des ressources et compétences pour une valeur publique sur un territoire dans un contexte plus ou moins concurrentiel et/ou coopératif* ». Dans la théorie des organisations, les principaux travaux précurseurs de la planification stratégique des entreprises sont essentiellement basés sur ceux de Igor Ansoff dans son ouvrage « Corporate strategy » (1965) et de Henry Mintzberg. Ansoff présente dans les années 60 une vision de la planification stratégique qui prend en compte les évolutions du marché et l'intégration des événements imprévus dans l'élaboration de la stratégie, contrairement aux théories d'élaboration de plans à long terme assez rigides, donc difficiles à adapter aux évolutions du contexte (Hussey, 1999). Ce paradigme évolutif de la planification d'entreprise à la planification stratégique démontre principalement 4 étapes :

- La phase de diagnostic et d'identification des enjeux et du contexte (internes comme externes)
- La phase de priorisation des objectifs et d'élaboration de la stratégie à déployer
- La phase de déploiement et de mise en œuvre de la stratégie programmée
- La phase d'évaluation du dispositif

Toutefois, cette vision de la planification stratégique a été critiquée avec la propulsion des effets de la mondialisation, le développement des marchés et l'avènement des crises. Ainsi Ansoff critique la vision de Mintzberg en 1991 dans la définition de la stratégie en démontrant le caractère limité de son étude, mais aussi au déficit d'intégration des modifications du contexte (Ansoff, 1991). Cette orientation ressort pleinement la nécessité d'intégrer dans la planification les modifications potentielles de l'environnement interne ou externe de l'entreprise susceptibles de générer des aspects positifs (opportunités) ou négatifs (risques).

Tenant compte du contexte et de la nature de l'organisation, les premières études de la planification au niveau local ont été explorées dans les collectivités territoriales américaines. Cette décision émane sous l'ère du Président américain Reagan qui prône une politique fédéraliste orientée vers une meilleure rationalisation des organisations publiques et collectivités américaines ainsi qu'une modernisation de la prise de décision au sein de ces structures décentralisées. (Ashford & Kelly, 1983)1. Cette vision portée par les acteurs du management public les incite à appliquer les méthodes de planification stratégique dans les collectivités territoriales. Cette démarche est encouragée par les autorités américaines en apportant un soutien financier aux collectivités adoptant ces méthodes stratégiques. La ville de San Francisco en devient pionnière avec l'utilisation de la méthode Harvard Andersen qui intègre les aspects liés à l'étude de l'environnement, les enjeux internes et externes, la définition de la stratégie, le plan d'action à mettre en œuvre ainsi que la prise en compte des événements potentiels ou avérés susceptibles d'entraver la réalisation des objectifs (Zagamé, 1993). Cette approche démontre clairement la prise en compte des risques dans la planification même si le système de management des risques n'a été aussi développé et précisé plus explicitement par la méthode. Il s'avère nécessaire de prendre en compte les aspects relatifs aux risques dont les collectivités sont exposées pour renforcer la dynamique de croissance territoriale.

B) Le management des risques, un outil de pilotage des organisations publiques

L'évolution dynamique du monde et de son environnement renforce davantage la survenance ou l'exposition des risques dans les organisations. Le caractère incertain de l'avènement de certains événements susceptibles d'affecter les objectifs attendus pousse les entités à s'interroger sur les mesures de gestion pour limiter les écarts. En référence à la norme internationale portant vocabulaire sur le management du risque (ISO 31073 ;2022). Le risque est défini comme « *l'effet de l'incertitude sur l'atteinte des objectifs* ». L'un des travaux précurseurs sur la gestion des risques a été énoncé par Knight (1921) dans son ouvrage *« risque, incertitude et profit »* établissant un distinguo entre risque et incertitude. Selon l'auteur, le risque se réfère à une situation dont la probabilité est

---

[1] Ashford & Kelly dans « Annuaire des collectivités locales, 1983 » de Jean Bouinot ; chapitre 2, pp. 77-165.

mesurable tandis que l'incertitude ne saurait être calculée. Le risque est estimé en termes de probabilité et d'impact. Cependant, l'émergence de nouvelles théories ainsi que les avancées en termes de mesures ont permis de réfuter cette thèse. La gestion des risques s'est essentiellement développée dans les années 50 avec le principe de l'assurance et a continué son expansion suite à la survenance des crises et l'émergence de meilleures pratiques de gouvernance. Elle donne naissance au concept de « Corporate Risk Management (Gestion des risques d'entreprise) » comme principe intégré de la gouvernance d'entreprise permettant d'améliorer la planification, la structuration, l'exécution et le suivi des missions d'ordre publiques (Mormul, 2021). Cette situation démontre l'importance pour les organisations de suivre et de gérer les risques sous-jacents à leurs activités et de concourir à une meilleure création et préservation de la valeur. Le management des risques ressort alors comme un *« processus mis en œuvre par les instances dirigeantes, le management et l'ensemble des collaborateurs de l'organisation. Il est pris en compte dans l'élaboration de la stratégie ainsi que dans toutes les activités de l'organisation. Il est conçu pour identifier les événements potentiels susceptibles d'affecter l'organisation et pour gérer les risques dans les limites de son appétence pour le risque. Il vise à fournir une assurance raisonnable quant à l'atteinte des objectifs de l'organisation » (COSO 2)*[2]. Le management des risques au sein d'une organisation est mis en place en tenant compte du contexte, du périmètre, mais également des activités et de l'environnement de l'entité. Ayant subi d'une rapide expansion dans les entreprises, ce dispositif a été transposé aux organisations publiques, ceci dans le cadre de la modernisation et de l'innovation des organismes publics pour une meilleure qualité de l'action publique, porteur de développement et de satisfaction des usagers. Dans le secteur public, le management des risques est considéré comme un outil de gouvernance (Power, 2007). Son impulsion s'est fondée avec le concept de la Nouvelle Gestion publique (Lapsey, 2009). Il participe à l'édification de meilleures pratiques de gestion et permet aux décideurs publics de s'orienter vers une meilleure prise de décision. L'application de la gestion des risques s'est transcrite au niveau local. Avec le fort enjeu des politiques publiques, la nécessité de les territorialiser et tenant compte des fondements de la décentralisation, la gestion des risques se positionne comme un des

[2] COSO 2 : « Enterprise Risk Management Framework » ; Committee of Sponsoring Organization.

éléments de pilotage des collectivités locales (Duez, 2009). Eu égard à la variété des compétences, des domaines d'actions et de la multiplicité des acteurs ; les collectivités territoriales sont confrontées à divers risques qu'il faudrait prendre en charge pour améliorer l'action publique locale. On parle alors de management territorial des risques. Elle permet une meilleure assurance sur la sécurisation des projets de développement (Boujibar & Sadki ; 2021), assure la qualité et la continuité du service de l'action publique fourni par la collectivité, mais aussi de concourir à une meilleure performance publique locale. Carassus (2014) établit une typologie de risques avérés ou potentiels auxquels les collectivités sont exposées selon leur champ d'action.

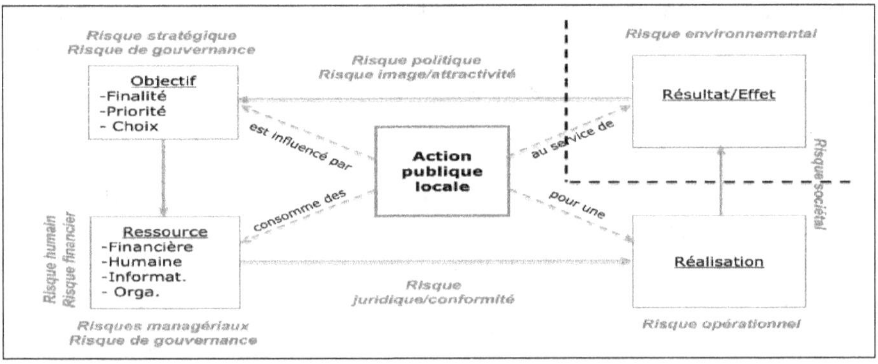

Figure 6 : Catégories de risques des collectivités territoriales (réalisé par Carassus, 2014)

Ces risques doivent être suivis et gérés pour assurer un bon pilotage de l'entité locale. À ce titre, la cartographie des risques est l'un des outils les plus usités dans le processus de gestion des risques. Elle représente une vision à l'instant T des risques d'une organisation. Son élaboration vise à identifier, évaluer et prioriser. Le déploiement du dispositif de gestion des risques passe par les étapes suivantes :

- L'identification et l'analyse des risques : il s'agit d'une description des risques et du contexte dans lequel il pourrait se matérialiser. L'analyse fait référence aux causes et conséquences susceptibles d'être engendrées par la survenance des risques.
- L'évaluation des risques : cette partie permet de comparer le niveau du risque à ses critères préalablement identifiés. Il s'agit de réaliser une mesure qualitative, quantitative ou mixte du niveau de risque afin de le prioriser ou le classer suivant une échelle ordinale. Cette évaluation permet de décliner la priorisation ou la hiérarchisation en vue de mettre en place des stratégies de gestion adaptées.

- Le traitement des risques : en fonction de la zone de priorisation ainsi que la décision prise, les risques sont traités selon quatre possibilités (acceptation, évitement, réduction, partage). L'acceptation est conçue comme une stratégie de maintien du risque soit pour explorer d'autres opportunités ou en cas d'absence de moyens de maîtrise. L'évitement se caractérise par la suppression du facteur de risque afin de ne pas y être confronté. La réduction vise à diminuer le niveau de probabilité et/ou d'impact du risque. Le partage se réfère au transfert partiel ou total du risque à une tierce entité (ex. : l'assurance ou la sous-traitance.).
- Le suivi et la mise à jour des risques ainsi que l'amélioration continue du dispositif.

Le management des risques offre un caractère dynamique et structuré permettant de l'adapter à toute organisation et doit tenir compte en amont du contexte. Ainsi, elle est adoptée dans la gestion des projets et développement et constitue un outil phare dans la planification des projets (Sun, 2007). De plus, il intervient dans les différentes phases du projet, notamment lors de l'élaboration, l'exécution, l'évaluation pré et post-projet. Il constitue alors un outil de décision permettant aux managers de projets de développement d'adopter de bonnes stratégies en tenant compte des menaces et vulnérabilités (Sanogo, 2022), mais également permet d'assurer un meilleur pilotage des politiques publiques dans les organismes publics et territoriaux.

II) Décentralisation, transfert de compétences et planification au Sénégal

Le Sénégal s'est inscrit dans une dynamique de développement axé sur la promotion des territoires. Malgré les multiples contraintes, des avancées sont notées dans le processus de décentralisation. Au regard des dispositions légales, trois grandes réformes ont marqué le processus depuis l'avènement de l'indépendance. La réforme majeure de 1972 se matérialise par la décentralisation progressive en milieu rural avec la création des communautés rurales et la régionalisation de la planification locale. La deuxième réforme portant Acte II de la décentralisation avec la Loi n° 96-06 du 22 mars 1996 portant Code des Collectivités locales marque l'érection de la région en collectivité territoriale et le transfert de domaines de compétences ; plaçant ainsi les collectivités dans une dynamique plus participative dans la politique de développement des territoires. Les neuf domaines de compétences transférées par cette loi portent sur : « *Domaine ; environnement et gestion des ressources naturelles ; santé, population et action sociale ; jeunesse, sports et loisirs ; culture ; éducation ; Planification ; Aménagement du territoire ; Urbanisme et habitat* ». Cependant, ce processus de décentralisation est confronté à quelques contraintes liées à la cohérence de l'exécution des politiques, mais aussi à l'insuffisance des ressources financières pour prendre en charge les domaines de compétences transférées. C'est dans cette perspective d'harmonisation, de cohérence et d'efficacité des politiques publiques que l'acte III de la décentralisation a été promulgué avec la Loi n° 2013-10 du 28 décembre 2013. Cette innovation majeure vise à « *organiser le Sénégal en territoires viables, compétitifs et porteurs de développement durable* ». Cet objectif est marqué par la communalisation intégrale, la création de pôles territoriaux et la dé-régionalisation au profit de la départementalisation afin de favoriser un meilleur ancrage des politiques de développement. Cette réforme sous-tend également la volonté de mieux harmoniser et territorialiser les politiques publiques. Cependant, l'insuffisance de ressources nécessaires à l'exercice des domaines de compétences transférées constitue toujours un frein à l'optimisation de ce processus. À cela s'ajoute le manque de personnel qualifié pour le pilotage des politiques au niveau local, le déficit de cohérence et d'articulation des politiques de développement ainsi que des outils associés, la faiblesse dans la gouvernance, l'ancrage de biais d'ordre politique dans la gestion des collectivités et les défaillances dans la déclinaison des territoires. Tous ces éléments concourent à une plus grande exposition aux risques des collectivités, ce qui peut engendrer des conséquences négatives sur l'atteinte des objectifs de développement.

Le deuxième livre du présent code aborde la question du transfert de compétences aux collectivités. L'article 315 précise que les communes ont compétence dans « *l'élaboration et l'exécution du plan de développement communal (PDC), en articulation avec les plans de développement de la ville et la mise en œuvre du contrat plan avec l'État pour la réalisation de projets de développement* ». Selon Niang (2019), la planification constitue un des éléments phares du processus de développement local. Elle permet d'avoir une lecture sur les perspectives de développement et les plans d'action à mettre en œuvre pour pouvoir y arriver. La planification est une vitrine, un espace de projection et d'élaboration de politiques à dupliquer pour impulser le développement. Dans le cadre de la gestion des collectivités, elle permet à ces dernières de disposer d'un cadre de référence portant élaboration, programmation et exécution des actions de développement au service de la communauté locale. Au Sénégal, le système de planification est déployé au niveau national, régional et territorial. Le document de référence national est le « Plan Sénégal Emergent » basé sur les objectifs de Développement durable (ODD) par lequel découle le plan national d'aménagement du territoire, les plans sectoriels ainsi que les schémas directeurs et plans de développement territoriaux (PDD, PDC). Cependant, la mise en œuvre de cette compétence fait ressortir plusieurs contraintes telles que le défaut de cohérence dans la mise en œuvre des actions ; la variété de modèles de planification et d'outils associés ; la pluralité des acteurs, le manque de personnel adapté, le déficit de ressources… sont autant de limites ayant poussé le ministère des Collectivités territoriales à mettre en place une Plateforme nationale de planification territoriale ayant pour mission d'élaborer un cadre harmonisé de planification territoriale (IED; 2020). Celle-ci vise à encadrer et accompagner le processus de planification au niveau des collectivités en mettant en place des procédures et une méthodologie harmonisée permettant de mutualiser les actions de développement à déployer et d'assurer une meilleure cohérence des politiques de développement avec les agendas nationaux et internationaux (PNUD, 2021). Afin de faciliter l'utilisation et le déploiement de ce dispositif, les collectivités territoriales sont accompagnées par les ARD (agences régionales de développement) dans les phases de planification que sont la préparation, le diagnostic, la planification, l'adoption et l'approbation du plan de développement, la mise en œuvre et le suivi évaluation. Ainsi, les appuis techniques des professionnels de l'ARD, appuyés par guide de planification nationale mise en place, constituent les leviers de sensibilisation et d'accompagnement des collectivités à l'exercice de cette compétence de planification.

III) Méthodologie

Afin de répondre à notre question de recherche, nous développons une pratique méthodologique axée sur une étude de cas réalisée dans une collectivité territoriale sénégalaise : la commune de Biscuiterie.

A) Présentation de la commune de Biscuiterie, outils & collecte de données

Située au centre sud de Dakar, la commune de Biscuiterie est une collectivité territoriale qui compose l'une des 19 communes d'arrondissement de Dakar. Sa population est estimée en 2017 à environ

77 114 habitants (source : ANSD dans Wikipédia). Elle est composée de 5 quartiers à savoir Bopp, Cité Bissap, Ouagou Niayes, Usine Ben Tally et Usine Niarry Tally. La commune est administrée par un maire. L'organisation de la commune est définie comme suit (Commune de Biscuiterie, 2022) :

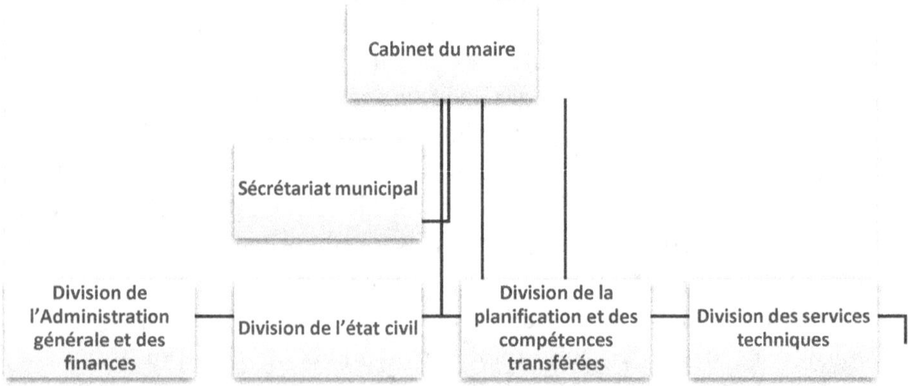

Figure 7 : Organigramme de la commune de Biscuiterie

Ainsi, le cadre d'analyse de notre recherche porte sur la commune de Biscuiterie. Nous avons opté pour une démarche qualitative selon une approche exploratoire. La collecte des données nécessaires à notre étude a été réalisée sur la base de l'exploitation des ressources documentaires telles que le document de planification nationale (PSE), le guide de planification territoriale, les rapports de la commune et du ministère, les plans d'investissements communaux ainsi que les documents de planification portant sur les objectifs, et le portefeuille de projet de la commune. Ces ressources sont complétées par des entretiens semi-directifs effectués sur site auprès du personnel de l'administration de la commune (adjoints au maire, secrétaire municipal, chargé de planification, chargé des finances), mais également du personnel technique (Consultants, responsable ARD). L'analyse des données a été orientée vers les pratiques de planification exercées par la commune de biscuiterie, le dispositif existant ainsi que l'analyse des risques associés.

B) Analyse de la planification et la gestion des risques dans les projets de développement de la commune de biscuiterie

L'analyse des données recueillies à travers la revue documentaire et les entretiens ont démontré que la commune exerce la compétence de planification. Elle dispose d'une entité en charge de la planification qu'est la division de la planification et des compétences transférées. Cette dernière comprend un bureau de la planification, des ressources naturelles et du développement durable ; un bureau de l'Éducation, de la Culture, de la Jeunesse et des Sports et un bureau de la Santé, de l'hygiène et de l'action sociale. Les acteurs impliqués dans le pilotage de ce processus de planification sont le maire et son cabinet, le secrétaire municipal, les responsables techniques (structures d'appui), les adjoints, les conseillers, le chargé de planification et des finances ainsi que les acteurs représentant les populations à titre de participation citoyenne. La note d'orientation budgétaire 2023 et le plan d'investissement communal triennal (2023-2025) font état de cinq projets financés dans le cadre du PACASEN (Programme d'Appui aux Communes et Agglomérations du Sénégal). Mis en place par l'état du Sénégal, ce dernier désigne un programme d'accompagnement visant à financer les projets de développement au niveau territorial. Il s'agit des projets relevant des axes suivants :

Tableau 12 : Projet inscrit dans le PIC 2022-2024 financé par le PACASEN (Source PIC ; adapté par l'auteur).

Axe	**Projet**
Infrastructure	Extension de la mairie
Santé	Extension du centre de santé de la commune
Éducation	Réhabilitation et construction de salles de classe
Aménagement/cadre de vie	Réhabilitation du jardin de Bopp
Jeunesse, sport et loisirs/éducation/formation	Construction et équipement d'un Centre de formation des femmes et des jeunes

L'analyse de la planification au sein de la commune démontre que cette compétence est exercée avec l'appui technique de l'ARD de Dakar et le financement des programmes de l'état (PACASEN, PROMOVILLES). Ces entités accompagnent les acteurs de la commune dans l'élaboration et l'exécution du plan d'investissement communal. Cependant, la commune de Biscuiterie ne dispose pas actuellement d'un plan de développement communal. Les différents projets sont suivis dans le cadre de l'exécution des plans d'investissement. Les actions de développement sont planifiées en collaboration avec les acteurs dans le cadre du recensement des besoins à travers le comité de concertation. Ce comité constitue un levier de remontée des informations et besoins des populations et est composé des conseils de quartiers, associations, acteurs de développement… Ils participent également à l'élaboration des propositions en vue de décliner la feuille de route de la municipalité sur les projets à dérouler. Ainsi, une démarche visant à identifier les besoins est réalisée en collaboration avec ces parties prenantes suivies d'une identification des orientations, un arbitrage sur les priorités et les paramètres de sélection des actions à mener est mis en place dans le processus de planification. Malgré des avancées notées dans l'exercice de cette compétence (amélioration de l'organisation, coaching des services techniques, meilleure vision participative…), la commune de Biscuiterie est toujours exposée à certaines contraintes en matière de planification telles que le manque de compétences spécifiques en planification ; le déficit en ressources humaines, techniques et financières. À cela s'ajoute le déficit dans la sensibilisation et l'appropriation des outils et techniques déployés par les services techniques pour l'exercice de la planification.

Suivant l'aspect lié à la gestion des risques, l'analyse des données reflète que la pratique de cet outil de pilotage est pratiquement inexistante. L'analyse de certains risques projets est faite pour les organes techniques à leur niveau ou les services de l'état pour les projets à fort impact ou financés par les bailleurs, mais également ceux nécessitant des études d'impact environnemental. Les projets initiés par la commune de Biscuiterie sont globalement exposés à des risques de non-adhésion des parties prenantes ; déficit en ressources ; les risques associés au retard dans l'exécution, l'insuffisance dans le degré d'adoption des projets, l'absence/déficit de coopération et de coordination… La commune ne dispose pas d'une entité ou d'un agent en charge de la gestion des risques et celle-ci n'est pas prise en compte dans le système de planification existant. Cependant, la plupart des acteurs concernés ont une connaissance de la gestion des risques et de la planification et démontrent un intérêt dans la mise en place efficace de ces systèmes de pilotage. Ils sont d'avis que ça leur permettrait d'avoir une meilleure visibilité sur les objectifs à atteindre ainsi que des moyens nécessaires à leur réalisation. L'approche par les risques leur permettrait d'identifier les menaces potentielles et de mettre en place des actions de prévention et de correction pour mieux s'assurer de l'atteinte des objectifs de développement escomptés. Cette option est beaucoup plus intéressante avec les leçons apprises de la survenance de la Covid-19 ayant lourdement affecté le fonctionnement de la commune lors de la période pandémique. L'application d'un bon système de planification au sein de la commune de Biscuiterie permettrait de mieux s'inscrire dans des actions de durabilité, de prioriser les champs d'action en fonction des besoins et des atouts, d'explorer de nouvelles opportunités et des niches de développement, mais également d'améliorer significativement le système de pilotage et de gouvernance de la commune. Ces résultats démontrent qu'une vision intégrée de la gestion des risques, à l'instar de la présentation du cadre conceptuel, constitue un enjeu de croissance et de bonne gestion de la collectivité. L'application du cadre harmonisé de planification décrit par le ministère permettait une meilleure cohésion des instruments de planification et favoriserait davantage la vulgarisation des politiques publiques au niveau local avec un schéma cohérent et bien structuré. Elle faciliterait une bonne prise en compte des préoccupations de la population et leur implication dans le processus de développement local.

Ainsi, pour y arriver, il serait opportun pour la commune de travailler sur l'élaboration d'un plan de développement communal en collaboration avec l'ensemble des parties prenantes concernées. Cette décision d'amélioration de l'exercice de la compétence de planification devrait être assortie d'un ensemble de mesures d'accompagnement pour bien la mener. Il s'agit entre autres du renforcement de l'équipe de planification par un personnel qualifié et compétent en la matière ; la sensibilisation et la formation des acteurs locaux sur le management territorial, la planification et l'utilisation des outils et techniques associés ; l'encadrement dans le dispositif de suivi et de mise en œuvre des actions de développement, un renforcement de l'accompagnement technique dans le processus d'élaboration des documents de planification. Ces mesures pourraient être renforcées par une vulgarisation de la culture d'appropriation de la gestion des risques, la sensibilisation et la formation sur cette méthode, l'intégration du management des risques dans le processus de planification pour une meilleure efficacité du dispositif à déployer, porteur d'une vision structurée et claire des actions de développement.

Conclusion

La planification est une compétence transférée aux communes leur conférant l'exercice d'élaboration de leur plan de développement. Cette compétence est exercée par les collectivités territoriales suivant leurs prérogatives décrites dans l'acte 3 de la décentralisation. Elle vise principalement à s'assurer d'un meilleur ancrage territorial des politiques de développement. Cependant, la survenance de la pandémie a généré de multiples perturbations sur le fonctionnement des collectivités. Ces derniers sont exposés à divers risques qui empiètent sur la réalisation de leurs objectifs. L'examen de la pratique de la planification au niveau de la commune de Biscuiterie démontre un système assez structuré, mais à renforcer. La commune ne dispose pas de plan de développement communal actuellement et est exposée à diverses contraintes en ressources humaines, techniques et financières malgré l'accompagnement de l'état à travers le financement de certains projets par le PACASEN et le coaching de l'Agence Régionale de Développement de Dakar. Il n'existe pas à ce jour de dispositif de management des risques formalisé et déployé pour prendre en compte et gérer les risques auxquels la commune est exposée tant sur les aspects liés à la planification, au pilotage qu'à la mise en œuvre des projets de développement. Au regard du contexte post-pandémique, il serait pertinent de mieux renforcer les ressources nécessaires à l'exercice de cette compétence transférée par le biais de la sensibilisation, la formation, l'utilisation des opportunités offertes par le digital dans la gestion de la planification et des risques, la modernisation de l'espace et des outils de travail, la mise en place de meilleures pratiques de gestion opérationnelle dans la commune pour améliorer les ressources financières et baisser le niveau de dépenses, le déploiement d'une stratégie de planification participative et implicative en cohérence avec les besoins des populations. Cette étude démontre globalement que le système de planification et de gestion des risques est embryonnaire. Il serait pertinent de le renforcer davantage pour une meilleure prise en charge des objectifs de développement. Notre étude a pu ressortir la situation dans laquelle la planification et la gestion des risques sont appliquées ou pas au sein de la commune de biscuiterie, mais ne ressort pas le degré d'intégration ni la corrélation entre les autres domaines de compétences. Il serait pertinent d'explorer d'autres collectivités pour avoir une meilleure appréciation de l'état de la pratique de cette compétence et de la gestion des risques, mais aussi de réaliser une étude d'impact de ces outils de pilotage sur la gouvernance territoriale ou les politiques de développement. Ceci permettra de trouver de meilleures initiatives et champs d'actions plus précises en vue d'une bonne réalisation des actions de développement durable des territoires.

Bibliographie

1. Ansoff, H. I. (1991). Critique of Henry Mintzberg's « The design school: Reconsidering the basic premises of strategic management ». *Strategic management journal*, *12* (6), 449-461.
2. Ansoff, I. (1965). *Corporate Strategy* (Paris, Hommes et techniques, 1968).
3. Association internationale de normalisation (ISO). (2022). *Management du risque -Vocabulaire*. ISO.
4. Belkaid, E., & Alili, A. (2020). Les déterminants de la participation citoyenne en Algérie-Exemple de la ville de Tlemcen. *Management international/International Management/Gestiòn Internacional*, *24*(3), 150-162.
5. Bouinot, J. (1983). La vie des institutions régionales et locales à l'étranger. In *Annuaire des Collectivités locales* (p. 77-165).
6. Carassus, D. (2014). Prévention et gestion des risques dans les collectivités territoriales – Quelles gouvernances et modalités d'actions face aux risques ? *Les dialogues de la recherche territoriale, CNFPT-INET.*
7. Chappoz, Y., & Pupion, P.-C. (2012, Volume 1/n° 2). Le New Public Management. *CAIRN INFOS*, 1 à 3.
8. Committee of Sponsoring Organization (COSO). (2017). *Entreprise Risk Management Framework.*
9. Commune de Biscuiterie. (2022). *Délibération n° 5 portant Organigramme – type de la Commune de Biscuiterie.*
10. Duez, P. (2009). Management territorial des risques et prospective territoriale. *Marché et organisations*, *2*, 141-169.
11. Hussey, D. (1999). Igor Ansoff's continuing contribution to strategic management. *Strategic change*, 375-399.
12. IED, B. (2020). *Promouvoir l'articulation entre le PSE et le développement local résilient (PAPDL) : Articulation de la planification locale à la politique nationale et intégration des thématiques transversales : Revue de quelques expériences.* Bureau Organisation et Méthodes.

13. Lapsley, I. (2009). New public management: The cruelest invention of the human spirit? 1. *Abacus*, *45*(1), 1-21.

14. Mormul, K. (2021). Risk management in the management control system in polish local government units – Assumptions and practice. *Risks*, *9*(5), 92.

15. Nanako, C. (2016). *La libre administration des collectivités territoriales au Niger et au Bénin* [Thèse en droit]. Université d'Abomey-Calavi.

16. Niang, C. (2019). Planification locale : Défis et perspectives pour un développement durable. *senterritoires.com*. http ://senterritoires.com/20032/#:~:text=La%20planification%20locale%20est%20l,conditions%20de%20vie%20populations%20locales.

17. Passaga, É., & Salin, M. (2021). Risque, incertitude et anticipations en économie. *Regards croisés sur l'économie*, *29*(2), 164-172. Cairn.info. https://doi.org/10.3917/rce.029.0164

18. Piveteau, A. (2005). Décentralisation et développement local au Sénégal. Chronique d'un couple hypothétique. *Revue Tiers Monde*, *1*, 71-93.

19. Power, M. (2007). *Organized uncertainty: Designing a world of risk management*. Oxford University Press on Demand.

20. Pupion, P.-C. (s. d.). Une recherche en management stratégique en quête d'un cadre théorique. *AIRMAP, Gestion et management public*, 6-13.

21. Loi n° 96-06 du 22 mars 1996 portant Code des Collectivités locales, Code général des collectivités territoriales 76.

22. Loi n° 2013-10 du 28 décembre 2013 portant Code général des Collectivités locales, Code général des collectivités locales 37.

23. *Loi N° 72-02 DU 1er FÉVRIER 1972 relative à l'organisation de l'administration territoriale, modifiée par les lois n° 96-10 du 22 mars 1996 et n° 2002-02 du 15 février 2002.*, (1972) (testimony of République du Sénégal).

24. *Loi n° 72-25 du 25 avril 1972 portant création des communautés rurales*, (1972) (testimony of République du Sénégal).

25. République du Sénégal & PNUD. (2021). *Guide de planification du développement territorial Sénégal*.

26. SADKI, T., & BOUJIBAR, A. (2021). Apport du management des risques à la gouvernance territoriale, à la lumière de la théorie des

parties prenantes : Cas des communes de la région Fès-Meknès. *Alternatives Managériales Économiques*, *3*(3), 402-420.

27. Sanogo, I. (2022). *Management des risques : Un moyen pour gérer les projets de développement international*. Université du Québec à Chicoutimi.
28. Sun, J. (2007). *La gestion des risques liés aux situations de co-activité dans la phase de planification des projets*. Université du Québec à Rimouski.
29. TAATAN, F. (s. d.). *Comprendre la décentralisation et le développement local* [Livret 1 : de l'acte 1 à l'acte 3].
30. Zagamé, P. (1993). Planification stratégique. Quelques réflexions pour une transposition à la planification nationale. *Revue économique*, 13-56.

Le citoyen et le développement local dans un contexte camerounais

Bipouna Essaga Nadege

Résumé

Après avoir été marquée, plusieurs décennies durant par la centralisation, l'administration territoriale des États d'Afrique noire francophone a connu, dès le début des années 1990, une nouvelle dynamique marquée par l'accélération du processus de décentralisation. Bien plus qu'un effet de mode, elle se présente comme une alternative à la faillite de la centralisation comme mode traditionnel d'administration. Définie comme « une modalité d'organisation du pouvoir administratif dans laquelle l'État crée des personnes publiques décentralisées et leur attribue des compétences et des ressources tout en conservant les pouvoirs de tutelle et de surveillance », la décentralisation est un vecteur du développement local dans l'intérêt prioritaire du citoyen. Le citoyen est ainsi considéré comme l'une des pierres angulaires de la décentralisation, celui pour qui tout est finalement pensé. L'on s'interroge donc sur quel lien peut-on établir entre le citoyen et le développement local ? Il en ressort que le citoyen est certes un acteur majeur du développement local, mais ce statut reste à améliorer.

Abstract

After being marked for several decades by centralization, the territorial administration of the States of French-speaking black Africa experienced, from the beginning of the 1990s, a new dynamic marked by the acceleration of the decentralization process. Much more than a fad, it presents itself as an alternative to the failure of centralization as a traditional mode of administration. Defined as "a mode of organization of administrative power in which the State creates decentralized public persons and assigns them skills and resources while retaining the powers of supervision and surveillance," decentralization is a vector of local development in priority interest of the citizen. The citizen is thus considered as one of the cornerstones of decentralization, the one for whom everything is ultimately thought out. One therefore wonders what link can be established between the citizen and local development. It emerges that the citizen is certainly a major player in local development, but this status remains to be improved.

Introduction

Le monde contemporain, dans sa généralité, est en constante évolution ainsi qu'en témoignent entre autres les transformations de l'organisation institutionnelle de l'État. Après avoir été marquée, plusieurs décennies durant par la centralisation, l'administration territoriale des États d'Afrique noire francophone a connu, dès le début des années 1990, une nouvelle dynamique. En effet, le nouveau constitutionnalisme a porté la démocratisation au cœur de l'administration territoriale et bouleversé la conception antérieure de la décentralisation dans ces États unitaires. Amorcée pendant la période coloniale puis après les indépendances, la décentralisation va connaître un véritable coup d'accélérateur. Elle peut à juste titre être considérée comme un fruit de l'histoire. Bien plus qu'effet de mode, elle se présente comme une alternative à la faillite de la centralisation comme mode traditionnel d'administration. La problématique de la décentralisation fait dorénavant l'objet d'un vif intérêt de la part de la doctrine dans sa diversité.

Il va s'en suivre un vaste mouvement de réformes matérialisé par l'adoption, au plan interne des États, d'importants textes juridiques qui définissent, dans l'ensemble et en fonction de l'histoire, la politique et la culture de chacun, le cadre formel et matériel d'implémentation de la décentralisation. Expérimentée dans de nombreux États, la décentralisation est communément définie comme un système d'administration consistant à permettre à une collectivité humaine (décentralisation territoriale) ou à un service (décentralisation technique) de s'administrer eux-mêmes sous le contrôle de l'État en les dotant de la personnalité juridique, d'autorités et de ressources propres[1]. Pour le Professeur Joseph OWONA, « *la décentralisation est une modalité d'organisation du pouvoir administratif dans laquelle l'État crée des personnes publiques décentralisées et leur attribue des compétences et des ressources tout en conservant les pouvoirs de tutelle et de surveillance* »[2]. Sur le plan conventionnel, elle est appréhendée par la Charte africaine des valeurs et des principes de la décentralisation, de la gouvernance locale et du développement local comme *« le transfert des pouvoirs, des responsabilités, des capacités et des ressources du niveau national à tous les niveaux sous-nationaux de gouvernement afin de renforcer la capacité des gouvernements sous-nationaux à promouvoir la participation des*

---

[1] CORNU G., Vocabulaire juridique, Paris, 10e édition mise à jour, PUF, 2014, p. 298.

[2] OWONA (Joseph), *La décentralisation camerounaise*, L'Harmattan, Paris, 2011, p. 9.

populations et la fourniture de services de qualité »[3]. Si ces différentes définitions paraissent complémentaires les unes des autres, elles ont pour déterminants communs le transfert de compétences et de ressources aux collectivités territoriales décentralisées dans l'intérêt prioritaire du citoyen.

En effet, ignoré ou minoré dans le cadre de la centralisation, le citoyen est considéré comme l'une des pierres angulaires de la décentralisation, celui pour qui tout est finalement pensé. Les différentes législations africaines et autres autour de ce processus consacrent dans leur ensemble un rôle important au citoyen. Il existe dorénavant une connexion certaine entre le citoyen et le développement local. Mais il importe avant d'interroger la nature ou le contenu mêmes de cette relation, de faire quelques précisions terminologiques de la notion de citoyen et de développement local.

Il faut préciser d'emblée que le terme citoyen, malgré son usage courant, fait l'objet d'une appréhension difficile autant que la citoyenneté dont il est la résultante. Cette difficulté est rappelée par Christophe CHABROT lorsqu'il affirme que « *le terme de citoyenneté est aujourd'hui très à la mode. Il n'est pourtant toujours pas défini avec précision, et reste entouré d'un grand flou* »[4]. Il parait donc délicat d'envisager donner une définition exhaustive de cette notion protéiforme[5] et essentiellement rattachée à la nationalité. Le citoyen est généralement défini comme *« un individu jouissant, sur le territoire de l'État dont il relève, des droits civils et politiques* »[6]. La qualité de citoyen confère un véritable statut ou réalité juridique. Pour certains, cet aménagement en faveur de l'individu est fortement l'œuvre du droit constitutionnel. Ainsi, pour MBALLA OWONA Robert, « *le droit constitutionnel a sorti l'individu des décombres de l'état de nature avec son insécurité, pour l'installer dans une société politique civilisée »*[7]. L'auteur plaide

---

[3] Voir l'article 1er. Rappelons par ailleurs que cette charte a été adoptée le 27 juin 2014 à Malabo par la 23e session ordinaire de la conférence des Chefs d'État de l'Union africaine.

[4] CHABROT Christophe, « Citoyenneté et Nationalité : de la fusion à la confusion », *Politeia,* n° 33, juin 2018, p. 27.

[5] Au-delà de la citoyenneté nationale, il est en effet de plus en plus question de citoyenneté locale ou européenne voire mondiale4, de citoyenneté administrative, de citoyenneté culturelle, d'entreprises citoyennes…, CHABROT Christophe, *ibid.*

[6] Lexique des termes juridiques, Dalloz, 25e édition, 2017-2018.

[7] MBALLA OWONA Robert, « Le citoyen et le renouvellement du droit constitutionnel en Afrique », in *Les transformations contemporaines du droit public en Afrique*, CERCAF, L'Harmattan, 2018, p. 133.

par ailleurs pour un devoir de reconnaissance du citoyen à l'égard du droit lorsqu'il affirme que « *le droit constitutionnel a tout donné au citoyen et le citoyen lui doit tout ce qu'il est devenu dans la société politique* »[8]. La décentralisation qui connaît désormais une assise constitutionnelle n'échappe pas cette logique d'impulsion d'un souffle nouveau au citoyen qui devient ainsi un acteur indispensable du développement local.

Développement local et décentralisation apparaissent comme deux réalités indissociables l'une de l'autre ainsi qu'en témoignent la législation et la doctrine. Ceci se justifie par le fait que la première est considérée comme l'ultime objectif de la seconde. À ce titre, le développement local s'entend, au sens de la Charte africaine de « *la mobilisation de l'ensemble des ressources humaines, économiques, socioculturelles, politiques et naturelles locales pour l'amélioration et la transformation des conditions de vie, des communautés et des collectivités au niveau local* »[9]. Il s'agit donc d'un processus grâce auquel la communauté participe au fonctionnement et à l'amélioration de son environnement en vue d'assurer une meilleure qualité de vie.

L'abondante législation africaine relative à la décentralisation permet de constater que le concept de développement local est lié aux compétences transférées. Il est de la responsabilité générale de la commune d'en garantir l'implémentation[10]. Ainsi, et conformément au principe de subsidiarité, les autorités locales ont et doivent assumer un rôle de premier plan dans la promotion de la participation des citoyens. Cette dernière suppose une implication des populations de manière plus directe dans la gestion des affaires locales. Il est important que les habitants soient perçus comme les experts de leur cadre de vie et qu'ils soient amenés à participer aux décisions qui les concernent. Cette participation est d'ailleurs consacrée par la loi ainsi de même que certaines de ses modalités.

Acteur principal du processus d'amélioration des relations entre gouvernants et gouvernés, il semble désormais très difficile de dissocier

---

[8] *Ibid.*, p. 134.

[9] Voir l'article premier de la Charte africaine des valeurs et des principes de la décentralisation, de la gouvernance locale et du développement local.

[10] En effet, l'article 147 de la loi n° 2019/024 du 24 décembre 2019 qui prévoit que « La Commue est la Collectivité territoriale de base. Elle a une mission générale de développement local et d'amélioration du cadre et des conditions de vie de ses habitants ».

citoyen et décentralisation de façon plus large et spécifiquement citoyen et développement local dans une approche dynamique. Ainsi, l'on s'interroge sur la question de savoir quel rôle pour le citoyen dans le développement local ? Il en ressort un rôle ambivalent qui fait du citoyen la plaque tournante du développement local. Cette étude sera principalement axée sur le droit positif ; la méthode juridique utilisée pour en rendre compte, car le citoyen et le développement local y sont formellement introduits. En effet, au regard de la législation et la pratique subséquente, il apparaît que le citoyen est à la fois un acteur actif majeur ou indéniable (I) et un acteur passif à parfaire (II) du développement local.

I) Le citoyen, un acteur actif majeur du développement local

La décentralisation trouve son fondement dans la volonté de l'État de rapprocher davantage des populations en faisant d'eux des acteurs incontournables de leur bien-être. Systématisée et formalisée par l'État et parfois en dehors d'une initiative citoyenne, la décentralisation ne saurait s'implémenter sans le citoyen. Ce dernier est, en réponse aux frasques de la centralisation, la pièce maîtresse du déploiement de la décentralisation. À ce titre, il assume un rôle fondamental dans la désignation des élus locaux considérés comme les garants du développement local (A) et un acteur principal dans le financement des projets de développement de sa localité (B).

A) Le citoyen, acteur incontournable de la désignation des élus locaux et destinataire du développement local

Il est une constance dans la majorité des constitutions des États africains ayant migré vers la décentralisation comme modèle d'organisation administrative, c'est l'élection comme mode de désignation des autorités locales. Le citoyen, qui ne peut agir directement dans la gestion des affaires locales, donne à travers l'élection mandat à ses représentants de garantir son bien-être par la promotion du développement local. Il est donc un acteur direct en tant qu'électeur (1) soit en tant que candidat (2).

1) Le citoyen-électeur comme acteur du développement local

S'il est avéré que la participation citoyenne constitue l'un des moteurs et une exigence de la décentralisation, c'est premièrement en raison du rôle principal que joue le citoyen dans la désignation des responsables publics locaux ; c'est-à-dire ceux-là qui sont, au premier plan, responsables de l'amélioration des conditions de vie des populations locales. Le droit des citoyens à choisir librement leurs représentants locaux est garanti par la majorité des constitutions dans le monde. Inscrite dans de nombreuses législations si ce n'est dans la totalité, cette modalité de désignation des gestionnaires locaux est d'ailleurs rappelée par l'Union africaine en ces termes : « *L'élection des responsables publics locaux est inscrite dans le cadre juridique des États parties, avec une définition claire des modalités et de la périodicité de ladite élection* »[11]. Presque érigé en principe du fait de sa consécration quasi universelle, le processus électif semble identique dans l'ensemble des pays d'Afrique francophone exception faite de quelques disparités propres aux spécificités de chaque État.

Précisons d'emblée que la notion d'élu local se rapporte, en contexte camerounais, à « *toute personne exerçant un mandat électif au sein d'une collectivité territoriale en qualité de : conseiller municipal ; conseiller régional ; conseiller à la communauté urbaine ; membre du conseil syndical ; membres des organes des collectivités territoriales représentant le commandement traditionnel et désignés* ex officio »[12]. Ainsi, le législateur, tout en consacrant les communes et les régions comme des collectivités territoriales décentralisées de la République[13], fixe par ailleurs les modalités d'élection ainsi que la définition de la qualité d'électeur. Conformément à la loi, les organes des collectivités territoriales sont élus par des citoyens ayant acquis la qualité d'électeur.

En effet, indépendamment de la nature du suffrage (direct ou indirect) ou même de l'élection, il est évident que l'électeur constitue le maillon fondamental du déploiement de celle-ci. Autant le droit au vote est consacré par divers instruments juridiques comme un droit fondamental, autant les conditions de son exercice sont impératives notamment en termes de capacité électorale. À ce titre, le législateur reconnaît la qualité d'électeur à « *toute personne de nationalité camerounaise, sans*

---

[11] Voir l'article 13 al 1 de la Charte africaine des valeurs et des principes de la décentralisation, de la gouvernance locale et du développement local. Sur l'historique de l'émergence de la préoccupation participative en Afrique, voir MINFEGUE Calvin, « *La participation citoyenne en contexte local au Cameroun. Entre demande de légitimité, efficacité versatile et tensions politiciennes*," *African sociological review*, Vol. 2, 2016, pp. 61-88.

[12] Voir l'article 115 de la loi n° 2019/024 du 24 décembre 2019 portant Code général des Collectivités territoriales décentralisées.

[13] Voir l'article 2 al 1 de la loi n° 2019/024 du 24 décembre 2019, *op. cit*, qui reprend en son sein l'article 55 al 1 de la Constitution du 18 janvier 1996.

distinction de sexe, âgée de vingt (20) ans révolus, inscrite sur une liste électorale et ne se trouvant dans aucun cas d'incapacité prévue par la loi»[14]. Ainsi, toute personne ayant régulièrement[15] acquis la qualité d'électeur et qui n'est pas sous le coup d'une incapacité[16] peut légitimement participer à la désignation de ceux-là qui vont conduire le navire du développement local dans leur localité.

Concrètement, il élit directement les conseillers municipaux au suffrage universel direct et ceux-ci, à leur tour, vont désigner l'exécutif communal et les conseillers régionaux conformément à la réglementation en vigueur. En effet, le maire et ses adjoints sont élus durant la première session du conseil municipal convoqué après les élections. Il en est de même de l'élection du conseil régional qui a lieu pendant la séance inaugurale de ce conseil conformément à la loi. Il s'agit pour le citoyen non pas d'élire une personne mieux encore une liste vu qu'il s'agit d'un scrutin de liste, mais davantage de valider ou de donner vie à un programme de développement de la localité à partir duquel le citoyen est en droit de demander des comptes.

2) Le citoyen-candidat comme acteur du développement local

Aussi, en plus d'être électeur et donc citoyen-représenté, il peut aussi être candidat à l'élection dans une logique de citoyen-représentant. Autant il ne saurait y avoir d'élections sans électeurs autant un scrutin sans candidats n'est envisageable. La qualité de candidat est par principe acquise à toute personne remplissant les conditions fixées par la loi. Ainsi, en ce qui concerne premièrement l'éligibilité aux fonctions de conseiller municipal, le législateur prévoit un certain nombre de conditions relatives à la nationalité, l'âge, la jouissance des droits civils

---

[14] Voir l'article 45 de loi n° 2012/001 du 19 avril 2012 portant Code électoral, modifiée et complétée par la loi n° 2012/017 du 21 décembre 2012.

[15] C'est-à-dire celui qui remplit à la fois les conditions de jouissance et d'exercice du droit de vote.

[16] Pour des raisons de moralité, la loi soustrait certaines personnes de l'exercice du droit de vote. Il s'agit des « *personnes condamnées pour crime, même par défaut ; - les personnes condamnées à une peine privative de liberté sans sursis supérieure à trois (3) mois ; - les personnes condamnées à une peine privative de liberté assortie de sursis simple ou avec probation supérieure à six (6) mois ; - les personnes qui font l'objet d'un mandat d'arrêt ; - les faillis non réhabilités dont la faillite a été déclarée soit par les tribunaux camerounais, soit par un jugement rendu à l'étranger et exécutoire au Cameroun ; - les aliénés mentaux* » ; *ainsi que* « *les personnes condamnées pour atteinte à la sûreté de l'État* ». Voir les articles 47 et 48 du Code électoral camerounais ainsi que les articles 30 et 31 du code électoral sénégalais.

et civiques, etc. Il s'agit des critères quasi standard à quelques différences près dans la majorité des États. Pour la législation camerounaise, la maîtrise des langues officielles est l'une des conditions fondamentales pour être éligible à la fonction de conseiller municipal. Il est clairement affirmé que « *peut être candidat aux élections municipales, tout citoyen camerounais sans distinction de sexe, jouissant du droit de vote et régulièrement inscrit sur une liste électorale, âgé de vingt-trois (23) ans révolus à la date du scrutin, sachant lire et écrire le français ou l'anglais, et justifiant d'une résidence effective d'au moins six (6) mois sur le territoire de la commune concernée* »[17]. Il en ressort que tout citoyen qui remplit les conditions fixées par la loi a la liberté d'exercer ou de mettre en mouvement son éligibilité et accéder à la qualité d'élu local. Ceci vaut également pour les autres élections locales.

On pourrait ainsi évoquer s'agissant du Cameroun d'une représentativité par palier ou échelonnée dans laquelle le conseiller municipal constituerait le premier palier et les autres le second. Il apparaît que le statut de conseiller municipal est particulièrement lourd de responsabilités. D'où l'importance pour ce dernier d'être suffisamment conscient du rôle tant politique que technique qu'il a joué dans le développement de sa localité sachant qu'il a reçu son mandat directement du peuple. Ainsi, par le procédé électif, c'est le citoyen qui au travers des élus locaux, opère au niveau local. Il n'y a donc de CTD que parce qu'il existe des autorités élues ; et il n'y a d'autorités élues que parce qu'il y a des citoyens qui ont valablement participé ou exercé leur droit de vote ou d'être élu. Par conséquent, la porte d'entrée de la participation citoyenne au développement local est la désignation par l'élection des autorités locales qui reçoivent ainsi quitus pour agir.

B) Le citoyen, acteur du financement du développement local

Le Professeur Georges VEDEL affirmait que la décentralisation « *a une valeur démocratique puisqu'elle se ramène à faire gérer le maximum d'affaires par les intéressés eux-mêmes ou par leurs représentants* »[18]. La gestion des affaires locales ainsi déclinée nécessite des moyens financiers qui peuvent provenir soit par l'État, soit des organismes publics ou privés internationaux ou soit du citoyen. Si possibilité est donnée aux citoyens de formuler des propositions en vue d'améliorer le développement de la CTD, c'est parce que capacité leur est préalablement

---

[17] Voir l'article 175 du Code électoral.

[18] VEDEL (Georges), *Droit administratif*, Paris, PUF, Coll. « *Thémis* », 1973, p. 639.

donnée de financer également ce dernier. Le citoyen pourrait ainsi constituer un acteur du financement du développement local dans plusieurs cas de figure. S'il constitue au moyen de ses contributions fiscales, un acteur direct et contraint de financement local (1), au moyen de ses contributions extrafiscales, il en constitue un acteur direct et volontaire (2).

1) Le financement direct obligatoire du développement local par la contribution du citoyen aux recettes fiscales

Le financement du développement local par le citoyen tire son fondement de la Déclaration des droits de l'homme et du citoyen du 26 août 1789 qui dispose que : « *Pour l'entretien de la force publique, et pour les dépenses d'administration, une contribution commune est indispensable : elle doit être également répartie entre tous les citoyens, en raison de leurs facultés* »[19], « *les citoyens ont le droit de constater, par eux-mêmes ou par leurs représentants, la nécessité de la contribution publique, de la consentir librement, d'en suivre l'emploi* »[20]. La Constitution camerounaise de 1996 réitère d'ailleurs cette exigence lorsqu'elle dispose que : « *Chacun doit participer, en proportion de ses capacités, aux charges publiques* ».

Si cette exigence s'impose au niveau national, elle l'est également au niveau local. Le citoyen contribue ainsi au financement du développement local à travers l'impôt qu'il est tenu de reverser à l'État ou plus exactement à sa collectivité locale. Cette contribution fiscale participe ainsi de façon directe et inévitable au financement local lorsque les ressources fiscales proviennent de l'État. En effet, les recettes fiscales des collectivités territoriales servant au financement du développement sont constituées de tous les prélèvements opérés par les services fiscaux de l'État ou les services compétents de la collectivité territoriale au profit de cette dernière. Par l'ensemble de ces prélèvements encore désigné « impôts locaux », le citoyen contribue valablement au financement du développement local. Le produit issu de ces différentes recettes est destiné au développement local sous forme de dotation ou encore de subvention de l'État. La multiplicité des impôts locaux ainsi prélevés dans les patrimoines des citoyens, tant par l'État que par les soins des collectivités locales elles-mêmes, permet de financer le développement. De façon concrète, les impôts communaux ; les centimes additionnels

[19] Article 13.
[20] Article 14.

communaux sur les impôts et taxes de l'État ; les taxes communales ; les impôts et taxes des régions ; tout autre type de prélèvements prévus par la loi constituent des moyens pas forcément volontaires de contribuer au financement du développement local. D'autres moyens financiers déboursés volontairement par les citoyens permettent de financer le développement local : il s'agit des moyens extrafiscaux.

2) Le financement direct volontaire du développement local par la contribution du citoyen aux recettes extrafiscales

Si l'impôt constitue un moyen forcé de contribution financière du citoyen au développement local, les recettes extrafiscales ne constituent pas une obligation de contribution. Dans ce cas de figure, le citoyen donne libéralement une partie de son patrimoine pour le développement local. Plusieurs cas de figure sont à distinguer :

- Les fonds de concours : constitués par les dons ou les legs qui sont des contributions volontaires et définitives offertes par des personnes physiques, morales de droit public ou privé. Le citoyen agit ici de façon individuelle contrairement à lorsqu'il agit au sein d'une entité morale de droit privé.
- Les contributions volontaires des communautés, des ONG aux charges de fonctionnement. Il s'agit d'organismes collectifs privés dont la mission est soit d'accompagner soit de soutenir le développement local.
- Les emprunts ou l'endettement initié par la collectivité locale permettent aussi au citoyen de contribuer financièrement au développement. Par ce moyen, le citoyen devient un acteur volontaire par le simple fait qu'il choisit d'être ou pas un créancier de l'entité locale. Quoi qu'il en soit, le citoyen apparaît comme un acteur incontournable dans le financement du développement local du fait de ses différentes actions. Contrairement à son caractère actif qu'il possède, le citoyen peut également être considéré comme un acteur passif dans une certaine mesure.

II) Le citoyen, un acteur passif du développement local à améliorer

Si l'évolution de la législation relative à la décentralisation permet de reconnaître la volonté affirmée de l'État de faire du citoyen non plus un spectateur, mais davantage un acteur singulier dans la gestion des affaires locales, il n'en demeure pas moins que l'implication de celui-ci demeure, dans certains domaines, superficielle et sans incidence réelle sur l'objectif visé à savoir le développement local. Le citoyen devient :

A) Le citoyen, un acteur du développement local aux prérogatives limitées

L'un des faits majeurs de l'aménagement de la décentralisation est la reconnaissance d'un certain nombre de droits et prérogatives aux citoyens pour garantir leur implication au développement de leur localité d'une façon ou d'une autre. Il s'agit notamment l'information, la consultation, la concertation, la codécision, le contrôle. La pratique permet néanmoins de constater qu'il s'agit dans l'ensemble d'une implication formelle qui produit difficilement des effets concrets. On peut dès lors constater une reconnaissance d'un droit à l'information sans portée réelle (1) et d'un pouvoir de contrôle exigu (2).

1) La reconnaissance d'un droit à l'information du citoyen sans portée réelle

Si la décentralisation constitue l'axe principal de promotion du développement, de la démocratie et de la bonne gouvernance au niveau local, il est tout aussi prévu que le citoyen local en soit acteur. C'est ce que traduit Jacques BAGUENARD lorsqu'il affirme que *« décentraliser c'est non seulement rapprocher le pouvoir, c'est-à-dire les lieux de prise de décision politique, des citoyens, mais c'est aussi permettre à ces derniers et aux collectivités décentralisées d'être maîtres et acteurs de leur devenir »*[21]. Cette implication réelle du citoyen passe nécessairement par la mise à la disposition de celui-ci d'informations sur les affaires de sa communauté. Il est à ce titre un acteur passif en ce sens qu'il ne participe pas directement à la construction de la décision, bien plus qu'une simple formalité, il s'agit d'un droit fondamental du citoyen consacré par un certain nombre d'instruments tant nationaux qu'internationaux[22]. En effet, le législateur camerounais a formellement consacré le droit à l'information du citoyen dans la loi portant code de transparence et de bonne gouvernance dans la gestion des finances

---

[21] BAGUENARD (J), *La décentralisation*, Paris, Puf, « Que-sais-je ? », 1980, p. 124.

[22] Au niveau international, voir la Résolution 59 de l'Assemblée générale des Nations Unies de 1946 ; l'article 19 de la Déclaration universelle des droits l'Homme de 1948 ; l'article 19 du Pacte international relatif aux droits civils et politiques de 1966. On peut également évoquer la Convention des Nations Unies contre la corruption du 31 octobre 2003 en ses articles 5, 9, 10 et 13 ; les principes du droit du public à l'information élaborés par l'organisation (article 19) et approuvés par le Rapporteur spécial des Nations unies sur la liberté d'opinion et d'expression en 2000…

publiques au Cameroun dont l'article 2 al 3 dispose qu'« *une information large, régulière et approfondie sur la fiscalité et ses évolutions est faite au bénéfice de l'ensemble des contribuables* ». La transparence budgétaire commande d'associer le citoyen au processus budgétaire pour plus de légitimité et de crédibilité de l'action publique. Cette disposition, à vocation générale, s'applique, d'après les dispositions de la même loi, aux collectivités territoriales décentralisées avec les adaptations nécessaires[23].

Le Code général des Collectivités territoriales décentralisées va de façon spécifique consacrer le droit d'information du citoyen dans son article 40 en ces termes : que « *tout habitant ou contribuable d'une Collectivité territoriale peut, à ses frais, demander communication ou prendre copie totale ou partielle des procès-verbaux des organes délibérants, des budgets, projets et rapports annuels de performance, plans de développement ; comptes ou arrêtés, suivant des modalités fixées par voie réglementaire* ». Il s'agit concrètement d'un droit de communication au citoyen des documents produits ou disponibles dans les collectivités décentralisées. Une interprétation large de cette disposition permet d'affirmer le caractère relativement étendu, mais non absolu du champ d'information. En effet, le droit à la communication des documents ne couvre pas la totalité de ceux-ci. D'autres informations relatives notamment à la substance des délibérations, aux contrats passés par la collectivité locale, aux différentes études techniques et autres rapports réalisés au sein de la collectivité semblent être soustraites du droit d'information du citoyen[24].

Ainsi, si la mise à disposition de l'information est un droit pour le citoyen, elle constitue par ailleurs une obligation pour l'administration locale qui doit la rendre publique. En effet, et conformément à la loi « *tout acte à portée générale devenu exécutoire ainsi que toute demande du représentant de l'État se rapportant à un tel acte et revêtant un caractère suspensif doit faire l'objet d'une large publicité, notamment par voie d'affichage, au siège de la collectivité territoriale et des services de la circonscription administrative concernée* »[25]. L'adminis-

[23] Article 18 de la loi portant Code de transparence et de bonne gouvernance dans la gestion des finances publiques au Cameroun.

[24] KOUOMEGNE NOUBISSI Hilaire, *Décentralisation et centralisation au Cameroun, la répartition des compétences entre l'État et les collectivités locales*, Paris, L'Harmattan, p. 394.

[25] Voir l'article 81 al 1 de Loi n° 2019/024 du 24 décembre 2019.

tration doit prendre toutes les dispositions nécessaires à la publication des informations dans des délais fixés par voie réglementaire. Le citoyen peut ainsi s'informer de différentes manières à savoir la communication des documents sous son initiative, la consultation du site Internet de la commune, mais aussi la consultation des documents au siège. Le maire est chargé sous l'autorité du représentant de l'État, de la publication des lois, des règlements et des mesures de portée générale. Par ailleurs, l'information du citoyen doit également se faire par la publicité des séances de l'organe délibérant de la collectivité territoriale, permettant ainsi aux personnes intéressées d'assister à des sessions en fonction de l'ordre du jour. Contrainte par la loi à communiquer sur ses actions,

Si le droit à l'information est une réalité en contexte camerounais, il n'en demeure pas moins qu'il s'agit d'un droit sans réelle incidence décisionnelle. En effet, il apparaît au regard de la législation qu'il s'agit d'un droit qui permet aux autorités locales de répondre formellement à l'exigence de transparence dans la gestion des affaires qui permet ainsi de rendre compte au citoyen.

2) Un acteur au pouvoir budgétaire minoré

Il est incontestable aujourd'hui d'affirmer que l'implication budgétaire du citoyen est une réalité palpable dans les États africains. De manière générale, le rôle du citoyen dans les finances publiques puise ses origines dans la Déclaration des droits de l'homme et du citoyen en ces termes : *« La société a le droit de demander compte à tout agent public de son administration »*[26]. Sur ce fondement, le citoyen africain est désormais fondé à demander des comptes aux gestionnaires de la fortune publique. L'information financière du citoyen fait partie intégrante du droit d'information reconnu de façon générale à celui-ci. Désormais, l'information financière est accessible au citoyen par le biais du *« budget citoyen »*. C'est un document qui vise à traduire le budget de façon synthétique dans un langage accessible à toutes les couches de la population. Ceci apparaît formellement dans le code de transparence et de bonne gouvernance dans les finances publiques en ces termes : *« Un guide synthétique budgétaire clair et simple est diffusé, à l'intention du public, lors de la confection du budget annuel, pour décomposer les grandes masses de recettes et des*

[26] Article 15 de la Déclaration des droits de l'homme et du citoyen de 1789.

dépenses ainsi que leur évolution d'une année à une autre »[27]. Cette réalité s'applique systématiquement aux collectivités territoriales décentralisées[28]. Toutefois, ce droit à l'information financière demeure limité du fait de l'existence de certaines réserves faites sur les sujets à caractère secret touchant à la défense nationale, au secret de l'instruction et au secret médical.

Aussi, contrairement aux autres documents mis à la disposition du citoyen, l'information financière a cette spécificité qu'elle envisage la possibilité pour celui-ci de participer à son élaboration. Concrètement, il devient apte à formuler des propositions dans le cadre de l'orientation et l'élaboration budgétaires. Participer à l'orientation budgétaire c'est faire connaître ses choix. Le citoyen a dorénavant l'occasion de faire connaître ses choix budgétaires avant le vote du budget. Ainsi, au niveau local, le citoyen peut concrètement formuler des propositions à l'endroit de l'exécutif communal de la collectivité territoriale. Cette possibilité lui est offerte par le Code général des collectivités territoriales décentralisées qui dispose que *« toute personne physique ou morale peut formuler, à l'intention de l'exécutif communal ou régional, toutes propositions tendant à impulser le développement de la collectivité territoriale concernée ou améliorer son fonctionnement »*[29]. La loi ne donne malheureusement pas d'informations supplémentaires sur les modalités pratiques d'exercice d'une telle prérogative par le citoyen.

Il s'agit donc d'une formule vague et imprécise qui ne garantit nullement que de telles propositions soient faites à l'occasion d'une session de l'organe délibérant. Car, le fait que les débats soient publics n'implique pas la participation active ou la prise de parole des citoyens pendant le déroulement de ceux-ci. Il s'agit, en fait, d'une participation silencieuse sans portée significative dans la mesure où il n'existe aucun suivi formel de ces propositions formulées par les citoyens. Elles peuvent ainsi tomber aux oubliettes sans que les autorités locales soient inquiétées si ce n'est par un vote sanction lors des prochaines échéances électorales. Il existe néanmoins une lueur avec l'implication réelle des citoyens dans l'élaboration des budgets participatifs.

---

[27] Article 49 de la loi n° 2018/011 du 11 juillet 2018 portant Code de transparence et de bonne gouvernance dans la gestion des finances publiques au Cameroun.

[28] Article 18 de la loi n° 2018/011 du 11 juillet 2018 dispose : *« Les principes et règles ci-dessus sont transposés aux collectivités territoriales décentralisées (...) »*.

[29] Article 40 du Code général des Collectivités territoriales décentralisées.

En effet, l'institution au Cameroun du *« budget participatif »* a permis de consolider la participation du citoyen. Celui-ci s'entend comme un système de consultation populaire volontaire institué par le pouvoir exécutif communal au moment de l'élaboration du projet de loi budgétaire[30]. Le budget participatif permet au citoyen local de participer à la discussion sur le budget et discuter de l'affectation d'une partie de celui-ci pour la réalisation des projets d'investissement. Il est une réalité au Cameroun pratiquée par plusieurs communes. En associant effectivement le citoyen à la discussion du budget communal, cet outil de gestion est à juste titre considéré comme un *« levier d'une gestion locale redynamisée et d'une appropriation citoyenne accrue de la décision financière »*[31]. Il s'agit de promouvoir un processus décisionnel local régulier, prévisible et permanent, incluant un niveau plus ou moins important de pouvoir direct de la société civile sur l'orientation spécifique de tout ou partie des ressources budgétaires muscles[32]. Si cette prouesse est louable dans son objectif, il faut le rôle minoré du citoyen dans le contrôle des finances locales.

Concrètement, l'institution du budget participatif ne confie pas au citoyen local une véritable possibilité d'agir sur la décision financière, car il n'influence en rien la discussion et le vote du budget communal. Le citoyen local est juste consulté et il est loisible aux organes municipaux d'adopter ou pas les propositions faites par le citoyen. Ils ne sont pas liés par ses propositions, car *« le budget participatif est un programme de gouvernement qui ne se confond ni avec une forme d'initiative populaire (interdite en matière budgétaire) ni avec le plébiscite ou le référendum qui ne porte pas atteinte au processus de décision fixé par la loi organique communale »*[33]. La mise sur pied de différents comités locaux de suivi de l'exécution du budget d'investissement public, au sein desquels les citoyens sont valablement représentés, ne leur donne pas de

---

[30] MAULER SANTIAGO Igor, *« Les réformes financières publiques au Brésil, le budget participatif : l'expérience de la commune de Belo Horizonte »*, in *La bonne gouvernance des finances publiques dans le monde*, sous la direction de Michel BOUVIER, Actes de la IVe Université de printemps des finances publiques organisé par FONDAFIP, Paris, LGDJ, 2009, p. 75.

[31] TINLOT Guillaume, *« Le budget participatif, outil d'une citoyenneté financière locale rénovée »*, in RFFP, n° 135, septembre 2016, p. 19.

[32] [32] KOUOMEGNE NOUBISSI Hilaire, *Décentralisation et centralisation au Cameroun, la répartition des compétences entre l'État et les collectivités locales*, *op. cit.*, p. 402.

[33] MAULER SANTIAGO Igor, *« Les réformes financières publiques au Brésil, le budget participatif : l'exemple de la commune de Belo Horizonte »*, *op. cit.*, p. 75.

pouvoirs particuliers à part celui de suivre l'exécution du budget. Pour un acteur majeur de développement local, le destinataire et le bénéficiaire ultime de tout projet de décentralisation, l'implication du citoyen reste timide et mérite d'être amplifiée.

B) La nécessaire amplification de la participation du citoyen au développement local

Si beaucoup d'efforts ont été entrepris à ce jour au regard de l'évolution de la législation pour faire du citoyen un acteur du développement local et non plus un simple spectateur, il faut admettre qu'on n'a pas encore atteint le seuil d'une pleine implication, c'est-à-dire celle qui consacre de pouvoirs réels d'action. Il devient donc impératif d'élargir le champ d'action matérielle en dépassant le stade d'amorce ou l'on semble se situer actuellement. La responsabilité de l'amélioration du rôle du citoyen incombe d'une part aux autorités publiques (1) et au citoyen lui-même (2).

1) La responsabilité principale des autorités publiques dans l'amélioration du degré d'implication du citoyen dans le développement local

Si l'adoption en 2019 du code général des collectivités territoriales décentralisées constitue une avancée significative pour le paysage juridique camerounais et une volonté manifeste pour les pouvoirs de passer de la parole aux actes en accordant une place de choix au citoyen dans le développement de sa localité. Seulement, une analyse approfondie au-delà de l'euphorie permet de constater pour le déplorer que l'implication du citoyen a juste été effleurée. On peut ainsi, avec Jean-Baptiste FORRAY qui s'exprimait déjà en contexte français, reconnaître que *« les lois de décentralisation ont été, avant tout, conçues par et pour les élus. Les citoyens ne s'y retrouvent plus dans le zoo institutionnel »*[34], ils en sont *« les grands oubliés »*[35]. Pourtant, le but initial de la décentralisation est de *« rendre le pouvoir au citoyen »*[36]. Il semble donc opportun pour les autorités publiques, notamment l'État et

---

[34] FORRAY (J-B), "Le citoyen est le grand oublié de la décentralisation", in http://www. C'est aussi ce que disait le ministre français délégué aux libertés locales en 2003 : *« la décentralisation est faite par les élus locaux pour les élus locaux »*, cité par J-B FORRAY, « Rendre le pouvoir au citoyen », in *La gazette des communes*, www.lagazettedescommunes.com/221443/rendre-le-pouvoir-au-citoyen/, 17 févr. 2014.

[35] *Idem*.

[36] J-B FORRAY, « Rendre le pouvoir au citoyen », in *La gazette des communes*, www.lagazettedescommunes.com/221443/rendre-le-pouvoir-au-citoyen/, 17 févr. 2014.

les collectivités territoriales décentralisées, d'améliorer la charge participative du citoyen au développement de sa localité.

D'abord, l'État en tant qu'autorité principale d'impulsion du développement local et donc de la décentralisation doit pouvoir réformer la législation actuelle pour intégrer un certain nombre de mécanismes qui permettent aux citoyens de mieux s'exprimer. Il s'agit notamment du *« référendum local décisoire »*[37], le droit de pétition locale. Ce dernier est un instrument qui permet aux citoyens de demander l'inscription d'une question qu'ils souhaitent voir examiner[38] à l'ordre du jour d'une assemblée délibérante d'une collectivité territoriale décentralisée[39]. Concrètement, il faut passer d'une implication non décisoire à une implication décisoire. Ce qui implique que le citoyen doit pouvoir participer activement au processus décisionnel et ne pas seulement faire office de figurant ou de caisse enregistreuse. Celui-là à qui on donne des informations sans droit de réponse, sans véritable pouvoir de contestation. La seule possibilité sérieuse étant une sanction par le vote lors des prochaines échéances. On doit pouvoir dépasser le seuil de la simple mise à disposition de l'information pour entrevoir la possibilité pour le citoyen de demander des comptes.

Il faut, par ailleurs, amplifier le pouvoir de contrôle du citoyen auquel doit se greffer un pouvoir de sanction. Car la représentation ne signifie pas abandon total et absolu de toute prérogative aux autorités locales ainsi que l'affirme Jean-Emile VIE lorsqu'il déclare s'agissant de l'élection que « *si elle confère la légitimité démocratique, n'assure ni la compétence, ni l'honnêteté* »[40]. L'État gagnerait à ce titre à renforcer le contrôle citoyen des finances locales en particulier et de la gestion des affaires locales par les autorités élues. Il faut aller vers un contrôle citoyen des finances publiques contraignant et assorti de sanction au même titre

---

[37] Le référendum local est défini d'abord par son étendue géographique. En effet, à la différence du référendum nationale, celui dit local est organisé au sein d'une collectivité territoriale décentralisée. Le référendum est un mode de participation des électeurs d'une CTD au processus décisionnel par lequel ceux-ci décident par leur vote de la mise en œuvre ou non d'un projet concernant un aspect de la vie locale de la CTD concernée par le référendum. Si la majorité exigée par la loi est réunie, le projet soumis au référendum local est adopté et cette adoption vaut décision que la collectivité organisatrice doit appliquer.

[38] CHABROT (C), Chabrot (C), « Démocratie et décentralisation : un couple platonique ? », *Civitas Europa*, n° 11, septembre 2003, p. 13.

[39] BAGUENARD (J), *La décentralisation, op. cit.*, p. 98.

[40] Jean-Emile VIE, « Décentralisation et corruption : les rates de la démocratie locale », *revue administrative*, 1995, n° 286, p. 384.

que les autres contrôles. Mais à l'heure actuelle, on déplore cette absence de force juridique. Le contrôle citoyen est un contrôle diffus et non organisé qui s'exerce au moyen des rapports publics de la Chambre des comptes, limitant ainsi l'action directe du citoyen. Ce dernier, pour qui le budget est mis en œuvre, doit pouvoir constituer un contrepoids dans l'exécution dudit budget. L'expérience française en la matière peut être source d'inspiration pour le Cameroun. En effet, celle-ci prévoit que *« le Code général des Collectivités territoriales précise qu'en cas de non-respect de certaines règles d'élaboration, d'adoption ou de présentation des actes budgétaires, les administrés peuvent sous certaines conditions saisir le juge administratif »*[41]. Pour aller plus loin, on doit pouvoir envisager la possibilité pour le citoyen d'initier une procédure de révocation des élus locaux par l'intermédiaire des organes délibérants pour un effet tout au moins dissuasif notamment contre la corruption et la mauvaise gestion de la fortune publique.

Ensuite, les collectivités territoriales décentralisées à qui l'État a transféré des compétences pour assurer au nom des citoyens le développement de leur localité doivent par un certain nombre de procédés garantir l'implication réelle des citoyens dans la recherche permanente de leur bien-être. L'abondante législation africaine relative à la décentralisation permet de constater que le concept de développement local est lié aux compétences transférées. Il est de la responsabilité générale de la commune d'en garantir l'implémentation[42]. Ainsi, et conformément au principe de subsidiarité, les autorités locales ont et doivent assumer un rôle de premier plan dans la promotion de la participation des citoyens. Cette dernière suppose une implication des populations de manière plus directe dans la gestion des affaires locales. Il est important que les habitants soient perçus comme les experts de leur cadre de vie et qu'ils soient amenés à participer aux décisions qui les concernent. L'une des responsables des autorités locales est de permettre au moins au citoyen de pouvoir le minimum d'actions qui leur sont déjà accordées en prenant toutes les dispositions nécessaires à la jouissance de « leurs droits ». Le législateur a formellement prévu un cadre d'expression des citoyens qui mérite d'être encadré et accompagné et leurs préoccupations prises en compte par les élus locaux. En effet,

[41] WASERMAN (Franck), *Les finances publiques*, Paris, *op. cit.*, p. 180.

[42] En effet, l'article 147 de la loi n° 2019/024 du 24 décembre 2019 qui prévoit que « La Commune est la Collectivité territoriale de base. Elle a une mission générale de développement local et d'amélioration du cadre et des conditions de vie de ses habitants ».

conformément à l'article 41 du code général des collectivités territoriales décentralisées «*Les associations et organisations de la société civile locales, ainsi que les comités de quartier et de village concourent à la réalisation des objectifs des collectivités territoriales*». Plus fondamentalement, à l'heure du tout numérique, il devient impératif pour les collectivités décentralisées de s'arrimer aux exigences des technologies de l'information et de la communication.

En effet et comme le souligne Ariane-Vidal NAQUET, *« à l'évidence, le recours aux nouvelles technologies de l'information et de la communication (NTIC) permet de développer et de promouvoir la participation citoyenne. L'usage d'Internet, notamment, permet d'abolir les barrières spatiales, en supprimant la contrainte géographique, et les barrières temporelles, en favorisant l'immédiateté, de diminuer les contraintes matérielles, en réduisant les coûts d'organisation du vote, de déplacer les barrières sociales, en associant le jeune public notamment. Les citoyens peuvent ainsi participer plus facilement, plus directement, plus immédiatement à [la gestion des affaires locales] »*[43]. Ce qui implique que le mode d'information ou de communication doit pouvoir évoluer. Il faut par ailleurs pratiquer une gouvernance de proximité qui consiste à établir un contact permanent ou des plateformes d'échanges et de discussion avec les populations à une fréquence raisonnable pour s'enquérir de leurs doléances et ne pas toujours attendre la veuille des élections pour renouer le contact avec celles-ci. S'il est de la responsabilité première des autorités publiques de faire du citoyen un acteur davantage actif que passif en réduisant au maximum l'étendue de sa passivité, il faut reconnaître que le citoyen lui-même a un rôle à jouer pour être un acteur véritablement actif.

2) La responsabilité du citoyen dans l'amélioration de sa participation au développement local

Bénéficiaire ultime des objectifs de la décentralisation, le citoyen doit donc être un acteur de premier plan dans tout ce qui est envisagé pour l'amélioration de son cadre de vie. Si le législateur et les autorités publiques, de façon générale, ont tenu à l'impliquer, même de manière minorée, il doit pouvoir être réceptif et disposé à agir et non à subir. En fait, il est un constat permanent à déplorer, c'est celui du désintéressement des citoyens des questions qui concernent leur localité soit par manque de confiance soit en raison d'une rupture de contact

[43] Nacquet (A-V), « Le citoyen co-législateur : quand, comment, pour quels résultats ? ».

entre les élus (notamment les conseillers municipaux) durant l'exercice de mandat et qui ne s'établira de nouveau qu'à l'approche de nouvelles échéances électorales. Si les revers de la centralisation peuvent légitimer cette rupture ou ce désamour entre le politique et le citoyen, force est de reconnaître les efforts et les concessions qui ont été faits pour réduire ce fossé handicapant. Il est donc dans l'intérêt désormais du citoyen de saisir toutes les opportunités de participation qui lui sont offertes pour faire avancer les choses. Il s'agit davantage de s'intéresser à la gestion pour savoir ce qui est formellement prévu. En effet, une bonne partie de la population pèche davantage par ignorance que par volonté délibérée. D'où la nécessité d'une éducation à la participation pour leur permettre de comprendre leurs droits et devoirs, de participer valablement dans les processus et d'exiger le compte des actions mises en œuvre par les élus[44].

Conçue et systématisée dans le but de rapprocher l'administration des administrés, la décentralisation est un processus véritablement en marche en Afrique noire francophone et au Cameroun en particulier ainsi qu'en témoigne l'abondante législation en la matière et surtout le caractère évolutif de celle-ci. L'on peut par ailleurs constater l'importante place qui est accordée au citoyen en tant que pierre annulaire du processus. Bien plus, il en ressort que le citoyen entretient un rapport d'influence avec le développement local dont il est l'ultime bénéficiaire avec la décentralisation dès lors qu'il a été établi qu'il est à la fois acteur et destinataire de cette construction juridique. Il en devient un acteur majeur tant en amont qu'en aval et surtout pourvoyeur d'un développement national impulsé par le local et donc par lui-même. Formellement érigé en actionnaire et même en partenaire du développement de sa localité, le citoyen doit prendre la mesure de la place importante qu'il occupe dans l'enracinement et la progression de la décentralisation. Il revient par ailleurs aux autorités publiques, notamment l'État et les collectivités territoriales décentralisées, d'œuvrer davantage pour une implication décisoire que non décisoire du citoyen dans la gestion des affaires locales dans une perspective d'un citoyen qui agit et non celui qui subit la décentralisation.

---

[44] DEMANTE Marie-Jo et TYWINSKY Isabelle, Décentralisation et gouvernance locale en Afrique des processus, des expériences, www.iram-fr.org, p. 23.

Le pouvoir réglementaire local au Mali

Toure Issouf

Introduction

Après des années de communalisation, la décentralisation malienne est rentrée dans une nouvelle phase appelée régionalisation supposée donner plus d'autonomie aux collectivités territoriales dans la gestion des affaires locales. Aujourd'hui, la question de la décentralisation est, plus que jamais, au centre des préoccupations de tous les acteurs du développement local et national à travers des problématiques comme le transfert des compétences et la redéfinition du rôle de l'État, ses rapports avec les collectivités territoriales.

À partir de 2014, le transfert de compétences de l'État aux collectivités territoriales s'est subitement accéléré, amplifiant, de ce fait, la responsabilité de ces collectivités dans la poursuite du développement à travers le service public local. Pour mettre en œuvre leurs compétences, les autorités décentralisées ont recours au pouvoir réglementaire local.

Le pouvoir réglementaire local peut être défini comme la capacité reconnue aux autorités décentralisées d'édicter des mesures générales et impersonnelles qui s'appliquent obligatoirement aux citoyens ou aux acteurs économiques de la collectivité concernée.

Du point de vue matériel, le règlement se rapproche de la loi, du point de vue formel, de l'acte administratif. Le pouvoir réglementaire est qualifié de national lorsqu'il émane d'une autorité nationale et a vocation à s'appliquer sur l'ensemble du territoire ; et, il est qualifié de local lorsqu'il émane d'une autorité décentralisée. C'est ce dernier pouvoir qui nous intéresse dans le cadre de cette communication.

L'étude du pouvoir réglementaire local présente un intérêt pratique dans la mesure où elle nous permettra de mettre en exergue la question de l'autonomie normative des collectivités territoriales dans leurs domaines d'intervention.

Cette réflexion ne portera pas sur le pouvoir réglementaire des autorités déconcentrées, elle ne concernera que la compétence normative des collectivités territoriales du Mali.

Cette communication vise à questionner le pouvoir réglementaire local des collectivités territoriales au Mali. L'étendue du pouvoir normatif des entités décentralisées constitue le baromètre de l'autonomie dont jouissent les collectivités territoriales. Dès lors, nous pouvons nous poser la question de savoir : *Quelle est l'étendue du pouvoir réglementaire local au Mali ?*

Ce travail sera articulé autour de deux grands axes. Le premier axe sera l'occasion d'étudier le pouvoir réglementaire local comme un pouvoir élargi (I) et le second axe sera consacré à l'analyse des limites du pouvoir réglementaire local au Mali (II).

I) Le pouvoir réglementaire, un pouvoir élargi

Dans cette première partie, nous allons étudier le champ d'intervention du pouvoir réglementaire local dans une première période, et dans une seconde période, analyser l'assouplissement de la tutelle sur ce pouvoir.

A) Un champ intervention vaste du pouvoir réglementaire local

La nouvelle phase de décentralisation amorcée par le Mali après 2012 prévoit au bénéfice des collectivités territoriales un plus grand champ d'intervention du pouvoir réglementaire des autorités locales. En effet, l'accord pour la paix et la réconciliation issu du processus d'Alger de 2015 à jeter les bases d'une plus grande autonomie des collectivités territoriales. Cet accord conforte le rôle prééminent des régions en matière de développement économique, social et culturel en leur confiant notamment un rôle nouveau de planification. Il leur accorde également des compétences élargies en matière d'aménagement du territoire, d'agriculture, d'élevage, de pêche, de gestion forestière, de transports, de commerce, d'industries, d'artisanat, de tourisme, et de transports interrégionaux ainsi qu'en matière de création et gestion des équipements collectifs et des services sociaux de base (éducation de base et formation professionnelle, santé, environnement, culture, infrastructures routières et de communication relevant du niveau régional, énergie, hydraulique et assainissement). Enfin, il leur reconnaît la capacité d'établir et appliquer des impôts et recettes propres, sur la base de paramètres déterminés par l'État[1].

Si de 1995 à 2012 il n'y a eu que trois domaines transférés aux collectivités territoriales, à partir de 2012, la décentralisation a été marquée par une accélération des transferts de compétences aux entités locales. En effet, aujourd'hui, 21 domaines ont été transférés aux

[1] Voir l'article 8 de l'accord de paix et de réconciliation issu du processus d'Alger de 2015.

collectivités territoriales. Ce qui dénote d'une responsabilisation plus accrue de celles-ci dans la prise de décision.

En plus des compétences transférées de manière spécifique, la nouvelle loi portant libre administration des collectivités territoriales en l'occurrence la loi n° 2017-052 du 2 octobre 2017 dispose que : « Chaque Collectivité territoriale règle par délibération ses affaires propres. Tout transfert de compétences à une Collectivité territoriale doit être accompagné du transfert concomitant par l'État à celle-ci, des ressources et moyens nécessaires à l'exercice normal de ces compétences. La détermination des compétences de la Région, du District, du Cercle et de la Commune relève de la loi[2]. », et l'article 22 du Code des Collectivités territoriales de 2017 abonde dans le sens en stipulant que : « Le Conseil communal règle par ses délibérations les affaires de la Commune, notamment celles relatives au développement économique, social et culturel.[3] » Dans le second alinéa de cet article du code des collectivités territoriales est énumérées une vingtaine de matières comme étant de la compétence des entités locales décentralisées.

À l'analyse de ces deux articles ci-dessus cités, nous voyons aisément qu'il est fait allusion à la clause générale de compétence à travers la notion d'affaire locale : « Le Conseil communal règle par ses délibérations les affaires de la Commune ». Ainsi, au nom de cette clause générale de compétence, les collectivités territoriales peuvent intervenir à travers leur pouvoir réglementaire à chaque fois qu'il s'agira de gérer une affaire locale.

Il ressort de tous ces développements que le champ du pouvoir réglementaire est aujourd'hui plus vaste qu'il y a dix ans. Par conséquent, le pouvoir réglementaire local peut être considéré comme plus grand actuellement. Il faut dire que le processus de décentralisation plus poussée appelé régionalisation prône une autonomie plus conséquente des collectivités territoriales dans la mise en œuvre de leurs compétences avec un pouvoir normatif plus accentué qu'avant 2012.

En sus de l'accroissement du domaine du pouvoir réglementaire local, la régionalisation a permis un allègement de la tutelle sur les

---

[2] Article 4 de la loi n° 2017-052 du 2 octobre 2017 déterminant les conditions de la libre administration des collectivités territoriales au Mali.

[3] Article 22 de la loi n° 2017-051 du 2 octobre 2017 portant Code des collectivités territoriales au Mali.

collectivités territoriales en général et en particulier sur leurs actes réglementaires.

B) Une tutelle assouplie sur le pouvoir réglementaire local

L'ancien Code des Collectivités territoriales, la loi n° 95-034, prévoyait un mécanisme de contrôle *a priori* sur les actes des collectivités territoriales. En effet, les délibérations sur la plupart des matières ne devenaient exécutoires qu'après leur approbation par l'autorité de tutelle[4].

Aujourd'hui, la régionalisation que le Mali tente de mettre en œuvre recommande une autre façon de contrôler et un niveau plus élevé d'autonomie des entités locales décentralisées. D'où l'assouplissement de la tutelle de l'État sur les collectivités territoriales à travers l'instauration d'un contrôle *a posteriori* sur les actes de ses collectivités. Le contrôle *a priori* n'est plus le principe, mais l'exception.

La loi du 2 octobre 2017 a prévu un mécanisme identique de contrôle a posteriori des actes pour toutes les collectivités territoriales. En effet, selon l'article 23 du code des collectivités territoriales, les délibérations du Conseil communal sont exécutoires dès leur publication : « Les délibérations du Conseil communal sont exécutoires dès leur publication.

Toutefois, les délibérations sur les matières ci-après ne deviennent exécutoires qu'après approbation par le représentant de l'État dans le Cercle :

- Les budgets et le compte administratif ;
- L'aliénation des biens du patrimoine ;
- Les emprunts de plus d'un an. »

À l'analyse de cet article, le contrôle *a priori* ne peut porter que les budgets et le compte administratif, l'aliénation des biens du patrimoine et les emprunts de plus d'un an, à part ces trois matières, toutes les autres matières ne peuvent faire l'objet que d'un contrôle *a posteriori*.

À la lumière de l'article 292 de la loi n° 2017-051 du 2 octobre 2017 portant Code des Collectivités territoriales, nous voyons que ce « contrôle des actes des collectivités territoriales consiste, à l'exclusion de toute appréciation d'opportunité, en la vérification de leur légalité. Il s'exerce sur les délibérations, arrêtés et autres actes des collectivités territoriales[5] ». Par conséquent, les représentants de l'État dans les

---

[4] Article 15 de la loi n° 95-034 portant Code des collectivités territoriales.

[5] Article 292 de loi n° 2017-051 du 2 octobre 2017, précitée.

collectivités territoriales perdent leur pouvoir d'approbation et d'annulation des actes des autorités décentralisées. Ils ne peuvent plus entraver à leur guise le pouvoir normatif des collectivités territoriales.

La loi n° 2017-051 du 2 octobre 2017 portant Code des Collectivités territoriales a changé la nature des relations entre l'État et les collectivités locales en ce sens que les communes, les cercles et les régions ont plus de liberté qu'auparavant. Cette loi a donné une nouvelle dimension au principe constitutionnel de libre administration des collectivités territoriales à travers l'allègement de la tutelle de l'État sur ses collectivités décentralisées.

Au final, l'assouplissement de la tutelle sur les actes des collectivités territoriales est un renforcement du pouvoir réglementaire local.

Depuis 2012, toutes les réformes en matière de décentralisation visent à faire du pouvoir réglementaire local un moyen de gagner en efficacité pour rapprocher la prise de décision du terrain. Ce qui permet aux collectivités territoriales d'exercer leur pouvoir réglementaire avec beaucoup de liberté. Mais, malgré cette liberté, le pouvoir normatif des collectivités territoriales reste limité.

II) Le pouvoir réglementaire local, un pouvoir limité

Dans cette deuxième partie, nous allons essayer de démontrer que le pouvoir réglementaire local est un pouvoir subordonné, dans un premier temps, avant d'analyser ce pouvoir comme étant un pouvoir toujours contrôlé, dans un second temps.

A) Le pouvoir réglementaire local, un pouvoir subordonné

Au Mali, malgré la régionalisation, le pouvoir réglementaire des collectivités territoriales est et demeure subordonné au pouvoir réglementaire national.

Le contexte sociopolitique et sécuritaire que le Mali connaît de plus de dix ans ne peut permettre que l'existence d'un pouvoir réglementaire local subordonné, car c'est le principe de l'unité de la République qui est mis en avant pour éviter l'éclatement du pays. Dans ce contexte, il n'était pas envisageable de reconnaître un pouvoir réglementaire autonome aux autorités locales, face au pouvoir législatif et au pouvoir réglementaire de l'État. De ce fait, le pouvoir normatif des autorités locales ne pouvait être que subordonné.

En plus, au Mali, le pouvoir normatif local est un pouvoir fondé sur la loi : « Les collectivités s'administrent librement par des conseils élus dans les conditions fixées par la loi[6] », alors que la loi et le pouvoir réglementaire national tirent sa source de la Constitution. Par conséquent, le pouvoir réglementaire des collectivités décentralisées au Mali n'est pas autonome, mais subordonné. En effet, un pouvoir réglementaire autonome n'est pas besoin d'une médiation législative.

Au Mali, la subordination du pouvoir normatif au pouvoir réglementaire national ne fait pas débat pour le moment, contrairement en France où la doctrine est divisée sur la question. Par exemple, Maurice BOURJUL[7] pense que les collectivités territoriales doivent avoir un pouvoir réglementaire autonome, parce que selon lui, elles tirent ce pouvoir directement de l'article 72 de la Constitution française. Au contraire de BOURJUL, d'autres auteurs mettent en doute l'existence même d'un pouvoir réglementaire local. Par exemple, Bertrand FAURE[8] pense qu'admettre l'existence d'un pouvoir normatif aux entités décentralisées reviendrait à désétatiser l'exercice du pouvoir réglementaire national.

Pour nous, au Mali, les collectivités territoriales n'ont qu'un pouvoir réglementaire subordonné. Toute chose qui constitue une limite au pouvoir réglementaire.

Le principe de subsidiarité, dans le contexte actuel, est aussi une limite au pouvoir normatif des entités locales. Ce principe est consigné dans l'accord issu du processus de paix d'Alger de 2015. En effet, le chapitre 4 de l'Accord dans son article 7 institue une subsidiarité entre l'État et les collectivités territoriales : « Les parties reconnaissent la nécessité d'un partage des missions et responsabilités entre l'État et les collectivités, pour assurer le niveau d'efficacité requis et la prise en compte des besoins des demandes des citoyens et des communautés à la base. » Donc, au nom du principe de subsidiarité, l'État peut intervenir dans la gestion des affaires locales s'il est le plus à même de régler un besoin ou une affaire d'intérêt local. Le plus important, il faut que l'État soit le niveau le plus efficace : « Pour assurer, le niveau d'efficacité requis et la prise en compte des besoins des demandes des citoyens et des communautés à la base ». De ce fait, l'État qui a plus de moyens que les collectivités territoriales aura toujours tendance à

[6] Article 98 de la Constitution de 1992.

[7] Maurice BOURJUL, J.-L. DOUENCE, L. FAVOREU, Le pouvoir réglementaire local, Les cahiers du CFPC, 1983, p. 13.

[8] Bertrand FAURE. Le pouvoir réglementaire des collectivités locales, quel avenir pour l'autonomie des collectivités locales ? Paris, Édition L'Aube, 1999, p. 343.

empiéter sur le domaine du pouvoir réglementaire local au nom de cette efficacité prônée par le principe de subsidiarité. C'est en cela que nous voyons ce principe comme une limite au pouvoir réglementaire local au Mali. Les limites du pouvoir réglementaire local peuvent aussi s'analyser à travers le contrôle dont il est l'objet par les représentants de l'État dans les collectivités territoriales.

B) Le pouvoir réglementaire local, un pouvoir toujours contrôlé

Le contrôle du pouvoir normatif des collectivités a changé de nature, mais il n'a pas disparu. Certes, le contrôle *a priori* a laissé place au contrôle a posteriori ; mais, malgré tout, les pouvoirs du représentant de l'État dans les différentes collectivités territoriales restent considérables.

En effet, le préfet demeure l'autorité de droit commun et garant du respect de l'autorité et de l'intérêt général par les collectivités territoriales. Cela se vérifie par le maintien de sa situation prépondérante auprès des élus locaux et en tant que garant des intérêts nationaux, et par le maintien d'un contrôle extensif sur les actes des autorités locales[9]. Selon l'article 295 de la loi n° 2017-051 portant Code des Collectivités territoriales : « Le représentant de l'État communique à la Collectivité territoriale ses observations sur les délibérations non soumises à approbation, les arrêtés et autres actes qu'il estime contraires à la légalité, dans les quinze (15) jours qui suivent leur transmission. La Collectivité territoriale répond aux observations du représentant de l'État dans le délai de quinze (15) jours, à compter de la date de réception desdites observations. À défaut de réponse dans le délai imparti ou lorsque la collectivité n'apporte pas un traitement approprié aux observations formulées, le représentant de l'État défère l'acte incriminé au Tribunal administratif. ». L'article suivant stipule : « Le représentant de l'État défère au Tribunal administratif les délibérations non soumises à approbation, les arrêtés et autres actes de la Collectivité territoriale qu'il estime contraires à la légalité, dans les deux (2) mois qui suivent leur transmission. » Ce délai peut être suspendu lorsque le Représentant de l'État le souhaite, dans ce cas, la décision du Tribunal administratif doit intervenir dans un délai maximum de deux mois. À la lecture des articles 295 et 296, on se rend compte que les compétences du représentant de l'État dans les collectivités territoriales peuvent

[9] Voir Adama COULIBALY, « *Le contrôle de l'État sur les collectivités territoriales au Mali* », Thèse de doctorat, Université Paris-Est, 2021.

encore être contraignantes dans le cadre de l'exercice du pouvoir réglementaire local.

À côté des limites liées au contrôle des actes des collectivités territoriales par les représentants de l'État dans les entités décentralisées, il y a, aussi, d'autres limites que nous allons qualifier de limites d'ordre pratique. En effet, les collectivités territoriales sont dotées de larges compétences dans l'ensemble des domaines relevant des affaires locales. Mais la mise en œuvre de ces compétences nécessite souvent de moyens humains, matériels et financiers que les collectivités n'ont pas. L'insuffisance de moyen constitue une limite à la libre administration des collectivités territoriales en général et en particulier au pouvoir normatif de ces dernières.

Dans le même sens, les limites d'ordre pratique sont liées également à la confusion qui caractérise la répartition des compétences entre l'État et les collectivités territoriales d'une part, et entre les collectivités territoriales elles-mêmes d'autre part.

Aussi, le principe constitutionnel de libre administration des collectivités territoriales porte en elle-même certaines limites du pouvoir réglementaire local. Dans la réalité, il ne s'agit pas pour les collectivités territoriales de se « gouverner[10] » librement, mais de s'administrer librement dans le cadre de la loi. Ainsi, la libre administration doit porter, uniquement, sur les compétences administratives et non sur les compétences régaliennes qui sont réservées à l'État central. Finalement, le pouvoir réglementaire local au Mali n'est qu'un pouvoir de mise en œuvre des lois et règlements nationaux.

En conclusion, nous pouvons dire que les réformes récentes en matière de décentralisation au Mali ont contribué à un certain renforcement du pouvoir réglementaire local ; mais, qu'en dépit de cela, le pouvoir réglementaire est encore forcément limité. Il est, donc, nécessaire de passer à une pratique de la décentralisation dans laquelle les collectivités auront des compétences normatives plus conséquentes pour une meilleure prise en charge des affaires locales.

---

[10] Luis FAVOREU, « Libre administration et principes constitutionnels », in La libre administration des collectivités locales. Réflexions sur la décentralisation, P.U.A.M. - Economica, 1984, p. 66.

Le contrat-plan État-Région-District : une innovation dans la décentralisation au Mali

Sogoba Samba

Introduction

La décentralisation est un système d'administration autorisant une collectivité humaine ou un service public à s'administrer eux-mêmes dans le respect de la légalité. Elle se traduit par un transfert d'attributions de l'État à des institutions territoriales ou non juridiquement distinctes de lui et bénéficiant sous sa surveillance d'une certaine autonomie de gestion. Ces institutions sont dotées de la personnalité juridique, d'autorités et de ressources propres[1].

Dans le cadre de l'approfondissement de la décentralisation, l'État du Mali a mis en place un mécanisme de contractualisation d'appui financier aux Collectivités Région ou District[2] pour les accompagner dans la réalisation de leur mission de développement économique conformément aux orientations du DCPND (Document-cadre de politique nationale de la décentralisation)[3].

La Collectivité est donc un ensemble de personnes liées par une organisation commune, d'intérêts communs. Elle est dite locale ou décentralisée lorsqu'elle a la personnalité morale, l'autonomie financière, des affaires propres, des autorités locales et que le contrôle de l'État ne soit pas total à son égard[4].

Le transfert de compétences de l'État aux collectivités territoriales est la condition de réalisation de la décentralisation. La stratégie de

---

[1] Michel Verpeaux-Laetitia Janicat, Droit des collectivités territoriales, 2e édition LGDJ, Paris, 2021, p. 258.

[2] Suite aux événements de 2012 et la crise politique, institutionnelle et sécuritaire qui s'en est suivie, l'État malien a décidé d'intensifier le processus de décentralisation à travers la régionalisation. L'idée est de rééquilibrer les pouvoirs entre l'État central et les collectivités territoriales, notamment au profit de la Région, qui a vocation à devenir un acteur majeur au niveau local.

[3] Au Mali, selon le DCPND (Document-cadre de politique nationale de décentralisation 2015-2024), dans le cadre de la nouvelle phase de la décentralisation, « les rapports entre le Gouvernement central et les Collectivités territoriales doivent être basés sur le partenariat et la régulation ».

[4] Marc Thoumelou, Collectivités territoriales, quel avenir ? La documentation française 2e édition, Paris, 2016, p. 12.

transfert obéit à des règles déterminant la nature de la compétence[5]. Le transfert de compétences est un objectif indispensable permettant aux organes élus d'exercer les attributions proposées. Il permet aussi à la Collectivité d'exercer de nouvelles attributions conférées par les textes de la décentralisation afin de faire face au développement local.

C'est ainsi que découle ce mécanisme financier, « le contrat-plan État-Région ou District ». Selon les stipulations du décret n° 2014-0644 du 21 août 2014 déterminant les modalités d'élaboration, de mise en œuvre et de suivi-évaluation du contrat plan État-région ou district, *« le contrat-plan État-Région ou District est une convention par laquelle l'État et la collectivité territoriale s'engagent sur la programmation et le financement pluriannuels en vue de la réalisation de projets structurants d'envergure régionale ou de district, dans le cadre de la mise en œuvre du Programme de Développement économique, social et culturel (PDESC)*[6] ».

Il peut également comporter un volet territorial relatif à des projets d'intérêt communal, local, régional ou interrégional. Il s'agit donc d'un dispositif d'accompagnement à la régionalisation voulu par l'État malien visant à contribuer au renforcement des capacités de la collectivité Région et à l'opérationnalisation des projets structurants prévus dans le Programme de développement des régions, en lien avec les orientations stratégiques. Son objectif est de soutenir le développement et l'économie de la région ou district, en créant des projets d'investissement productifs nécessaires à la croissance économique et l'emploi. En effet, l'initiative du contrat-plan appartient à la collectivité Région ou District représentée par le Conseil régional/Mairie du District[7].

Cependant, il existe plusieurs autres mécanismes de financement analogues destinés aux collectivités territoriales en République du Mali, comme : Dotation d'Investissement pour le Développement économique régional, Budget spécial d'Investissement, Dotation d'appui technique,

[5] Florian MUGNIER, La personnalité juridique des Collectivités territoriales, Genèse et développement d'une personne morale dans l'État, Dalloz, Paris, 2022, p. 368.

[6] Décret n° 2014-0644/P-RM du 21 août 2014 déterminant les modalités d'élaboration, de mise en œuvre et de suivi-évaluation du contrat plan État-région ou district, art.2.

[7] Le Contrat-plan Etat-Région ou District dans le contexte malien s'inscrit dans la volonté d'instaurer de nouveaux rapports entre l'État central et les collectivités territoriales basés sur le partenariat et la régulation. Le principe est de créer un dialogue constructif entre l'État et les régions permettant de s'accorder sur les priorités de développement et d'aller vers des engagements assurant une meilleure efficacité des actions de développement sur la durée.

Programme d'urgence présidentielle. En aucun cas, le contrat-plan, faisant l'objet de notre réflexion ici, n'a pas vocation à s'y substituer.

Quels sont les mécanismes de mise en œuvre du contrat-plan État-Région ou District dans le droit positif malien ?

Institués en 2014, les premiers contrats-plan ont été signés en 2015, à Sikasso (réhabilitation de la plaine de Kléla et la piste Kléla-Kouoro barrage), Ségou (aménagement de trois sites pastoraux et la création d'un musée régional des masques et marionnettes. En droit malien, la réalisation du contrat-plan observe des règles relatives à son cadre de planification **[I]** d'une part, et celles liées à son cadre juridique **[II],** d'autre part.

I) Le cadre de planification du contrat-plan

Ce mécanisme de contractualisation entre État et collectivités présente **un intérêt politico-juridique**[8], d'une part, puisqu'il est un outil pour l'État d'accélérer le processus de transfert de moyens financiers aux collectivités Région ou district et de mieux contrôler l'utilisation des fonds alloués à celles-ci. D'autre part, il a un **intérêt économique** dans la mesure où il permet à l'État et aux Collectivités de générer un flux financier pour accélérer le développement économique du territoire régional en vue de créer la plus-value et résorber le chômage.

A) Les principes de base

Quatre principes de base doivent guider l'élaboration des contrats-plan : la cohérence, la subsidiarité, la complémentarité et l'efficacité économique.

1) La cohérence et la subsidiarité

Pour que la territorialisation du développement que visent les contrats-plan ne soit pas en contradiction avec les priorités nationales, ceux-ci doivent être cohérents avec les documents de politique de portée nationale, notamment le Cadre Stratégique de croissance et de réduction de la pauvreté [CSCRP], le Document-cadre de politique nationale de décentralisation [DCPND] et son plan d'action.

---

[8] L'Accord pour la paix et la réconciliation issu du processus d'Alger prévoit dans son article 41 que « des conventions-programmes Région/État seront conclues en vue de la mise en place de programme d'investissement pluriannuel structurant et de la réglementation des obligations de l'État en matière de développement économique et social ».

La subsidiarité peut se définir comme un principe de délégation verticale de pouvoirs au niveau des circonscriptions et collectivités dans les domaines ou une action locale est préférable à l'intervention du niveau national[9]. S'il revient à l'État[10] de définir le cadre global de développement national, il appartient à chaque collectivité Région, de définir et mettre en œuvre sa propre stratégie de développement régional[11].

Dans ce cadre, le contrat-plan peut être le moyen de financer des projets d'envergure régionale non seulement dans les domaines relevant de la compétence des régions, mais aussi de l'État, s'il juge cette forme de gestion plus efficace que son intervention en tant qu'acteur direct.

2) La complémentarité et l'efficacité économique

La nécessité d'inscrire la stratégie de développement économique régional dans une démarche volontariste d'aménagement et de développement durable des territoires ne doit pas occulter la solidarité garant de l'unité nationale. En effet, dans le cadre des contrats-plan, l'État doit mettre en place les mécanismes financiers permettant d'assurer que les régions les plus démunies peuvent se développer dans une stratégie intégrée de partage des richesses nationales. C'est toute la problématique des modalités de prise en charge des différences de richesses entre régions dans le financement des contrats-plan[12].

De même à l'intérieur d'une même région, le contrat-plan doit permettre la solidarité et la coopération entre les différentes CT [cercles

[9] Introduit dans le traité de Maastricht, pour chercher à définir le jeu du partage de compétences entre les États membres et la communauté, et pour répondre à la critique d'extension indéfinie du champ d'action communautaire. La communauté intervient seulement « si et dans la mesure où les objectifs de l'action envisagée ne peuvent pas être réalisés de manière suffisante par les États membres et peuvent donc, en raison des dimensions ou des effets de l'action envisagée, être mieux réalisés au niveau communautaire ». Dans la rédaction de l'article 72 de la Constitution française issue de la révision 2003, *le principe de subsidiarité est devenu un principe d'organisation de la France.* Lexique des termes juridiques, 21e édition, Dalloz, 2014, p. 750.

[10] Les lois de décentralisation ont, en revanche, très profondément modifié les règles anciennes de la tutelle sur les actes des organes locaux. L'un des principaux changements qu'elles lui ont apportés est constitué par la place beaucoup plus importante que l'exercice du contrôle est laissé désormais à des organes juridictionnels.

[11] André Legrand, Céline Wiener, Le droit public, Formation, Administration, Concours, la Documentation française, 2017, p. 94.

[12] Le contexte du Mali est assez différent. La pertinence du Contrat plan-État/Région n'est pas en cause, mais son contenu, ses modalités de mise en œuvre et son accompagnement doivent tenir compte des réalités particulières du processus de décentralisation, et de réforme de l'État dans son ensemble.

et communes] dans le choix des projets et éviter les asymétries parfaites, dans la mesure où les projets pertinents peuvent rarement couvrir en même temps les territoires de tous les cercles.

L'efficacité implique d'abord le choix de projets structurants à financer principalement par l'État et ses partenaires pour mettre en place les conditions favorables pour l'installation de promoteurs privés[13]. Bien entendu, l'amélioration des infrastructures [voies de communication, télécommunications, électrification, etc.], mais ces investissements entrent davantage dans le portefeuille de l'État pour un premier temps.

En outre, ces investissements structurants sont indispensables pour garantir les besoins locaux en termes d'amélioration de qualité de vie, de création d'économies externes pour les entreprises de développement de services de proximité, de maintien de l'équilibre démographique et de lutte contre l'exode rural. L'efficacité implique aussi le soutien de la région à des projets productifs s'adressant aux investisseurs nationaux et étrangers, intéressés par les secteurs porteurs au niveau de chaque région[14].

B) La planification proprement dite

La planification régionale et locale ne saurait être exclusive de la planification centrale, car les choix stratégiques et le projet de société sont définis par l'État dépositaire de la souveraineté nationale[15].

1) La planification participative multi-niveaux

La planification est faite par les comités régionaux, locaux et communaux d'orientation, de coordination et de suivi des actions de développement [CROCSAD, CLOCSAD, COCSAD] à trois niveaux.

---

[13] On peut penser que dans le contexte malien le contrat-plan (CPER) permettra un engagement plus fort des parties, une plus grande traçabilité des actions, une meilleure responsabilisation des acteurs, en particulier pour le suivi des actions et l'entretien des infrastructures, et une plus grande capitalisation des expériences.

[14] C'est le Comité interministériel d'aménagement et de compétitivité des territoires (CIACT) du 6 mars 2006 qui a procédé à ce changement de nom et a aussi restreint le contenu des contrats-plan aux objectifs suivants : compétitivité et attractivité du territoire, promotion du développement durable, cohésion sociale et territoriale.

[15] Le rôle du gouvernement à travers les ministères compétents est d'abord de faire le cadrage macroéconomique et budgétaire des contrats-plan (Finances, Plan), et de donner les grandes orientations pour les infrastructures à réaliser.

- Comités communaux d'orientation, de coordination, et de suivi des actions de développement [CCOCSAD] qui s'élargissent en une entité de développement intégrant autour des élus, des techniciens des représentants de communautés de base. Les associations diverses, des privés et…)
- Comités locaux d'orientation, de coordination et de suivi des actions de développement (CCLOCSAD) au niveau du Cercle qui regrouperont autour du Préfet (Président) et du Président du Conseil de cercle, l'ensemble des acteurs de développement local ;
- Comités régionaux d'orientation, de coordination et de suivi d'actions de développement local (CROCSAD) regroupant autour du Gouverneur (Président) et du Président de l'Assemblée régionale, l'ensemble des acteurs de développement régional. Un cadre de concertation interrégionale d'harmonisation des projets (projets d'envergure nationale) et des projets d'envergure régionale (PDR) pourrait être envisagés à ce niveau également.
- Ainsi, les structures de concertation ont pour rôle d'impliquer toutes les parties prenantes et de veiller à la réalisation des actions programmées en se conformant au principe de la subsidiarité.

Si la décentralisation exclut, en principe, l'exercice d'une tutelle hiérarchique par une collectivité sur une autre, elle requiert, en revanche, l'application rigoureuse du principe de subsidiarité et surtout une coordination étroite des rapports entre collectivités locales selon une approche systématique impliquant également l'État et ses démembrements tant au niveau national, régional que local.

Les documents de réalisation de projets de développement décidés par l'État sur le territoire de la région doivent être systématiquement communiqués, par les structures centrales, au niveau régional qui, à son tour, en informera le niveau local. Il reste bien entendu que les différentes collectivités territoriales devront toujours en tenir compte au moment de l'élaboration de leurs différentes programmations annuelles et pluriannuelles.

2) Les instruments et outils d'aménagement du territoire et de planification

Ces instruments doivent être considérés aux quatre échelons de l'État : national, régional, local et communal.

L'échelon national

- Le Schéma national d'Aménagement du territoire (SNAT) ;
- Les Schémas directeurs sectoriels et spatiaux ;
- Le Programme triennal d'Investissement et sa tranche annuelle (BSI) ;
- Les plans nationaux sectoriels.

L'échelon régional

- Le Schéma régional d'Aménagement du territoire (SRAT) ;
- Les Schémas directeurs sectoriels et spatiaux ;
- Les Plans de Développement sectoriel, économique et culturel (PDSEC), etc.

L'échelon local

- Le Schéma local d'Aménagement du territoire (SLAT) ;
- Les Schémas directeurs sectoriels et spatiaux ;
- Les Plans de Développement sectoriel, économique et culturel (PDSEC), etc.

L'échelon communal

- Le Schéma communal d'Aménagement du territoire (SCAT) ;
- Les Schémas directeurs sectoriels et spatiaux ;
- Les Plans de Développement Sectoriel, Économique et Culturel (PDSEC).

Il revient à l'État en tant que garant du processus de décentralisation d'inscrire la stratégie de développement économique régional dans le cadre d'une politique territoriale de développement économique dont il lui revient de fixer les objectifs. Il établit aussi les lignes directrices, les orientations stratégiques, les conditions et les modalités de mise en œuvre, les modalités de suivi et de contrôle d'exécution et les modalités d'évaluation.

À cet égard, la principale difficulté réside dans le fait que la Région qui doit être le pilote du Développement régional ne dispose pas de moyens juridiques de cette mise en cohérence. Ce qui, à certains égards, est vu par les acteurs, y compris par les autres niveaux de CT comme un handicap. En effet, la loi sur la libre administration des CT laisse à la seule appréciation de chaque niveau de collectivités les programmes de développement économique, social et culturel (PDESC).

II) Le cadre juridique du contrat-plan

Le décret n° 06-436/P-RM du 16 octobre 2006 qui détermine les modalités de coopération entre les CT en République du Mali énumère le contrat-plan parmi les modalités de coopération entre les CT. Mais il n'existe pas un texte spécifique régissant les contrats-plan au Mali. Cependant, dans la mesure où il fixe les engagements pluriannuels de l'État et de la ou les Collectivités territoriales partenaires autour d'une stratégie commune, on peut logiquement estimer qu'il doit s'exécuter dans le respect des lois et règlements qui régissent la politique de décentralisation au Mali.

A) Les règles applicables

Le contrat-plan est encadré par les textes régissant la politique de décentralisation au Mali, cette convention est formalisée dans un document écrit et signé par les partis.

1) Les textes encadrant la décentralisation

D'abord, la Constitution malienne du 25 février 1992 a consacré le principe de la libre administration des Collectivités territoriales[16]. La loi n° 93-008 du 11 février 1993 déterminant les conditions de la libre administration des collectivités territoriales, modifiée par la loi n° 2017-052 du 2 octobre 2017 dispose : « Les collectivités territoriales ont pour mission la conception, la programmation et la mise en œuvre des actions de développement économique, social et culturel d'intérêt régional, local et communal[17] ».

Un décret pris en Conseil des ministres détermine les mécanismes de programmation et de mise en cohérence des actions de développement économique, social et culturel d'intérêt régional ou local. Pour accomplir cette mission, la loi les a dotés de la personnalité morale et de

---

[16] Constitution du Mali du 22 février 1992, art.97 : « Les Collectivités territoriales sont créées et administrées dans les conditions définies par la loi », art.98 : « Les Collectivités s'administrent librement par des conseils élus et les conditions fixées par la loi ».

[17] Loi n° 2017-052 du 2 octobre 2017, article 3.

l'autonomie financière[18] et en cela leur responsabilité relève des mêmes règles que celles de l'État, c'est-à-dire principalement le droit public.

Le Code des Collectivités territoriales dispose que la Région constitue « un cadre de mise en cohérence des stratégies et actions de développement des collectivités qui la composent et l'État ». Dans ce sens, « le Conseil régional règle par ses délibérations les affaires de la région, notamment celles relatives aux programmes de développement économique, social et culturel[19] ».

Ainsi, il délibère entre autres sur « le Schéma d'Aménagement du territoire régional en cohérence avec le schéma national, les plans et programmes de développement économique, social et culturel, les projets de jumelage et les actions de coopération avec les collectivités et institutions maliennes ou étrangères, ou encore les emprunts et les garanties d'emprunts et aval et l'octroi par la région de subventions ou allocations[20] ».

Par ailleurs, « le Conseil régional doit être consulté pour la réalisation des projets de développement décidés par l'État et les organisations publiques ou privées sur le territoire de la région[21] ».

C'est dire que la loi donne un rôle central à la collectivité Région dans le développement régional, et lui fournit ainsi la légitimité nécessaire pour assurer l'interface entre l'État et les Collectivités territoriales (cercles et communes), dans la conduite du développement régional, dans le respect de la subsidiarité[22].

2) La signature du contrat-plan

Après la phase de négociation[23], le Gouverneur réceptionne les avis sectoriels et approbations financières envoyés par le ministre chargé des

[18] Article 1er de la loi n° 2017-052 du 2 octobre 2017 fixant les conditions de la libre Administration des Collectivités territoriales.
[19] Loi n° 2012-007 du 7 février 2012 portant Code des Collectivités territoriales du Mali, article 164, alinéa 1.
[20] *Idem*, al.2.
[21] Loi n° 2012-007 du 7 février 2012 portant Code des Collectivités territoriales du Mali, article 167, *op. cit.*
[22] Ministère de l'Administration territoriale, de la décentralisation et de la Réforme de l'État, Direction générale des Collectivités territoriales (DGCT), les instruments de la régionalisation au Mali. (Le contrat-plan Etat-Région ou District. Les agences de développement régional), mars 2017, p. 5.
[23] L'article 11, alinéa 1 du décret n° 2014-0644 du 21 août 2014 déterminant les modalités d'élaboration, de mise en œuvre et de suivi-évaluation du contrat-plan Etat-Région ou District indique : « La phase de négociation se déroule comme suite :

Collectivités territoriales, il en informe le Président du Conseil Régional (CR) ou le Maire du District, lui adresse une copie des éléments et l'invite à une rencontre pour affiner le choix des projets à inscrire au contrat-plan.

Le Gouverneur charge ses services, et notamment son conseiller aux affaires économiques, de classer et d'archiver toute la documentation se rapportant au projet de contrat-plan dans le dossier ouvert à cet effet.

Lors de la rencontre entre le Gouverneur et le Président du CR ou le Maire du District, à laquelle participent les services techniques des deux structures, la liste des projets proposés est examinée au regard des avis sectoriels et des approbations financières. Il s'agit de préparer la session du Comité de suivi des Contrats-plans État-Collectivité Région destinée à arrêter la liste définitive[24].

Le projet de contrat est transmis au Gouverneur pour appréciation, qui, assisté de ses services techniques, formulera les observations nécessaires. Les échanges se poursuivront jusqu'à la finalisation du document. La Direction générale des collectivités territoriales (DGCT) pourra être sollicitée en appui si des difficultés persistent ou si des éclaircissements sont nécessaires.

Selon l'article 12 du décret n° 2014-0644, le contrat-plan est matérialisé par un document signé, d'une part, par le Gouverneur de Région ou du District et d'autre part, part le Président du Conseil régional ou du Maire du District. L'article 13 du même décret prévoit que la signature du contrat-plan se déroule au cours d'une cérémonie solennelle sous la co-présidence du Gouverneur et du Président du Conseil de la Collectivité signataire.

Le contrat-plan est signé en cinq exemplaires, un pour le Conseil régional, un pour le Gouverneur, un pour le ministère chargé des

---

– sur la base des avis des départements sectoriels, le Président du Conseil Régional ou le Maire du District et le Gouverneur examinent le projet de contrat-plan et dressent la liste des projets d'investissement à y inscrire ;
– la liste des projets d'investissement est soumise à l'examen d'une session du Comité régional d'Orientation et de Suivi des Actions de Développement, élargie au Comité de Suivi des contrats-plan État-Région ou District ;
– la liste définitive des projets d'investissement à inscrire dans le CPER est arrêtée à l'issue de la session élargie du Comité régional d'Orientation et de Suivi des Actions de Développement (CROSAD) ».

[24] Article 11, alinéa 2 du décret n° 2014-0644 du 21 août 2014 déterminant les modalités d'élaboration, de mise en œuvre et de suivi-évaluation du contrat-plan État-Région ou District.

Finances, un pour le ministère en charge des Collectivités territoriales et un pour la DGCT assurant le secrétariat du Comité de suivi des contrats-plan. L'ensemble de ces structures archivera le document dans les dossiers ouverts à cet effet.

B) Le mécanisme de contrôle du contrat-plan

Après la phase de signature, le contrat-plan est suivi et évalué dans toutes les étapes de sa mise en œuvre du début jusqu'à la fin. Cependant, les questions telles que la durée, la révision et la résiliation du contrat-plan seront abordées.

1) Le suivi-évaluation du contrat-plan

Selon l'article 14 du décret n° 2014-0644 du 21 août 2014 déterminant les modalités d'élaboration, de mise en œuvre et de suivi-évaluation du contrat-plan Etat-Région ou District : « Le suivi-évaluation du contrat-plan est assuré par le Comité régional d'Orientation et de Suivi des Actions de Développement (CROSAD) et le Comité de suivi des contrats-plan. Le Comité de suivi est créé par arrêté interministériel des ministres chargés des CT, des finances et de la planification. Cet arrêté détermine ses missions, sa composition et les modalités de son fonctionnement[25] ».

Les deux acteurs chargés du suivi-évaluation sont donc le Comité régional d'Orientation et de Suivi des Actions de Développement (CROSAD) et le Comité de suivi des contrats-plan. Il est possible de distinguer plusieurs étapes dans le suivi-évaluation des contrats-plan : trimestrielle, semestrielle, annuelle, mi-parcours, finale.

En ce qui concerne les évaluations trimestrielles et semestrielles, l'article 15 du décret n° 2014-0644 précise que « le CROSAD examine chaque trimestre, l'état de mise en œuvre du contrat-plan, en vue d'apprécier le niveau de respect des engagements souscrits par les parties et le cas échéant, de proposer des recommandations ». Le rapport sera élaboré sur la base des informations fournies et il sera transmis aux participants au moins 5 jours avant la tenue de la session.

L'article 16 du décret n° 2014-0644 indique « qu'à l'issue de chaque session du CROSAD, le Gouverneur transmet au ministre chargé des

[25] Ministère de l'Administration territoriale, de la Décentralisation et de la Réforme de l'État, Direction générale des Collectivités territoriales (DGCT), les instruments de la régionalisation au Mali. (Le contrat-plan État-Région ou District. Les agences de développement régional), mars 2017, *op. cit.*, p. 27.

CT, le rapport des travaux de ladite session et tout autre document d'évaluation de mise en œuvre du contrat-plan. Le ministre chargé des CT transmet ces documents à ses homologues chargés des Finances et du Plan ainsi qu'au Comité de suivi du contrat-plan ».

L'évaluation annuelle selon l'article 17 du décret n° 2014-0644 précise que « le CROSAD dresse le bilan annuel d'avancement des programmes et des réalisations et une prévision des opérations devant faire l'objet d'un engagement dans les deux années suivantes ». La DGCT compilera tous les rapports régionaux de la session annuelle pour établir un rapport annuel qui sera transmis aux ministres chargés des CT, des Finances et de la planification.

L'évaluation à mi-parcours et finale est prévue par l'article 18 du décret n° 2014-0644 en ces termes : « Le Comité de suivi des contrats-plan effectue une évaluation à mi-parcours à la troisième année de mise en œuvre des contrats-plan et une évaluation finale de la période d'exécution dudit contrat ». Aussi, le Comité de suivi des contrats-plan est chargé d'effectuer des évaluations à mi-parcours et finales de la mise en œuvre des contrats-plan[26].

2) La durée, révision et résiliation du contrat-plan

En ce qui concerne la durée du contrat-plan, il a été question d'indexer la durée des mandats des élus. Cette option n'est globalement pas jugée par les différents acteurs, d'autant que les vicissitudes des échéances électorales dans nos pays sont telles qu'il serait très hasardeux de vouloir faire coïncider. Une autre option serait de caler les contrats-plan sur la planification budgétaire qui est de trois ans. Cette option est logique d'autant qu'elle permet une prévisibilité budgétaire. Mais l'expérience des contrats-plans au Mali (Office du Niger, CMDT, etc.) montre que le temps de préparation et de mise en œuvre de ces outils est long. En France, la durée des contrats-plan qui était de 5 ans a été amenée à 7 ans pour les mêmes raisons.

Pour toutes ces raisons, il a été jugé de caler la durée des contrats-plan sur celle des instruments de planification, en l'occurrence les PDSEC qui sont de 5 ans.

[26] Arrêté interministériel n° 2014-3415/MDV/MEF/MPATP-SG du 26 novembre 2014 portant création du comité de suivi des contrats-plan État-Région ou District, art.2.

Les contrats-plan doivent comporter des clauses de révision. Ils pourront aussi faire l'objet d'avenants en fonction de l'avancement des opérations et des nouveaux enjeux.

La résiliation du contrat-plan peut être demandée par l'une des parties. Cette demande accompagnée de l'exposé des motifs sera soumise à la délibération en séance plénière de chacune de la ou les CT signataires, et fera l'objet d'une saisine du comité de suivi des projets et programmes transmise par le Gouverneur de région par le canal de la direction nationale de la planification du développement, qui en assure le secrétariat.

Les litiges portant sur les conditions de mise en œuvre du contrat-plan seront réglés à l'amiable ou le cas échéant portés par la partie la plus diligente devant le tribunal administratif territorialement compétent.

Lorsque l'État constate que le Conseil régional ne remplit pas ses engagements, il pourra se substituer à la CT pour achever les travaux prévus au contrat sous maîtrise délégué à un partenaire.

Rapport de synthèse

Pr Sy Demba

C'est avec plaisir que je me retrouve devant vous, après trois jours de travail, en tant que rapporteur général de votre colloque. Vous me soumettez à un exercice fort délicat et comportant une grande responsabilité. Je dois rester fidèle au contenu des communications sans auparavant en prendre connaissance, mais je suis tenté d'exposer quelques fois des idées personnelles. C'est le lieu de remercier et féliciter les rapporteurs qui m'ont aidé à établir ce rapport général.

Le sujet de votre colloque est d'une grande actualité et est difficile à cerner tant par ses contours que par son contenu. L'objectif premier est de réfléchir sur les rapports entre transferts de compétences et développement local et surtout d'en faire le bilan et de dégager des perspectives.

Or, traiter des rapports entre transferts de compétences et développement local, c'est non seulement mettre en exergue les interactions entre ces deux notions, mais aussi soulever des questions sur le rôle, la place et les fonctions de la décentralisation en Afrique. C'est pourquoi la principale difficulté est que les notions en présence sont sujettes à débat.

Mais le propre d'un tel colloque regroupant des universitaires (juristes, politologues, sociologues, économistes) venant de plusieurs pays d'Afrique et d'Europe, des praticiens et des acteurs du jeu politique est d'inciter à la réflexion, de favoriser les échanges et même la confrontation. De ce point de vue, la pertinence du thème choisi et la qualité des invités ainsi que l'approche comparée et pluridisciplinaire retenue par les organisateurs constituent un gage de succès.

Pour présenter les différentes contributions qui ont porté sur différents thèmes, votre rapporteur se bornera à tenter une brève synthèse des propos tenus ces trois jours. En effet, avec un thème aussi vaste et des interventions aussi nombreuses et variées, aussi riches les unes que les autres, il est périlleux de prétendre rendre compte de toute la diversité des analyses contenues dans les communications et aussi de la profondeur des débats. Le propos de ce rapport de synthèse n'a donc pas la prétention d'apporter des réponses définitives à des questions d'une redoutable complexité et qui comportent de nombreux enjeux. Il s'agit plus modestement en partant de quelques préoccupations des participants d'inciter à la réflexion sur l'état de la décentralisation, sur le développement local et sur le transfert de compétences en Afrique, mais aussi sur le rôle des acteurs qui pratiquent au quotidien la décentralisation et sur celui des chercheurs qui ont une mission exaltante d'explication et de clarification des concepts, des notions, des textes, des pratiques et des dynamiques en cours.

Ce rapport qui a pour fonction de rendre compte de cette importante manifestation comporte quatre parties : l'ouverture officielle, la leçon inaugurale, les travaux et les recommandations.

I) Ouverture officielle

Après l'accueil et l'installation des participants, plusieurs personnalités ont successivement pris la parole. Il s'agit de :

- Monsieur Saidou Mamadou, recteur de l'Université Abdou Moumouni (UAM) de Niamey qui, après avoir souhaité la bienvenue à tous les participants, a salué la coopération universitaire entre l'Allemagne et l'Université Abdou Moumouni dans le cadre de la formation, rappelé les politiques de réformes administratives amorcées par l'État du Niger avant de formuler ses vifs remerciements et sa profonde reconnaissance à l'endroit des organisateurs du colloque ;
- Monsieur Joachim Beck, recteur de l'Université de Kehl (Allemagne) qui, à l'entame de son propos, a fait une brève présentation du CEGLA, qu'il a qualifié de l'un des programmes phares financés par son pays au Niger. Il a ensuite rappelé quelques projets de renforcement du CEGLA initiés par son pays, notamment la DIGIFACE, avant de conclure son allocution par des remerciements formulés à l'endroit de tous les participants en général et aux organisateurs, en particulier ;
- Son Excellence Nicolas Herman, Ambassadeur de l'Allemagne au Niger qui, après avoir présenté ses vifs remerciements aux participants, a salué la voie de la décentralisation empruntée par le Niger. Il a également rappelé que la coopération au développement local est l'un des axes de coopération entre le Niger et son pays, et ce colloque s'inscrit dans ce cadre. Il a terminé son allocution en souhaitant de bonnes discussions aux participants ;
- Monsieur le ministre de l'Intérieur du Niger qui a tout d'abord prononcé des mots de bienvenue et adressé ses salutations aux participants. Il a ensuite exprimé sa joie et sa reconnaissance vis-à-vis des organisateurs du colloque pour le choix porté sur le Niger pour abriter cette importante manifestation. Monsieur le Ministre a également retracé l'historique de la décentralisation au Niger, décentralisation qui figure

parmi les axes majeurs du programme de Monsieur le Président de la République dont Monsieur le Premier Ministre a récemment défini les grandes orientations. Monsieur le Ministre a fini son allocution avec la déclaration d'ouverture du colloque qui consacre le début des travaux.

II) Leçon inaugurale

Mesdames, mesdemoiselles et messieurs les participants, le colloque a été magistralement introduit par le professeur Alioune Badara FALL avec sa leçon inaugurale sur la clause générale de compétence. Avec sa finesse habituelle, il nous rappelle que la clause est un héritage du droit français que les différents pays africains ont prévu dans leurs législations réciproques. Cependant, il estime que cette clause est d'une part virtuelle, insaisissable et rendue complexe notamment dans son origine (reconnaissance d'affaires locales alors que les collectivités territoriales ne les déterminent pas). Les décideurs français n'avaient pas choisi entre la voie énumérative et celle de la clause générale. Il s'en est suivi une imprécision et des confusions entraînant une guerre larvée entre l'État et les collectivités territoriales. Ceci d'autant plus que la clause a connu des difficultés d'application surtout au niveau national où elle repose sur la notion d'intérêt local qui n'est définie nulle part, mais qui, selon le juge, repose sur trois conditions : l'intérêt public, une réponse directe aux besoins des populations et une neutralité de la commune dans sa délibération. Le professeur FALL estime, d'autre part, que la clause est certes nécessaire, mais elle doit être rationalisée, car l'identification des champs de l'État et des collectivités territoriales est difficile à établir, ce qui nécessite la recherche d'un équilibre dans la répartition des compétences entre l'État et les collectivités territoriales. Il conclut sur une note pessimiste : la clause, dit-il, ne viendra jamais. Mais, il ouvre une perspective et une piste : l'exploration du droit comparé.

III) Travaux

Mesdames, mesdemoiselles et messieurs, au cours de ces trois jours, une vingtaine de communications ont été présentées, certaines analysant des expériences nationales, d'autres comparant certaines expériences et d'autres soulevant des problèmes généraux. Aussi deux tables rondes animées par les acteurs locaux (maires, présidents de Conseil régional et représentants de l'Administration centrale) ont été organisées sur le développement local et sur la professionnalisation des agents des collectivités territoriales.

Il ressort de ces contributions et interventions trois interrogations majeures étroitement liées qui vont rythmer ce rapport : où en est-on avec la décentralisation en Afrique ? Comment se portent les transferts de compétences ? Ces transferts peuvent-ils contribuer au développement local ?

A) Où en est-on avec la décentralisation en Afrique ?

L'essence même de la décentralisation consiste à permettre à la population d'une circonscription de décider elle-même des affaires locales. Décentraliser, c'est en éloignant les collectivités personnalisées du gouvernement et en les rapprochant de la nation, réaliser l'administration du pays par le pays. Autrement dit, la décentralisation est l'administration et la gestion par une collectivité locale ou territoriale de ses propres affaires. À la base de la décentralisation se trouvent l'idée d'autonomie locale et l'existence d'intérêts propres à la collectivité.

En Afrique, la pratique de la décentralisation et ancienne. Elle date de la période coloniale (Niger, Togo, Guinée, Mali, Sénégal, Cameroun, Congo…). Mais c'est surtout à partir des années 1980-1990-2000 qu'elle a pris son envol dans les différents pays concernés qui lui ont donné un cadre juridique composé essentiellement de dispositions constitutionnelles et de lois ou de codes assez semblables. Cependant, le découpage adopté est variable selon les États : région, département, commune, district, ville.

Les communicants se sont penchés sur l'état de la décentralisation aussi bien au plan juridique, sociologique que managérial. Ils ont mis l'accent sur l'importance et les enjeux de la décentralisation (SIP), sur ses défis (AGBEKO), sur ses constants historiques et ceux des transferts de compétences (SCHWEIZER) ou encore sur ses avancées, mais aussi sur ses reculs (AÏDARA). Aussi, la politique de territorialisation expérimentée au Sénégal, depuis 2013, n'est-elle finalement qu'un recul en raison, entre autres, de l'adoption de la charte de la déconcentration qui procède à une sorte de recentralisation (AÏDARA).

Selon les communicants, la décentralisation permet, du point de vue de la gestion administrative, de rapprocher l'administration de l'administré par une gestion de proximité (ABDOU SOULEY), de favoriser la démocratie locale en associant la population à la prise des décisions pour les affaires qui la concernent directement (DIALLO) et d'assurer le développement local si l'on part du fait que le développement d'un État dépend de la manière dont le pouvoir politique est organisé. La décentralisation répond alors à un souci de bonne gestion et permet de réaliser une percée dans la démocratie en instaurant une participation des membres de la collectivité aux décisions touchant à leurs intérêts collectifs.

L'analyse comparative des constants historiques de la décentralisation et des transferts de compétences au Mali, au Niger et au Burkina Faso montre que divers éléments entrent en jeu dont l'évolution historique, le renforcement de la décentralisation, l'attribution et les transferts de compétences, mais aussi, l'instabilité, l'insécurité, le rôle des autorités traditionnelles ou encore l'évolution politique et les réformes récentes (SCHWEIZER).

Au plan juridique, ne faut-il pas donner des bases constitutionnelles solides à la décentralisation en la constitutionnalisant comme le font la majorité des États (Niger, Mali, Togo, Cameroun, Sénégal), mais tout en évitant la régression notée dans le cas tunisien, où, essentiellement pour des raisons politiques, on est passé de 13 articles dans la Constitution de 2014 donnant une teneur normative à la décentralisation à un seul article vague et gazeux dans la Constitution actuelle même si une chambre du parlement est censée représenter les régions et les districts (TARCHOUNA). Toujours au plan juridique, certes, le pouvoir réglementaire des collectivités territoriales, en tant que moyen d'action juridique, permet aux collectivités d'exercer les compétences transférées, mais il demeure fort limité du fait de la subordination de ce pouvoir au pouvoir réglementaire national et de l'application du principe de subsidiarité (TOURE). Dans la même foulée, on peut se demander si le contrat-plan État-région-district, en tant qu'instrument de réalisation du plan de la collectivité introduit dans le droit malien, peut permettre ou faciliter l'atteinte des objectifs de l'État et des collectivités territoriales (SOGOBA). Mais s'agit-il d'un véritable acte juridique ? Quelle est sa force obligatoire ? Est-ce un véritable contrat ? Si oui s'agit-il d'un contrat administratif ? Un ensemble de questions qui mériterait une attention ultérieure. Enfin, en matière de tutelle, on s'est demandé si l'approbation préalable de certains actes des collectivités territoriales ne constitue pas une réintroduction déguisée de la tutelle dès lors qu'elle peut constituer une entrave à la réalisation des objectifs économiques des collectivités territoriales. (BATIA EKASSI).

Mesdames, mesdemoiselles et messieurs, l'efficacité de la gestion locale dépend de l'existence de capacités humaines. C'est pourquoi une table ronde a été organisée sur le thème suivant : la professionnalisation des agents : Quels enjeux pour l'avenir ? Lors de cette table ronde, qui a porté sur l'expérience du Niger, le constat unanime est l'insuffisance quantitative et qualitative du personnel (cas, entre autres, des secrétaires généraux des communes). De même, la fonction publique locale s'est révélée peu attractive. Que faut-il faire alors ? Quelques pistes ont été suggérées : assurer la formation des agents, financer la formation, rationaliser l'affectation des agents et la dotation des collectivités en agents. L'État doit accompagner les collectivités par l'affectation et la mise à disposition et ne pas interférer dans le recrutement et la gestion du personnel. Enfin, les participants ont proposé la vulgarisation de la loi sur la fonction publique territoriale, notamment au Niger.

B) Comment se portent les transferts des compétences ?

Les communicants ont tous rappelé que le transfert de compétences est prévu et organisé par les lois de décentralisation adoptées au plan national. Ils se sont ensuite penchés sur le mode de transfert de compétences, sur l'exercice des compétences transférées et sur le transfert de ressources financières.

Le mode de transfert des compétences est semblable dans les différents pays concernés. Il s'appuie sur quelques principes notamment : la délimitation des compétences entre l'État et les collectivités territoriales, le partage des compétences entre l'État et les collectivités territoriales ; l'interdiction de la tutelle entre les collectivités territoriales et un transfert des ressources matérielles, humaines et financières (SY).

Les domaines de compétences transférées sont variables selon les États : par exemple neuf au Sénégal et au Togo, quatre au Niger. Ils portent suivant les pays sur l'urbanisation, la jeunesse, le sport et les loisirs, l'aménagement du territoire, l'environnement, la culture, l'alphabétisation, l'hydraulique, etc.

Une approche sociologique révèle que les hésitations de l'État central du Niger ont conduit à une certaine incompréhension par les populations locales du sens même du transfert des compétences. Ce qui a occasionné une complexification des relations entre les organes locaux et les structures centrales. Toujours est-il que ces transferts ont fait apparaître de nouvelles relations institutionnelles comme la planification des dépenses ou la démocratisation du fonctionnement des structures communautaires (OUMAROU).

Au Sénégal, l'inadéquation du mode de transfert s'explique, d'une part, par le fait que les autorités n'ont pas choisi le système qui spécialise chaque catégorie de collectivité dans des domaines qu'elle est, par sa vocation et ses ressources, plus apte à exercer et, d'autre part, parce que le nombre de domaines transférés reste insuffisant en raison de la politique de transfert graduel et progressif mise en œuvre (SY).

D'une manière générale, si dans les différents pays, les transferts sont effectifs, les participants ont noté que les compétences sont difficilement exercées par les collectivités territoriales.

Concernant précisément l'exercice des compétences transférées, des communicants s'appuyant sur une approche managériale ont procédé à l'analyse des pratiques constatées sur le terrain aussi bien aux plans de la planification stratégique, du management participatif que de la budgétisation et de la communication. Et l'impact des pratiques managériales s'est fait sentir sur la santé, l'éducation, l'hydraulique et les infrastructures économiques (AZAOUA et SENE). Les recherches ayant été menées entre 2000 et 2010, les résultats n'ont pas pu prendre en charge la situation actuelle qui s'est considérablement dégradée, ce que n'ont pas manqué de soulever certains participants.

Sur un autre plan, le principe de l'exercice exclusif des compétences transférées aux communes camerounaises et congolaises révèle, malgré quelques différences, des dysfonctionnements liés, d'une part, à l'organisation en demi-teinte des modalités d'exercice des compétences et à la possibilité d'une concurrence entre les communes et l'État et, d'autre part, à l'opérationnalisation même du principe (SANDA).

De même, les difficultés dans l'exercice des compétences transférées ont été relevées sur plusieurs points, notamment sur l'effectivité du transfert des compétences et la mise à disposition des moyens, matériels, financiers et humains (SY). C'est pourquoi il urge que les autorités locales puissent bénéficier d'une formation conséquente afin non seulement de s'approprier les outils de développement, mais également de parvenir à jouer pleinement leur rôle d'acteurs de développement local (OUMAROU).

Enfin, pour les participants, le bilan du transfert de compétence dans les collectivités territoriales révèle que leur mise en œuvre s'avère lente, longue, progressive, évolutive, voire tourmentée, avec de nombreux allers-retours favorables ou défavorables à ce mode d'organisation.

Le transfert des ressources de l'État aux collectivités a fait l'objet de nombreux débats. Le transfert des compétences, est-il suivi du transfert concomitant des ressources ? La réponse unanime est non. Les montants transférés sont insuffisants, voire insignifiants (ABDOU SOULEY, AGBEKO, DIALLO). Par ailleurs, au Niger, une analyse des mécanismes d'affectation des ressources pour la mise en œuvre des compétences transférées par l'État aux collectivités territoriales a révélé un manque de réalisme (programmation financière exagérée, non prise en compte des capacités opérationnelles des collectivités), un manque de volonté réelle de l'État central de transférer les compétences et les ressources, difficultés de mise en œuvre (reconnaissance par les élus locaux de leur incapacité à gérer les compétences transférées) et une absence de prise en compte des risques comme l'insécurité, la pandémie à Covid-19, etc. (ABDOU SOULEY). Pour le cas du Sénégal, le constat est implacable : au-delà des montants transférés, on note une répartition inadéquate des fonds, une absence d'évaluation des charges de transfert ou encore un retard dans la mise à disposition des fonds (SY). Ce qui est révélateur de l'inefficacité de la compensation financière. Mais à la différence du Niger et du Togo où l'État met à la disposition des collectivités une dotation annuelle fixée par la loi des finances, au Sénégal, il s'agit d'un pourcentage (3,5 %) de la TVA collectée chaque année. Mécanisme qui semble avoir la préférence des participants. Par ailleurs, dans les relations entre collectivités, on s'est demandé si la mutualisation à travers le double transfert de compétences ne pouvait-il pas constituer un palliatif au manque de ressources ? (COMPAORE). Ce dont doutent certains participants.

Au total, les participants ont montré que le déficit de ressources et l'enchevêtrement des compétences handicapent la décentralisation, le transfert de compétences et le développement local (DIALLO et KOFFI). Ainsi, les contraintes financières ont un véritable impact sur la mise en application des prérogatives des collectivités qui ont de ce fait, entre autres, des difficultés à embaucher du personnel qualifié.

C) Les transferts de compétences peuvent-ils assurer le développement local ?

Le concept de développement local semble traduire une conception nouvelle de la gestion locale. En effet, lorsqu'on parle de développement local, on vise un mode de développement tourné vers la valorisation locale des ressources naturelles, financières et humaines. En reconnaissant des capacités d'intervention économique aux collectivités territoriales par l'attribution aux organes locaux d'un véritable pouvoir de décision et de programmation des activités économiques (planification et aménagement du territoire), on rend l'objectif de développement local quelque peu crédible. Ce développement local est abordé par les communications et par une table ronde.

Les communications présentées suivies de discussions ont abordé d'une part le cadre et les conditions du développement local et d'autre part les activités de développement local.

Les autorités locales, dans leur cadre territorial, peuvent intervenir dans le domaine économique par la promotion des investissements, la création d'entreprises publiques, l'encadrement de l'activité des personnes privées ou la gestion des ressources naturelles comme la terre. La mobilisation des potentialités locales (ressources naturelles, sociales, individuelles…) peut orienter les dynamiques socio-économiques.

L'existence d'une gouvernance locale dépend dans une large mesure du comportement des hommes chargés du destin des collectivités, c'est-à-dire des élus. Une bonne gouvernance suppose une transformation des perceptions, valeurs et modes de raisonnement des dirigeants, c'est-à-dire l'apparition d'une nouvelle génération d'élus armés d'une nouvelle conception de la gestion locale tournée vers l'action, l'innovation, le changement et l'efficacité. L'impératif de développement devrait amener les exécutifs locaux à être de véritables leaders ayant une vision entrepreneuriale. Dans son nouveau rôle, l'élu local cessera d'être un simple courtier. Il sera jugé en fonction de la réussite des actions engagées. Autrement dit, sa légitimité dépendra de ses capacités de gestionnaire ; il doit donner la preuve de son aptitude à maîtriser le développement économique, social et culturel de sa commune, de sa communauté rurale ou de sa région.

Mais, pour assurer le développement local, les élus doivent disposer de compétences économiques locales. Mais autant il est nécessaire que les compétences soient transférées, autant il y a des écueils. Ainsi, cinq voire six dimensions du transfert des compétences qui constituent des écueils pour le développement économique des collectivités territoriales françaises ont été relevées. Il s'agit d'abord d'éviter de s'accommoder uniquement de la compétence juridique, ensuite de faire en sorte que le transfert des compétences juridiques soit accompagné de transfert des moyens économiques, puis d'accompagner la compétence par l'expertise locale surtout dans le domaine des impôts, mais aussi d'éviter la concurrence entre les collectivités pour empêcher la chasse des ressources et afin d'empêcher que les élus cèdent à la pression de la rue lorsqu'il s'agit, par exemple, de licencier des travailleurs (MARKUS).

Il faut cependant regretter le fait qu'une communication importante portant sur « Essai de construction d'un indice d'attractivité socio-économique des territoires locaux en Afrique » qui aurait permis d'avoir une vision complète sur tous les aspects du développement local n'a pas pu être présentée à cause des aléas liés à la connexion Internet.

Sur un autre plan, l'expérience de la gestion des collectivités territoriales durant la période de la Covid-19 a permis de relever que celles-ci doivent repenser leur système de gestion pour être plus résilientes. En effet, elles doivent, pour fournir un service de qualité aux populations, maîtriser deux types de changements fort différents : les changements climatiques et les changements démocratiques. Pour ce faire, il est nécessaire de mettre en place un nouveau modèle incluant, d'une part, une dimension d'absorption consistant en la recherche de l'efficacité de la politique menée, la capacité à travailler en réseau et à coopérer, l'implication des parties prenantes dans les processus de décision et la fourniture de services, mais aussi la capacité d'utiliser de nouvelles technologies ainsi que les capacités de prévision et de planification stratégique et, d'autre part, une dimension d'adaptation de ceux déjà existants : qualité du personnel, transparence, leadership et qualité de la gestion organisationnelle, capacité d'adaptation et gestion du changement, structure et processus de formation continue, capacité d'innovation, de connaissance et de créativité (BENJAMIN-GNAMM). Dans la même perspective, la gestion communale et communautaire des investissements agricoles dans les collectivités territoriales du Niger et la résilience face au changement climatique fait face à des défis majeurs (guerres, précarité alimentaire, etc.). Pourtant, des résultats appréciables ont été relevés même s'il y a encore des challenges portant sur les capacités financières, techniques et juridiques des acteurs (EISENBERG).

L'analyse de la pratique de la gestion des risques dans la planification des collectivités territoriales à partir de l'exemple d'une commune sénégalaise, la commune de Biscuiterie sise à Dakar (Sénégal), a permis de montrer que la planification locale et territoriale est essentielle pour le développement local et territorial. L'absence de note d'une telle planification impacte le management des collectivités dans le développement et est révélatrice d'une insuffisance du système de pilotage pouvant permettre à la collectivité de s'inscrire dans des actions de durabilité, de prioriser les champs d'action en fonction des besoins et des atouts et d'explorer de nouvelles opportunités et des niches de développement. C'est pourquoi l'élaboration d'un plan de développement communal est nécessaire pour la gestion des risques, car elle implique l'ensemble des parties prenantes concernées et permet d'améliorer significativement le système de pilotage et de gouvernance de la commune. Mais elle suppose le renforcement de l'équipe de planification par un personnel qualifié et compétent et aussi l'accompagnement technique dans le processus d'élaboration des documents de planification.

Tout ceci nécessite un dispositif de suivi et de mise en œuvre des actions de développement (DIAWARA).

Pour certains, le défi majeur résulte de la gestion de l'environnement dans les communes. Dans celle de BOUNA en Côte d'Ivoire, il y a été constaté d'une part une faiblesse de la collaboration participative des acteurs socio-économiques de la commune, mais aussi de l'information et de la sensibilisation de proximité et d'autre part un déficit de la gestion participative des déchets par la population (SIE).

Mais le cœur du développement local est occupé par l'acteur, c'est-à-dire celui qui s'investit dans l'action, qui « soutient les ruptures et organise le changement ». Alors quelle place et quel rôle pour les acteurs et particulièrement pour le citoyen dans le développement local ? En Afrique, en général et au Cameroun en particulier, le citoyen au départ était confiné dans des rôles traditionnels, ignorés et minorés, d'électeurs, d'éligibles et de contribuables. Aujourd'hui, le citoyen est plus actif, il dispose du droit à l'information et de participation à la gestion de la collectivité et à l'élaboration du budget local. Il y a donc urgence à former et à informer le citoyen pour lui permettre de prendre lui-même les choses en mains dans la gestion des collectivités territoriales (ESSAGA BIPOUNA).

Il est ressorti des exposés et des discussions que le système de gestion des collectivités territoriales doit être repensé pour atteindre les objectifs de développement qui sont assignés dans le cadre de la décentralisation. Il a été noté une absence de plan de résilience locale et de gestion des risques, une insouciance des partis dans le choix des candidats au moment des élections qui ne seront pas en mesure d'assumer leur responsabilité une fois élus. Les participants ont aussi discuté de la nécessité de former les élus locaux afin de leur permettre de maîtriser les outils de la démocratie participative et de définir une stratégie de mise en place progressive de la décentralisation en s'assurant de l'implantation au niveau communal pour ensuite l'étendre aux autres niveaux.

C'est surtout lors de la table ronde sur les enjeux et les défis du développement local que ces thèmes ont été abordés. L'objectif de la table ronde était, d'une part, de croiser la théorie et la pratique, de confronter le monde universitaire avec celui des acteurs des collectivités territoriales qui vivent au quotidien la décentralisation et, d'autre part, de cerner les enjeux liés au développement local (Honorable MOUTARI OUSMANE). La question fondamentale est de savoir ce que les collectivités territoriales gagnent à travers le processus de la décentralisation et de façon spécifique à travers le transfert des compétences. Des débats animés ont permis de faire cas non seulement des enjeux, mais également des nombreux défis auxquels les collectivités territoriales sont réellement confrontées. Pour les enjeux, ils consistent non seulement à faire des collectivités territoriales des entités démocratiques fortes, autrement dit le lieu le plus démocratique où les populations pourront s'exprimer avec la plus grande liberté, mais également de promouvoir le bien-être local axé sur la réduction de la pauvreté et d'assurer la formation continue et la formation initiale en finance locale. Quant aux défis, ils sont à la fois migratoires, sécuritaires, économiques et de gouvernance. À cela, on peut ajouter la faiblesse de l'accompagnement des collectivités par l'État, l'insuffisance des ressources humaines et l'interférence du pouvoir central dans la gestion des affaires locales.

En définitive, pour les participants, le développement local peut donc être lu comme un processus qui impulse, construit et conforte les dynamiques locales et autorise une amélioration substantielle du vivre ensemble et du bien-être de tous. Ainsi, il dépasse l'idée de la croissance économique pour se placer dans la sphère d'un développement durable associant les dimensions économiques, sociales et culturelles, piliers de la durabilité du développement. Aussi, il ressort des débats que le développement local nécessite d'abord un ancrage territorial, ensuite à la fois une mobilisation locale, l'implication des acteurs et la citoyenneté et enfin la prise en compte des dimensions culturelles, car le développement local passe par le repérage d'un système de valeurs, de croyances, de représentations qui doivent agir comme des filtres pour la mise en place des actions sur le territoire.

D) Recommandations

Les recommandations issues du colloque peuvent être regroupées en trois grands thèmes : certaines portent sur la décentralisation, d'autres sur le transfert de compétence, d'autres encore sur le développement local.

En ce qui concerne la décentralisation, les participants recommandent de :

1. Faire un diagnostic du dysfonctionnement des collectivités ;
2. Améliorer le management des collectivités territoriales ;

3. Mettre à la disposition des collectivités des ressources humaines qualifiées ;

4. Améliorer significativement le système de pilotage et de gouvernance de la commune ;

5. Renforcer l'autonomie des collectivités territoriales et instaurer en amont un pouvoir réglementaire autonome ;

6. Rationaliser l'approbation préalable pour une promotion efficace de l'intérêt supérieur du développement local ;

7. Assurer aux autorités locales une formation conséquente afin non seulement de leur permettre de s'approprier les outils de développement, mais également de jouer pleinement leur rôle d'acteurs de développement local ;

8. Assurer la formation des élus locaux afin de leur permettre de maîtriser les outils de la démocratie participative ;

9. Stratifier la décentralisation à partir du niveau communal avant de l'étendre aux autres niveaux ;

10. Assurer la professionnalisation des agents des communes et des exploitants ;

11. Mettre en place une politique de formation et de sensibilisation des autres acteurs.

Pour ce qui est des transferts de compétences, les recommandations des participants sont les suivantes :

12. Transférer les ressources financières pour supporter les compétences transférées ;

13. Opérer un transfert de fiscalité ;

14. Organiser un colloque sur la décentralisation fiscale ;

15. Développer des outils de pilotage stratégique ;

16. Initier une forte pratique de formalisation des objectifs ;

17. Développer des mécanismes de contrôle et d'audits ;

18. Améliorer la communication ;

19. Assurer une forte maîtrise des pratiques de budgétisation.

20. Mettre à la disposition des collectivités territoriales des ressources humaines et matérielles ;

21. Renforcer les capacités des agents ;

22. Rendre effectifs les transferts concomitants des compétences et des ressources :

23. Supprimer les lignes budgétaires des domaines de compétences transférées aux ministères sectoriels ;

24. Créer et alimenter un fonds spécial dédié aux compétences transférées des collectivités territoriales ;

25. Définir des critères objectifs de répartition de compétences aux collectivités territoriales.

Concernant le développement local, les participants recommandent de créer les conditions du développement local, notamment en :

26. Permettant à la collectivité de s'inscrire dans des actions de durabilité ;

27. Priorisant les champs d'action en fonction des besoins et des atouts ;

28. Explorant de nouvelles opportunités et des niches de développement ;

29. Travaillant sur l'élaboration d'un plan de développement communal en collaboration avec l'ensemble des parties prenantes concernées et en prévoyant des mesures d'accompagnement pour bien la mener et également en renforçant l'équipe de planification par un personnel qualifié et compétent ;

30. Sensibilisant et en formant les acteurs locaux sur le management territorial, la planification et l'utilisation des outils et techniques associés ;

31. Mettant en place un dispositif de suivi et de mise en œuvre des actions de développement ;

32. Renforçant l'accompagnement technique dans le processus d'élaboration des documents de planification ;

33. Promouvant une collaboration participative des acteurs socio-économiques de la commune ;

34. Assurant l'information et la sensibilisation de proximité ;

35. Assurant la gestion participative des déchets par la population ;

36. Utilisant les SIG pour une politique de développement durable ;

37. Mettant en place une politique de mobilisation des contributions ;

38. Mettant en place de Planifications budgétaires plus réalistes ;

39. Transférant des domaines de compétences à fort potentiel comme l'eau, les ressources naturelles, ou l'aménagement du territoire ;

40. Assurant la pérennisation des investissements ;

41. Sécurisant la base alimentaire des populations ;

42. Répartissant les rôles des acteurs à travers une coopération entre communes, exploitants, société civile.

Fait à Niamey, le 30 novembre 2023

Le Rapporteur général

Structures éditoriales du groupe L'Harmattan

L'Harmattan Italie
Via degli Artisti, 15
10124 Torino
harmattan.italia@gmail.com

L'Harmattan Hongrie
Kossuth l. u. 14-16.
1053 Budapest
harmattan@harmattan.hu

L'Harmattan Sénégal
10 VDN SICAP AMITIE 3
BP 45034 Dakar-Fann
direction@senharmattan.com

L'Harmattan Cameroun
Tsinga/Derrière polyclinique FECAFOOT
BP 11486 Yaoundé
Jacques.koukam@harmattan.fr

L'Harmattan Burkina Faso
Villa 281, secteur 23 623, rue 14.32
Ouagadougou
zagbie@outlook.fr

L'Harmattan Guinée
Almamya, rue KA 028 OKB Agency
BP 3470 Conakry
harmattanguinee@yahoo.fr

L'Harmattan RDC
185, avenue Nyangwe
Commune de Lingwala - Kinshasa
matangilamusadila@yahoo.fr

L'Harmattan Congo
219, avenue Nelson Mandela
BP 2874 Brazzaville
deunovmikhael@gmail.com

L'Harmattan Mali
Immeuble Mgr Jean Marie Cissé
Aci Hamadallaye
BP 145 Bamako
syllaka@yahoo.fr

L'Harmattan Togo
Djidjole - Maison Amela
face EPP BATOME
02 BP 20680 Lomé
didieramela11@gmail.com

L'Harmattan Côte d'Ivoire
Résidence Karl - Cité des Arts
Abidjan-Cocody
03 BP 1588 Abidjan
harmattan.ivoire@gmail.com

L'Harmattan Bénin
Rue 604, (Immeuble à l'entrée
de la rue UCAO- Cite de Saint-Jean)
Cotonou
stepcorpus@gmail.com

Nos librairies en France

Librairie internationale
16, rue des Écoles
75005 Paris
librairie.internationale@harmattan.fr
01 40 46 79 11
www.librairieharmattan.com

Librairie des savoirs
21, rue des Écoles
75005 Paris
librairie.sh@harmattan.fr
01 46 34 13 71
www.librairieharmattansh.com

www.ingramcontent.com/pod-product-compliance
Lightning Source LLC
LaVergne TN
LVHW011139061026
849535LV00003B/540